LE NOUVEL ENTRAÎNEZ

DELF
B1

200
activités

Anatole BLOOMFIELD

Anna MUBANGA BEYA

Alliance Française

CLE
INTERNATIONAL
www.cle-inter.com

Direction éditoriale : Michèle Grandmangin
Édition : Odile Tanoh
Maquette et mise en pages : Gildaz Mazurié
Couverture : Michel Munier
Illustrations : Slec(k) / Séverine Le Carret

AVANT-PROPOS

Le nouveau dispositif du DELF (diplôme d'études en langue française) a été officiellement modifié en septembre 2005. Depuis cette date, les unités capitalisables ont disparu. Aujourd'hui, le mot DELF ou DALF a valeur de diplôme. On distingue ainsi l'ordre ci-dessous pour le public adulte (les juniors ayant leur propre système) :
DELF A1 – DELF A2 ; DELF B1 – DELF B2 ; DALF C1 – DALF C2.

Les mentions A1, A2, B1, B2, C1, C2 correspondent aux échelles de niveaux du Cadre européen commun de référence (CECR), ce qui implique que les nouveaux diplômes sont calibrés sur ces échelles. Les épreuves proposées pour chacun des niveaux sont organisées sous forme de tâches à réaliser, telles que l'on pourrait avoir à les mettre en oeuvre dans la vie courante ou professionnelle.

Les examens du DELF sont offerts à tous ceux qui ont besoin d'une reconnaissance officielle de leur niveau en langue française. **Ce manuel correspond au DELF B1 qui présente des épreuves écrites et orales en réception et en production. Il correspond à un enseignement allant de 200 à 350 heures de français, selon le contexte et le rythme d'enseignement.** Les activités d'entraînement proposées sont destinées à un public de grands adolescents et d'adultes préparant ce diplôme dans une école de langue, au lycée ou à l'université. Elles offrent un équilibre entre toutes les activités de l'oral et de l'écrit.

En termes de compétences et de connaissances, le niveau B1 évalue une compétence d'utilisateur dit indépendant et correspond au niveau seuil. Le locuteur peut poursuivre une conversation en langue standard, assez longue, sur le plan personnel. Il peut donner son avis ou demander l'opinion de son interlocuteur ; il peut également prendre des initiatives, demander des précisions lors d'une interaction tout en restant dépendant de son interlocuteur. Il peut affronter toutes les situations de la vie quotidienne (durant un voyage touristique, dans les transports en commun, pour une location de logement, etc.), faire une réclamation et résoudre un conflit sur un aspect pratique de la vie courante.

L'objectif de cet ouvrage est de préparer à un diplôme dont la nature des épreuves est décrite dans le tableau de la page 4. Il permet à chacun de se mesurer aux difficultés et aux types d'épreuves, à son rythme, en lui faisant acquérir les éléments indispensables (grammaire, phonétique, communication orale et écrite…).

L'équipe qui a conçu cette préparation est composée d'enseignants et de spécialistes de l'évaluation en français, fortement impliqués dans le DELF et dans d'autres systèmes de certification. Il se sont appuyés sur leur expérience personnelle et ont intégré au plus près les indications et orientations du Conseil de l'Europe présentées par le biais du Cadre européen commun de référence et les référentiels pour les langues nationales et régionales, du ministère de l'Éducation nationale, de la Commission nationale et du Conseil d'orientation pédagogique du DELF et du DALF.

Les activités DELF B1 présentent donc tous les éléments indispensables pour une préparation efficace.

Isabelle NORMAND
Responsable du service Pédagogie et Certifications de l'Alliance Française de Paris

Richard LESCURE
Responsable de la filière Français comme langue étrangère (Université d'Angers) ; président de Jury ; membre du Conseil d'Orientation pédagogique du DELF-DALF et du groupe d'experts pour la rénovation du DELF-DALF.

DIPLÔME D'ÉTUDES EN LANGUE FRANÇAISE

DELF B1
(NIVEAU B1 DU CADRE EUROPÉEN COMMUN DE RÉFÉRENCE POUR LES LANGUES)

DELF B1 : nature des épreuves	Durée	Note sur
Compréhension de l'oral Réponse à des questionnaires de compréhension portant sur 3 documents enregistrés (2 écoutes). *Durée maximale des documents : 6 min.*	0 h 25 (environ)	25

Compréhension des écrits
 	
Réponse à des questionnaires de compréhension portant sur 2 documents écrits :
   – dégager des informations utiles par rapport à une tâche donnée,
   – analyser le contenu d'un document d'intérêt général
	0 h 35	25

Production écrite Expression d'une attitude personnelle sur un thème général (essai, courrier, article...).	0 h 45	25

Production orale
 	
Épreuve en 3 parties :
   – entretien dirigé,
   – exercice en interaction,
   – expression d'un point de vue à partir d'un document déclencheur.
	0 h 15 environ (préparation : 0 h 10 – ne concerne que la 3e partie de l'épreuve)	25

Durée totale des épreuves collectives : 1 h 45.

Note totale sur 100
Seuil de réussite : 50/100
Note minimale requise par épreuve : 05/25

SOMMAIRE

COMPRÉHENSION ORALE

CHAPITRE 1
ACTIVITÉS D'ÉCOUTE ET DE COMPRÉHENSION DE L'ORAL

➤ *Description des activités*

Les activités proposées pour le travail de la « Compréhension de l'oral » sont organisées en quatre parties :

1. Écoute et compréhension générale d'un document
2. Écouter et comprendre des interactions entre locuteurs natifs
3. Écouter et comprendre des exposés, des présentations
4. Écouter et comprendre des annonces, des messages, des instructions, des programmes de radio et des enregistrements

Vous écouterez différents types de documents correspondant à des extraits de conversations, discussions, entretiens, exposés, présentations, annonces, messages, instructions, programmes radiophoniques.

Ces documents font référence aux quatre domaines : **personnel, public, professionnel, éducatif.**

À l'aide de ces documents vous vous entraînerez à :
- identifier différents types de documents sonores ;
- mettre en relation un document sonore à un type de situation d'oral ;
- identifier le destinataire du message ;
- repérer les personnages d'une situation ;
- caractériser le type de relation entre les personnages ;
- préciser l'intention d'un message ;
- comprendre et repérer les informations générales et précises d'une situation ;

➤ *Démarche*

Afin de réussir cette partie «Compréhension de l'oral», vous devrez travailler et développer votre capacité d'écoute active pour :

• **comprendre de manière globale** c'est-à-dire comprendre des informations principales ;

• **comprendre de manière détaillée,** c'est-à-dire comprendre des informations précises qui complètent les informations principales ;

• utiliser ce que vous avez compris afin de :
  – tirer une conclusion, tirer une conséquence, faire une déduction,
  – prendre, modifier, adapter vos décisions,
  – agir et réagir (planifier, modifier, adapter vos actions).

➤ *Déroulement des épreuves*

Dans cette partie « Compréhension de l'oral » de l'examen du DELF B1, vous entendrez **trois types de documents sonores**.

• Pour le premier et le deuxième document, lisez d'abord les questions.
Ensuite :
  – vous entendrez une première fois le document, puis vous aurez 30 secondes de pause pour commencer à répondre aux questions ;
  – vous entendrez une seconde fois le document, puis vous aurez une minute de pause pour compléter vos réponses.

• Pour le troisième document sonore, vous aurez une minute pour lire les questions.
Ensuite :
  – vous entendrez une première fois le document, puis vous aurez une pause de trois minutes pour commencer à répondre aux questions ;
  – vous entendrez une seconde fois le document, puis vous aurez encore deux minutes pour compléter vos réponses.

1- Compréhension générale d'un document

activité 1 🎧 Écoutez les six documents enregistrés et indiquez le numéro du document correspondant à la situation.

messagerie téléphonique	information sportive	entretien d'embauche	annonce commerciale	exposé	conversation amicale
....	....	....	....	....	....

activité 2 🎧 Quel est le type de relation entre les personnes ? Écoutez et répondez, puis cochez deux possibilités :

❏ formelle
❏ informelle
❏ conflictuelle
❏ détendue

activité 3 🎧 Écoutez et répondez.
1. Les personnes que vous entendez sont en contact pour la première fois :

❏ vrai
❏ faux
❏ la situation ne permet pas de le savoir

2. La relation entre les personnes est...

❏ formelle
❏ informelle
❏ professionnelle
❏ amicale

activité 4 🎧 Écoutez et répondez.

Les personnes
❏ plaisantent entre elles
❏ se disputent entre elles
❏ sont d'accord entre elles

activité 5 🎧 Écoutez et répondez.
1. Les personnes parlent de...

❏ loisir sportif
❏ loisir artistique
❏ loisir touristique

2. Les personnes discutent de ce sujet de manière informelle :

❏ vrai
❏ faux
❏ on ne peut pas le savoir

activité 6 🎧 Réécoutez les documents des activités 2-3-4-5. Dans quel lieu ces conversations se sont-elles passées ?

La conversation s'est passée...	sur un lieu de vacances	dans un studio de télévision	dans une entreprise, devant des collaborateurs	dans le bureau d'un chargé de recrutement
Document activité n°...	....	....	....	....

activité 7 🎧 Écoutez et trouvez l'intention de la personne qui parle.

L'intention de la personne qui parle est de ...	Doc. n° 1	Doc. n° 2	Doc. n° 3	Doc. n° 4	Doc. n° 5
convaincre l'autre					
obtenir un remboursement					
prévenir des gens					
prendre des précautions					
obtenir une indication de temps					

2- Écouter et comprendre des locuteurs natifs

DOCUMENT SONORE N° 1
🎧 Écoutez et répondez.

activité 8 **1.** Les personnes se connaissent.

❏ vrai

❏ faux

❏ on ne peut pas savoir

2. De quelle manière les personnes parlent-elles entre elles ? Cochez la proposition exacte.

❏ formelle

❏ formelle et agressive

❏ informelle

❏ informelle et agressive

activité 9 **1.** Où se passe la situation ?

	oui	non
au bureau, pendant la journée	❏	❏
au bureau, tard le soir	❏	❏
chez les personnes, le soir	❏	❏
chez les personnes, pendant la nuit	❏	❏

2. À quelle heure Samuel téléphone-t-il à Karim ?

....

activité 10

1. Samuel est journaliste reporter...

❏ pour un magazine télévisé
❏ pour un magazine à la radio
❏ pour un magazine de presse

2. Samuel :

❏ est très en retard avec son travail
❏ cherche et ne retrouve plus des documents importants
❏ a un problème avec son ordinateur

3. Samuel appelle Karim parce que celui-ci :

❏ peut l'aider à terminer son travail
❏ a des compétences techniques en informatique
❏ sait où se trouvent les documents

4. Pour quand Samuel doit-il rendre son travail ?

....

activité 11 Reliez avec des flèches les affirmations qui correspondent à Karim.

Karim...

• a. est très content d'avoir Samuel au téléphone
• b. refuse d'écouter et d'aider Samuel
• c. est très surpris d'avoir Samuel au téléphone
• d. n'aime pas qu'on téléphone chez lui
• e. trouve que Samuel ne téléphone pas au bon moment
• f. accepte d'écouter et d'aider Samuel

DOCUMENT SONORE N° 2
Écoutez et répondez.

activité 12

Affirmations	vrai	faux	on ne sait pas
a. Les personnes sont en contact pour la première fois.	❏	❏	❏
b. Les personnes se connaissent depuis très longtemps.	❏	❏	❏
c. Les personnes donnent l'impression de bien se connaître.	❏	❏	❏
d. Les personnes se parlent de manière formelle.	❏	❏	❏
e. La conversation entre les personnes est grave et sérieuse.	❏	❏	❏
f. Les personnes donnent l'impression de passer un bon moment ensemble.	❏	❏	❏
g. Les personnes vont bientôt se revoir	❏	❏	❏

activité 13 **1. Cochez les affirmations qui correspondent à la situation.**

a. ❏ Les personnes vont se revoir samedi soir.
b. ❏ Les personnes se disputent entre elles.
c. ❏ Les personnes plaisantent entre elles.
d. ❏ Une des personnes exprime son insatisfaction.

e. ❏ Les personnes écoutent et se moquent méchamment.

f. ❏ Une invitation est proposée.

g. ❏ Une des personnes demande des conseils.

h. ❏ Chaque personne expose ses problèmes.

i. ❏ Les personnes parlent d'activités de loisirs.

j. ❏ Des personnes demandent des nouvelles de quelqu'un.

2. Numérotez les affirmations sélectionnées dans l'ordre chronologique de la situation.

....

activité 14

1. Une des personnes…	vrai	faux	on ne sait pas
a. est fatiguée car elle a eu beaucoup de travail ces derniers mois	❏	❏	❏
b. est fatiguée parce qu'elle a trop lu de livres de littérature du XVIIᵉ siècle	❏	❏	❏
c. souhaite changer de rythme de vie	❏	❏	❏
d. souhaite vivement se reposer et retrouver des activités de loisirs	❏	❏	❏
e. va bientôt partir en vacances	❏	❏	❏

2. Depuis combien de temps cette personne ne s'est-elle pas retrouvée entre amis?

....

3. Dites tout ce que cette personne n'a pas pu faire pendant tout ce temps ? Répondez en faisant une phrase.

....

....

....

....

activité 15

Dans la conversation, des activités de loisirs sont mentionnées. Lesquelles ? Soulignez-les.

les voyages / le théâtre / la musique / le cinéma / la lecture de livres de littérature / la lecture de livres de philosophie / la lecture de magazines /les sorties avec des amis / le sport / les restaurants

🕨 DOCUMENT SONORE N° **3**

activité 16

1. Vous venez d'entendre…

❏ un débat

❏ une conversation professionnelle

❏ une négociation commerciale

2. Le thème de la discussion porte sur…

❏ les sciences humaines

❏ la recherche et l'innovation dans les biotechnologies

❏ les ressources humaines

activité 17

	oui	non	on ne sait pas
D'après les deux personnes…			
1. faut-il développer le département Ressources humaines de leur entreprise ?	❏	❏	❏
2. faut-il centrer l'activité de leur entreprise sur la recherche et l'innovation dans les biotechnologies ?	❏	❏	❏
3. faut-il diminuer le nombre des salariés de l'entreprise ?	❏	❏	❏
4. les ressources humaines rapportent-elles de l'argent à leur entreprise ?	❏	❏	❏
5. faut-il contacter d'autres sociétés pour développer les ressources humaines dans leur entreprise ?	❏	❏	❏

activité 18

1. Reliez avec des flèches les affirmations qui correspondent au nouveau directeur :

Le nouveau directeur…
- **a.** a pris une décision ferme
- **b.** a simplement exprimé un point de vue
- **c.** n'est pas apprécié par les deux personnes
- **d.** aura l'occasion de reparler du sujet
- **e.** est considéré comme une personne autoritaire

2. Quand les personnes rediscuteront-elles probablement de cette question ?

....

....

3- Écouter et comprendre des exposés, des présentations

🎧 DOCUMENT SONORE N° **1**

activité 19 De quel genre de document s'agit-il ?

	oui	non
d'un reportage radio ?	❏	❏
d'une annonce publique ?	❏	❏
d'un cours ?	❏	❏
d'une visite touristique guidée ?	❏	❏

activité 20

1. La personne parle d'un sujet à caractère…

❏ géographique
❏ météorologique
❏ écologique

2. De quel pays est-il question ? ....

....

3. La personne parle de

❏ la densité des paysages
❏ la diversité des paysages
❏ la différence des paysages

activité 21 Reliez avec des flèches les affirmations qui correspondent à la personne qui parle.

La personne qui parle...

- **a.** donne des informations
- **b.** fait de la publicité
- **c.** fait une description
- **d.** fait une conférence
- **e.** présente un programme de visite

activité 22 **1.** La personne parle de certains types de paysages. Lesquels ? Entourez-les.

des plateaux / des plaines / des plages / des fleuves / des montagnes / des mers

2. Par quoi commence-t-elle ?

....
....

3. Par quoi finit-elle ?

....
....

🔊 DOCUMENT SONORE N° **2**

activité 23 **1.** Vous venez d'entendre un document rapportant :

❏ un fait divers
❏ une information financière
❏ une affaire criminelle

2. Choisissez dans la liste le terme correspondant au sujet du document. Soulignez-le.

enlèvement / braquage / abandon / disparition / fortune

activité 24

Maximilien Legrand...	vrai	faux	on ne sait pas
a. travaille à la Poste	❏	❏	❏
b. habite à Fontainebleau	❏	❏	❏
c. est un gagnant du Loto	❏	❏	❏
d. a cambriolé une banque	❏	❏	❏
e. a toute sa famille à Versailles	❏	❏	❏
f. n'a pas d'amis	❏	❏	❏
g. n'a pas de famille en France	❏	❏	❏
h. a été enlevé	❏	❏	❏
i. a reçu un chèque	❏	❏	❏

activité 25 **1.** Quel est le montant du chèque ? ....
....

2. Que sait-on de ce chèque? ....
....

3. Qu'est-ce que Maximilien Legrand a fait avec ses comptes bancaires ?
....
....

🎧 DOCUMENT SONORE N° **3**

activité 26

Il s'agit...	vrai	faux
d'un cours de grammaire française	❏	❏
d'une conférence-débat	❏	❏
d'une conversation entre amis	❏	❏

activité 27

La situation se passe-t-elle...	oui	non
avant un cours de grammaire ?	❏	❏
avant une conférence ?	❏	❏
après un cours de grammaire ?	❏	❏
après une conférence ?	❏	❏
pendant une conversation entre amis ?	❏	❏

activité 28

1. La première personne qu'on entend...

❏ n'est pas satisfaite de ce qu'a dit l'autre personne
❏ demande des précisions
❏ proteste contre l'autre personne

2. Quelle est la profession de la deuxième personne qu'on entend ?

❏ animatrice d'un programme de radio
❏ conférencière
❏ organisatrice d'une conférence

activité 29

1. Les personnes parlent d'un sujet

❏ artistique
❏ politique
❏ historique

2. De quel sujet est-il question ? ....
....

3. Quelle est la question de la première personne qui parle ?
....
....

activité 30

Au XVIIᵉ siècle, le rôle de l'Académie Française était de...	Aujourd'hui, l'Académie Française a le même rôle mais en plus, elle...
a. fixer la langue française	....
b. instituer les règles officielles de grammaire et de vocabulaire	....
c. composer un dictionnaire et de rédiger une grammaire	....

4- Écouter et comprendre des annonces, des messages, des instructions, des programmes de radio et des enregistrements

👂 DOCUMENT SONORE N° 1

activité 31

1. Ce que vous venez d'entendre est :

❏ un message publicitaire
❏ un message public
❏ un message d'information journalistique

2. Ce message s'adresse :

❏ à des consommateurs
❏ à des voyageurs
❏ à des touristes

3. Ce message est diffusé pour la première fois :

❏ vrai
❏ faux
❏ on ne sait pas

4. Où peut-on entendre ce message ?

❏ dans un supermarché
❏ dans la rue
❏ dans le métro

activité 32

1. Ce message a pour but :

❏ d'annoncer un projet de grève dans les transports en commun
❏ d'informer des problèmes de transport en commun
❏ d'inviter les gens à faire la grève dans les transports en commun

2. Quel mode de transport est-il possible d'utiliser ?

....
....
....

activité 33

1. Cochez les affirmations correspondant au message.
Dans le message…

a. ❏ on fait des recommandations aux gens
b. ❏ on annonce que le trafic sera nul dans les transports en commun
c. ❏ on exprime des excuses
d. ❏ on précise que tous les trains auront 50 minutes de retard
e. ❏ on informe d'un incident technique dans les transports en commun
f. ❏ on précise qu'un train passera environ toutes les 50 minutes
g. ❏ on annonce des perturbations dans les transports en commun

2. Retrouvez l'ordre des informations entendues et écrivez-les.

....
....
....

𝔇 DOCUMENT SONORE N° **2**

activité 34   **1.** Ce document sonore est ...

❏ un cours sur le climat en France
❏ un message de sécurité routière
❏ un bulletin météorologique

2. Le message du document concerne ...

❏ la journée d'hier
❏ la journée d'aujourd'hui
❏ la journée de demain

activité 35   **1.** Que fait la personne qui parle ?

2. Quelles sont ses intentions ? Reliez les deux colonnes.

La personne qui parle...		Elle a l'intention de...
1. fait de la publicité pour les sports d'hiver	❏	❏ **a.** faire la publicité de la chaîne de radio Belle France Radio
		❏ **b.** avertir d'un danger
2. donne des conseils de prudence	❏	❏ **c.** créer un élan d'entraide et de solidarité nationales en faveur des personnes sans domicile
3. est membre d'une association humanitaire	❏	❏ **d.** faire modifier le comportement des automobilistes
4. fait des recommandations	❏	❏ **e.** encourager les gens à profiter des conditions climatiques pour aller aux sports d'hiver
5. donne des numéros de téléphone utiles	❏	❏ **f.** venir en aide aux personnes en difficulté
		❏ **g.** augmenter le nombre des inscriptions dans les associations humanitaires

activité 36   **1.** Quels phénomènes sont mentionnés ?
Entourez-les.

inondations / baisse des températures / soleil et chaleur /anticyclone /verglas /
raz-de-marée / chutes de neige / tempête de neige / perturbation

2. Quelle partie de la France sera touchée par ces phénomènes climatiques ?
....
....

3. Dans quelle partie de la France fera-t-il le plus froid ?
....
....

🕭 DOCUMENT SONORE N° **3**

activité 37 **1. Vous venez d'entendre :**

❏ une annonce publique
❏ un bulletin d'information
❏ des instructions sur une messagerie téléphonique

2. La personne que vous avez entendue travaille dans le domaine :

❏ scientifique
❏ juridique
❏ financier

activité 38 Selon le message, mademoiselle Flament devra...

	vrai	faux	on ne sait pas
a. contacter une entreprise	❏	❏	❏
b. changer un rendez-vous	❏	❏	❏
c. prendre un rendez-vous pour la semaine prochaine	❏	❏	❏
d. réserver un taxi	❏	❏	❏
e. préparer des documents	❏	❏	❏
f. donner une réponse positive à une invitation	❏	❏	❏
g. traiter de la correspondance	❏	❏	❏
h. appeler la personne qui laisse le message	❏	❏	❏

activité 39 **1. Quand la personne sera-t-elle joignable au téléphone ?** ....

2. À quelle heure reviendra-t-elle ? ....

🕭 DOCUMENT SONORE N° **4**

activité 40 **1. Ce que vous venez d'entendre est :**

❏ un message publicitaire
❏ une notice d'utilisation
❏ un compte-rendu de recherche scientifique

2. Le document parle-t-il...

	oui	non	on ne sait pas
a. d'une découverte scientifique ?	❏	❏	❏
b. d'un objet multimédia pour les professionnels exclusivement ?	❏	❏	❏
c. d'un objet multimédia pour le grand public ?	❏	❏	❏
d. d'une innovation technologique majeure ?	❏	❏	❏

activité 41 **1. Retrouvez les caractéristiques techniques de l'appareil dans la grille.**

le nouveau OKIAN 7750 permet ...			
a. de gérer des messages électroniques		e. de regarder des DVD	
b. d'envoyer des fax		f. de téléphoner	
c. d'écouter de la musique		g. de filmer	
d. de prendre des photos			

2. Quel et le prix du nouveau OKIAN 7750 ? ....

⟍ DOCUMENT SONORE N° 5

activité 42 Vous venez d'entendre…

	vrai	faux
a. un reportage touristique	❑	❑
b. un message public	❑	❑
c. une publicité d'agence de voyage	❑	❑
d. un programme radio	❑	❑

activité 43 La personne que vous entendez…

	oui	non	on ne sait pas
a. parle-t-elle de son sujet de façon positive ?	❑	❑	❑
b. présente-t-elle un reportage ?	❑	❑	❑
c. donne-t-elle des informations pratiques ?	❑	❑	❑
d. a-t-elle l'intention de stimuler la curiosité des gens qui l'écoutent ?	❑	❑	❑
e. propose-t-elle un voyage en Inde ?	❑	❑	❑
f. est-elle une spécialiste de l'Inde ?	❑	❑	❑

activité 44 **1.** La personne que vous entendez parle…

❑ d'une école de cuisine indienne

❑ d'un restaurant spécialisé dans la cuisine indienne

❑ d'un magasin spécialisé dans des produits d'origine indienne

2. D'après ce que vous avez entendu, qu'est-ce qu'un client peut acheter ? Complétez le tableau.

On peut acheter…	oui	non	on ne sait pas
a. des séjours en Inde	❑	❑	❑
b. des bijoux indiens	❑	❑	❑
c. de l'encens parfumé à la cannelle	❑	❑	❑
d. des vêtements traditionnels	❑	❑	❑
e. des fruits exotiques : mangues, fruits de la passion…	❑	❑	❑
f. des tissus traditionnels	❑	❑	❑
g. des sorbets aux fruits de la passion	❑	❑	❑
h. des épices	❑	❑	❑
i. du thé	❑	❑	❑
j. du café	❑	❑	❑

activité 45 **1.** Quelle est la date d'ouverture mentionnée ?

....

2. Quels sont les jours de fermeture mentionnés ?

....

3. Quel est le numéro de téléphone donné et à quoi sert-il ?

a. : ....

b. : ....

🎧 DOCUMENT SONORE N° **6**

activité 46

1. Vous venez d'entendre…

❏ un entretien d'embauche
❏ une conversation entre amis
❏ une interview

2. La situation se passe…

❏ dans le bureau d'une entreprise
❏ à la radio
❏ dans la rue

activité 47

1. Classez de 1 à 3 les motivations d'Orianne Barandier pour créer son entreprise.

par défi personnel : ....
par vocation et désir personnel : ....
par nécessité : ....

2. Quelles sont les raisons d'Orianne Barandier de créer son entreprise ?
a. : ....
b. : ....

activité 48

1. L'entreprise EXECO d'Orianne Barandier existe

depuis ....

2. Quels articles cette entreprise distribue t-elle ?

❏ de l'alimentation
❏ des vêtements
❏ des articles manufacturés

3. Citez trois valeurs défendues par l'entreprise d'Orianne Barandier

a. : ....
b. : ....
c. : ....

activité 49

1. L'entreprise d'Orianne Barandier fait-elle des bénéfices?
❏ oui
❏ non
❏ on ne sait pas

2. Situation actuelle de la société EXECO d'Orianne Barandier. Complétez.

Nombre de salariés	
Nombre d'entreprises	
Nombre de villes d'implantation	
Montant du chiffre d'affaires	
Bénéfice net	

ÉPREUVES TYPES

➤ Activité 50

🎧 DOCUMENT SONORE N° 1

1. Quel est le thème de la conversation?
- ❏ les Jeux olympiques
- ❏ la médecine sportive
- ❏ la finale d'une course d'athlétisme

2. Qui est Christine?
- ❏ une entraîneur de sport
- ❏ une athlète de haut niveau
- ❏ une spécialiste de médecine sportive

3. Complétez le tableau.

Plus précisement les personnes parlent...	Vrai	Faux	On ne peut pas l'affirmer
a. des risques d'accidents liés au sport en général			
b. de la condition physique et mentale de Christine			
c. d'une blessure que Christine s'est faite			
d. de la condition physique et mentale des athlètes internationales			
e. de certaines conclusions personnelles tirées par Christine			
f. des problèmes d'organisation des championnats du monde			

4. Que s'est-il passé il y a un mois et à quel endroit ?

Réponse :

....

....

5. Reliez les affirmations qui correspondent à Christine.

Christine...
- • **a.** s'est sentie déstabilisée après un problème physique.
- • **b.** est en bonne condition mentale.
- • **c.** se montre sûre d'elle-même et pense que la victoire sera facile.
- • **d.** est en excellente condition physique.
- • **e.** pense que la compétition sera difficile mais reste optimiste.
- • **f.** continuera de donner le maximum d'elle-même quand elle s'entraînera.

6. Pour quelles personnes Christine aura-t-elle une pensée particulière en cas de victoire ? Entourez les bonnes réponses.

Son petit ami / les athlètes concurrentes / les médecins sportifs / ses parents / son entraîneur

🕭 DOCUMENT SONORE N° 2

1. Vous venez d'entendre…

❏ un compte rendu de réunion
❏ un message publicitaire
❏ un reportage radio

2. À quel événement se passant à Paris le document fait-il référence ?

Réponse :

....

3. Complétez le tableau.

Le document parle…	Vrai	Faux	On ne peut pas l'affirmer
a. d'un type de tourisme traditionnel			
b. d'une nouvelle catégorie de voyages touristiques			
c. d'une nouvelle politique de développement du tourisme			

4. Mettez en relation les éléments correspondants.

- **a.** va bientôt disparaître
- **b.** permet aux touristes de contribuer au développement du pays de destination

1. la formule du voyage organisé en groupe…

- **c.** reste une manière de voyager très appréciée
- **d.** permet de créer des liens entre les touristes et les habitants du pays

2. le tourisme solidaire ou tourisme citoyen…

- **e.** commence à se développer
- **f.** met l'accent sur la qualité des conditions matérielles et la variété des visites

5. Complétez le tableau.

	Agence Solid'Air	Mondalliances Tours
Propose un voyage d'une durée de…		
Destination		
Activités		
Projet solidaire		

🕮 DOCUMENT SONORE N° 3

1. Vous venez d'écouter…

❏ un reportage
❏ un message publicitaire
❏ une annonce

2. Scolarium est une entreprise du secteur…

❏ culturel public
❏ éducatif public
❏ éducatif privé

3. Reliez les éléments qui correspondent à la société SCOLARIUM.

- **a.** propose un emploi du temps flexible.
- **b.** assure une formation spécialisée gratuite.
- **c.** permet de travailler à proximité de son domicile.

SCOLARIUM… • **d.** garantit une progression de carrière stimulante.
- **e.** paie ses salariés de manière intéressante.
- **f.** ne recrute que sous contrats à plein temps.

4. Complétez le tableau.

Pour travailler à Scolarium, il faut…	Vrai	Faux	Le document ne le dit pas
a. avoir travaillé dans une université pendant au moins 3 ans.			
b. avoir déjà enseigné pendant au moins 3 ans.			
c. avoir au minimum un diplôme de trois années universitaires.			
d. accepter obligatoirement un emploi du temps flexible.			
e. aimer aider les autres.			

5. Quels documents doit envoyer une personne qui veut travailler pour Scolarium ?

....

6. D'après le document une personne qui travaille pour Scolarium doit être :

courageuse / persévérante / patiente / persuasive / écoutante / indépendante / dynamique

7. Comment peut-on contacter la société Scolarium pour y travailler?

a. ....
b. ....
c. ....

8. Quel est le numéro de téléphone donné dans le document ?

Réponse : ....

AUTO-ÉVALUATION

Vous avez fait les activités d'écoute et de compréhension orale du DELF B1.
Dites ce que vous êtes capable de faire !
Si vous répondez « pas très bien » ou « pas bien du tout », refaites les activités de la partie concernée.

	Très bien	Assez bien	Pas très bien	Pas bien du tout
➤ 1. Écoute et compréhension générale d'un document				
Je peux comprendre et dire de quel type de document il s'agit.	❑	❑	❑	❑
Je peux comprendre et dire où la situation se passe.	❑	❑	❑	❑
Je peux comprendre et dire quand la situation se passe.	❑	❑	❑	❑
Je peux identifier les personnes d'une situation.	❑	❑	❑	❑
Je peux caractériser le type de relation entre les personnes.	❑	❑	❑	❑
Je peux identifier et comprendre l'information principale.	❑	❑	❑	❑
➤ 2. Écouter et comprendre des interactions entre locuteurs natifs				
Je peux comprendre et dire où une conversation se passe.	❑	❑	❑	❑
Je peux comprendre et dire quand une conversation se passe.	❑	❑	❑	❑
Je peux identifier les personnes d'une conversation.	❑	❑	❑	❑
Je peux caractériser le type de relation entre les personnes d'une conversation.	❑	❑	❑	❑
Je peux caractériser la manière dont les personnes se parlent dans une conversation.	❑	❑	❑	❑
Je peux identifier et comprendre le sujet principal d'une conversation.	❑	❑	❑	❑
Je peux identifier et comprendre des informations précises dans une conversation.	❑	❑	❑	❑
➤ 3. Écouter et comprendre des exposés, des présentations				
Je peux comprendre et dire où la situation se passe.	❑	❑	❑	❑
Je peux comprendre et dire quand la situation se passe.	❑	❑	❑	❑
Je peux identifier les personnes qui parlent.	❑	❑	❑	❑
Je peux donner des informations sur les personnes qui parlent.	❑	❑	❑	❑
Je peux comprendre l'intention des personnes qui parlent.	❑	❑	❑	❑
Je peux comprendre le thème dont les personnes parlent.	❑	❑	❑	❑
Je peux donner des précisions sur le thème dont les personnes parlent.	❑	❑	❑	❑

➤ 4. Écouter et comprendre des annonces, des messages, des instructions, des programmes radiophoniques, des enregistrements

Je peux comprendre et dire de quel type d'annonce, de message, d'instructions, de programme radiophonique il s'agit.	❏	❏	❏	❏
Je peux comprendre et dire à qui s'adresse une annonce, un message, des instructions, un programme radiophonique.	❏	❏	❏	❏
Je peux comprendre et identifier l'information principale dans une annonce, un message, des instructions, un programme radiophonique.	❏	❏	❏	❏
Je peux comprendre et identifier des informations précises dans une annonce, un message, des instructions, un programme radiophonique.	❏	❏	❏	❏
Je peux comprendre l'intention de la personne qui donne des informations dans une annonce, un message, des instructions, un programme radiophonique.	❏	❏	❏	❏

COMPRÉHENSION ÉCRITE

CHAPITRE 2
ACTIVITÉS DE LECTURE ET COMPRÉHENSION DES ÉCRITS

➤ *Description des activités*

Les activités proposées pour le travail de la « compréhension des écrits » sont organisées en quatre parties :

1. Comprendre la correspondance
2. Lire pour s'orienter
3. Lire pour s'informer et discuter
4. Lire des instructions

Vous y trouverez différents types de documents tels que, par exemple : lettre, message électronique, brochure, divers articles de presse, critique de film ou mode d'emploi.

Dans l'ensemble, ils appartiennent aux quatre domaines définis dans le Cadre européen commun de référence : **personnel, public, professionnel, éducatif.**

Afin de développer votre capacité à **comprendre ces différents types d'écrits,** nous vous proposons un certain nombre d'activités dans lesquelles vous vous entraînerez à :
– observer la forme, la typographie des textes proposés pour en saisir les caractéristiques et l'organisation générale ;
– repérer les sources afin de mieux les identifier ;
– comprendre la situation présentée en répondant à une série de questions (de qui parle-t-on ? dans quel but ? de quoi s'agit-il ? quand cela a lieu ? où cela se passe ? quelle en est la raison ?) ;
– analyser leur organisation interne (identifier les différentes parties du texte, observer leur articulation, dégager les mots-clés…) dans le but de définir le sujet traité et la finalité de chaque document, repérer les informations et/ou les arguments importants et enfin saisir les principales conclusions.

➤ *Démarche*

Pour réussir la partie « Compréhension des écrits », vous travaillerez à développer votre capacité de lecture active dans le but de :
– **comprendre le document globalement,** c'est-à-dire pouvoir l'identifier et en saisir les informations principales ;
– **comprendre des détails de son contenu,** c'est-à-dire être capable de dégager des éléments précis qui complètent les informations principales ;
– **utiliser ce que vous avez compris** afin de :
  - tirer une conclusion,
  - prendre, modifier ou adapter vos décisions,
  - agir (planifier, adapter vos actions, faire un choix).

➤ *Déroulement et contenu des épreuves*

Cette partie de l'examen est composée de **deux épreuves** différentes appartenant à deux des quatre catégories d'activités annoncées plus haut. On vous propose deux documents. À partir de l'un d'entre eux, il vous faut **dégager des informations utiles pour l'accomplissement d'une action concrète et précise**. En ce qui concerne l'autre, on vous invite à **analyser son contenu** : définir son sujet et sa finalité, saisir les points forts, démontrer la compréhension de ses conclusions, etc.

À l'intérieur de chacune des quatre catégories d'activités, vous aurez affaire à des types de documents bien distincts et donc à accomplir des tâches spécifiques en relation avec leur nature. Pour vous aider, nous vous donnons quelques indications à ce sujet.

- **Comprendre la correspondance** : vous avez à lire **un courrier informel** et à démontrer que vous êtes capable de comprendre les événements décrits, les sentiments et les souhaits exprimés par votre correspondant.

- **Lire pour s'orienter** : vous devez parcourir un texte (ou un ensemble de textes) assez long pour y localiser une information cherchée et réunir des informations provenant de différentes parties du support proposé afin de pouvoir accomplir une tâche spécifique ; vous travaillerez à partir de **lettres, prospectus** ou d'autres courts **documents officiels**.

- **Lire pour s'informer et discuter** : il vous faut identifier le problème ou le phénomène décrit dans un court **article de presse**, reconnaître les arguments présentés à l'appui et comprendre ses principales conclusions ; il sera également demandé au candidat de connaître l'organisation générale d'un écrit journalistique.

- **Lire des instructions** : vous lisez un document de type **mode d'emploi** (par exemple un mode d'emploi d'un appareil ménager, une page Internet donnant des conseils dans un domaine déterminé…) et vous démontrez votre capacité à dégager des instructions utiles pour l'accomplissement d'une tâche précise.

ACTIVITÉS DE MISE EN ROUTE

Orientation
L'Étudiant me répond

solutions Orientation
Chaque mois | aide un lycéen à s'orienter

Sandrine a-t-elle les capacités pour s'orienter vers une filière artistique ?

« Douée en maths, je n'ai pas l'intention de m'engager dans une filière scientifique. Mon rêve, c'est de concevoir des objets, mais je ne sais pas si cette voie me conviendrait. Au lycée, je n'ai pas suivi d'option arts. » *Sandrine, 17 ans*

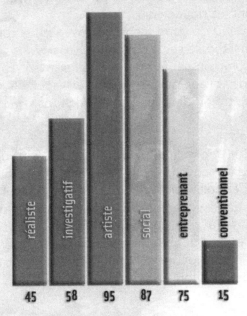

réaliste | investigatif | artiste | social | entreprenant | conventionnel
45 | 58 | 95 | 87 | 75 | 15

Le test RIASEC, élaboré par nos spécialistes, permet de déterminer le type comportemental auquel chacun appartient : réaliste, investigatif, artiste, social, entreprenant ou conventionnel. Il est un très bon indicateur de ses points forts dans une optique professionnelle.

Le profil de Sandrine

Votre personnalité réunit les principales qualités de l'artiste : l'imagination, la curiosité, le goût de l'innovation, l'affectivité. Vous avez tendance à vous enthousiasmer, à vous passionner. En ce qui concerne le pôle social, cela dénote que vous appréciez les échanges avec des personnes d'horizons très divers – les relations humaines sont l'un de vos points forts – et que vous êtes particulièrement ouverte et enjouée. Enfin, le pôle entreprenant montre que vous êtes naturellement dynamique, décidée et que vous aimez l'autonomie : vous n'hésitez pas à agir, à aller de l'avant et vous envisagez sans inquiétude les contraintes commerciales. Ce dernier pôle, parmi les trois qui dominent dans votre personnalité, vous démarque des artistes « purs et durs ».

Notre analyse

Vous n'êtes pas de ces artistes prêts à négliger la rémunération pour assouvir leur passion ! Et vous devez prendre conscience que, pour un travail d'exécution technique, vous aurez en face de vous des concurrents plus minutieux, plus endurants et plus concentrés sur leurs réalisations que vous. Votre atout sera votre excellente capacité à innover et à comprendre le client. Vous avez aussi un charisme naturel, combinant l'autorité personnelle et la compréhension d'autrui. Votre profil artistique est par ailleurs assez fort pour vous permettre de suivre un apprentissage technique. ●

CHRISTINE GUESDON

Notre conseil

L'architecture d'intérieur, la décoration et le stylisme apparaissent comme les métiers qui vous conviennent le mieux. La création, l'innovation et la conception sont les aspects qui vous attirent en priorité. Vous avez aussi un profil adapté pour devenir chef de pub. Un parcours sans faute en terminale vous permettra de déjouer les pièges de la sélection à l'entrée d'une classe de MANAA (mise an niveau en arts appliqués). Mais une préparation privée bien choisie pourrait vous convenir également, car elles sont plus directement orientées vers les écoles d'arts décoratifs, plus généralistes et moins techniques que les écoles d'arts appliqués. La compétition sera rude, mais vous êtes capable de vous créer un réseau de relations, d'agir pour faire adopter vos idées et de vous démener pour décrocher un emploi.

 Solutions Orientation, c'est un bilan personnel avec le test RIASEC, une documentation ciblée et un accompagnement à distance. Si, vous aussi, vous désirez adhérer à ce service, contactez le 01.48.07.44.33.

DOCUMENT B

ROUTARD MAG

routard.com

| **GUIDE** | **PARTIR** | **COMMUNAUTE** | **BOUTIQUE** |

VOYAGE MODE D'EMPLOI

AVANT

Sac à dos ou sac de voyage ?

La querelle des anciens et des modernes

Ce chapitre est rendu nécessaire par la querelle entre deux écoles : les partisans du sac de voyage, et ceux du sac à dos.

Tout d'abord, il y a quelque chose à ne pas négliger quand on voyage : ce sont les apparences ! Si vous portez un sac à dos, on vous collera tout de suite une « étiquette » de voyageur fauché[1] ou de hippie… ce qui n'est pas toujours très favorable pour entrer en contact avec la population locale ou passer devant les douaniers.

En fait, tout dépend de votre façon de voyager : si vous faites du stop ou beaucoup de marche, le sac à dos s'impose. Si vous prenez beaucoup de transports en commun car le stop est difficile (en Asie par exemple), on conseille le sac de voyage qui fait moins « étranger » et qui glisse facilement sous une banquette ou dans les filets à bagages.

Le sac de voyage

À part la cantine (trop militaire), la valise (trop petit bourgeois), celui qui n'est pas adepte du sac à dos n'a plus tellement le choix. Reste donc le sac de voyage, soit en toile (plus solide), soit en nylon (plus léger). Pour passer partout, le sac de voyage est idéal. Nous vous proposons de le prendre avec une sangle[2] réglable qui permet de le porter en bandoulière (très pratique), et une double poignée de portage. En option, vous pouvez également investir dans un « tir-bagages » pliable à roulettes qui facilite le transport sur les longues distances.

Le sac à dos

Dans ce cas, la toute première règle est de choisir un sac d'un volume suffisant, adapté à l'utilisation que l'on en fera. En règle générale, un sac de moins de 40 litres convient aux sorties d'une journée, entre 40 et 65 litres aux randonnées de quelques jours, et au-delà au portage de matériel spécifique (montagne, camping…) ou au trek[3] d'au moins deux semaines. Pour un voyage « classique », quelle que soit sa durée, les sacs de moins de 60 litres sont suffisants. La gamme fabriquée actuellement est très variée et permet à chacun de choisir selon sa taille ou la courbe de son dos. Des sacs spécialement adaptés à l'anatomie féminine existent aussi.

Enfin, pour ceux qui hésiteraient encore entre le sac à dos et le sac de voyage, on conseille le sac valise, astucieux compromis entre l'un et l'autre.

http://www.routard.com/guide_voyage.asp

---

1 fauché : pauvre (en français familier)
2 sangle : bande assez large de cuir ou de tissu servant à porter un sac de voyage
3 trek : trekking, randonnée pédestre
* Le Routard : collection très populaire de guides de voyage

DOCUMENT C

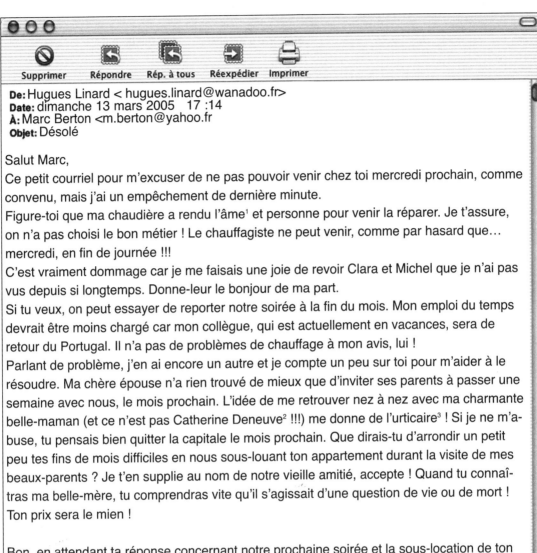

De: Hugues Linard < hugues.linard@wanadoo.fr>
Date: dimanche 13 mars 2005   17 :14
À: Marc Berton <m.berton@yahoo.fr
Objet: Désolé

Salut Marc,

Ce petit courriel pour m'excuser de ne pas pouvoir venir chez toi mercredi prochain, comme convenu, mais j'ai un empêchement de dernière minute.

Figure-toi que ma chaudière a rendu l'âme[1] et personne pour venir la réparer. Je t'assure, on n'a pas choisi le bon métier ! Le chauffagiste ne peut venir, comme par hasard que… mercredi, en fin de journée !!!

C'est vraiment dommage car je me faisais une joie de revoir Clara et Michel que je n'ai pas vus depuis si longtemps. Donne-leur le bonjour de ma part.

Si tu veux, on peut essayer de reporter notre soirée à la fin du mois. Mon emploi du temps devrait être moins chargé car mon collègue, qui est actuellement en vacances, sera de retour du Portugal. Il n'a pas de problèmes de chauffage à mon avis, lui !

Parlant de problème, j'en ai encore un autre et je compte un peu sur toi pour m'aider à le résoudre. Ma chère épouse n'a rien trouvé de mieux que d'inviter ses parents à passer une semaine avec nous, le mois prochain. L'idée de me retrouver nez à nez avec ma charmante belle-maman (et ce n'est pas Catherine Deneuve[2] !!!) me donne de l'urticaire[3] ! Si je ne m'abuse, tu pensais bien quitter la capitale le mois prochain. Que dirais-tu d'arrondir un petit peu tes fins de mois difficiles en nous sous-louant ton appartement durant la visite de mes beaux-parents ? Je t'en supplie au nom de notre vieille amitié, accepte ! Quand tu connaîtras ma belle-mère, tu comprendras vite qu'il s'agissait d'une question de vie ou de mort ! Ton prix sera le mien !

Bon, en attendant ta réponse concernant notre prochaine soirée et la sous-location de ton appart, je te salue l'ami et… te dis @+[4]
Hugues

1 **rendre l'âme :** ici, tomber en panne (français familier)
2 **Catherine Deneuve :** renvoie ici au rôle de belle-mère que l'actrice joue dans un film sorti à la même époque
3 **donner de l'urticaire :** ici, provoquer une réaction « allergique » ; à l'origine, l'urticaire est un problème de peau passager, accompagné de démangeaisons et d'une sensation de brûlure
4 **@+ :** à plus (tard)

Identifier le document

activité 51 Identifiez chacun des trois documents dans la liste proposée.

une brochure, une publicité, un article de journal, un dépliant, un plan, un mode d'emploi, une carte postale, un extrait de roman, un poème, un message électronique, une lettre, une annonce.

Le document A est ....

Le document B est ....

Le document C est ....

activité 52 À quelles catégories d'activités prévues pour l'examen est destiné chacun de ces trois documents ? Compétez la grille ci-dessous.

Catégorie d'activités	Document
Lire la correspondance	
Lire pour s'orienter	
Lire pour s'informer	
Lire des instructions	

activité 53 **1.** Repérez pour chacun des trois documents sa source et sa date de parution (de publication, d'émission…).

2. Retenez à quel endroit vous avez trouvé ces informations : en haut, en bas, à gauche, à droite, à l'intérieur ou à l'extérieur du texte.

3. Remplissez la grille.

	Document A	Document B	Document C
Source… …et son emplacement			
Date de parution… …et son emplacement			

activité 54 Reliez ces dates de parution aux types de publications correspondants et à leurs définitions.

Date	Type de publication	Définition
a. 9-15 mai 2002 •	• *un mensuel* •	• est édité tous les jours
b. 13/03/2005 •	• un hebdomadaire •	• est publié tous les deux mois
c. sept.-oct. 2004 •	• un quotidien •	• sort une fois par mois
d. *décembre 2003* •	• un bimensuel •	• paraît toutes les semaines

activité 55 Trouvez dans la liste proposée, des titres de journaux ou de magazines français correspondant à ces quatre types de publications et inscrivez les ci-dessous.

Je connais le presse française :

Les quotidiens : ....
....

Les hebdomadaires : ....
....

Les mensuels : ....
....

Les bimensuels : ....
....

Analyser l'organisation d'un article de presse

activité 56   Observez attentivement le document A p. 29 et associez les noms des différentes parties d'un article de presse au schéma proposé ci-dessous. Remplissez la grille réponse.

a. chapeau

b. source

c. intertitre

d. corps de l'article

e. *titre*

f. rubrique

g. surtitre

h. auteur

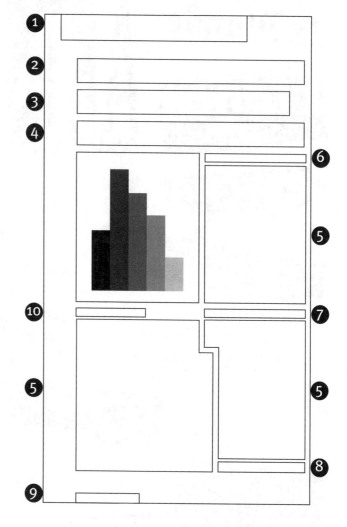

Les différentes parties d'un article de presse :

a.	b.	c.	d.	e. n° 3	f.	g.	h. ....

activité 57   Observer à nouveau le document A et reliez les noms des différentes parties d'un article de presse à leurs définitions.

Les noms des différentes parties d'un article de journal

1. Surtitre – 2. Rubrique – 3. Titre – 4. Source – 5. *Corps de l'article* – 6. Intertitre – 7. Chapeau

Les définitions

a. *La partie essentielle d'un article où le sujet est développé.*

b. Un mot, une expression, le plus souvent une phrase qui met en valeur une idée ou qui relance le sujet d'un article.

c. Un court texte, composé d'une ou de plusieurs phrases qui introduit le sujet ou résume l'essentiel de l'information présentée.

d. La partie de l'article qui signale son appartenance à un moyen de communication (journal, revue, magazine…) et indique la date de sa parution.

e. Le terme indiquant la matière, le domaine auquel appartient un article de presse (économie, santé, société, etc.).

f. Cette partie complète le titre et place un article de journal dans un cadre plus large, plus général.

g. Le nom donné à un texte par son auteur et qui évoque plus ou moins directement son contenu.

1.	2.	3.	4.	5. *a.*	6.	7. ....

Définir la finalité d'un document

activité 58   Pourquoi, à quelle fin sont écrits ces textes ? Relisez les documents A, B et C et complétez la grille ci-dessous.

Document	Finalité	Le/les passage(s) du texte qui justifie(nt) votre réponse.
A		
B		
C		

Rechercher des informations dans un document

activité 59   Relisez le document B, cochez <u>les</u> réponses qui correspondent aux informations données dans le texte. Pour chaque réponse jugée exacte, notez le passage du document qui le prouve.

1. Le sac à dos convient à des :

❑ **a.** voyages longs, effectués dans des conditions assez confortables

....

❑ **b.** voyages pendant lesquels il faut aussi se déplacer à pied

....

❑ **c.** voyages d'un week-end passés dans un hôtel 5 étoiles

....

❑ **d.** voyages pendant lesquels on dort sous sa propre tente

....

2. Le sac de voyage convient lors des :

❑ **a.** voyages durant lesquels on se déplace beaucoup en bus de ligne

....

❑ **b.** voyages où il est nécessaire de transporter une tente et un sac de couchage

....

❑ **c.** voyages pendant lesquels on tient à donner une bonne image de soi

....

❑ **d.** voyages durant lesquels on préfère ne pas trop se faire remarquer

....

Comprendre la situation

activité 60   Lisez les trois situations et répondez aux questions.

Situation 1

Thomas et Marine ont trois enfants entre dix et quinze ans. Ils souhaiteraient passer un mois de vacances (la deuxième quinzaine de juillet et la première d'août) sur la côte bretonne. Durant ce séjour, ils désirent profiter au maximum de la mer tout en faisant attention au méfaits du soleil, trouver, pour les enfants, des activités de plein air et à l'abri (en cas de pluie), manger souvent du poisson et des fruits de mer que tout le monde adore, sauf Lucas. Ce dernier fait malheureusement une allergie aux huîtres.

Situation 2

Konrad a 38 ans. C'est un excellent ingénieur dans le domaine de l'automobile. Il vient d'obtenir une promotion. Son chef lui a proposé de quitter Paris pour rejoindre la filiale de l'entreprise basée à Montpellier. Il y occupera le poste d'ingénieur en chef et son salaire progressera de 15%. Cette idée convient à Konrad d'autant plus qu'il adore la mer et que, l'hiver, il pourra facilement faire du ski dans les Pyrénées. Il lui reste à convaincre sa compagne qui n'a pas très envie de quitter la capitale.

Situation 3

Sarah vient de passer son master (niveau bac +5) de droit à l'Université de Lyon 2, mais n'a pas envie de devenir avocat comme la plupart de ses copains de fac. Elle souhaiterait s'orienter vers un domaine différent et surtout voyager. À partir de l'année prochaine, Sarah serait partante pour travailler en Afrique ou en Asie et se voit bien participer à des projets ayant pour but l'amélioration des conditions de vie des populations locales : construction d'une école, d'un dispensaire, mise en place d'une bibliothèque… Une seule condition : obtenir un contrat de deux ans minimum.

	Situation 1	Situation 2	Situation 3
Qui ?			
Quoi ?			
Quand ?			
Où ?			
– Pour quoi faire ? **– Comment, à quelle condition ?**			

activité 61

Vous êtes amoureux(euse) des voyages et n'arrêtez pas d'en programmer. Votre point faible : prendre des décisions concernant les bagages.
Revenez au document B et recherchez ce que vous conseille Le Routard pour chacun de vos projets. Remplissez la grille.

Vos projets de voyage	Les conseils du Routard	
	Sac à dos	Sac de voyage
1. Paris-New York (États-Unis) en avion, séjour d'une semaine dans un hôtel 4 étoiles à Manhattan, nombreuses sorties (concerts, spectacles et réceptions officielles).		
2. Paris-Moscou en avion, Moscou-Tachkent (Ouzbekistan, Asie Centrale) en train, randonnée pédestre de deux semaines dans les montagnes de Tian Shan (à la frontière chinoise).		
3. Paris-Athènes (Gréce) en avion, circuit organisé de deux semaines, déplacement en voiture avec chauffeur, hôtels trois et quatre étoiles, spectacles en soirée.		
4. Paris-Rio de Janeiro (Brésil), séjour de cinq jours, Rio de Janeiro-Manaus (Bassin de l'Amazonie), randonnée de dix jours dans la forêt amazonienne, retour à Rio pour deux jours, avion pour Paris. Hébergement en hôtels simples et dans la nature pendant la randonnée.		

activité 62

Situation

Marc et sa compagne, originaire de l'Indonésie, souhaitent passer trois semaines de vacances dans ce pays. Durant la première semaine, ils vont visiter l'île de Bali et comptent louer une voiture pour toute la durée du séjour afin de pouvoir se déplacer à leur rythme. Ensuite, ils vont rendre visite aux parents de la compagne de Marc pendant quelques jours. Ils finiront leur voyage dans le nord de l'île, au bord de l'océan, en profitant du soleil et de la plage.

Quel bagage Marc et sa compagne auront-ils intérêt à choisir ? Justifiez votre réponse.

....

Analyser le contenu du document

activité 63

Relisez le document C. Pourquoi Hugues ne peut-il pas accepter l'invitation de Marc ? Cochez la réponse qui correspond aux informations du message électronique.

❏ **a.** L'installation électrique de son appartement est défectueuse et elle ne pourra être réparée que mercredi.

❏ **b.** Le système d'évacuation de sa machine à laver ne marche pas bien et le plombier viendra seulement mercredi soir.

❏ **c.** L'appareil qui assure l'approvisionnement de l'appartement en eau chaude ne marche plus et le dépannage aura lieu mercredi.

❏ **d.** Le climatiseur est tombé en panne et le rendez-vous avec le technicien est prévu pour mercredi après-midi.

ctivité 64   Pour quelles raisons Hugues a-t-il besoin de l'appartement de Marc ?

Hugues demande à Marc de lui prêter son appartement car :	vrai	faux
a. Son appartement est trop petit pour qu'il puisse y recevoir ses beaux-parents.		
b. Il ne supporte pas la mère de sa femme.		
c. Sa belle-mère est très malade et a besoin de confort.		
d. Ses beaux-parents souhaitent être indépendants pendant la durée de la visite.		

ctivité 65   Cochez la réponse correspondant aux informations données dans le courriel. Citez le passage du texte où elle se trouve.

❏ **a.** Hugues souhaite sous-louer l'appartement de Marc gratuitement.

❏ **b.** Hugues propose à Marc un montant pour la sous-location de l'appartement.

❏ **c.** Hugues sait que Marc a des problèmes d'argent, mais ne veut pas en entendre parler.

❏ **d.** Hugues est prêt à accepter la somme que proposera Marc pour la mise à disposition de son logement.

Justification : ....

....

1- Comprendre la correspondance

Analyser le contenu du document p. 40

activité 66   Lisez le document p. 40. Dans sa lettre, Élise s'adresse à Marion. Quelle est la relation entre les deux femmes ? Cochez la bonne réponse. Pour confirmer votre réponse, inscrivez les éléments du texte dans la rubrique « Justification ».

Il s'agit d'une relation :

❏ **a.** familiale   ❏ **b.** professionnelle   ❏ **c.** d'amitié

Justification : ....

....

activité 67   Pourquoi Élise écrit-elle ? Citez le passage de la lettre qui permet de l'identifier.

Finalité : ....

Citation : ....

....

activité 68   Quelles sont les informations concernant le voyage d'Élise ? Répondez aux questions. Retrouvez les passages de la lettre qui expliquent vos réponses.

1. Quelle est la destination du voyage d'Élise ?

....

Justification : ....

Bruxelles, le 5 décembre 2005

Ma chère Marion,

Je t'écris depuis la Belgique où je passe de merveilleuses vacances. Je n'ai pas pu attendre mon retour pour te faire partager mes impressions…
Je suis arrivée dans la capitale européenne après un court voyage en train, à bord de Thalys¹. Je n'avais jamais réalisé jusqu'à ce jour que le royaume de Belgique était aussi proche de Paris. Ma première rencontre avec la population belge a eu lieu dans le bar du train. Il y avait beaucoup de monde, peut-être cela est-il dû à l'heure tardive du voyage. J'ai donc dû m'asseoir à côté d'un charmant jeune homme blond aux yeux bleus… Tu me connais, je l'avais déjà remarqué en entrant dans la voiture. Très sympathique, il a rapidement engagé la conversation. Son accent m'a tout de suite séduite. J'avais totalement oublié que tous les Belges n'étaient pas francophones. Je ne sais plus de quoi nous avons parlé, mais le temps est passé très vite. Moi qui étais pressée d'arriver à destination, je maudissais les inventeurs des trains à grande vitesse.

Quelques minutes avant l'arrivée, Koen, c'est son prénom, m'a tendu sa carte de visite et m'a dit de ne pas hésiter à l'appeler. Je lui ai répondu que je n'oserais pas l'appeler, alors il a noté, sur un bout de serviette en papier, mon numéro de portable. A côté du numéro, il n'a pas écrit mon nom, que je lui avais pourtant donné, mais a dessiné une étoile… tout en me souriant.

Aujourd'hui, voilà quelques jours déjà que nous nous connaissons. Il m'a fait découvrir Bruxelles. Nous avons vu plusieurs fois la Grand'Place². Mon hôtel se trouve à peine à cinq minutes à pied. C'est magique et vraiment magnifique ! Je flâne parfois dans les galeries royales³. La journée, je visite les musées, je pars à la recherche de l'Art Nouveau⁴, je mange du chocolat (et je dois t'avouer que les chocolats belges, c'est un vrai bonheur !), mais j'attends surtout que Koen m'appelle pour me dire à quelle heure il pourra se libérer. Il est graphiste dans une agence de publicité située en plein centre-ville.
Aujourd'hui, c'est différent. Il m'a invitée chez lui, à Gand, à 30 minutes de Bruxelles. Sur le guide que j'ai acheté, on dit que c'est une jolie ville médiévale⁵. J'ai hâte d'y être, de la découvrir ! Je prends le train dans une heure.

Voilà, ma chère Marion ! Comme tu peux l'imaginer, je suis très heureuse et je n'ai pas trop envie de rentrer en France, sauf pour te revoir, bien sûr ! Pour l'instant je profite… Et toi, comment vas-tu ? Que fais-tu ? On s'appelle dès mon retour ?
En attendant je t'embrasse… Amicalement

Élise

1 **Thalys :** nom du train à grande vitesse (TGV) qui fait le trajet Paris-Bruxelles.
2 **Grand'Place :** place principale de Bruxelles.
3 **galeries royales :** ensemble de galeries marchandes, situé dans le vieux Bruxelles.
4 **Art Nouveau :** courant artistique qui date des années 20 du XXᵉ siècle.
5 **médiéval :** qui date du Moyen Âge.

2. Quel est le motif de son voyage ?

.... •····

Justification : ....

3. Que fait-elle ? Quelles sont les activités dont elle parle ?

....

....

Justification : ....

....

....

activité 69   Quel est l'opinion générale d'Élise sur ses vacances ?

L'avis d'Élise sur ce séjour est :
❏ négatif ❏ positif ❏ plutôt neutre

Justification : ....

....

....

activité 70   Quel est l'événement important du voyage d'Élise ?

1. ....

Retrouvez dans la lettre les circonstances de cet événement.

2. Le lieu précis : ....

3. Le moment : ....

activité 71   Relevez dans la lettre d'Élise les informations au sujet de Koen. Aidez-vous de la grille.

Recherchez les renseignements sur Koen	Vos réponses
Son physique.	
Ses traits de caractère.	
Son lieu de résidence.	
Son activité professionnelle et son lieu de travail.	

activité 72   Cochez la bonne réponse et citez le passage de la lettre qui la confirme.

Quelle est l'impression d'Élise sur son trajet en train ?
Ce voyage lui a paru :
❏ **a.** très long et fatiguant   ❏ **b.** un peu trop long, mais agréable
❏ **c.** rapide et très confortable   ❏ **d.** presque trop court et plutôt agréable

Justification : ....

....

ILLUSTRATION LÉONIE SCLOSSER

Pertuis breton
5 km
Phare des Baleines *
Saint-Clément-des-Baleines
Ars-en-Ré
Loix-en-Ré
Saint-Martin-de-Ré
La citadelle
La Flotte
Fort de la Prée
Île de Ré
Huîtrière *
Le Bois-Plage-en-Ré
Sainte-Marie-de-Ré
Plage de Sablanceaux
Musée du Nouveau-Monde
Musée maritime
*Tours
LA ROCHELLE
Pertuis d'Antioche

Cycles & Pêche

Incontournable, la boutique de location de vélos d'Ars-en-Ré

Où se renseigner

Maison de la Charente-Maritime
85, bd de la République, 17076 La Rochelle Cedex 9, tél. 05 46 31 71 71 et www.charente-maritime.org

Office du tourisme de La Rochelle
Le Gabut, 17025 La Rochelle Cedex 01, tél. 05 46 41 14 68 et www.larochelle-tourisme.com

Ile de Ré tourisme
Bp 28. 17580 Le Bois-Plage-en-Ré, tél. 05 46 09 00 55 et www.iledere.fr

Saint-Martin, « capitale » de l'île de Ré.

Où se loger, se restaurer

À La Rochelle
– LES QUATRE SERGENTS.
Au cœur de la vieille ville, cette demeure du XIXᵉ siècle est une valeur sûre. Cuisine traditionnelle et créative. Menu à partir de 15 €. 49, rue Saint-Jean-du-Pérot, tél. 05 46 41 35 80.
– LE BAR ANDRÉ.
Ce restaurant fondé en 1947 est une véritable institution. Au menu : du poisson et encore du poisson. Menu à partir de 34 €. 5, rue Saint-Jean-du-Pérot, tél. 05 46 41 28 24.

– HÔTEL DE LA MONNAIE***.
Chambres soignées et calmes mais impersonnelles. Une belle bâtisse cependant. Ch. double à partir de 95 €. 3, rue de la Monnaie, tél. 05 46 50 65 65.
– HÔTEL SAINT-JEAN-D'ACRE***. Sur le vieux port, un lieu plein de charme et de gentillesse. Chambre double à partir de 100 €. 4, pl. de la Chaîne, tél. 05 46 41 73 33.

Sur l'île de Ré
– ATALANTE***. L'endroit vaut mieux pour son excellente table que pour ses chambres à la déco aseptisée. Chambre double à partir de 130 €. Sainte-Marie-de-Ré, tél. 05 46 30 22 44.
– L'OCÉAN**. Un hôtel où bon goût rime avec courtoisie et une table qui vaut le détour. Belle adresse. Chambre double à partir de 70 €. 172, rue Saint-Martin, Le Bois-Plage-en-Ré, tél. 05 46 09 23 07.
– LE CHAT BOTTÉ**. Joli hôtel à la déco boisée. En face, une des meilleures tables de l'île. Chambre double à partir de 72 €. Place de l'église, Saint-Clément-des-Baleines, tél. 05 46 29 21 93.

À faire

La Rochelle en deux-roues
Réputée première ville écologique de France, La Rochelle a depuis longtemps innové en la matière : premier quartier piétonnier de France, voitures électriques, réduction de la circulation automobile, etc. Emblèmes de cette politique, les vélos jaunes, que l'on peut emprunter sur le vieux port pour visiter la ville à son rythme.

À ne pas manquer

L'huîtrière de Ré
La folie des huîtres

Jeunes ostréiculteurs amoureux de leur activité, Brigitte et Tony Berthelot, tous deux Rétais de très vieille souche, proposent de mieux faire connaître l'ostréiculture grâce à des visites guidées de leur site d'exploitation. Au programme, film, musée miniature et conférence de cet historiographe qu'est Tony et qui vous raconte l'huître de la préhistoire à nos jours : « C'est mon travail que je voulais faire découvrir », s'enthousiasme-t-il, en montrant qu'il y a derrière tout cela une histoire très ancienne. Car, si l'ostréiculture n'est présente sur l'île de Ré que depuis le XIXᵉ siècle, la Charente-Maritime reste quand même le berceau de cette activité. *L'huîtrière de Ré, La maison neuve, 17590 Ars-en-Ré, tél. 05 46 29 44 24.*

Musée du Nouveau-Monde
La grande traversée

Ruiné après la défaite de 1628, le commerce rochelais connut un nouvel essor au XVIIIᵉ siècle, avec le peu reluisant « commerce triangulaire », entre l'Afrique, la France et les Amériques. Dans un bel hôtel particulier de la même époque, les collections du musée du Nouveau-Monde racontent les rapports entre la ville et le nouveau continent. Traite des esclaves bien sûr, mais aussi peuplement du Canada par les Charentais dès le XVIᵉ siècle. Quelques très belles pièces à relever, comme cette *Mascarade nuptiale*, hypnotisant tableau d'un certain Roza, représentant des esclaves brésiliens nains à la cour du roi de Portugal. *10, rue Fleuriau, 17000 La Rochelle, tél. 05 46 41 46 50.*

2- Lire pour s'orienter

Dégager des informations pour se préparer à agir

activité 73 Le document ci-contre a été rédigé pour :

❏ a. faire de la publicité pour un séjour au bord de la mer
❏ b. renseigner des personnes voulant voyager en Charente-Maritime
❏ c. critiquer les hôtels et les restaurants de la région
❏ d. faire connaître l'histoire de la Charente-Maritime aux lecteurs de *Notre Temps*

activité 74 La Charente-Maritime est située :

❏ a. au nord de la France
❏ b. au sud de la France
❏ c. à l'est de la France
❏ d. à l'ouest de la France

activité 75 Quels sont les différents types d'informations donnés dans le document ?

....
....
....
....
....

activité 76 Relisez le texte et dites si ces expressions donnent un avis positif, négatif ou partagé.

Expression utilisée pour décrire un établissement (hôtel ou restaurant)	Avis		
	positif (+)	négatif (–)	partagé (+ –)
1. C'est une valeur sûre			
2. C'est un lieu plein de charme			
3. L'endroit vaut mieux pour son excellente table que pour ses chambres			
4. L'hôtel à la déco aseptisée			
5. Ce restaurant est une véritable institution			
6. Un hôtel où bon goût rime avec courtoisie			
7. Un hôtel qui propose des chambres soignées et calmes mais impersonnelles			

activité 77 Répondez.

1. Pourquoi Tony Berthelot a-t-il décidé de faire visiter son exploitation ?
....
2. Que propose-t-il pendant cette visite ?
....
3. Est-ce à l'île de Ré qu'on a inventé l'élevage d'huîtres ? Citez le passage du document qui justifie votre réponse.
❏ oui
❏ non

Justification : ....

....

4. Quel est le nom du village où se situe l'exploitation de Brigitte et Tony Berthelot ?

....

5. Comment appelle-t-on une personne qui élève les huîtres ?

....

activité 78 Répondez.

1. Quel est l'objectif du musée du Nouveau-Monde ?

....

2. Quelle a été la raison du renouveau de l'activité commerciale de La Rochelle au XVIIe siècle ?

....

3. De quelle époque date le bâtiment occupé par le musée ?

....

4. Qu'est-ce que la *Mascarade nuptiale ?*

....

Comprendre un texte pour agir

activité 79

Situation

Vous venez de gagner un séjour en France et, avec vos trois amis, vous voulez passer deux ou trois jours en Charente-Maritime, mais vous hésitez entre La Rochelle et l'île de Ré. Tout d'abord, vous souhaiteriez trouver des sites Internet qui donnent des renseignements complémentaires sur ces destinations. Vous désirez également visiter les lieux sans avoir à utiliser les transports en commun tels que bus ou taxis, la bicyclette vous semble un moyen de locomotion idéal. Par ailleurs, deux d'entre vous sont plutôt amateurs de voyages culturels tandis que les deux autres préfèrent de loin les visites gourmandes à la nourriture de l'esprit. Enfin, vous aimeriez descendre dans un bel hôtel où l'on mange correctement, mais qui se trouve en même temps à proximité des restaurants de bonne qualité.

Pour chacune des destinations et pour chacun des critères, mettez une croix (X) dans la case « Convient » ou « Ne convient pas ».

Critères	La Rochelle		L'île de Ré	
	Convient	Ne convient pas	Convient	Ne convient pas
1. Trouver des renseignements complémentaires sur l'Internet.				
2. Découvrir l'histoire de la région de Charente-Maritime.				
3. Se déplacer à bicyclette.				
4. S'installer dans un hôtel situé à proximité d'un très bon restaurant.				
5. Pouvoir déguster des fruits de mer directement chez le producteur.				

activité 80

Situation

Jean-Pierre et Régine sont un couple à la retraite : ils ont beaucoup de temps et adorent voyager. Cette année, ils ont envie de passer une semaine en Charente-Maritime avec leurs petits enfants : Laurent, 6 ans et Camille, 18 mois. Ils recherchent un endroit calme, au bord de la mer et consultent une sélection de locations sur La Rochelle et l'île de Ré pour choisir leur lieu de séjour. L'idéal pour eux serait de trouver deux chambres indépendantes, avec salle de bain et toilettes, à proximité de la plage. Ils souhaiteraient également disposer d'un jardin et d'une place de stationnement gratuite pour leur voiture. Le prix pour une nuit en chambre double ne devrait pas dépasser 50 euros, petit déjeuner compris. Jean-Pierre et Régine hésitent entre quatre locations.

La Rochelle	Île de Ré
« BAYLE » **En ville** Dans le quartier St. Éloi, proche canal, **petit pavillon indépendant** de plein pied donnant sur jardin, comprenant : **chambre 30 m²** avec lit 140 + canapé lit 1 pers. + TVC* + réfrigérateur, salle d'eau (w.-c.) privée. **Terrasse privée.** Parking clos dans la propriété. **Possibilité lit bébé.** Nuitée pour 2 pers. Pt. déj. inclus : 50 € Lit supplémentaire : 20 €	**« Côte Ouest »** **Saint Clément des Baleines** La propriétaire vous accueille **dans sa maison,** au milieu d'un grand parc fleuri. Elle vous propose **des chambres doubles** avec cabinet de toilette (douche et W.-C. communs). Vous pouvez prendre votre petit déjeuner avec **confitures « maison »** sur la terrasse et profiter d'une belle plage accessible à pied, à 250 mètres. Nuitée pour 2 pers. : 52 € Petit déjeuner : 5 € Parking municipal payant. Tennis et golf à 6 km.
« Au Paradis » **Lagord** À 3 km de La Rochelle, 5 km de l'île de Ré, dans maison à l'étage : **chambre 12 m²** avec lit 140 et lavabo, **chambre 16 m²** avec lit 160 et TVC, salle de bain et W.-C séparés en commun aux deux chambres. À disposition : **salon TV, bibliothèque, jardin clos, terrasse, piscine.** Parking privé dans la propriété. **Possibilité lit bébé.** Nuitée pour 2 pers. pt. déj. inclus : 55 €	**« CARLOT »** **Sainte-Marie-de-Ré** À 5 minutes à pied de la côte, par chemin longeant les plages, les propriétaires vous reçoivent dans leur **maison de charme** – jardin clos, accès indépendant, vue sur l'océan : 2 chambres pour 2 pers. + salon avec sdb et W.-C privés, parking assuré. Petit déjeuner copieux (pain cuit tous les jours et confitures maison). Nuitée pour 2 pers. avec pt. déj. : 60 € Forfait pour 4 pers. : 100 €, pt. déj. inclus

* **TVC :** télévision par câble.

Pour chacune des locations et pour chacun des critères, mettez une croix (X) dans la case « Convient » ou « Ne convient pas ».

Critères	La Rochelle		Île de Ré	
	Convient	Ne convient pas	Convient	Ne convient pas
	« BAYLE »		« Côte Ouest »	
a. Proximité de la plage				
b. Chambres indépendantes				
c. Sanitaires réservés aux visiteurs				
d. Possibilité d'utiliser le jardin				
e. Place de stationnement				
f. Tarif				
	« Au Paradis »		« CARLOT »	
a. Proximité de la plage				
b. Chambres indépendantes				
c. Sanitaires réservés aux visiteurs				
d. Possibilité d'utiliser le jardin				
e. Place de stationnement				
f. Tarif				

3- Lire pour s'informer et discuter

L'art de communiquer
L'art de communiquer en français

France Gazette[1]
en français tout simplement
www.francegazette.com

CULTURE

Littérature :

Hommage à
Jules Vernes, éternel
donneur de rêves

Cinéma :

Comme une image
Film français, 2004

Réalisation :
Agnès Jaoui
Scénario et dialogues :
Agnès Jaoui
Jean-Pierre Bacri
Image :
Stéphane Fontaine
Décors : Olivier Jaquet
Montage :
François Gedigier

Lolita : Marilou Berry
Sylvia : Agnès Jaoui
Étienne : Jean-Pierre Bacri
Pierre : Laurent Grevill

Beaux Arts :

Sortie de l'ombre de
Rodin, Camille Claudel va
avoir pignon sur rue

CULTURE

FILM
Mars 2005
Comme une image d'Agnès Jaoui

Le couple Jean-Pierre Bacri - Agnès Jaoui n'en finit pas de nous surprendre. On avait encore dans la bouche la saveur du *Goût des autres* (1999) et voilà que cette fois avec *Comme une image* (sortie en salles sept. 2004), Jaoui propose un film sur le pouvoir et la soumission. Sous l'apparence d'une comédie au ton juste, ce qu'elle montre est ingrat, cruel et parfois amer.

La première scène donne le ton : Paris gronde derrière les vitres du taxi dans lequel Lolita, jeune fille de vingt ans aux kilos superflus, est assise à l'arrière, seule. Elle va rejoindre son père. Le chauffeur de taxi est d'une grossièreté et d'une impolitesse sans bornes[2] envers la pauvre Lolita. Celle-ci semble écrasée et dépassée par cette rudesse et indifférence totale. Mais il suffit que son père, aussi goujat[3] que le chauffeur, rentre dans le taxi pour que tout change, pour qu'enfin le chauffeur soit aimable et se fasse tout petit devant celui qui semble être plus fort que lui. Tout est dit : « il n'y a pas de maître sans esclave » est le leitmotiv[4] qui se décline tout au long du film.
Lolita est une jeune fille un peu immature et complexée par son corps. Son père, Étienne Cassard, est un célèbre écrivain et éditeur influent que tout le monde cherche à approcher, même s'il est ultra-égocentrique et doué d'une capacité à ridiculiser quelqu'un en un seul mot. Mais c'est sans doute le prix de la gloire que certains sont prêts à payer : Cassard peut faire d'un écrivain une star du jour au lendemain. Lolita souffre du fait que personne ne semble l'apprécier pour elle-même et qu'on la fréquente uniquement parce qu'elle peut servir d'intermédiaire vers le puissant éditeur. Son père ne semble lui reconnaître aucune grâce, aucun avantage… Plus Lolita recherche son amour, plus celui-ci s'éloigne, mais elle se soumet par peur de lui déplaire. Le réconfort de Lolita se trouve dans la musique classique. Elle chante Mozart, Monteverdi, Schubert…
Un petit monde gravite tout autour d'Étienne Cassard. Mais finalement, ces courtisans se laissent prendre au jeu et deviennent tous le servant d'un autre. Certains tentent cependant, d'une manière ou d'une autre, d'échapper à cette dépendance avec plus ou moins de réussite…
La critique est bien vue, piquante et drôle. On retrouve des personnages au profil psychologique approfondi. Les êtres semblent avoir une difficulté inouïe[5] à communiquer leurs sentiments.
Au fil d'un scénario très bien ficelé[6] (*Comme une image* a d'ailleurs reçu le prix du meilleur scénario à Cannes, en 2004), les personnages évoluent et se rendent attachants. Mais le film ne doit pas sa réussite qu'au texte. Le décor est aussi bien choisi et le spectateur se délecte des couleurs chaudes des soirées d'été à la campagne. Ces prises de vue portent à la fois une tension et une douceur grâce à la lumière qui les traverse. Agnès Jaoui a réussi à les allier avec succès au texte qui, comme une image, nous renvoie à notre propre petit monde.

d'après Valérie Landais

http://www.francegazette.com

1. *France Gazette :* mensuel en ligne
2. **sans bornes :** sans limites (français familier)
3. **goujat :** grossier personnage
4. **leitmotiv :** thème qui revient, comme un refrain dans une chanson
5. **inouï :** étonnant, extraordinaire
6. **ficelé :** construit (français familier)

Comprendre le contenu du document

activité 81   Lisez le document. *France Gazette* est un journal :

     ❑ a. que l'on peut acheter dans un kiosque à journaux

     ❑ b. qui est publié sur l'Internet

     ❑ c. que l'on achète uniquement par correspondance

activité 82   Dans quelles rubriques de *France Gazette* trouve-t-on l'article sur le film d'Agnès Jaoui ?

Rubrique : ....

Sous-rubrique : ....

activité 83   Au moment de la publication de l'article (mars 2005), le film intitulé *Comme une image* est :

     ❑ a. l'avant-dernier film de la réalisatrice

     ❑ b. son premier long métrage

     ❑ c. son dernier film sorti en salles

     ❑ d. le dernier film de sa carrière de cinéaste

activité 84   Selon l'auteure de l'article, *Comme une image* est :

     ❑ a. une comédie

     ❑ b. un drame

     ❑ c. un mélange des deux

Justification : ....

....

....

....

....

activité 85   Retrouvez les différentes activités effectuées par Agnès Jaoui pour ce film.

     ❑ a. Elle s'est occupée de la direction des acteurs.

     ❑ b. Elle a co-écrit l'histoire qu'il raconte.

     ❑ c. Elle a participé à la conception des décors.

     ❑ d. Elle a décidé de jouer l'un des personnages.

activité 86   Relisez l'article et repérez...

1. ...pour le personnage de Lolita Cassard :

     a. une information au sujet de son apparence physique : ....

     b. deux traits de sa personnalité : ....

     c. une activité qu'elle aime pratiquer : ....

     d. le nom de l'actrice qui joue ce rôle : ....

2. ...pour le personnage d'Étienne Cassard :

    a. deux informations concernant ses activités professionnelles : ....

....

    b. trois expressions ou passages qui définissent son statut social : ....

....

    c. deux traits de son caractère : ....

....

    d. le nom de l'acteur qui interprète ce personnage : ....

3. ...le type de relation entre ces deux personnages :

....

4. ...quelle est l'attitude du chauffeur :

    a. envers Étienne :

....

    b. envers Lolita :

....

activité 87 Citez une phrase qui illustre la nature de la relation qu'entretiennent les deux personnages principaux du film : Lolita et Étienne Cassard.

Phrase citée :

....

....

activité 88 Pour chacun des aspects du film listés ci-dessous, l'avis de l'auteure de l'article est-il positif ou négatif ?

Cochez la case correspondant à votre réponse et inscrivez dans la colonne « Justification » le passage de l'article qui convient.

Aspect du film	Avis positif	Avis négatif	Justification
La vision de la société			....
Les scénario			....
Les décors			....
L'image			....

activité 89 Voici une expression qui illustre le thème du film :

« Avec *Comme une image,* Jaoui propose un film <u>sur la soumission et le pouvoir</u>. »

Retrouvez dans l'article une expression de même sens.

....

4- Lire des instructions

Mr. BRICOLAGE
On peut compter sur lui

Les archives des magazines Mr. Bricolage
Les Fiches Magazine

PISCINE : MODE D'EMPLOI

Extrait magazine n° 41 : Juin/Juillet 2001

La piscine est un lieu de détente par excellence. Mais une piscine agréable se mérite. Et il ne serait pas honnête de dire qu'elle ne demande pas de soins ; elle exige au contraire un entretien qui demande du temps et de l'attention. De quoi s'occuper pendant une bonne journée !

Les produits miracles, les appareils qui font tout tout seuls n'existent pas ! Une piscine est avant tout une pièce d'eau comme une autre, et l'eau est un support de vie… qui ne demande qu'à la favoriser sous toutes ses formes, y compris celles qui rendent vite une piscine impropre à la baignade.

La notion d'eau « pure » et parfaitement équilibrée, sans micro-organismes, sans algues, sans bactéries est pour ainsi dire contre nature. Elle relève aussi un peu de l'utopie et c'est pourtant le but à atteindre si l'on veut une eau claire et saine.

La filtration

Il n'est pas question d'étudier ici le système de filtration lui-même mais d'insister sur la nécessité du nettoyage de celui-ci. Un petit coup d'œil chaque jour ne nuira jamais.

Un filtre colmaté est un filtre… qui ne filtre plus rien. L'ennemi, ici, est le calcaire qui bouche le filtre. Pour éviter cela, on utilise un produit détartrant, spécialement conçu à cet usage. L'opération n'est guère compliquée, puisqu'il suffit de verser la solution concentrée dans le corps du filtre, de le remplir d'eau et de laisser agir quelques heures, puis de rincer abondamment. Il faut le faire deux fois par an au minimum, l'une pour l'hivernage, l'autre en milieu de saison. Le même genre d'opération est à envisager pour les canalisations, si l'eau est très calcaire.

La ligne d'eau

C'est la limite qui se situe entre la surface de l'eau et les parois de la piscine, souvent juste en dessous de la margelle[1]. C'est là que se fixent le tartre et les dépôts graisseux, ferreux et de magnésium. Pas d'autre solution que la brosse, avec un bon détartrant et un gel dégraissant. Plus on espace les nettoyages, et plus les dépôts sont tenaces à éliminer ! Un petit nettoyage quotidien ne demande que quelques minutes, alors qu'il faut des heures si on laisse le tartre et les graisses s'accumuler.

Les algues

La contamination d'une piscine par les algues peut se faire de mille façons. Mais il n'y en a qu'une pour s'en débarrasser : les algicides. La lutte doit de plus être constante, et si l'on n'y prend pas garde, les algues reviennent toujours. Car en plus, il n'y a pas qu'une algue, mais « des » algues : algue verte flottante qui fait virer l'eau au vert, rend les parois laiteuses et glissantes ; algue jaune qui gagne prioritairement les parois à l'ombre, très résistante ; algue noire qui s'établit en couches successives et résiste souvent de ce fait à plusieurs nettoyages.

On ne saurait trop conseiller l'utilisation de produits anti-algues préventifs et actifs, également, contre les mycoses[2], vecteur[3] bien connu de contamination.

Et la sécurité avant tout !

La piscine n'est pas complètement une pièce d'eau comme les autres, dans la mesure où il est relativement difficile d'en sortir. Un jeune enfant qui tombe à l'eau, même en sachant un peu nager, peut paniquer et ne pas parvenir à rejoindre une échelle.

Il est donc indispensable d'établir une clôture de protection autour de la piscine. Certains fabricants se sont penchés sur ce problème et proposent des clôtures discrètes et pas excessivement hautes (1m20). Le portillon est l'élément de sécurité majeur. Optez pour un modèle à ferme-porte automatique, sans poignée, que seul un adulte puisse ouvrir, avec une clé, la serrure étant placée côté piscine pour que de petites mains ne l'ouvrent pas.

En complément, notez qu'il existe aussi des détecteurs électroniques de passage ou de chute, donnant immédiatement l'alarme dans la maison en cas d'accident.

Tous les conseils et bien d'autres vous attendent dans les magasins Mr. Bricolage !

http://www.mr-bricolage.fr/modules/espconseil/fiches_magazine/Mb41-09.html

1 **margelle :** une assise en pierre qui forme le rebord d'un puits ou d'une piscine
2 **mycose :** problème de peau provoqué par des champignons
3 **vecteur :** élément qui transmet la contamination

Comrendre la situation

activité 90 Ce document a été rédigé pour :

❏ **a.** donner des conseils aux propriétaires de piscines
❏ **b.** faire de la publicité pour les piscines
❏ **c.** parler de l'utilisation des piscines privées en France
❏ **d.** faire de la publicité pour la chaîne des magasins Mr. Bricolage

activité 91 Lisez le texte, vérifiez si les affirmations correspondent ou non à ce que vous avez lu.

1. Tout le monde souhaite que l'eau de piscine soit de qualité irréprochable.
❏ vrai
❏ faux

2. Il y a actuellement sur le marché des produits d'entretien pour piscines qui évitent aux propriétaires tout l'effort.
❏ vrai
❏ faux

3. La piscine est une pièce d'eau comparable à une salle de douche, aussi bien au niveau de l'entretien que de la sécurité.
❏ vrai
❏ faux

4. Il faut absolument construire autour de la piscine une clôture équipée d'une porte fermant à clé.
❏ vrai
❏ faux

Identifier les informations à rechercher dans le document

activité 92 Vous avez une piscine à entretenir. Que devez-vous faire ?

1. Combien de fois par an devrez-vous nettoyer le filtre et les canalisations ?
....

2. À quelle époque de l'année ?
....

3. En combien d'étapes allez-vous procéder au nettoyages du filtre et des canalisations ?
....

4. Pour nettoyer les parois au niveau de la surface de l'eau, on utilise :
a. combien d'outils ? ....
b. combien de produits ? ....

activité 93 Répondez.

1. Quel est l'ennemi principal de votre piscine ?
....

2. Quel est le nom de cette forme de contamination qui se dépose principalement sur les parois de la piscine situées du côté non ensoleillé.

....

3. Quels produits permettent de lutter contre ce problème ?

....

activité 94

1. Indiquez le nom d'une installation qui permet de surveiller la piscine à distance, afin d'éviter les accidents.

....

2. Trouvez quatre caractéristiques d'un portail de clôture pour piscines, conseillé par Mr. Bricolage.

a. ....

b. ....

c. ....

d. ....

3. Repérez l'expression utilisée pour qualifier une piscine que l'on ne peut pas utiliser, par exemple à cause de la mauvaise qualité de l'eau.

....

4. Retrouvez un autre terme utilisé dans le texte pour désigner le calcaire.

....

activité 95   **Selon les informations données dans le texte, trouvez…**

1. les raisons qui empêchent un filtre colmaté de filtrer :
   ❑ a. le calcaire
   ❑ b. l'usure qui vient avec le temps
   ❑ c. un défaut de fabrication
   ❑ d. le colmatage par les algues

2. les raisons qui empêchent les parois de la piscine de se salir au niveau de la surface de l'eau :
   ❑ a. les micro-organismes
   ❑ b. les produits chimiques utilisés pour le nettoyage
   ❑ c. le nettoyage effectué tous les jours
   ❑ d. des substances présentes dans l'eau comme par exemple le fer

3. les raisons qui empêchent de faire disparaître les algues :
   ❑ a. effort permanent d'entretien
   ❑ b. nettoyages irréguliers
   ❑ c. non-utilisation de produits adaptés
   ❑ d. utilisation régulière de produits spécifiques

Dégager des informations utiles pour agir

Situation

Nous sommes le 15 juin. Laurent vient d'installer une piscine dans le jardin de sa maison de campagne. Dans la région où se trouve sa résidence secondaire, l'eau est très calcaire. Par ailleurs, cet été, son frère Thomas viendra lui rendre visite en août et restera deux semaines avec ses enfants : Camille, deux ans et Matéo, cinq ans. Laurent est en train de rédiger une fiche-mémoire concernant l'entretien de sa piscine et les équipements à installer avant l'arrivée de ses neveux.

Complétez la fiche-mémoire de Laurent :

La piscine

1. Avant l'arrivée de Thomas, commander et faire installer :
a. ....
b. ....
c. ....

2. Pour anticiper la contamination par les algues, il est indispensable d'acheter :
....

3. Pour que les parois restent propres, tous les jours, je dois utiliser :
a. ....
b. ....
c. ....

4. Pour procéder au nettoyage du filtre et des canalisations avec mon produit, il me faut :
a. le .... dans ....
b. les ....
c. ....
d. les ....

ÉPREUVES TYPES

➤ Activité 97

Situation

Vous souhaitez passer un mois de vacances en France et en profiter pour perfectionner votre français dans le but de vous préparer à un diplôme de niveau B2.

Vous voulez suivre un cours de français (une demi-journée) et disposer d'un logement indépendant.

Par ailleurs, vous désirez consacrer l'autre demi-journée à des activités de votre choix : pratique de la natation (votre sport favori), visite des lieux connus, découverte de la gastronomie française, rencontres avec des habitants de la région et toute autre manière de multiplier les occasions de parler français.

Vous hésitez entre les deux organismes suivants

Agence de Français Langue Étrangère
« Atalante Innovations »
à Limoges (Limousin)

Activités pédagogiques :

Cours de **langue** tous niveaux, de **A1** à **C2** :
– **extensifs** (10H00 – 12H00 ou 14H00 – 16H00)
– **intensifs** (10H00 – 12H00 et 14H00 – 16H00).
Sessions : **2,3, 4, 6** et **8 semaines**, renouvelables.
Préparation aux examens proposés par le centre.

Certifications :

DELF et **DALF** (tous niveaux).
Diplômes d'**Atalante Innovations** (niveaux A2, B2, C2).

Hébergement :

Au choix :
– **résidence universitaire** (chambres doubles),
– **chambre chez l'habitan**t (pension complète ou demi-pension).

Activités culturelles et loisirs :

Dégustation de **produits locaux** dans les restaurants des environs et les fermes limousines. **Visite de la région**.
En soirée : sorties **cinéma** et **spectacles, atelier chanson** animé par des chanteurs professionnels invités par le centre.
Sur le campus : médiathèque, cinémathèque, cybercafé, salle de sport, terrains de tennis, foyer-bar, salle de spectacles, piscine.

Contact avec les francophones :

Sur le campus universitaire, **deux clubs** : « **échange-langue** » (échange d'heures de conversation avec les Français) et « **rencontres** » (pour entrer en contact avec les étudiants de l'université de Limoges).

ÉCOLE INTERNATIONALE DE L'ALLIANCE FRANÇAISE DE PARIS
(Île-de-France)

Activités pédagogiques

Français général tous niveaux de A1 à C2 :
– extensifs de 2h/jour (matin et après-midi : plusieurs horaires possibles)
– intensifs de 4h/jour (au choix : matin ou après-midi)
Sessions : de 2 semaines ou mensuelles, renouvelables.
Préparation aux diplômes de l'Alliance Française, DELF et DALF (tous niveaux)

Certifications

Diplômes de l'Alliance Française (tous niveaux).
DELF (niveaux A1 à B2).
Attention : pour le lieu de passation du DALF, nous consulter.

Hébergement

Plusieurs formules :
en hôtels de tourisme, dans un foyer d'étudiants
(chambres de 1, 2, 3 personnes) ou en studio en ville.

Activités culturelles et loisirs

Activités culturelles: visites organisées de Paris, excursions en Île-de-France
le week-end, découverte des spécialités de différentes régions : le célèbre
« Tour de France en 40 plats » animé par une équipe de jeunes chef cuisiniers.

Équipements : centre de ressources multimédia, espace Internet, vidéoclub, cafétéria,
salle de sport (à deux pas de l' école).

Contact avec les francophones

Notre service social met en relation les étudiants de l'école avec des Parisiens
(nombreuses activités : échange de conversation, visites, sorties,
activités sportives...)

Exercice

Pour chacun des centres de langue, et pour chacun des critères, mettez une croix (X) dans la case « offre adaptée » ou « offre non adaptée ».

	Agence de Français Langue Étrangère « Atalante Innovations » à Limoges		École Internationale de l'Alliance Française de Paris	
	Offre adaptée	Offre non adaptée	Offre adaptée	Offre non adaptée
Horaires de cours				
Préparation à un diplôme niveau B2				
Logement indépendant				
Pratique de la natation				
Rencontres avec les habitants de la région				

➤ Activité 98

3 QUESTIONS *à Gérard Lacoste, de l'Iaurif*

Acheter son logement ?
Attention au « taux d'effort »

L'enquête « logement » de l'Insee a lieu tous les quatre ans. Quelle est la nature de la crise ?
Je parlerai de panne du logement. Il y a une crispation sur les « entrants » dans le marché immobilier francilien. Notamment les jeunes ou les provinciaux qui veulent s'installer à Paris. Pour ceux qui sont déjà logés, la qualité des logements n'a cessé de s'améliorer depuis 50 ans. Je suis mieux logé que mes parents. Mais mes enfants ? Je ne suis pas sûr qu'ils trouveront en Ile-de-France un logement correspondant à leurs revenus en début de vie.

Une famille parisienne qui veut s'agrandir peut-elle se reloger à Paris ?
Lorsqu'une famille veut déménager, elle choisit de plus en plus d'acheter son logement. Mais les situations des accédants sont très contrastées. On constate un embourgeoisement des accédants récents [qui ont acheté depuis moins de 4 ans] et, pour les accédants les plus modestes, un « taux d'effort » [la part des revenus consacrée au logement] qui atteint des niveaux insupportables, jusqu'à 35% des revenus.

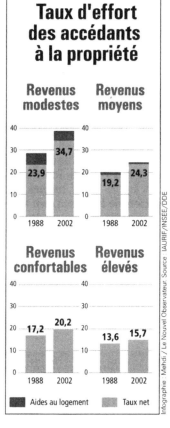

Taux d'effort des accédants à la propriété

(Aides au logement / Taux net ; années 1988 et 2002)

Revenus modestes : 23,9 (1988) ; 34,7 (2002)
Revenus moyens : 19,2 (1988) ; 24,3 (2002)
Revenus confortables : 17,2 (1988) ; 20,2 (2002)
Revenus élevés : 13,6 (1988) ; 15,7 (2002)

Infographie Mehdi / Le Nouvel Observateur Source IAURIF/INSEE/DDE

Pourtant, dans vos tableaux, le « taux d'effort » des accédants bouge peu depuis 1988.
Il s'agit de moyennes trompeuses. Dans le détail, on s'aperçoit que les candidats à l'accession sont nettement plus aisés que le ménage moyen d'Ile-de-France [ils gagnent 44% de plus], ils ont donc un apport personnel plus important, empruntent moins et à des taux d'intérêt beaucoup plus bas qu'en 1988. Malgré la hausse des prix, leur taux d'effort à eux est plutôt à 15 ou 16%. Et ils tirent la moyenne vers le bas.

Et les locataires ?
Les locataires récents [moins de 4 ans] du secteur libre ont fait la preuve de leur solvabilité. Et on s'aperçoit que le logement pèse plus sur leurs revenus qu'en 1988. Notre enquête s'arrête pourtant en 2002, c'est-à-dire à la fin de l'embellie économique qu'a connue l'Ile-de-France. Depuis, le chômage s'est accru dans la région, et les tendances à la hausse du logement ont été confirmées : on peut estimer que le taux d'effort des locataires a augmenté de 2% depuis 2002. Le loyer représente donc environ 25% des revenus dans le secteur libre et 20% en HLM.

■ **Recueilli par CRL**

IAURIF : Institut d'aménagement et d'urbanisme de la région d'Ile-de-France.

18 PARIS*Obs* DU 18 AU 24 NOVEMBRE 2004

Le Nouvel Observateur Paris Île-de-France

Lexique :
INSEE : Institut national de la statistique et des études économiques
crispation : mouvement d'irritation, d'impatience, tension, conflit
accédant (à la propriété) : ici, acheteur
apport personnel : ici, la somme d'argent que l'on peut investir immédiatement au moment de l'achat
taux d'intérêt : pourcentage annuel à payer pour une somme empruntée
solvabilité : possibilité, capacité de payer (par exemple ses dettes, son crédit…)
HLM : habitations à loyer modéré ; logements aux loyers peu coûteux, construits par les pouvoirs publics et réservés aux personnes qui ont des revenus peu élevés

Lisez le texte ci-dessus, puis répondez aux questions des exercices suivants, en cochant (X) la bonne réponse, ou en écrivant l'information demandée.

Exercice 1

Ce document a pour but :

❑ de prévenir les lecteurs des risques qu'entraîne l'achat d'un logement, selon le niveau des revenus ;

❑ d'informer sur l'évolution des conditions d'achat et de location d'un logement, en fonction des revenus ;

❑ d'encourager le public plutôt riche à acheter et les lecteurs plus modestes à louer un logement.

Exercice 2

Citez d'après le texte :

a. le nom complet de l'institution qui étudie, entre autres, l'évolution du parc immobilier de la région parisienne

....

....

b. le terme utilisé dans l'article pour désigner la partie du salaire mensuel destinée à payer le logement

....

c. deux raisons qui ont provoqué l'augmentation des frais de location d'un logement entre 2002 et 2004 en Île-de-France

....

....

Exercice 3

1. Dans l'article, Gérard Lacoste craint :
   ❑ a. que, dans les années qui viennent, les jeunes ne puissent plus acheter de logement aussi facilement qu'avant 2002 ;
   ❑ b. qu'à l'avenir, les jeunes ménages ne trouvent plus de logement au moment voulu ;
   ❑ c. que les futurs jeunes acheteurs demandent des logements de plus en plus grands.
2. Selon les statistiques :
   ❑ a. plus on gagne, plus on paie parce qu'on achète ou loue un logement plus grand ;
   ❑ b. plus on gagne, plus le pourcentage du salaire consacré au logement augmente ;
   ❑ c. plus on gagne, plus le pourcentage des revenus consacré au logement baisse.
3. Selon Gérard Lacoste, les revenus moyens d'une famille qui achète un logement :
   ❑ a. sont inférieurs à ceux d'un ménage moyen de l'Île-de-France ;
   ❑ b. sont supérieurs à ceux d'un ménage francilien moyen ;
   ❑ c. sont égaux à la moyenne générale de la région parisienne.

Exercice 4

Écrivez l'information demandée.

a. En 2002, quel est, en moyenne, le pourcentage des revenus consacré au logement chez les acheteurs les plus riches ?

....

b. Quelle est l'évolution du montant des aides au logement en fonction du salaire des propriétaires ? (**complétez la phrase ci-dessous**)

Plus il augmente, plus elles ....

Exercice 5

Dites si les affirmations suivantes sont vraies ou fausses et justifiez votre choix en citant un passage du texte.

a. Selon Gérard Lacoste, en 2004, quand un ménage décide de changer de logement, il a de plus en plus souvent tendance à louer plutôt qu'à acheter.

❏ vrai

❏ faux

Justification :

....

....

b. En 2004, la partie des revenus mensuels consacrée à payer le loyer est devenue plus importante qu'en 1988.

❏ vrai

❏ faux

Justification :

....

....

....

AUTO-ÉVALUATION

Vous avez fait les activités de compréhension écrite du DELF B1.
À présent, dites :

    1. si vous êtes capable de comprendre globalement un texte écrit ;

    2. si vous savez analyser son contenu ;

    3. si vous pouvez utiliser les éléments compris pour agir ;

    4. quels types de textes vous pouvez lire.

Si vous répondez « pas très bien » ou « pas bien du tout », refaites les activités concernées.

	Très bien	Assez bien	Pas très bien	Pas bien du tout
➤ 1. Comprendre globalement un texte écrit				
Je peux reconnaître sa nature d'après sa forme et sa typographie.	❏	❏	❏	❏
Je peux identifier la situation dans laquelle il a été produit.	❏	❏	❏	❏
Je peux repérer sa source.	❏	❏	❏	❏
Je peux saisir les informations principales.	❏	❏	❏	❏
➤ 2. Analyser le contenu d'un texte				
Je peux identifier les différentes parties du texte et comprendre leurs fonctions.	❏	❏	❏	❏
Je peux comprendre leur articulation.	❏	❏	❏	❏
Je peux dégager les mots clés.	❏	❏	❏	❏
Je peux définir avec précision le sujet traité dans le document.	❏	❏	❏	❏
Je peux repérer des détails en rapport avec les informations principales.	❏	❏	❏	❏
Je peux saisir ses principales conclusions.	❏	❏	❏	❏
➤ 3. Utiliser les éléments compris				
Je peux tirer une conclusion.	❏	❏	❏	❏
Je peux prendre, modifier ou adapter une décision.	❏	❏	❏	❏
Je peux accomplir une action précise.	❏	❏	❏	❏
➤ 4. Lire				
Je peux lire des lettres.	❏	❏	❏	❏
Je peux lire des messages électroniques.	❏	❏	❏	❏
Je peux lire des prospectus (dépliants) informatifs.	❏	❏	❏	❏
Je peux lire de courts documents officiels.	❏	❏	❏	❏
Je peux lire des articles (de presse ou en ligne).	❏	❏	❏	❏
Je peux lire des modes d'emploi.	❏	❏	❏	❏

PRODUCTION ÉCRITE

CHAPITRE 3
ACTIVITÉS D'ÉCRITURE ET DE RÉDACTION DES ÉCRITS

➤ *Description des activités*

Les activités proposées pour le travail de la « rédaction des écrits » sont organisées en trois parties :

1. Correspondance ;
2. Notes, messages et formulaires ;
3. Essais et rapports.

Vous serez invité(e) à rédiger différents types de textes, tels que, par exemple : lettres formelles et informelles, messages électroniques, notes, messages, rapports, brefs articles de journal ou encore pages de journal intime.

Dans l'ensemble, ils appartiennent aux quatre domaines suivants : **personnel, public, professionnel** et **éducatif.**

Afin de développer votre capacité à **produire ces différents types d'écrits,** nous vous proposons un certain nombre d'activités dans lesquelles vous vous entraînerez à :

– identifier le type d'écrit à produire ;
– repérer les indications concernant son contenu ;
– trouver des formulations adaptées ;
– structurer votre texte ;
– le mettre en forme.

➤ *Démarche*

Pour réussir la partie « rédaction des écrits », vous travaillerez à développer votre capacité de rédaction dans le but de bien :

– **identifier la nature du texte à produire,** c'est-à-dire être capable d'identifier le type d'écrit attendu et de repérer les indications précises concernant son contenu ;
– **trouver des formulations adaptées à la situation,** c'est-à-dire pouvoir choisir des formulations adéquates aux idées que vous voulez exprimer et aux destinataires de votre écrit ;
– **structurer votre texte,** c'est-à-dire hiérarchiser les informations et les organiser en paragraphes ;
– **mettre en forme votre rédaction,** c'est-à-dire utiliser la matrice de texte qui convient à la nature de votre écrit et à la situation.

➤ *Déroulement et contenu de l'épreuve*

Cette partie de l'examen est composée **d'une seule épreuve** où vous êtes invité(e) à rédiger un texte appartenant à l'une des catégories d'activités annoncées plus haut. Pour vous aider, nous vous donnons quelques indications.

• **Correspondance :** en ce qui concerne cette catégorie, vous avez à démontrer que vous êtes capable de produire :

– une **lettre** ou un **message électronique personnels** dans lesquels <u>vous donnez de vos nouvelles</u>, <u>vous décrivez en détail une expérience, un événement et vos sentiments à ce sujet</u>, <u>vous émettez une opinion</u>, <u>vous demandez de l'aide</u>, <u>un conseil ou en offrez…</u>

– une **lettre formelle**, par exemple une <u>lettre de motivation</u> ou <u>de réclamation.</u>

• **Notes, messages et formulaires :** placé(e) dans un contexte privé ou professionnel, vous serez amené(e) à rédiger un **message** ou un **courriel** <u>en transmettant des informations pertinentes</u>, <u>en donnant des instructions ou des conseils</u>, <u>en exprimant votre hésitation, en demandant des précisions,</u> etc.

• **Essais et rapports :** pour cette catégorie d'activités, vous devez rédiger :

– à l'attention de vos collègues de travail ou de vos supérieurs, un court **rapport** relatant par exemple <u>un événement précis (la visite d'un salon, le rendez-vous avec un client, le déroulement d'une réunion)</u>, <u>donnant votre opinion</u> et <u>expliquant les actions entreprises ;</u>

– un bref **article de journal**, une **lettre ouverte** pour la rubrique de courrier de lecteurs ou encore une **page de journal intime** dans lesquels <u>vous rendez compte d'une expérience</u> vécue ou imaginaire, <u>vous décrivez vos réactions et vos sentiments</u>, <u>vous donnez vos impressions et émettez un jugement sur un sujet précis.</u>

ACTIVITÉS DE MISE EN ROUTE

Situation n°1

Vous venez de faire une rencontre inoubliable et vous décidez d'en garder trace dans votre journal intime. Les photos du lieu et de la personne rencontrée accompagneront le récit de cette expérience : indiquez le moment, l'endroit, décrivez avec précision cet événement et vos sentiments à ce sujet. Expliquez en quoi cette rencontre vous semble importante.

A

B

Situation n°2

Le magazine français *Voyage* tient une rubrique intitulée « Mon voyage préféré » où il publie les expériences de voyages racontées par ses lecteurs.
Vous décidez d'y faire paraître le récit d'un de vos voyages. Présentez-vous, décrivez en détail votre expérience (période, destination, conditions, déroulement, rencontres faites...) et expliquez en quoi elle vous paraît digne d'intérêt. N'oubliez pas de trouver un titre pour votre article.

Situation n°3

Cette offre d'emploi, publiée dans *Liberté,* la semaine dernière (réf. BV 65 41) vous intéresse. Rédigez la lettre de motivation qui accompagnera votre dossier de candidature à ce poste.

La première entreprise européenne, prestataire de services touristiques

AGENCE EURO-VOYAGES

Pour poursuivre le succès phénoménal de notre Agence, nous recherchons pour une prise de poste rapide :

3 GUIDES INTERNATIONAUX

Votre mission :
Accueil et accompagnement de nos clients français, anglais et espagnols.

Votre profil :
Diplômé(e) d'une école de tourisme, vous possédez une forte capacité d'adaptation, un sens de l'organisation à toute épreuve et un niveau de français, d'anglais et d'espagnol permettant de communiquer avec aisance avec nos clients et nos partenaires sur le lieu de destination.

Merci d'adresser votre candidature (lettre, CV, photocopie du diplôme le plus élevé, attestations de travail...) à :
AGENCE EURO-VOYAGES
Directeur des Ressources humaines
109, rue Bonaparte
75007 Paris

Informations complémentaires
Salaire : 20 à 25 K€ par an (+ 13e mois)
Type de poste : Plein temps, CDI

Situation n°4

À la dernière réunion des chefs de services, la direction vous a fait part des changements concernant les conditions de travail du personnel de l'entreprise. Rédigez une note de service pour en informer votre équipe : expliquez les circonstances et annoncez les décisions prises par la direction.

Situation n°5

Cela fait une dizaine d'années que vous n'aviez pas revu Alex et justement, hier vous vous êtes croisé(e)s par hasard ! Vous rédigez un mail à Corinne, votre amie commune, pour lui annoncer cette nouvelle, lui raconter en détail les circonstances et le déroulement de cette rencontre ainsi que votre réaction. Vous lui donnez aussi des novelles d'Alex et vous proposez un rendez-vous de retrouvailles à trois.

Identifier la nature du texte à produire

ctivité 99 Lisez les cinq situations, remplissez le tableau.

Situation	Type de texte à rédiger	À adresser à...	Éléments à développer dans votre texte
1.			
2.			
3.			
4.			
5.			

Trouver des formulations adaptées à la situation

activité 100

Situation n° 1

Pour l'ensemble du texte, vous choisirez des formulations :

❏ **a.** plutôt familières

❏ **b.** soutenues

❏ **c.** cela n'a pas beaucoup d'importance : l'une ou l'autre, en fonction du ton que vous avez l'habitude d'adopter dans votre journal intime

activité 101

Situation n° 2

Quelle formule de présentation vous semble adaptée aux circonstances ?

❏ **a.** Pour identifier le héros principal de cette aventure, je vous dois quelques détails concernant mon identité. Je m'appelle Michel, j'ai 30 ans et je travaille chez Michelin comme informaticien.

❏ **b.** Moi c'est Michel, juste la trentaine, boulot dans l'informatique.

❏ **c.** Prénom : Michel

Âge : 30 ans

Profession : informaticien

❏ **d.** J'ai l'honneur de me présenter : Michel Durand, 30 ans. L'informatique, ma passion principale, constitue également le domaine dans lequel j'exerce professionnellement. À présent, je mets mes talents au service de l'entreprise Michelin.

activité 102

Situation n° 3

1. Quelle formule d'appel choisirez-vous pour votre lettre de candidature ?

❏ **a.** Bonjour Madame, Monsieur,

❏ **b.** Chers Madame, Monsieur,

❏ **c.** Madame, Monsieur,

2. Quelle est la formule la plus adaptée pour finir cette lettre ?

❏ **a.** Je vous adresse, *[formule d'appel choisie au début de la lettre],* mes salutations les plus cordiales.

❏ **b.** Dans l'attente d'une réponse de votre part, je me tiens à votre disposition pour tout renseignement complémentaire et vous prie d'agréer, *[formule d'appel choisie au début de la lettre],* mes salutations distinguées.

❏ **c.** *[formule d'appel choisie au début de la lettre],* bien à vous.

activité 103

Situation n° 4

Quelle formulation de la liste proposée convient à une note de service ?

❏ **a.** À toute l'équipe,

Suite à l'implantation de notre entreprise sur le marché…

❏ **b.** Très chers collègues,

Comme vous le savez bien, l'implantation de notre entreprise sur le marché…

❏ c. Mes chers amis,

Je m'adresse à vous aujourd'hui pour vous annoncer une grande nouvelle : l'implantation de notre entreprise sur le marché…

Activité 104

Situation n° 5

Quelles formules allez-vous utiliser dans votre message électronique ?

1. Au début :

❏ a. Bonjour Madame, Bonjour Mademoiselle.

❏ b. Bonjour, Bonjour Corinne, Chère Corinne, Salut Corinne.

❏ c. Chère Madame, Chère Mademoiselle.

2. À la fin :

❏ a. Amitiés, Amicalement, Bises, Bisou, etc.

❏ b. Je te prie d'agréer mes salutations les plus cordiales.

❏ c. Dans l'attente de votre réponse, je vous prie de recevoir l'expression de mes sentiments les meilleurs.

Structurer le texte : hiérarchiser les informations et organiser le texte

Activité 105

Situation n° 3

A. Associez les passages rédigés aux différentes parties de la lettre.

Les différentes parties de la lettre	Les passages correspondants
a. solliciter un entretien	**1. Après** avoir terminé mes études à l'École supérieure de tourisme, j'ai suivi deux stages d'une durée de six mois à Eurotours et aux Nouvelles Frontières **où** j'ai acquis une solide expérience du travail. Je possède **également** une bonne maîtrise du français, de l'anglais et de l'espagnol, **particulièrement** dans le domaine de l'hôtellerie et du tourisme.
b. parler de sa motivation	**2. En référence à** l'annonce parue dans « Liberté », le (la date), je me permets de présenter ma candidature au poste de guide international au sein de votre entreprise.
c. annoncer le motif de la lettre	**3.** Je me tiens **donc** à votre entière disposition pour vous exposer plus précisément, **lors d'**un entretien, mes motivations à rejoindre l'équipe d'accompagnateurs internationaux de votre agence.
d. se présenter en parlant de ses études, de son expérience professionnelle, de ses connaissances…	**4. Ainsi**, un solide cursus de formation et deux stages effectués auprès de voyagistes de renom, m'ont permis de confirmer mon choix et de développer mes capacités d'organisation et d'adaptation. Ils m'ont **également** donné l'occasion de mettre à l'épreuve ma connaissance du français, de l'anglais et de l'espagnol dans le contexte professionnel.

a. ………	b. ………	c. ………	d. ………

B. Dans quel ordre devriez-vous les ranger pour rédiger une lettre de candidature en français ?

....

....

....

....

activité 106

Situation n° 3

Complétez les formulations proposées pour (modifiez le texte, si nécessaire…) :

a. solliciter un entretien

.... un entretien, je reste .... à votre entière disposition pour tout renseignement complémentaire .... mon parcours professionnel et mes motivations.

b. parler de sa motivation

.... en travaillant .... deux agences de voyage concurrentes, j'ai mis à profit ma connaissance du français, de l'anglais et de l'espagnol .... leur pratique au quotidien. J'ai .... développé mes capacités d'organisation et d'adaptation en travaillant .... en Europe, en Asie et en Amérique Latine.

c. annoncer le motif de la lettre

Votre offre .... dans le journal « *Liberté* » du (*la date*), m'a vivement intéressée. .... je vous propose de .... ma candidature.

d. se présenter en parlant de ses études, de son expérience professionnelle, de ses connaissances…

Mon expérience m'a conduite à occuper plusieurs postes de guide, ... différents secteurs. .... une agence européenne de tourisme me passionne. .... c'est un secteur dynamique .... permet de démontrer des capacités d'adaptation, le goût du service client et une grande disponibilité.

activité 107

Situation n° 3

Trouvez une autre formulation pour :

a. solliciter un entretien

....

....

....

....

b. parler de votre motivation

....

....

....

c. annoncer le motif de votre lettre

....

....

....

....

d. vous présenter en parlant de vos études, de votre expérience professionnelle, de vos connaissances…

....

....

....

....

Mettre en forme la rédaction :
les différentes présentations de textes

XXXXXXX XXXXXXXXX (1) Ⓐ

xxxxxxxxxxxxxxxxxxxxxxxxxxxxxxxxxxxxxxxxxxxxxxxxxx
xxxxxxxxxxxxxxxxxxxxxxxxxxxxxxxxxxxxxxxxxxxxxxxxxx
xxxxxxxxxxxxxxxxxxxxxxxxxxxxxxxxxx (2)

Xxxxxxxxxxxxxxxxxxxxxxxxxxxxx   xxxxxxxxxxxxxxxxxxxxxxxxxxxxx
xxxxxxxxxxxxxxxxxxxxxxxxxxxxxx   xxxxxxxxxxxxxxxxxxxxxxxxxxxxx
xxxxxxxxxxxxxxxxxxxxxxxxxxxxxx   xxxxxxxxxxxxxxxxxxxxxxxxxxxxx
xxxxxxxxxxxxxxxxxxxxxxxxxxxxxx   xxxxxxxxxxxxxxxxx (5)
xxxxxxxxxxxxxxxxxxxxxxxxxxxxxx
xxxxxxxxxx (3)   xxxxxxxxxxxxxxxxxxxxxxxxxxxxx
xxxxxxxxxxxxxxxxxxxxxxxxxxxxxx   xxxxxxxxxxxxxxxxxxxxxxxxxxxxx
xxxxxxxxxxxxxxxxxxxxxxxxxxxxxx   xxxxxxxxxxxxxxxxxxxxxxxxxxxxx
xxxxxxxxxxxxxxxxxxxxxxxxxxxxxx   xxxxxxxxxxxxxxxxxxxxxxxxx (6)
xxxxxxxxxxxxxxxxxxxxxxxxxxxxxx
xxxxxxxxxxxxxxxxxxxxxxxxxxxxxx   xxxxxxxxxxxxxxxxxxxxxxxxxxxxx
xxxxxxxxxxxxxxxxxxxxxxxxxxxxxx   xxxxxxxxxxxxxxxxxxxxxxxxxxxxx
xxxxxxxxxxxxxxxxxxxxxxxxxxxxxx   xxxxxxxxxxxxxxxxxxxxxxxxxxxxx
xxxxxxxxxxxxxxxxxxxxxxxxxxxxxx   xxxxxxxxxxxxxxxxxxxxxxxxxxxxx
xxxxxxxxxxxxxxxxxxxxxxxxxxxxxx   xxxxxxxxxxxxxxxxxxxxxxxxxxxxx
xxxxxxxxxxxxxxxxxxxxxxxxxxxxxx   xxxxxxxxxxxxxxxxxxxxxxxxxxxxx
xxxxxxxxxxxxxxxxxxxxxxxxxxxxxx   xxxxxxxxxxxxxxxxxxxxxxxxxxxxx
xxxxxxxxxxxxxxxxxxxxxxxxxxxxxx   xxxxxxxxxxxxxxxxxxxxxxxxxxxxx
xxxxxxxxxxxxxxxxxxxxxx (4)   xxxxxxxxxxxxxxxxxxxxxxxxxxxxx
                                   xxxxxxxxxxxxxxxxxxxxxxxxxxxxx
xxxxxxxxxxxxxxxxxxxxxxxxxxxxxx   xxxxxxxxxxxxxxxxxxxxxxxxxxxxx
xxxxxxxxxxxxxxxxxxxxxxxxxxxxxx   xxxxxxxxxxxxxxxxxxxxxxxxxxxxx
xxxxxxxxxxxxxxxxxxxxxxxxxxxxxx   xxxxxxxxxxxxxxxxxxxxxxxxxxxxx
xxxxxxxxxxxxxxxxxxxxxxxxxxxxxx   xxxxxxxxxxx (7)

Xxxxxxx, xx xx xxxx (1)

 *Xxxxxxxxxxxxxxxxxxxxxxxxxxxxxxxxxxxxxxxxxxx
xxxxxxxxxxxxxxxxxxxxxxxxxxxxxxxxxxxxxxxxxxxxxx
xxxxxxxxxxxxxxxxxxxxxxxxx.*(2)
 *xxxxxxxxxxxxxxxxxxxxxxxxxxxxxxxxxxxxxxxxxxx
xxxxxxxxxxxxxxxxxxxxxxxxxxxxxxxxxxxxxxxxxxxxxx
xxxxxxxxxxxxxxxxxxxxxxxxxxxxxxxxxxxxxxxxxxxxxx
xxxxxxxxxxxxxx)*(3)
 *xxxxxxxxxxxxxxxxxxxxxxxxxxxxxxxxxxxxxxxxxxx
xxxxxxxxxxxxxxxxxxxxxxxxxxxxxxxxxxxxxxxxxxxxxx
xxxxxxxxxxxxxxxxxxxxxxxxxxxxxxxxxxxxxxxxxxxxxx
xxxxxxxxxxxxxxxxxxxxxxxxxxxxxxxxxxxxxxxxxxxxxx
xxxxxxxxxxxxxxxxxxxxxxxxxxxxxxxxxxxxxxxxxxxxxx
xxxxxxxxxxxxxxxxxxxxxxxxxxxxxxxxxxxx (4)*
 *Xxxxxxxxxxxxxxxxxxxxxxxxxxxxxxxxxxxxxxxxxxx
xxxxxxxxxxxxxxxxxxxxxxxxxxxxxxxxxxxxxxxxxxxxxx
xxxxxxxxxxxxxxxxxxxxxxxxxxxxxxxxxxxxxxxxxxxxxx
xxxxxxxxxxxxxxxxxxxxxxxxxxxxxxxxxxxxxxxxxxxxxx
xxxxxxxxxxxxxxxxxxxxxxxxxxxxxxxxxxxxxxxxxxxxxx
xxxxxxxxxxxxxxxxxxxxxxxxxxxxxxxxxxxxxxxxxx (5)*

Ⓑ

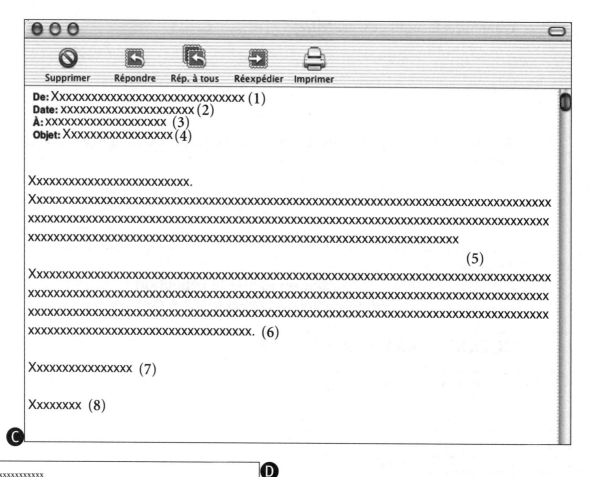

De: Xxxxxxxxxxxxxxxxxxxxxxxxxxxxx (1)
Date: Xxxxxxxxxxxxxxxxxxxxx (2)
À: Xxxxxxxxxxxxxxxxxxxx (3)
Objet: Xxxxxxxxxxxxxxxxx(4)

Xxxxxxxxxxxxxxxxxxxxxxxxxxx.

Xxxxxxxxxxxxxxxxxxxxxxxxxxxxxxxxxxxxxxxxxxxxxxxxxxxxxxxxxxxxxxxx
xxxxxxxxxxxxxxxxxxxxxxxxxxxxxxxxxxxxxxxxxxxxxxxxxxxxxxxxxxxxxxxx
xxxxxxxxxxxxxxxxxxxxxxxxxxxxxxxxxxxxxxxxxxxxxxxxxxx

(5)

Xxxxxxxxxxxxxxxxxxxxxxxxxxxxxxxxxxxxxxxxxxxxxxxxxxxxxxxxxxxxxxx
xxxxxxxxxxxxxxxxxxxxxxxxxxxxxxxxxxxxxxxxxxxxxxxxxxxxxxxxxxxxxxxx
xxxxxxxxxxxxxxxxxxxxxxxxxxxxxxxxxxxxxxxxxxxxxxxxxxxxxxxxxxxxxxxx
xxxxxxxxxxxxxxxxxxxxxxxxxxxxxxxxxxxxxx. (6)

Xxxxxxxxxxxxxxxx (7)

Xxxxxxxx (8)

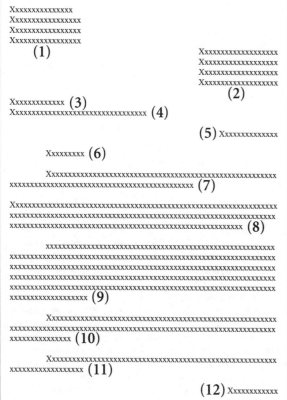

Xxxxxxxxxxxxxxx
Xxxxxxxxxxxxxxxx
Xxxxxxxxxxxxxxxx
Xxxxxxxxxxxxxxxx
(1)

Xxxxxxxxxxxxxxxxx
Xxxxxxxxxxxxxxxxx
Xxxxxxxxxxxxxxxxx
Xxxxxxxxxxxxxxxxx
(2)

Xxxxxxxxxxxx (3)
Xxxxxxxxxxxxxxxxxxxxxxxxxxxxxxxxxx (4)

(5) Xxxxxxxxxxxxxx

Xxxxxxxx (6)

Xxxxxxxxxxxxxxxxxxxxxxxxxxxxxxxxxxxxxxxxxxxxxxxxx
xxxxxxxxxxxxxxxxxxxxxxxxxxxxxxxxxxxxxxxxxxxx (7)

Xxxxxxxxxxxxxxxxxxxxxxxxxxxxxxxxxxxxxxxxxxxxxxxxxx
xxxxxxxxxxxxxxxxxxxxxxxxxxxxxxxxxxxxxxxxxxxxxxxxxx
xxxxxxxxxxxxxxxxxxxxxxxxxxxxxxxxxxxxxx (8)

xxxxxxxxxxxxxxxxxxxxxxxxxxxxxxxxxxxxxxxxxxxxxxx
xxxxxxxxxxxxxxxxxxxxxxxxxxxxxxxxxxxxxxxxxxxxxxxxxx
xxxxxxxxxxxxxxxxxxxxxxxxxxxxxxxxxxxxxxxxxxxxxxxxxx
xxxxxxxxxxxxxxxxxxxxxxxxxxxxxxxxxxxxxxxxxxxxxxxxxx
xxxxxxxxxxxxxxxxxxxxx (9)

xxxxxxxxxxxxxxxxxxxxxxxxxxxxxxxxxxxxxxxxxxxxxxxxxx
xxxxxxxxxxxxxxxxxxx (10)

xxxxxxxxxxxxxxxxxxxxxxxxxxxxxxxxxxxxxxxxxxxxxxxxxx
xxxxxxxxxxxxxxxxxxxx (11)

(12) Xxxxxxxxxxxx

Xxxxxxxxxxxxxxx (1)
Xxxxxxxxxxxxxx (2)

Xxxxxxxx (3)

Xxxxxxxxxxxxxxxxx (4)
Xxxxxxxxxxxxxx (5)

Xxxxxxxxxxxxxxxxxxxxxxxxxxxx (6)

Xxxxxxxxxxxxxxxxxxxxxxxxxxxxxxxxxxxxxxxxxxxxxxx
xxxxxxxxxxxxxxxxxxxxxxxxxxxxxxxxxxxxx (7)

Xxxxxxxxxxxxxxxxxxxxxxxxxxxxxxxxxxxxxxxxxxxxxxxx
xxxxxxxxxxxxxxxxxxxxxxxxxxxxxxxxxxxxxxxxxxxxxxx
xxxxxxxxxxxxxxxxxxxxxxxxxxxxxx (8)

Xxxxxxxxxxxxxxxxxxxxxxxxxxxxxxxxxxxxxxxxxxxxxxxx
xxxxxxxxxxxxxxxxxxxx (9)

Xxxxxxxxxxxxxxxxx
(10) Xxxxxxx

ctivité 108   Choisissez dans les modèles ci-dessus (pages 69-70) la présentation du texte qui convient à chacune des cinq situations des pages 63 à 65 ?

Situation n°	1.	2.	3.	4.	5.
Présentation					

ctivité 109   Situation n° 3
Retrouvez dans la présentation de la lettre de candidature, les diffférentes parties de texte qui correspondent à cette liste.

a. Formule de politesse.

b. Parler de sa motivation.

c. Solliciter un entretien.

d. Annoncer le motif de la lettre.

e. Se présenter en parlant de ses études, de son expérience professionnelle, de ses connaissances…

f. Signature de l'expéditeur.

g. Coordonnées de l'expéditeur.

h. Coordonnées du destinataire.

i. Objet : *[intitulé du poste].*

j. Lieu et date d'expédition.

k. Vos références : *[référence de l'annonce à laquelle on répond, s'il y a lieu].*

l. Formule d'appel.

a.	b.	c.	d.	e.	f.	g.	h.	i.	j.	k.	l. ....

activité 110   Situation n° 4
Pour chaque partie de la présentation de la note de service, retrouvez les différents éléments qui lui correspondent.

a. Conclusion.

b. Détails concernant l'information donnée.

c. L'information principale.

d. De : *[le service ou la fonction de la personne qui rédige le document].*

e. Nom de l'entreprise

f. Référence de la note de service.

g. À : *[le(s) destinataire(s) du document].*

h. Signature et fonction de l'expéditeur.

i. Objet : *[le sujet de la note de service].*

j. Date de la communication.

a.	b.	c.	d.	e.	f.	g.	h.	i.	j. ....

1- Correspondance

activité 111

Situation

Vous écrivez à une amie française avec qui vous n'êtes plus en contact depuis long-temps. Dans votre lettre, vous vous excusez pour votre silence et exprimez votre désir de renouer. Vous donnez de vos nouvelles, vous décrivez des événements importants sur-venus dans votre vie durant cette période et vos sentiments à ce sujet. Vous lui propo-sez de vous revoir.

Finissez votre lettre.

Votre texte comportera 160 à 180 mots.

> ...., ...
>
> .... Béatrice,
>
>   Tu seras sûrement surprise, peut-être même fâchée, en ouvrant cette lettre. En effet, cela fait si longtemps... C'était en .... à ....
> ....
> .... T'en souviens-tu ?
>
> Je suis vraiment désolé(e) de n'avoir pas donné de nouvelles depuis, mais je pense que tu comprendras après la lecture de ma lettre. Tu sais, ...
> ....
> ....
> ....
> ....
> ....
> ....
> ....
> ....
>
>   Et voilà pourquoi je n'ai pas donné signe de vie pendant toute cette période. En revanche, aujourd'hui, j'aimerais tellement que l'on se revoie... Que dirais-tu d'un week-end à .... ? Il suffirait que tu me dises quelles sont tes disponibilités. Le plus simple et le plus rapide serait de le faire par courriel. Voilà mon adresse : galipinette07@wanadoo.fr.
>
>   Dans l'espoir de recevoir bientôt de tes nouvelles, je ....
> ....
>
> ....

ctivité 112

Situation

Au retour d'un voyage, vous écrivez un message électronique à un ami français qui habite à Lyon pour lui raconter votre expérience (quelle destination, avec qui, dans quelles conditions), exposer un problème que vous venez de rencontrer et demander de l'aide et des conseils.

Finissez la rédaction de votre message électronique.

Votre texte comportera 160 à 180 mots.

De: ....< ....@wanadoo.fr>
Date: lundi .... 21 :43
À: Thomas Dupeyron< t.dupeyron@yahoo.fr >
Objet: au secours !!!

Salut Thomas,

Je viens de rentrer de ....

....

....

....

....

....

....

....

Malheureusement, en rentrant ....

....

....

Figure-toi qu'en plus de tout ça ....

....

....

Alors, je compte beaucoup sur toi pour m'aider à m'en sortir. Pourrais-tu ....

....? Si tu vois une autre solution à me

proposer, surtout n'hésite pas. Toute idée qui pourrait m'aider à résoudre ce problème est bienvenue...

J'avoue que j'attends ta réponse avec beaucoup d'impatience. Bien à toi.

....

activité 113

Situation

Vous habitez en France. En plein hiver, le chauffage de votre appartement est tombé en panne. Il fait très froid, il y a de l'eau partout. Bref, votre logement est devenu inhabitable et vous avez un(e) enfant en bas âge (13 mois). Vous écrivez un courriel à l'un(e) de vos ami(e)s qui habite seul(e) dans un grand appartement pour lui raconter ce qui s'était passé, exposer le problème et demander de l'aide.

Rédigez le mail.

Votre texte comportera 160 à 180 mots.

```
000                                                                              ⊂⊃
  ⊘          ⬐          ⬐          ⇥          🖶
Supprimer   Répondre   Rép. à tous  Réexpédier  Imprimer

De: .....................< ....................@tiscali.fr>
Date: mercredi ........................    23 : 17
À: ..........................< ....................@clubinternet.fr >
Objet: ...........................

  ..........................,
  .....................................................................
  .....................................................................
  .....................................................................
  .....................................................................
  .....................................................................
  .....................................................................
  .....................................................................
  .....................................................................
  .....................................................................
  .....................................................................
  .....................................................................
  .....................................................................
  .....................................................................
  .....................................................................
  .....................................................................
  .....................................................................
  .....................................................................
  .....................................................................
  .....................................................................
  .....................................................................
  .....................................................................
  .....................................................................
  .....................................................................
  .....................................................................
Alors, je t'en supplie, réponds-moi vite. Bien à toi.
  .........................
```

Activité 114

Situation

Vous avez décidé de changer de vie : quitter votre compagnon (compagne), changer de travail, déménager... Vous écrivez une lettre à un(e) ami(e) française qui habite à Marseille parce que vous y avez déjà trouvé une nouvelle occupation. Vous annoncez la nouvelle, vous lui racontez l'événement à l'origine de votre décision, vous expliquez pourquoi vous avez choisi Marseille et vous demandez de l'aide durant la période de l'installation.

Rédigez votre lettre.

Votre texte comportera 160 à 180 mots.

..............., le...........

....,

Voilà, maintenant que tu sais tout, j'attends que tu me dises franchement si tu peux le faire. En attendant ta réponse, je te salue très chaleureusement..

....

activité 115

Situation

Vous avez acheté un lecteur DVD par Internet, sur le site d'un distributeur français http://www.mediaplus.fr et vous avez réglé cet achat avec votre carte bancaire. D'abord, vous avez été livré(e) avec un mois de retard, puis l'appareil est très vite tombé en panne. Suite aux conseils du service après-vente, vous avez renvoyé le lecteur au fabricant... et cela fait trois mois que vous attendez son retour !

Désespéré(e) et très en colère, vous adressez par message électronique une lettre de réclamation au magasin Médiaplus. Vous rendez compte de votre expérience. Vous exprimez votre mécontentement et demandez le remboursement ou le remplacement immédiat de votre lecteur DVD.

Rédigez votre message.

Votre texte comportera 160 à 180 mots.

Supprimer   Répondre   Rép. à tous   Réexpédier   Imprimer

De: ....< ....@hotmail.fr>
Date: vendredi .... 18 : 07
À: S-C.réclamations@mediaplus.fr
Objet: réclamation

. . . .
adresse : . . . .
. . . .
tél. : . . . .   au Responsable du Service Clientèle

Objet : demande de remboursement ou de remplacement de l'appareil (réf. de la transaction : 12G908BK18)

Madame, Monsieur,
Je m'adresse à vous afin de solliciter d'urgence votre aide et intervention.
En effet, le . . . . , j'ai commandé auprès de votre service de vente un lecteur DVD, de marque THAMSUN (modèle : DTH223E/U).
. . . .
. . . .
. . . .
. . . .
. . . .
. . . .
. . . .
Compte tenu de la situation, je fais aujourd'hui appel à vous pour demander le remboursement intégral des frais encourus (achat et frais d'expédition de l'appareil par la poste) ou le remplacement immédiat de mon lecteur DVD.
Dans l'attente d'une réponse rapide de votre part, je vous adresse, Madame, Monsieur, mes salutations distinguées.

. . . .

ctivité 116

Situation

Vous résidez en France depuis deux ans, mais vous avez déménagé il y a trois mois à Vincennes, en banlieue parisienne et il a fallu changer de centre de Sécurité sociale. Vous avez adressé un dossier au nouveau centre. Votre changement d'adresse a été enregistré, mais vous attendez toujours votre nouvelle carte Vitale.

Cela vous pose beaucoup de problèmes car vous devez consulter régulièrement votre médecin et renouveler votre traitement contre l'hypertension artérielle, mais pour le moment, vous n'êtes pas remboursé(e) pour vos frais médicaux et de pharmacie…

Adressez une lettre de réclamation au responsable de votre centre de Sécurité sociale.

Votre numéro de Sécurité sociale est : 1 69 06 99 122 038 33

Rédigez votre lettre.

Votre texte comportera 160 à 180 mots.

....   *au Responsable du Centre n° 55*
Numéro de Sécurité sociale :   *CPAM* du Val de Marne*
1 69 06 99 122 038 33 .   *45, rue Joseph Gaillard*
Adresse : ....   *94 300 Vincennes*

....
Tél. : 01 58 73 86 62
Mél : ....

                                                  Vincennes, le ....

          Madame, Monsieur,
    Je m'adresse à vous afin de solliciter de votre part des mesures permettant
d'accélérer le renouvellement et l'envoi de ma nouvelle carte Vitale.

    En effet, ...
....
....
....
....
....
....
....
....
....

          Dans l'espoir que vous trouverez une solution rapide à cette situation
d'urgence, je vous prie d'agréer, Madame, Monsieur, l'expression de ma
considération distinguée.

                                                  ....

---

*CPAM : Caisse primaire d'assurance maladie

activité 117

 **EUROMOD**

Groupe international de prêt-à-porter féminin, EUROMOD dessine, produit et commercialise des collections prêt-à-porter pour les femmes au travers d'un réseau de plus de 500 magasins présents dans 50 pays. Le groupe réalise un chiffre d'affaire de 165 millions d'euros.

Notre réussite nous amène à recruter deux Mannequins de cabine F
CDI – URGENT

Au sein du département Création, vous essayez les modèles (taille 38) et intervenez de manière critique lors des essayages.
Votre attrait pour le monde de la mode fera la différence.

PROFIL
Jeune femme dotée d'une excellente présentation, disponible et patiente. Votre affinité pour l'univers de la mode et votre implication vous permettront d'appréhender pleinement votre fonction.

Mensurations impérativement requises :
Tour de poitrine 87/90
Tour de taille 67/70
Tour de hanches 94/97

Ces postes sont des CDI à temps complet ou à temps partiel (20 h hebdo).
Veuillez adresser votre dossier de candidature, photo et mensurations impératives, sous référence MCU/03/MON à :

EUROMOD S.A.
Service Recrutement
36, av. Paul Doumer
92300 Levallois Perret

Aidez-la à rédiger la lettre de motivation qui accompagnera son dossier de candidature à ce poste.

Votre texte comportera 160 à 180 mots.

Adresse : ....
                                        ....
Tél. : ....
Portable : ....
Mél : ....

....
....

.... , le ....

Madame, Monsieur,

Situation

Vous avez trouvé cette offre d'emploi intéressante.

AGENT DE VOYAGE EN LIGNE
MADRID – Espagne

Avez-vous déjà réservé un vol ou des vacances rapidement et efficacement par Internet ? Si tel est le cas, votre réservation a très probablement été effectuée par nous. Au nom de notre client EUROVOL, nous mobilisons nos 15 ans d'expertise dans le service clientèle pour la réalisation des réservations de voyages en ligne.

Nous recherchons de nouveaux membres pour rejoindre notre équipe madrilène.
Participez à la révolution du tourisme en ligne en tant que :

Agent de Voyage en ligne

Vivre dans un univers multiculturel, au cœur d'une capitale européenne, c'est l'opportunité que nous vous offrons. N'hésitez pas, venez découvrir et apprécier **MADRID**, une vie nocturne vibrante et une excellente qualité de vie.

Vous êtes l'interlocuteur/-trice de nos **clients francophones** qui désirent réserver leur voyage en ligne. Ils vous contactent par téléphone et par message électronique pour tous les renseignements concernant les produits d'Eurovol que vous êtes chargé(e) de promouvoir : billets d'avion, location de voiture, réservation de chambre d'hôtel et assurances voyage.

Vous frappez à la bonne porte, si vous avez déjà travaillé en **agence de tourisme** ou pour une compagnie aérienne et si vous disposez d'un esprit de service, d'une bonne expression orale et écrite ainsi que d'une forte résistance au stress. Vous êtes flexible afin d'être présent pour vos clients aussi le week-end et en soirée. La **maîtrise du français et d'une deuxième langue** (anglais ou allemand) sont indispensables ainsi que la connaissance du système de réservation **Aristote**.

Vous cherchez à relever un challenge dans le secteur touristique en participant à la croissance d'une entreprise, au sein d'une équipe jeune et motivée ?
Alors envoyez-nous votre candidature par message électronique à : jobs@altair.es

Réf. : 1595 73EVA

Rédigez la lettre de motivation qui accompagnera votre dossier de candidature à ce poste.
Votre texte comportera 160 à 180 mots.

Supprimer	Répondre	Rép. à tous	Réexpédier	Imprimer

De: ....
Date: ....
À: ....
Objet: ....

....
Adresse : ....

....
Tél. : ....
À l'attention de : ....
Objet : ....

Madame, Monsieur,

activité 119

Situation

Vous avez décidé de vous arrêter à Lyon, à l'Hôtel Beauséjour trouvé sur le site du *Voyageur français* (http://www.voyageurfrancais.com). Très déçu(e) par la qualité des chambres et le service, vous adressez un message électronique au :
service.réclamations@voyageurfrancais.com
Vous décrivez en détail votre expérience de séjour dans cet établissement et demandez de le rayer de la liste d'hôtels proposés par le site.

Rédigez votre courrier électronique.

Votre texte comportera 160 à 180 mots.

```
Supprimer   Répondre   Rép. à tous   Réexpédier   Imprimer

De: ..............................................
Date: ............................................
À: ...............................................
Objet: ...........................................

..................
Adresse : ..............
..................
Tél. : ..................
À l'attention de : .........
Objet : ...................................

Madame, Monsieur,
..................................................................
..................................................................
..................................................................
..................................................................
..................................................................
..................................................................
..................................................................
..................................................................
..................................................................
..................................................................
..................................................................
..................................................................
..................................................................
..................................................................
..................
```

Activité 120

Situation

Bernard part à la retraite après avoir travaillé pendant les quinze dernières années au sein de la même entreprise. Il décide d'écrire une lettre à ses collègues pour leur dire au revoir, les remercier pour les moments de joie et de difficulté partagés, leur souhaiter une bonne continuation et beaucoup de succès au travail. Il profite aussi de cette lettre pour rappeler à l'un(e) d'entre eux un moment particulièrement important, drôle ou émouvant.

Rédigez la lettre de Bernard.

Votre texte comportera 160 à 180 mots.

Le ....

Chers Collègues et Amis,

Aujourd'hui, c'est à mon tour de vous quitter ....
....
....

....
....
....
....
....
....
....
....
....
....
....
....
....
....
....
....
....

Situation

Habitant d'une grande ville en France, vous louez un appartement confortable, mais tout ne se passe pas comme vous l'auriez souhaité... Vous avez des sérieux problèmes avec vos voisins : bruits nocturnes, incidents à répétition...

Vous décidez d'écrire une lettre à votre syndic : vous relatez les faits (dates, heures, circonstances...). Vous lui demandez d'intervenir d'urgence et vous menacez d'un recours en justice.

Rédigez la lettre.

Votre texte comportera 160 à 180 mots.

....
Locataire de l'appartement situé au

....

....

Tél. : 01 42 65 98 49
Mél : ....

Au Président
du syndicat des copropriétaires
.............., le.............

Monsieur le Président,

Je m'adresse à vous afin de solliciter de votre part des mesures nécessaires au maintien du bon voisinage dans notre immeuble.

En effet, ...
....
....
....
....
....
....
....
....
....
....

Je tiens à vous informer que si votre intervention n'était pas suivie de faits dans les jours qui viennent, je serais dans l'obligation de confier cette affaire à mon avocat.

Dans l'espoir que vous trouverez une solution rapide à cette situation d'urgence, je vous prie de recevoir, Monsieur le Président, mes salutations les plus cordiales.

....

Activité 122

Situation

Vous êtes propriétaire d'un appartement à Paris et l'année dernière, vous avez été élu(e) président(e) du syndicat des copropriétaires de votre immeuble. C'est le mois de novembre. Vous rédigez un courrier aux copropriétaires. Vous les informez que les derniers travaux prévus pour la fin de l'année (rappeler leur nature) devront être reportés à l'année suivante et vous en expliquez la raison. Vous faites un appel de cotisation (le dernier pour l'année en cours) et vous conviez tous les copropriétaires à l'assemblée générale en janvier prochain (fixer la date, l'heure et le lieu).

Rédigez la lettre.

Votre texte comportera 160 à 180 mots.

> ....
> *Président du Syndicat des copropriétaires*
>
> *à Tous les copropriétaires*
> .... , le ....
>
> *Mesdames, Messieurs,*
>
> *Je m'adresse à vous afin de vous convier à notre Assemblée Générale annuelle qui aura lieu le* ....
>
> *En ce qui concerne les travaux en cours, à ce jour,* ....
> ....
> ....
> ....
> ....
> ....
> ....
> ....
> ....
>
> *Permettez-moi aussi de vous rappeler par la présente* ....
> ....
> ....
>
> *Vous souhaitant de très bonnes fêtes de fin d'années, je vous adresse, Mesdames, Messieurs, mes cordiales salutations.*
>
> ....

2- Notes, messages et formulaires

Situation

Votre collègue Marc a été absent à la dernière réunion de service durant laquelle on vous a fait part des changements concernant vos conditions de travail (lieu de travail, nombre de jours par semaine, horaires …). Vous avez promis de tenir votre collègue au courant par message électronique.

Rédigez votre message.

Votre texte comportera 160 à 180 mots.

```
De: ................................< ............................@wanadoo.fr>
Date: jeudi ........................        11 : 17
À: Marc Hirsch< marc.hirsch@club-internet.fr >
Objet: réunion de ce matin

Bonjour Marc,

Comme je vous l'avais promis la semaine dernière, ............................
...................................................................................
...................................................................................
...................................................................................
...................................................................................
...................................................................................
...................................................................................
...................................................................................
...................................................................................
...................................................................................
...................................................................................
...................................................................................
...................................................................................
...................................................................................
...................................................................................
...................................................................................
...................................................................................
...................................................................................
...................................................................................

Amitiés.

..................................
```

tivité 124

Situation

Aline Bonnard travaille dans un grand hôtel parisien. Pour janvier 2006, l'établissement affiche complet et il doit en plus organiser plusieurs dîners pour les clients du Palais des Congrès voisin. Le PDG d'Aline lui a laissé la note ci-dessus.

Méridien-Porte Maillot

Veuillez préparer une note pour informer le personnel de l'aménagement du temps de travail pour janvier 2006 :
– renforcement des équipes le week-end (tous services)
– renforcement des équipes du soir : 20 h 00-24 h 00 (accueil et restaurant)
– rémunération des heures supplémentaires au tarif habituel
– deux jours de repos supplémentaire pour le personnel volontaire (en février ou mars)

Daniel Grellier

Rédigez sa note de service pour informer le personnel des horaires de travail en janvier.
Votre texte comportera 160 à 180 mots.

Méridien-Porte Maillot

Note de service n° ....

Paris, le 8 décembre 2005

De : Direction des Ressources humaines
À :   L'ensemble du personnel

Objet : Aménagement des horaires de travail pour janvier 2006

Suite à . . . .
. . . .
. . . .
. . . .
. . . .
. . . .
. . . .

Aline Bonnard
Directrice des Ressources humaines

activité 125

Situation

Vous travaillez au service des ressources humaines d'une grande maison d'édition . La fin de l'année approche et votre directeur vous demande de rédiger une note pour :
– convier le personnel à un dîner de fin d'année le 18 décembre, à 20 heures, (au programme : bilan de l'année, vœux de la direction, dîner pour tout le personnel)
– informer de l'organisation d'un Noël pour les enfants du personnel, le dimanche 20 décembre à 15 heures (au programme : spectacle, goûter et cadeaux pour les petits).
Vous précisez qu'il y a une seule condition : confirmer sa présence avant le 5 décembre.

Rédigez votre note.

Votre texte comportera 160 à 180 mots.

Éditions Gaillard

Note d'information n° 734

Paris, le 23 novembre 2005

De :   Direction
À :   . . . .

Objet : . . . .

. . . .

. . . .

. . . .

. . . .

. . . .

. . . .

. . . .

. . . .

. . . .

. . . .

. . . .

. . . .

. . . .

ALBERT VILLARD
Président-directeur général

Activité 126

Situation

En poste en France, vous êtes amené(e) pour la première fois à voyager pour votre travail. Vous laissez un message à votre employée de maison : vous expliquez les raisons inattendues de votre absence et vous donnez des instructions concernant les tâches à accomplir pour assurer le bon fonctionnement du foyer. Et ce n'est pas aussi simple ! Vous avez deux enfants (3 et 8 ans) et un compagnon (ou une compagne) maniaque...

Rédigez votre message.

Votre texte comportera 160 à 180 mots.

Le ....

Bonjour Marie,

....
....
....

....
....
....
....
....
....

Et voilà ce à quoi il faudra penser durant mon absence :

1. ....
....
2. ....
....
3. ....
....
4. ....
....
5. ....
....

Je vous souhaite un bon courage et à .... J'espère que tout se
passera bien pendant mon absence. Cordialement.

(votre signature) ....

activité 127

Situation

Le comité d'entreprise de la société où vous travaillez a négocié un contrat avec un nouvel organisme qui propose des séjours d'une ou de deux semaines en hôtel-club à .... *(choisissez la destination)*. Membre du comité d'entreprise, vous avez visité l'endroit et vous êtes chargé de rédiger le message à tout le personnel pour l'informer de cette opportunité. Dans votre message, vous précisez la destination, les périodes possibles et les conditions financières. Vous parlez de l'infrastructure, des activités offertes aux clients et vous donnez vos impressions.

Rédigez votre message électronique.

Votre texte comportera 160 à 180 mots.

```
○ ○ ○                                                              ⊂⊃
  ⊘          ↰          ↰          →          🖨
Supprimer   Répondre   Rép. à tous  Réexpédier  Imprimer

De:.....................<.....................@stabila.fr>
Date: mercredi ......................... 16 : 15
À: martinechampion@stabila.fr; philippedupont@stabila.fr; bernardgrevain@stabila.fr
Objet: séjours de vacances à.................

Bonjour à tous,

Je vous adresse ce message pour vous informer de ..........................
...............................................................
...............................................................
...............................................................
...............................................................
...............................................................
...............................................................
...............................................................
...............................................................
...............................................................
...............................................................
...............................................................
...............................................................
...............................................................
...............................................................
...............................................................
...............................................................
...............................................................
...............................................................

Cordialement.

.......................
```

ivité 128

Situation

Vous travaillez pour une entreprise française implantée dans votre pays *(identité de l'entreprise à préciser)*. Depuis quelques jours, vous êtes en déplacement pour rencontrer un nouveau client *(identité à préciser)*. Vous rédigez un message électronique pour votre chef français : vous rendez compte de la première réunion de travail avec le client, vous donnez vos premières impressions sur ce client et sur les perspectives possibles de collaboration, vous demandez des conseils concernant la suite de vos négociations.

Rédigez votre message électronique.

Votre texte comportera 160 à 180 mots.

Supprimer Répondre Rép. à tous Réexpédier Imprimer

De: ....< ....@hotmail.com>
Date: jeudi .... 22 : 15
À: ....< ....>
Objet: ....

Bonsoir,

Je vous adresse ce message pour ....
....
....
....
....
....
....
....
....
....
....
....
....
....
....
....
....
....
....
....
....

Dans l'attente de vos suggestions.

....

activité 129 Aidez Sonia à rédiger son CV. Associez les informations la concernant aux rubriques correspondantes.

Sonia Hilgert
91, rue du Départ
75014 Paris
☎ . . . .
📱 . . . .
@ . . . .

Nationalité allemande
27 ans
Célibataire
Titulaire du permis B

EXPÉRIENCE PROFESSIONNELLE

FORMATION ET DIPLÔMES

LANGUES

CONNAISSANCES PARTICULIÈRES

CENTRES D'INTÉRÊT

Les données concernant Sonia :

Ⓐ Cultures du Proche-Orient, littérature – (auto)biographies en particulier, cinéma, natation

Ⓑ	
Informatique	Word, Excel, Power Point, Access, Lotus Notes, SAP, Internet
Dactylographie	50 mots/minute
Sténographie	allemande (150 syllabes/minute) ; anglaise, française (50 mots/minute)

Ⓒ	
Septembre à décembre 2004	**Alliance française de Paris** Préparation en cours du soir du Diplôme de français des affaires 1 (de la CCIP)
2000 – mars 2003	**École Vorbeck à Gengenbach** – Allemagne **Diplôme de secrétaire européenne/assistante de direction** (équivalent à un BTS option commerce international) • allemand – langue maternelle • français et anglais – maîtrise orale et écrite • espagnol – pratique commerciale
1996 – 2000	**Université de Heidelberg** – Allemagne Licence en égyptologie, archéologie du Proche-Orient et préhistoire

Ⓓ

Allemand :	langue maternelle
Anglais :	B2
Français :	B2
Espagnol :	B1+

E Depuis juillet 2004
CDD de 6 mois

DAIMLERCHRYSLER France – Rocquencourt (78)
Direction « Projets Réseau et Qualité »
Assistante de direction trilingue allemand/anglais/français
- Actualisation de la base de données SURFACE
  (données sur les sites des réseaux Mercedes-Benz
  et Chrysler Jeep)
- Suivi administratif de la mise en place du nouveau
  Corporate Identity
- Contacts téléphoniques avec les réseaux,
  les prestataires extérieurs
- Rédaction de présentations animées sur Power Point
- Secrétariat classique

Septembre 2003
à juin 2004
Stage de 9 mois

MERCEDES BENZ
Département « Marketing opérationnel Véhicules Particuliers »
Assistante marketing trilingue
- Gestion et actualisation de la boutique en ligne
- Suivi administratif trilingue des dossiers fournisseurs
  et clients
- Suivi du stock, des commandes clients et des comptes
  fournisseurs
- Établissement des statistiques de ventes
- Budgets
- Préparation et participation aux salons
- Traduction d'études marketing
- Conception de catalogues en ligne

Mars 2003
à septembre 2003
CDD de 6 mois
Remplacement

DAIMLERCHRYSLER AG – Stuttgart – Allemagne
Département « Vente camions France et Benelux »
Assistante commerciale et administrative trilingue
- Traitement des appels d'offre en français et anglais
- Suivi administratif des dossiers clients en français,
  anglais, allemand et espagnol
- Traduction de protocoles du français vers l'anglais

Décembre 2002

**ASSOCIATION DE DÉVELOPPEMENT DU BAS-RHIN – ZI Strasbourg
et Kehl**
Traductrice-interprète lors de séminaires

Juillet-août 2002

LA COUR EUROPÉENNE DES DROITS DE L'HOMME (Strasbourg)
- Enregistrement des requêtes dans la base de données

1996 – 2000

Université de Heidelberg – Allemagne
- Aide scientifique (2 ans) ; recherche scientifique ; fouilles
  à Louxor (3 mois)

Grille de réponse :

Rubrique	Données correspondantes
Expérience professionnelle	
Formation et diplômes	
Langues	
Connaissances particulières	
Centres d'intérêt	

activité 130 Et maintenant, rédigez votre curriculum vitæ sur une feuille.

Remarques :

– Ce modèle n'est qu'un possible parmi d'autres.

– Dans les CV en français, on fournit encore des données personnelles ; on peut aussi joindre la photo mais elle n'est pas obligatoire.

. . . .
. . . .
. . . .
☎ . . . .
📱 . . . .
@ . . . .

photo

. . . .
. . . .
. . . .
. . . .

EXPERIENCE PROFESSIONNELLE

FORMATION ET DIPLOMES

LANGUES

CONNAISSANCES PARTICULIERES

CENTRES D'INTERET

ctivité 131

Situation

Les résidents français de votre ville (pays) ont très peu d'informations sur les différentes activités auxquelles ils pourraient participer. Pour y remédier, vous rédigez une brochure : vous précisez la nature (des) de l'activité(s) à disposition, les détails concernant le déroulement, le domaine et les conditions financières. Vous indiquez également le(s) lieu(x), les horaires et les coordonnées des institutions concernées.

Rédigez la brochure.

Votre texte comportera 160 à 180 mots.

(titre) . . . .

   (petite introduction) . . . .
   . . . .
   . . . .
   . . . .

➤ . . . .   ➤ . . . .
. . . .
. . . .
. . . .
. . . .
. . . .
. . . .
. . . .   ➤ . . . .
. . . .
➤ . . . .
. . . .
. . . .
. . . .
. . . .
. . . .
. . . .
. . . .
. . . .
. . . .

3- Essais et rapports

Situation

Le WEB-magazine français LeRoutard.com tient une rubrique intitulée « Voyages aux quatre coins du monde » où il publie les expériences de voyages de ses lecteurs.

Vous venez de faire un voyage passionnant dans une région de votre pays. Vous désirez partager cette expérience avec d'autres internautes et donner envie au public français de venir chez vous. Vous faites le récit de votre voyage : situez la région en question et rendez compte de votre expérience en décrivant en détail les lieux visités, vos activités ainsi que vos impressions. Donnez aussi quelques conseils aux touristes français qui aimeraient vous suivre. N'oubliez pas de donner un titre à votre article.

Rédigez votre article.

Votre texte comportera 160 à 180 mots.

(titre) ....

(chapeau) ....

(corps de l'article) ....

(conclusion) ....

(signature) ....

Activité 133

Rédigez votre rapport.

Votre texte comportera 160 à 180 mots.

(votre nom et prénom)

RAPPORT DE MISSION

Destination : . . . .

Période : . . . .

Objectifs :
. . . .
. . . .
. . . .

Programme :
. . . .
. . . .
. . . .
. . . .
. . . .
. . . .
. . . .
. . . .

Résultats :
. . . .
. . . .
. . . .

Perspectives :
. . . .
. . . .
. . . .

activité 134

Situation

Vous êtes étudiant(e) à l'école internationale de l'Alliance française de Paris. Le site Internet de l'établissement propose une page intitulée « Les fêtes d'ailleurs » où les étudiants présentent les rituels festifs de leurs pays. Vous avez envie de faire connaître aux autres une fête de chez vous. Dans votre article, vous décrivez la fête choisie : la période de sa célébration, sa nature, les rituels qui l'accompagnent et ses origines. Vous évoquez aussi votre dernière participation à ses festivités : expliquez quand cela a eu lieu, décrivez comment cela s'est passé et vos impressions à ce sujet.

Rédigez votre article.

Votre texte comportera 160 à 180 mots.

Les fêtes d'ailleurs ...

AllianceFrançaise

(titre) ....

témoignage de ....

Activité 135

Situation

France Gazette, un magazine sur Internet, tient une rubrique « Ces femmes qui ont changé l'Histoire ». Vous souhaitez faire connaître à d'autres internautes une femme célèbre de votre pays. Vous présentez cette personne, vous faites sa biographie et vous expliquez ce qu'elle a accompli d'important pour mériter sa place dans la rubrique du magazine.

Rédigez votre article.

Votre texte comportera 160 à 180 mots.

France Gazette

Ces femmes qui ont changé l'Histoire

(titre) ....

....
....
....
....
....
....
....
....
....
....
....
....
....
....
....
....
....
....
....
....
....
....
....
                          ....

activité 136

Situation

Le journal d'entreprise où travaille Elisabeth (40 ans), tient une rubrique intitulée « Mes débuts ». Un jour, elle décide d'y parler du commencement de sa vie professionnelle : elle décrit pourquoi elle a choisi son métier *(à définir)*, parle de son enthousiasme, de ses difficultés, évoque un événement qui était à l'origine d'un tournant dans sa carrière.

Rédigez l'article d'Élisabeth.

Votre texte comportera 160 à 180 mots.

MES DÉBUTS...

Témoignage d'Élisabeth Hirsch

....
....
....
....
....
....
....
....
....

....
....
....
....
....
....
....
....
....

....
....
....
....
....
....

Situation

Vous êtes guide pour une agence française de tourisme. Vous écrivez un rapport sur un voyage de prospection que vous venez de faire : choisissez le pays, situez la région, décrivez quelques curiosités, parlez de l'infrastructure et expliquez l'intérêt de ce pays pour les touristes français et pour votre entreprise.

Rédigez votre rapport.

Votre texte comportera 160 à 180 mots.

(votre nom et prénom)

RAPPORT DE VOYAGE DE PROSPECTION

Destination : . . . .

Période : . . . .

Lieux et curiosités :

. . . .

. . . .

. . . .

. . . .

Infrastructure existante :

. . . .

. . . .

. . . .

. . . .

. . . .

. . . .

. . . .

. . . .

Intérêts pour nos clients :

. . . .

. . . .

. . . .

Perspectives :

. . . .

. . . .

. . . .

. . . .

activité 138

Situation

Vous êtes lecteur/lectrice d'un magazine français qui propose une rubrique intitulée « Qu'est-ce qu'un ami ? ». Vous décidez d'y faire publier vos réflexions et témoignage : présentez-vous, donnez votre définition de l'*amitié,* décrivez votre meilleur ami et évoquez l'événement qui vous en a convaincu.

Rédigez votre article.

Votre texte comportera 160 à 180 mots.

QU'EST-CE QU'UN AMI ?

(titre) . . . .

. . . .
. . . .
. . . .
. . . .
. . . .

. . . .
. . . .
. . . .
. . . .
. . . .
. . . .
. . . .
. . . .
. . . .
. . . .
. . . .
. . . .
. . . .

(signature) . . . .

tivité 139

Situation

Vous travaillez comme chef de service dans une entreprise française. Ces derniers jours, un incident vient de se produire à votre travail : une panne, un disfonctionnement, un conflit... Vous en informez votre supérieur hiérarchique.

Rédigez votre rapport.

Votre texte comportera 160 à 180 mots.

. . . .

Responsable du Service   . . .

. . . .   Le . . . .

Rapport sur   . . . .

Les faits

. . . .
. . . .
. . . .
. . . .
. . . .
. . . .
. . . .

Les causes

. . . .
. . . .
. . . .
. . . .
. . . .
. . . .
. . . .
. . . .

Les mesures proposées

. . . .
. . . .
. . . .
. . . .
. . . .
. . . .
. . . .

Situation

Aujourd'hui, vous avez fait une rencontre insolite, drôle, importante... Vous rendez compte de cette expérience dans votre journal intime. Vous décrivez le moment, le lieu, les circonstances de cet événement. Vous dites qui vous avez rencontré et comment cela s'est passé. Vous donnez vos impressions à ce sujet.

Rédigez votre page de journal intime.

Votre texte comportera 160 à 180 mots.

Le........................

....

....

....

....

....

....

....

....

....

....

....

....

....

....

....

....

....

....

....

....

....

....

....

....

....

Activité 141

Situation

France Gazette, un journal en ligne, contient une rubrique intitulée « Internet et moi » où on publie les témoignages des lecteurs. Vous avez décidé de rendre compte de votre expérience : présentez-vous, racontez vos débuts, parlez de l'usage que vous faites de ce réseau en privé et/ou au travail, racontez une anecdote liée à son utilisation et donnez votre opinion.

Rédigez votre article.

Votre texte comportera 160 à 180 mots.

France Gazette

Internet et Moi

(titre) ....

....
....
....
....
....
....
....
....
....
....
....
....
....
....
....
....
....
....
....
....
....
....
....
....
                                    ....

activité 142

Situation

Vous travaillez pour un journal français à Paris. Vous avez interviewé le directeur de l'entreprise Éco-Emballage chargée du tri sélectif des ordures ménagères en France.

Interview : Éco-Emballage

Constat : <u>recyclage des déchets toujours insuffisant</u>

Objectifs :
– <u>trier plus et mieux</u>
– faire pression sur les particuliers qui trient mal

Historique et mode de fonctionnement :
– existe depuis 13 ans
– élimine les déchets des industriels (ils payent régulièrement pour ça).
– signe des contrats avec des collectivités territoriales (administration d'une ville, région…) :
  EE[1] : organise le tri, finance la 1/2 des frais (12, 60 € /personne et /an).
  Les habitants payent le reste.

Réalité :
– répartition 50/50 représente une moyenne
– aide de EE variable selon la qualité du tri
– qualité du tri inégale dans diffts[2] villes
  (Raisons : détermination des collectivités et discipline des particuliers – argument évident –, ms[3] aussi tri plus facile en zone pavillonnaire (maisons) qu'en centre-ville ➤ ds[4] immeubles pas toujours de locaux pour diffts poubelles

Ex. de taux d'ordures impossibles à recycler :
– Lyon : 50%
– Paris : env.[5] 35%
– ms Strasbourg : 10% !!! (campagne de sensibilisation efficace)
– moyenne nationale : 20 à 25%

Mesure prévue par EE : campagne de communication à 2 objectifs :
  1. informatif : rappel des finalités du tri
  2. coercitif : imposer une contrainte et mettre en garde (modalité : poubelle mal triée = non vidée et gros scotch avec inscription « Refusé » collé dessus !!!)

1 EE : Éco-Emballage	**3 ds :** dans	**5 env. :** environ
2 diffts : différent(e)s	**4 ms :** mais	

À partir des notes prises lors de cette interview, vous rédigez un article pour votre journal : présenter Éco-Emballage et son objectif, mentionner la sanction des mauvais trieurs.

Votre texte comportera 180 à 200 mots.

ENVIRONNEMENT *Menaces sur les mauvais trieurs*

Le recyclage des déchets reste insuffisant

activité 143

Situation

Martin est étudiant en sociologie. Il a assisté à la conférence de Michel Boulieu sur l'attitude des jeunes Français face à l'école. Voici ses notes.
À partir de ses notes, il doit préparer un essai pour l'un de ses cours à l'université.

Question = Pourquoi les jeunes n'ont-ils plus de respect pour l'école ?

1. Certains sondages : + 55% d'élèves démotivés à l'école

   D'autres sondages :
   environ 75% de jeunes ont bon moral en général

   CONTRADICTION
   mais plus de 60% se disent « génération sacrifiée »

2. Autrefois : bonne scolarité ➔ garantie d'une réussite professionnelle

3. Aujourd'hui : école = lieu coupé de la réalité, où on fait des choses inutiles
   Arguments + : manque de matériel, locaux vétustes et enseignants découragés n'arrangent pas la situation...

4. Diplômes : dévalués (ce n'est plus une garantie contre le chômage)
   — Pour + de 50% de jeunes : ils n'ont plus aucune valeur.
   — 35% les trouvent encore utiles pour trouver du travail.
   — Chômage (très important chez les jeunes en général ➔ environ 20%, mais aussi chez les jeunes diplômés d'études supérieures ➔ 12%)

Conclusion : jeunes = lucides ; besoin urgent d'agir ➔ enrayer le chômage ➔ redonner à l'école du sens (mais penser aussi à la faire évoluer, la rapprocher de la réalité ➔ activités), remotiver les enseignants.

Aidez Martin à rédiger son essai.

Votre texte comportera 160 à 180 mots.

Martin Bonnard

Les jeunes face à l'école

Situation

Vous travaillez et vivez à Paris. Le journal de votre entreprise contient une rubrique intitulée « Instantanés » où tout le monde peut raconter une expérience vécue à Paris, une anecdote, un moment de convivialité…

Un jour, vous avez trouvé dans votre boîte aux lettres cette invitation et vous avez participé à la soirée. Elle a bien commencé, mais à un moment un incident a failli troubler la fête. C'était plutôt amusant comme expérience et vous avez décidé d'en rendre compte dans le journal d'entreprise.

☆ **APÉRO** de la rue et de l'été

à partir de **18h45** le samedi **11 juin**

jus de fruits, vin…, du sucré et du salé…

♥ **VENEZ** et participez ☆

en apportant quelque chose à partager

VERS le tournant de la **rue Émile Desvaux**

un groupe de voisins

Écrivez votre témoignage.

Votre texte comportera 160 à 180 mots.

Drôle de soirée

. . . .
. . . .
. . . .
. . . .
. . . .
. . . .
. . . .
. . . .
. . . .
. . . .
. . . .
. . . .
. . . .
. . . .

ctivité 145

Situation

France Gazette, un journal sur Internet contient une rubrique intitulée « Festival d'ailleurs » où il publie les témoignages des lecteurs. Vous avez participé à un festival intéressant dans votre pays et vous aimeriez le faire connaître aux lecteurs de *France Gazette.* Vous présentez le thème de ce festival, vousexpliquez où il a lieu, quand et comment il se déroule et vous racontez votre expérience de participant.

Rédigez votre article.

Votre texte comportera 160 à 180 mots.

(titre) ....

ÉPREUVES TYPES

1- Correspondance

➤ **activité 146**

Vous avez choisi l'une de ces destinations et avez profité de l'offre, mais rien ne s'est passé comme prévu : problèmes de transport, d'accueil et d'hébergement…
Au retour du week-end, vous écrivez une lettre de réclamation pour demander un dédommagement.
Adressez votre lettre au :

Responsable du Service des Réclamations
Agence de Voyages Carrefour
158, rue de la Liberté
75017 Paris
France
Votre lettre comportera 160 à 180 mots.

2- Notes, messages et formulaires

➤ activité 147

Vous êtes en voyage d'affaires. Vous rédigez un message à l'attention de votre chef de service : vous décrivez ce que vous avez fait durant les trois premiers jours de votre mission, les personnes que vous avez rencontrées et les résultats de vos négociations. Vous lui demandez également quelques conseils concernant la suite de votre travail.
Votre message comportera 160 à 180 mots.

3- Essais et rapports

➤ activité 148

L'hebdomadaire français *Figaro Magazine* tient une rubrique intitulée « Expériences d'ailleurs ». On y publie des témoignages des lecteurs étrangers racontant leur rencontre avec la langue française et la pratique qu'ils en font dans leur vie privée et/ou professionnelle. Vous décidez de faire publier votre témoignage.
Dans votre article, n'oubliez pas de :
  – vous présenter ;
  – raconter vos débuts en français et vos motivations ;
  – décrire les Situation n°s dans lesquelles vous utilisez cette langue et vos projets en relation avec le français.

Trouvez également un titre pour votre article.
Votre texte comportera 160 à 180 mots.

AUTO-ÉVALUATION

Vous avez fait les activités d'expression écrite du DELF B1.
À présent, dites :

      1. ce que vous êtes capable de faire pour préparer votre rédaction ;

      2. quels types de textes vous pouvez produire ;

      3. ce dont vous êtes capable de parler et ce que vous savez exprimer dans vos écrits.

Si vous répondez « pas très bien » ou « pas bien du tout », refaites les activités concernées.

	Très bien	Assez bien	Pas très bien	Pas bien du tout
➤ 1. Préparer ma rédaction				
Je peux identifier la nature du texte à produire.	❑	❑	❑	❑
Je peux trouver des formulations adaptées à la situation.	❑	❑	❑	❑
Je peux hiérarchiser les informations et organiser mon texte.	❑	❑	❑	❑
Je peux choisir une présentation adéquate.	❑	❑	❑	❑
➤ 2. Rédiger…				
Correspondance informelle :				
Je peux rédiger une lettre.	❑	❑	❑	❑
Je peux rédiger un message électronique.	❑	❑	❑	❑
Correspondance formelle :				
Je peux rédiger une lettre.	❑	❑	❑	❑
Je peux rédiger un message électronique.	❑	❑	❑	❑
Notes, messages et formulaires :				
Je peux rédiger un message électronique.	❑	❑	❑	❑
Je peux rédiger une note de service.	❑	❑	❑	❑
Je peux rédiger un message manuscrit.	❑	❑	❑	❑
Je peux rédiger un CV.	❑	❑	❑	❑
Je peux rédiger un dépliant informatif.	❑	❑	❑	❑
Essais et rapports :				
Je peux rédiger un article de presse écrite.	❑	❑	❑	❑
Je peux rédiger un article de journal en ligne.	❑	❑	❑	❑
Je peux rédiger un rapport de mission.	❑	❑	❑	❑
Je peux rédiger un rapport de service.	❑	❑	❑	❑
Je peux rédiger une page de journal intime.	❑	❑	❑	❑
Je peux rédiger un essai universitaire.	❑	❑	❑	❑

➤ 3. Lorsque je rédige…

Je peux me présenter en parlant de mes études, de mon expérience professionnelle, de mes capacités.	❏	❏	❏	❏
Je peux parler de ma motivation.	❏	❏	❏	❏
Je peux solliciter un entretien.	❏	❏	❏	❏
Je peux donner de mes nouvelles.	❏	❏	❏	❏
Je peux décrire en détail une expérience.	❏	❏	❏	❏
Je peux exprimer mes sentiments et mes impressions à propos d'un événement.	❏	❏	❏	❏
Je peux émettre une opinion sur un sujet précis.	❏	❏	❏	❏
Je peux donner des explications.	❏	❏	❏	❏
Je peux demander de l'aide ou un conseil.	❏	❏	❏	❏
Je peux réclamer une intervention.	❏	❏	❏	❏
Je peux exprimer mon désaccord.	❏	❏	❏	❏
Je peux transmettre des informations pertinentes.	❏	❏	❏	❏
Je peux donner des instructions.	❏	❏	❏	❏
Je peux faire des suggestions.	❏	❏	❏	❏
Je peux exprimer mon hésitation.	❏	❏	❏	❏
Je peux présenter des perspectives.	❏	❏	❏	❏
Je peux faire une réclamation.	❏	❏	❏	❏

PRODUCTION ORALE

CHAPITRE 4
ACTIVITÉS D'EXPRESSION ORALE EN CONTINU ET EN INTERACTION

➤ *Description des activités*

1. Parler de soi : entretien dirigé (présentation générale de soi)
2. Prendre part à une conversation : exercice en interaction (jeu de rôles)
3. S'exprimer en continu : monologue suivi (expression d'un point de vue à partir d'un document déclencheur)

➤ *Démarche*

Une seule activité principale construite en trois sous-parties vous permettra de vous entraîner à vous présenter en fonction des principaux sujets d'ordre général. Cette activité vous entraînera à répondre brièvement, mais avec précision et avec des exemples, à des questions générales susceptibles d'être posées par l'examinateur.

Chaque situation fait l'objet d'activités complémentaires organisées selon la progression suivante :
- comprendre la situation ;
- préparer le dialogue ;
- adapter son comportement à la situation ;
- jouer la situation.

Ces activités permettent au candidat d'**intégrer une méthode** d'apprentissage pour bien appréhender des situations de communication.

Progression des activités	Finalités méthodologiques	Type de tâches
Comprendre la situation Activités 150 à 153 (sit. n°1) ; 157, 158 (n°2) ; 164, 165 (n°3) ; 169, 170 (n°4) ; 175, 176 (n°5) ; 181, 182 (n°6).	Je m'entraîne à comprendre le rôle de mon personnage et à identifier les actions, les tâches qu'il devra accomplir.	Sélection, identification d'informations, association, mise en relation, classement, enrichissement.
Préparer le dialogue Activités 159, 160 (sit. n°2) ; 166 (n°3) ; 171 (n°4) ; 177 (n°5) ; 183 (n°6).	Je m'entraîne à utiliser mes compétences linguistiques en français (structures lexicales et grammaticales) pour atteindre mes objectifs de communication.	Emploi / mise en œuvre du vocabulaire, de la grammaire, dans le contexte de la situation proposée.
Adapter son comportement à la situation Activités 154 (sit. n°1) ; 161 (n°2) ; 167 (n°3) ; 172 (n°4) ; 178, 179 (n°5) ; 184 (n°6).	Je m'entraîne à adapter mon attitude, mon comportement en fonction de la situation.	Faire des choix en tenant compte de son interlocuteur.
Jouer la situation Activités 155, 156 (sit. n°1) ; 162, 163 (n°2) ; 168 (n°3) ; 173, 174 (n°4) ; 180 (n°5) ; 185 (n°6).	Je m'entraîne à interpréter et à jouer une situation.	Travail sur la gestuelle, la mimique (expression du visage), l'intonation, mise en scène de la situation en s'entraînant à simuler une conversation.

Les activités n⁰ˢ 149 et 150 ont pour objectif de vous entraîner à **développer votre capacité à identifier un thème en faisant des associations.**

L'activité n° 151 est un remue-méninges pour élargir le questionnement sur les thèmes identifiés afin de **faciliter l'expression de votre point de vue.**

Les activités n⁰ˢ 152 et 153 vous aideront à acquérir une **méthode** de travail pour **analyser différents types de supports, par :**
  – l'observation,
  – la description,
  – la discussion.

C'est en effet en développant vos capacités à observer, décrire et interpréter que vous pourrez **préparer votre présentation** et **exprimer votre point de vue** dans les meilleures conditions.

Les activités qui suivront, vous proposeront un **entraînement** pour votre présentation face à l'examinateur.

➤ *Déroulement des épreuves*
1- **Parler de soi** (entretien dirigé)

Dans la première partie de l'examen oral du DELF B1, vous devrez, en une minute environ, **vous présenter d'une manière générale** à l'examinateur.
Il s'agira pour vous :
  – d'identifier les sujets qui doivent être traités dans une présentation générale ;
  – de développer votre capacité d'anticipation pour répondre à des questions concernant votre présentation générale.

L'examinateur pourra éventuellement vous poser quelques brèves questions pour obtenir des précisions sur votre présentation générale.
Vous devrez y répondre précisément mais brièvement.

2- **Prendre part à une conversation** (jeu de rôles)

Pour réussir cette deuxième partie de l'examen oral du DELF B1, vous devrez développer votre capacité à prendre part à une conversation.
Vous jouerez, pendant environ 5 minutes, le rôle d'un personnage ; l'examinateur sera votre interlocuteur et interprétera le rôle de l'autre personnage.
Pour cela, il faudra vous entraîner à :
  – comprendre une situation de communication et identifier ses enjeux ;
  – identifier et comprendre le rôle de chaque personnage ;
  – identifier et comprendre ce que chaque personnage devra faire et dire ;
  – mobiliser et utiliser immédiatement tous les moyens, tous les outils linguistiques nécessaires pour jouer la situation ;
  – avoir l'attitude, le comportement adaptés à la situation.

3- **S'exprimer en continu** (monologue suivi)

Dans votre préparation, vous devrez **utiliser des stratégies de communication** pour :
  – lire, observer, analyser ;
  – identifier un thème général de discussion ;

– faire des hypothèses, interpréter ;
– poser des questions…
– décrire...
…avec des supports variés :
  – image ou photo ;
  – fond sonore, bruitages ;
  – textes divers de type descriptif.
Vous aurez **10 minutes pour préparer** votre présentation.

1- Parler de soi
Entretien dirigé / présentation générale de soi

activité 149 **1.** Voici une liste de sujets dont vous devrez parler dans votre présentation générale :

    a. votre pays, votre ville d'origine, votre nationalité

    b. votre situation personnelle actuelle : activités professionnelles, études

    c. votre apprentissage de la langue française

    d. vos motivations pour passer le DELF

    e. votre intérêt pour la France ou les pays francophones : voyages, séjours éventuels

    f. vos projets professionnels et personnels

Pour chacun de ces sujets : imaginez et formulez la /les questions qui peuvent être posées par l'examinateur.

Ex. : Pourquoi apprenez-vous le français ?

....
....
....

2. Entraînez-vous à répondre.

Ex. : J'apprends le français d'une part pour aller étudier au Québec et d'autre part parce que je devrai probablement utiliser le français comme langue de travail. Mais j'étudie aussi le français pour mon plaisir et mon développement personnel, même si la grammaire française n'est pas toujours facile !

3. Écrivez maintenant ce que vous pensez dire pour vous présenter.

....
....
....
....
....
....
....
....

2- Prendre part à une conversation
Exercice en interaction / jeu de rôles en situation

Situation n°1
Vous êtes en voyage touristique en Normandie pendant le week-end. C'est samedi et vous avez garé votre voiture sur un parc de stationnement sans payer de ticket car vous pensez que le stationnement est gratuit le week-end. Quand vous retournez à votre voiture, vous voyez un agent de police en train de vous mettre une contravention. Vous courez vers l'agent de police pour lui demander ce qui se passe.

:tivité 150 Avez-vous compris la situation ?

1. Quels sont les personnages ?

....

....

2. Où se passe la scène ?

....

....

3. De quoi vont-ils parler ?

....

....

4. Que va essayer de faire en priorité le conducteur de la voiture ?

    a. ❏ inviter l'agent de police à prendre un café

    b. ❏ négocier le prix de la contravention

    c. ❏ annuler la contravention

5. Dans cette situation, faut-il tutoyer l'agent de police ?

    a. ❏ peut-être

    b. ❏ oui

    c. ❏ non

ctivité 151 Indiquez les actions que vous pensez faire :

    1. ❏ protester immédiatement contre l'agent de police

    2. ❏ dire que vous ne comprenez pas ce qui se passe

    3. ❏ contester la parole de l'agent de police s'il vous dit que le stationnement des voitures est payant le samedi mais gratuit le dimanche

    4. ❏ vous excuser auprès de l'agent de police

    5. ❏ exprimer des regrets

    6. ❏ vous mettre en colère contre l'agent de police

    7. ❏ essayer de vous justifier

    8. ❏ reconnaître que vous vous êtes trompé(e)

    9. ❏ menacer d'appeler votre consulat ou votre ambassade

    10. ❏ expliquer pourquoi vous n'avez pas payé le ticket de stationnement

    11. ❏ essayer de convaincre l'agent de police de votre bonne foi

    12. ❏ essayer de discuter avec l'agent de police et le convaincre de ne pas vous mettre de contravention

    13. ❏ dire que vous connaissez une personne influente qui annulera la contravention

    14. ❏ demander à l'agent de police d'être compréhensif

    15. ❏ promettre que vous serez plus attentif une prochaine fois

IV PRODUCTION ORALE

activité 152 Quelles actions ne ferez-vous donc pas ? Expliquez pourquoi, comme dans l'exemple.

Je ne ferai pas l'action n°...	... parce que...
1	cela risque d'irriter l'agent de police qui est en train d'accomplir sa mission
....	....
....	....
....	....
....	....
....	....
....	....
....	....
....	....
....	....
....	....
....	....
....	....
....	....

activité 153 Faites correspondre ce que vous allez faire à ce que vous allez dire. Attention ! Il y a une formulation en trop !

Ce que je fais	Ce que je dis
a. Je m'excuse auprès de l'agent de police.	**1.** C'est scandaleux ! Vous n'avez pas le droit de mettre de contravention aux touristes étrangers ! C'est inadmissible !
b. J'exprime des regrets.	**2.** Je vous jure que je ferai attention à l'avenir et que je vérifierai bien les indications !
c. Je reconnais mon erreur et j'essaie de me justifier.	**3.** Je ne savais pas que le stationnement était payant le samedi... Je pensais que c'était gratuit tout le week-end...
d. Je m'explique auprès de l'agent de police.	**4.** C'est vrai, je me suis trompé(e), mais je ne comprends pas parfaitement le français, j'avoue que j'ai mal lu les indications de l'horodateur.
e. Je promets que je serai plus attentif une prochaine fois.	**5.** Si j'avais su que c'était payant le samedi, j'aurais payé le ticket, bien évidemment... Je suis vraiment désolé(e) d'avoir commis une infraction !
f. Je discute avec l'agent de police et je cherche à le convaincre de ne pas me mettre de contravention.	**6.** S'il vous plaît, monsieur (madame) l'agent, je vous en prie, soyez compréhensif/ive... ! Vous savez, ce n'est pas toujours évident de connaître toutes les lois et tous les règlements quand on est étranger dans un pays... !
	7. Écoutez, monsieur (madame) l'agent, c'est un malentendu, je vous présente toutes mes excuses.

| Ex. : a. 7 | b. .... | c. .... | d. .... | e. .... | f. .... |

tivité 154 Dans la liste ci-dessous, cochez les attitudes adaptées à la situation.

Dans cette situation, je dois essayer de :

    a. ❏ me montrer désolé(e)

    b. ❏ être agressif/ive

    c. ❏ exprimer mon embarras

    d. ❏ me montrer convaincant(e)

    e. ❏ faire preuve d'indifférence

tivité 155 👂 Geste, intonation, mimique

Écoutez et choisissez l'intonation adaptée. Ensuite, associez-la au dessin correspondant.

Phrase A :

❏ intonation 1
❏ intonation 2
❏ intonation 3

    ❏ dessin 1   ❏ dessin 2   ❏ dessin 3

Phrase B :

❏ intonation 1
❏ intonation 2
❏ intonation 3

  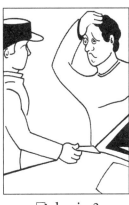

    ❏ dessin 1   ❏ dessin 2   ❏ dessin 3

Phrase C :

❏ intonation 1
❏ intonation 2
❏ intonation 3

    ❏ dessin 1   ❏ dessin 2   ❏ dessin 3

activité 156 Vous êtes le touriste, conducteur de la voiture. Complétez les répliques. Utilisez les répliques proposées dans l'activité 5 pour vous aider.

1. *Le touriste :* Monsieur l'agent, c'est ma voiture ! Qu'est-ce qui se passe ?

2. *L'agent :* Ah ! c'est votre voiture. Vous tombez bien !

3. *Le touriste :* .... !

4. *L'agent :* Oui, je vous mets une contravention car vous n'avez pas payé le stationnement.

5. *Le touriste :* ....

6. *L'agent :* C'est pourtant écrit clairement que le stationnement est payant tous les jours de la semaine, excepté le dimanche !

7. *Le touriste :* ....

8. *L'agent :* Ce n'est pas une raison ! Moi, je ne fais pas de différence entre les conducteurs !

9. *Le touriste :* ....

10. *L'agent :* Et si je faisais à chaque fois des exceptions, qui paierait les contraventions ?

11. *Le touriste :* ....

12. *L'agent :* Bon… C'est bon pour cette fois-ci ! Mais la prochaine fois… !

13. *Le touriste :* ....

Situation n°2

Vous passez dans la rue devant un café. Un(e) ami(e) qui est assis(e) à la terrasse de ce café vous reconnaît, se lève et vous appelle. Mais vous, vous ne le/la reconnaissez pas immédiatement parce que cela fait longtemps que vous ne vous êtes pas revu(e)s.

Il/elle vous invite à prendre un café pour discuter ensemble. Vous acceptez avec plaisir…

activité 157 **A.** Avez-vous compris la situation ?

1. Dans cette situation les personnages :
   a. ❑ se rencontrent pour la première fois
   b. ❑ sont des collègues de travail
   c. ❑ ne se connaissent pas depuis longtemps
   d. ❑ se sont connus il y a longtemps

2. La relation entre les personnages est formelle.
   a. ❑ vrai
   b. ❑ faux

3. Les personnages se rencontrent :
   a. ❑ dans un café
   b. ❑ dans la ruc, à la terrasse d'un café

4. Dans cette situation, vous allez prendre un café parce que :
   a. ❑ vous avez soif
   b. ❑ vous voulez vous reposer
   c. ❑ vous êtes content de faire cette rencontre et de discuter

B. Choisissez vos sujets de conversation :

a. ❑ le travail

b. ❑ la religion

c. ❑ le montant du salaire gagné

d. ❑ les souvenirs communs

e. ❑ la vie familiale et sentimentale

f. ❑ les problèmes d'argent

g. ❑ le lieu de résidence

h. ❑ la politique

C. De quels sujets n'allez-vous pas parler ? Expliquez pourquoi, comme dans l'exemple.

J'éviterai de parler du sujet ...	... parce que...
b. la religion	c'est un sujet trop personnel et privé et cela peut provoquer des disputes
....	....
....	....
....	....
....	....
....	....
....	....
....	....
....	....

Activité 158 Cochez les actions que vous allez faire.

1. ❑ parler de votre situation présente
2. ❑ vous présenter de façon formelle
3. ❑ échanger vos coordonnées
4. ❑ faire des commentaires sur l'apparence physique de votre ami(e)
5. ❑ éviter de proposer de vous revoir
6. ❑ parler de votre passé depuis votre dernière rencontre
7. ❑ évoquer des souvenirs communs
8. ❑ demander à votre ami de vous prêter de l'argent
9. ❑ parler de vos projets d'avenir
10. ❑ poser des questions sur la vie présente, sur la vie passée, sur les projets futurs
11. ❑ proposer de vous revoir
12. ❑ demander des nouvelles d'ancien(ne)s ami(e)s commun(e)s

Activité 159 Complétez les phrases.

• Paroles échangées : ce que peuvent dire les personnages.

1. Si tout se passe bien avec ...., mon ami(e) et moi, on ....
.... sinon on ....

2. Passe-moi ton adresse électronique, je te donne ....!

3. Non ce n'est pas possible ! Toi ? ici ? C'est ....!

4. Est-ce que tu comptes .... définitivement à ....?

5. Mais oui ! C'est bien toi ! Je n'en crois pas mes yeux ! Je te .... maintenant !

6. Qu'est-ce que tu ...., depuis tout ce temps ?

7. Et toi, qu'est-ce que tu as fait depuis ....?

8. Ça alors ! Mais c'est bien ....!

9. Actuellement, je travaille ....

10. J'habite toujours à .... mais je bosse depuis ....pour le Conseil de l'Europe en qualité de ....

11. Après ma thèse de doctorat, j'ai .... à l'étranger pendant un an.

12. Je n'envisage pas de .... l'Alsace pour le moment.

13. Est-ce que tu .... toujours à Strasbourg ?

14. Il faut absolument qu'on .... ensemble bientôt !

15. Comme tu as ....!

16. Oui, je pense que, quand ...., je créerai ma propre entreprise de
....

activité 160 Maintenant, classez les phrases dans le tableau : reportez les numéros dans les cases, comme dans l'exemple.

Ce que je fais	Paroles n°...
a. J'exprime ma surprise.	**3**..........
b. Je fais des commentaires sur l'apparence de mon ami(e).	....
c. Je m'informe sur la vie présente de mon ami(e).	....
d. Je m'informe sur les événements passés de la vie de mon ami(e).	....
e. Je cherche à savoir quels sont les projets futurs de mon ami(e).	....
f. Je parle de ma vie présente.	....
g. Je parle de mes expériences passées.	....
h. Je parle de mes projets d'avenir.	....
i. Je propose à mon ami(e) de nous revoir.	....
j. Je propose à mon ami(e) d'échanger nos coordonnées.	....

activité 161 Cochez les attitudes adaptées à la situation.

a. ❑ vouvoyer votre ami(e)

b. ❑ exprimer votre surprise

c. ❑ garder vos distances

d. ❑ faire preuve d'indifférence

e. ❑ tutoyer votre ami(e)

f. ❑ exprimer votre joie de revoir votre ami(e)

g. ❑ manifester votre intérêt

Activité 162

1. Geste, intonation, mimique
Écoutez et choisissez l'intonation adaptée. Ensuite, associez-la au dessin qui convient.

Phrase A :

❏ intonation 1
❏ intonation 2
❏ intonation 3

❏ dessin 1   ❏ dessin 2   ❏ dessin 3

Phrase B :

❏ intonation 1
❏ intonation 2
❏ intonation 3

 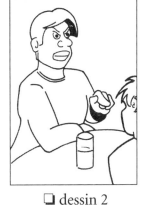 

❏ dessin 1   ❏ dessin 2   ❏ dessin 3

Phrase C :

❏ intonation 1
❏ intonation 2
❏ intonation 3

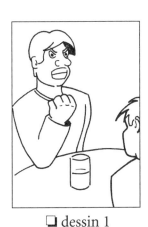  

❏ dessin 1   ❏ dessin 2   ❏ dessin 3

2. Écoutez trois manières (rythme et prononciation) de prononcer cette phrase :
« *Non ce n'est pas possible ! Toi ? ici ? C'est incroyable !* »
Quelle est celle qui convient le mieux à la situation ? Cochez la bonne réponse.

❏ rythme et prononciation 1
❏ rythme et prononciation 2
❏ rythme et prononciation 3

activité 163 Et maintenant, jouez la situation avec votre interlocuteur !
Vous êtes l'ami qui passe dans la rue. Complétez le dialogue : utilisez éventuellement les répliques proposées dans l'activité n° 160.

L'ami à la terrasse (A1) : Abdel ! Abdel ! C'est moi Jean-François, Jean-François Lemayeur… tu te souviens ?

L'ami passant (A2) : Jean-François… Jean-François… Ah oui, Lemayeur… Jean-François Lemayeur ! J'y suis !… Non, ce n'est pas possible ! Toi ? ici ? C'est incroyable !

A1 : Eh oui, c'est bien moi ! Mais dis-moi, qu'est-ce que tu fais là ?

A2 : ....

Et toi qu'est-ce que tu fais ici?

A1 : ....

A2 : ....

A1 : Écoute, plutôt que de rester debout on pourrait prendre un café ensemble, ça te dit ? Tu as le temps ?

A2 : ....

A1 : Voilà, alors raconte, qu'est que tu as fait depuis tout ce temps ?

A2 : ....

A1 : ....

A2 : ....

A1 : ....

A2 : ....

A1 : ....

A2 : Écoute, il faut absolument qu'on reste en contact et qu'on organise une petite soirée ensemble.

A1 : Oui, tu as tout à fait raison.

A2 : Alors, passe-moi ton adresse électronique, et je te donne la mienne !

Situation n°3

Un(e) ami(e) vous appelle au téléphone parce qu'il/elle souhaite visiter votre région d'origine. Cet(te) ami(e) ne sait pas encore combien de temps durera son voyage touristique (peut-être seulement un long week-end, une semaine ou plus) mais il/elle souhaite se renseigner auprès de vous et obtenir le plus possible d'informations pratiques, culturelles, touristiques.

activité 164 Avez-vous compris la situation ?

1. Quels sont les personnages ?

	vrai	faux	on ne sait pas
a. deux touristes	❑	❑	❑
b. un client et un agent touristique	❑	❑	❑
c. deux amis	❑	❑	❑
d. deux collègues	❑	❑	❑

2. Les deux personnages ...

    a. ❏ se parlent dans la rue

    b. ❏ communiquent par courrier électronique

    c. ❏ se parlent au téléphone

3. De quoi vont parler les personnages ?

    a. ❏ de souvenirs de voyage

    b. ❏ d'un projet de voyage

4. La personne qui appelle connaît bien sa destination de voyage :

    a. ❏ vrai

    b. ❏ faux

    c. ❏ on sait pas

5. Pourquoi la personne appelle-t-elle ?

    a. ❏ pour faire une réservation

    b. ❏ pour s'informer

Activité 165   Mettez une croix dans la colonne correspondant à ce que vous et votre ami allez faire. Attention ! Certaines actions peuvent être réalisées par les deux personnages.

Ce que je fais : actions / tâches à réaliser	Vous	Votre ami (e)	Les deux
a. J'exprime une intention.			
b. J'établis un contact.			
c. Je me présente.			
d. Je prends des nouvelles de l'autre.			
e. Je décris des lieux.			
f. Je déconseille à l'autre personne de faire quelque chose.			
g. Je demande des renseignements pratiques.			
h. Je fais des suggestions et des recommandations.			
i. Je donne des indications de temps et de durée.			
j. Je demande des précisions de temps et de durée.			

Activité 166   Dans cette situation, qui dit quoi ? Complétez les phrases. Ensuite, associez chaque phrases (1, 2, ...) à une action (a, b, ...) de l'activité 165.

    • Paroles échangées : ce que peuvent dire les personnages.

    1. Combien de .... vas-tu rester sur place ?

    2. J'arriverai .... et je séjournerai sur place pendant ....

    3. Je te conseillerais de .... le centre-ville en/à ....

    4. Ne perds surtout pas ton temps dans ....

    5. Combien faut-il .... pour aller dans un bon restaurant ?

    6. C'est une région rurale, avec des paysages .... et encore

    ....

    7. Bonjour, c'est Isabelle à l' ....

    8. Qu'est-ce que tu .... depuis la dernière fois qu'on s'est vu ?

9. Je t'appelle pour te demander ....

10. J'envisage de .... et de .... dans ton pays, ...

1.	2.	3.	4.	5.	6.	7.	8.	9.	10. ....

activité 167 Cochez les numéros des attitudes adaptées à la situation.

1. ❏ manifester de l'intérêt pour les questions de votre interlocuteur
2. ❏ vous montrer indifférent
3. ❏ faire de votre mieux pour donner le maximum de précisions
4. ❏ répondre que vous refusez de le/la renseigner
5. ❏ essayer de donner la meilleure image possible de votre région
6. ❏ susciter chez votre interlocuteur le désir de connaître votre région

activité 168 Composez votre dialogue : utilisez les paroles échangées entre les deux personnages (cf. activité 166) et ajoutez-en d'autres.

Situation n°4

Vous avez fait réaliser chez vous des travaux de plomberie. Avant ces travaux, vous aviez signé un devis (un contrat) avec un plombier pour vous mettre d'accord sur le prix global des travaux à réaliser. Après la réalisation des travaux, vous recevez la facture et vous constatez que la somme est 50% plus élevée que le prix convenu. Vous appelez immédiatement ce plombier pour demander des explications.

activité 169 Avez-vous compris la situation ?

1. Quels sont les personnages ? Écrivez votre réponse.

....

....

2. De quoi les personnages vont-ils parler ?
    a. ❏ d'un problème de plomberie   b. ❏ d'un problème de facture

3. Les personnages se connaissent-ils ?
    a. ❏ oui   b. ❏ non

4. La relation entre les personnages est :
    a. ❏ formelle et donc les personnages se vouvoient
    b. ❏ informelle et donc les personnages se tutoient

5. La personne qui appelle demande des explications :
    a. ❏ pour satisfaire sa curiosité
    b. ❏ parce qu'elle n'est pas satisfaite des travaux réalisés
    c. ❏ parce qu'il y a un problème de facturation

6. Les deux personnages vont devoir se mettre d'accord.
    a. ❏ oui   b. ❏ non

Activité 170 Dans cette situation, qui fait quoi ? Identifiez ce que chaque personnage va faire : mettez une croix dans le tableau, comme dans l'exemple.
Attention ! Certaines actions peuvent être réalisées par les deux personnages

Ce que je fais dans cette situation	Vous, client(e)	Le plombier	Les deux
a. *Je proteste.*	X		
b. J'exprime une insatisfaction.			
c. Je donne une explication, je me justifie.			
d. J'exprime un désaccord.			
e. Je formule une hypothèse et j'exprime une menace.			
f. J'exprime une nécessité.			
g. Je rapporte, je rappelle ce qui avait été décidé et convenu.			
h. Je m'excuse.			
i. Je salue et je me présente.			

Activité 171 Qui parle ?
Complétez les phrases ci-dessous et indiquez celui qui parle.

Paroles possibles	Vous, client(e)	Le plombier	Les deux
1. *Vous aviez dit que* .... *ne dépasserait pas le montant du devis.*	X		
2. Il faut absolument que nous trouvions .... !			
3. Je suis vraiment .... que vous soyez mécontent(e).			
4. Si vous ne .... pas la facture, ... !			
5. Je .... vos nouvelles conditions !			
6. Ce n'est pas de ma .... ! Le travail a été plus .... que prévu et j'ai dû .... du matériel			
7. Je suis très déçu de			
8. C'est .... ! C'est scandaleux ! Vous n'avez pas .... !			

activité 172

1. À votre avis, quelle est la meilleure attitude à adopter pour faire baisser la facture ? Cochez les attitudes appropriées.

- a. ❑ se mettre en colère
- b. ❑ faire preuve de fermeté
- c. ❑ insulter le plombier
- d. ❑ faire comprendre au plombier qu'il n'a pas respecté les clauses du contrat
- e. ❑ aller faire un scandale dans la boutique du plombier
- f. ❑ utiliser des arguments juridiques

2. Quelles attitudes éviterez-vous d'avoir ? Dites pourquoi, comme dans l'exemple.

J'éviterai...	... parce que...
3. d'insulter le plombier	*ce n'est pas correct et que je risque de provoquer son agressivité*
…………	…………………………………………………………………………
…………	…………………………………………………………………………
…………	…………………………………………………………………………
…………	…………………………………………………………………………
…………	…………………………………………………………………………
…………	…………………………………………………………………………
…………	…………………………………………………………………………
…………	…………………………………………………………………………
…………	…………………………………………………………………………

activité 173

🎧 Geste, intonation, mimique

Écoutez et choisissez l'intonation adaptée. Ensuite, associez-la au dessin correspondant.

Phrase A :

- ❑ intonation 1
- ❑ intonation 2
- ❑ intonation 3

❑ dessin 1   ❑ dessin 2   ❑ dessin 3

Phrase B :

- ❑ intonation 1
- ❑ intonation 2
- ❑ intonation 3

❑ dessin 1   ❑ dessin 2   ❑ dessin 3

phrase C :

❏ intonation 1
❏ intonation 2
❏ intonation 3

❏ dessin 1   ❏ dessin 2   ❏ dessin 3

ctivité 174 **Et maintenant, interprétez la situation ! Complétez ce dialogue comme vous le voulez mais en tenant compte des répliques proposées.**

Le / la client(e) (C) : Allô, monsieur Jacquemart, ici madame Letourneur. Je viens de recevoir votre facture et je ne comprends absolument pas ce qui se passe... Comment se fait-il que la facture soit 50% plus chère que le devis ?

....
....
....

(C) : Mais vous avez dit que la facture finale ne dépasserait pas le montant du devis !

....
....
....

Le plombier (P) : ....
....
....

mais attention, madame Letourneur, si vous ne payez pas la facture nous règlerons le problème au tribunal !

....
....
....

(C) : C'est inadmissible ! C'est scandaleux ! Vous n'avez pas le droit ! J'appelle tout de suite mon avocat !

....
....
....

(C) : Eh bien , vous voyez monsieur Jaquemart, en discutant, on trouve toujours une solution !

(P) : Eh oui ! madame Letourneur, vous avez raison ! Ça ne sert à rien de s'énerver !

Situation n°5

Nous sommes au début du mois d'août. Vous êtes dans une agence de voyages de la SNCF pour réserver un billet aller-retour en TGV Paris-Montpellier car vous avez finalement décidé, à la dernière minute, de prendre une semaine de vacances dans le sud de la France. Un ami vous propose en effet de vous prê- ter son appartement pendant la deuxième semaine d'août.

Vous proposez à l'agent de la SNCF vos dates et heures de départ pour l'aller et le retour mais il/elle vous répond que tout est complet...

activité 175   Avez-vous compris la situation ?

1. Quels sont les personnages ?

....

....

2. Où la situation se passe-t-elle ?

    a. ❏ à Montpellier

    b. ❏ à l'aéroport

    c. ❏ dans une agence de la SNCF

3. Quand la situation se passe-t-elle ?

    a. ❏ pendant une période de grèves en France

    b. ❏ pendant une période de vacances d'été en France

4. L'un des deux personnages rencontre une difficulté :

    a. ❏ parce qu'il n'a pas assez d'argent

    b. ❏ parce qu'il n'a pas programmé son voyage assez tôt

    c. ❏ parce qu'il y a une grève des transports

activité 176   Répartissez les différentes actions entre les personnages. Attention ! Une action peut être réalisée par les deux personnages.

Ce que je fais : actions / tâches à réaliser	Vous	L'agent SNCF	Les deux
a. *Je demande à faire une réservation.*	X		
b. Je donne des instructions de dates et d'heures.			
c. J'exprime une impossibilité.			
d. J'expose des contraintes personnelles de temps.			
e. Je propose des solutions de remplacement à quelqu'un.			
f. Je présente à quelqu'un des disponibilités de dates et d'heures.			
g. J'exprime un léger reproche à quelqu'un.			
h. Je m'informe sur les disponibilités de temps de quelqu'un.			
i. J'exprime des remerciements.			

ctivité 177 Dans cette situation, qui dit quoi ? Complétez les phrases et indiquez avec une croix quel personnage est susceptible de les dire.

Paroles possibles	Vous	L'agent SNCF	Les deux
1. Je vous remercie pour .... et pour votre			
2. Quel autre .... de cette semaine et à quelle heure pourriez-vous ...., au plus tard ?			
3. Vous auriez dû .... plus tôt.			
4. J'aimerais .... une réservation TGV.			
5. Écoutez, il nous reste encore ....en première ....mardi 9 août à 12 h 50.			
6. Pourriez-vous partir .... dans la semaine ?			
7. Je dois absolument .... à Montpellier, au plus tard lundi 8 août en début d'après-midi.			
8. Je suis ...., mais tous .... sont complets jusqu'au mardi 9 août.			
9. Il me faudrait .... pour Montpellier, le dimanche 7 août après midi à 14 h 33.			

ctivité 178 Dans cette situation, quels sont les comportements les mieux adaptés ? Cochez ce qui convient à chaque personnage.

1. Vous, le client :
- a. ❏ Je me mets en colère sous prétexte que je ne peux pas obtenir entière satisfaction.
- b. ❏ J'accepte un compromis et je modifie mes plans initiaux.
- c. ❏ Je m'obstine à ne pas changer mes plans initiaux.
- d. ❏ Je critique la Société SNCF.
- e. ❏ Je me montre reconnaissant(e) des efforts de l'agent SNCF.

2. L'agent SNCF :
- a. ❏ Je m'énerve parce que je ne peux pas apporter satisfaction à la demande du client / de la cliente.
- b. ❏ Je fais preuve de patience, de persévérance.
- c. ❏ Je persuade le/la client(e) de modifier ses plans initiaux.
- d. ❏ Je refuse de continuer de servir le la client(e).
- e. ❏ Je dédramatise la situation en faisant de l'humour avec le/la client(e).

activité 179 Quelles attitudes de l'activité précédente les personnages devront-ils éviter ? Expliquez pourquoi, comme dans l'exemple.

1. Le client :

Le client devra éviter...	... parce que...
a. de se mettre en colère sous prétexte qu'il ne peut pas obtenir entière satisfaction	*cela risque de bloquer la coopération de l'agent SNCF.*

2. L'agent SNCF :

L'agent SNCF devra éviter...	... parce que...
a. de s'énerver parce que il ne peut pas apporter satisfaction à la demande du client /de la cliente	cela risque de donner une mauvaise image de la SNCF.

activité 180 Et maintenant, jouez la situation! Créez maintenant le dialogue entre les deux personnes ! Utilisez les paroles de l'activité 177 et inventez-en d'autres pour composer et compléter votre dialogue.

Situation n°6

Un(e) ami(e) vient de terminer aujourd'hui de passer tous ses examens et attend maintenant ses résultats. Vous lui téléphonez et lui proposez alors de sortir avec des amis mais il/elle vous répond qu'il/elle préfère rester seul(e) et concentré(e) chez lui/elle et repenser à tout ce qu'il/elle à écrit et dit durant ses examens. Vous n'êtes pas d'accord avec son point de vue et vous essayez de le/la convaincre de sortir pour se changer les idées.

---

activité 181 Avez-vous compris la situation ? Pensez à vous poser les questions suivantes et entraînez-vous à y répondre.

1. Qui sont les personnages ?

....

2. La relation entre les personnages est-elle formelle ou informelle ?

....

3. Où la situation se passe-t-elle?

....

4. Quand la situation se passe-t-elle?

....

5. Quel est le problème ?

....

6. De quoi les personnages vont-ils parler ?

....

activité 182 Comment allez-vous faire pour convaincre votre ami(e) ?
Choisissez les tâches et mettez une croix dans colonne du tableau, comme dans l'exemple.
Attention ! Certaines actions peuvent être réalisées par les deux personnages de la situation.

Ce que je fais : actions / tâches à réaliser	Vous	Votre ami(e)	Les deux
a. Je prends des nouvelles de quelqu'un.			
b. Je demande des précisions sur un événement passé.			
c. J'exprime une réserve.			
d. Je propose une invitation.			
e. Je refuse, je décline une invitation.			
f. J'argumente, j'essaie de convaincre.			
g. Je donne un conseil.			
h. J'exprime une hypothèse et une conséquence possible.			
i. Je demande à l'autre son opinion.			
j. Je déconseille à l'autre de faire quelque chose.			
k. J'accepte quelque chose en posant des conditions.			
l. J'exprime mon désaccord.			

ctivité 183

1. Complétez les phrases. Ensuite, associez chaque phrase à la tâche qui lui correspond, comme dans l'exemple.

Paroles échangées : ce que peuvent dire les personnages	Ce que font les personnages
1. *C'est bon, tu as gagné ! Je veux bien* ...., *à condition de*	**a.** Je prends des nouvelles de l'autre.
2. Tu ne devrais pas .... et t'isoler. Ça ne sert à rien de penser à tout cela ! Les jeux sont faits !	**b.** Je demande des précisions sur un événement passé.
3. À ta place, ... tout cela et j'en profiterais pour ....!	**c.** J'exprime une réserve.
4. Si tu .... tout(e) seul(e), tu risques de .... et de	**d.** Je propose une invitation.
5. Tu sais, je ne pense pas que .... soit une bonne chose pour moi.	**e.** Je refuse, je décline une invitation.
6. Ça te dirait de .... avec nous ? On pourrait ensuite ....!	**f.** J'argumente, j'essaie de convaincre.
7. Ah, là, je ne .... ton point de vue !	**g.** Je donne un conseil.
8. Alors, raconte un peu, comment .... tes examens ? Est-ce que tu penses ....?	**h.** Je formule une hypothèse.
9. Alors ! Comment .... après toute cette semaine d'examens ?	**i.** Je demande à l'autre son opinion.
10. Désolé(e), mais je pense qu'il est préférable que .... pour me reposer.	**j.** Je déconseille à l'autre de faire quelque chose.
11. Dis-moi, qu'en penses-tu ? Qu'est-ce que tu ....à ma place ?	**k.** *J'accepte quelque chose en posant des conditions.*
12. Ne .... surtout pas tes cours pour faire des	**l.** J'exprime mon désaccord.

1. *k.*	**2.**	**3.**	**4.**	**5.**	**6.**	**7.**	**8.**	**9.**	**10.**	**11.**	**12.** ......

2. Utilisez les phrases précédentes pour vous aider à composer un dialogue. Vous pouvez les adapter et en ajouter d'autres quand c'est nécessaire.

activité 184   Cochez les comportements les mieux adaptés.
Afin de convaincre votre ami de ne pas rester seul(e) et de se joindre à vous, vous allez :

1. ❏ vous montrer agacé(e)
2. ❏ vous montrer à l'écoute de ses émotions
3. ❏ vous moquer de lui / d'elle
4. ❏ critiquer fermement son point de vue
5. ❏ exprimer votre compréhension
6. ❏ lui expliquer tous les avantages de sortir avec des amis
7. ❏ lui faire comprendre qu'il est stupide

activité 185   Maintenant jouez la scène ! Pensez à bien adapter vos gestes, votre intonation à ce que vous dites.

3- S'exprimer en continu
Monologue suivi/expression d'un point de vue à partir d'un document déclencheur

Identifier un thème et faire des associations

activité 186   Mettez en relation les thèmes de la liste avec les images. Attention ! plusieurs images peuvent représenter le même thème et tous les thèmes ne sont pas représentés.

Thèmes généraux de discussion	Image ...
1. l'écologie, l'environnement	
2. le travail, le monde professionnel	
3. l'école, l'éducation, les études	
4. les loisirs	
5. les technologies, le progrès scientifique	
6. les relations entre les hommes et les femmes	
7. les relations personnelles avec les autres	
8. l'homme et les animaux	
9. les médias	
10. l'argent, la consommation	
11. la mode, les vêtements	
12. la nourriture, la gastronomie	
13. les relations quotidiennes avec les administrations publiques et privées	
14. la vie citoyenne	

Image A

Image B

Image C

Image D

Image E

Image F

Image G

Image H

Image I

Image J

Image K

Image L

activité 187 𝔇 Observez la liste des thèmes. Écoutez les enregistrements. Pour chaque enregistrement (A, B, ...), indiquez le(s) numéro(s) des thèmes correspondant(s). Attention ! Certains bruitages peuvent évoquer plusieurs thèmes et tous les thèmes ne sont pas représentés. Écrivez vos réponses dans le tableau.

Thèmes détaillés de discussion	Enregistrements / bruitages						
	A	B	C	D	E	F	G
1. la nature / l'environnement naturel ; la vie rurale ; la ville / l'environnement urbain ; la vie urbaine ; la pollution ; l'industrialisation ; les transports							
2. les métiers/ les professions ; le travail en équipe ; l'argent/les salaires ; la recherche d'emploi/le chômage ; la vie professionnelle/la vie privée ; la carrière professionnelle/le développement personnel ; les conflits/la grève							
3. les études / les diplômes ; apprendre avec les technologies de l'information et de la communication							
4. les loisirs sportifs (sports), les loisirs culturels et artistiques (lecture, cinéma, théâtre, expositions, concerts, spectacles, visites), les loisirs touristiques (voyages, visites, gastronomie) les loisirs domestiques (cuisine, télévision, bricolage, cinéma-maison, les jeux vidéo, les repas en famille et entre amis)							
5. l'utilisation du téléphone portable, de l'ordinateur, de l'internet							
6. différences et inégalités, injustices et discriminations entre les personnes							
7. le couple, la famille, les amis, les âges de la vie, les différentes générations							
8. la chasse, la pêche, les safaris-photos, la corrida							
9. la télévision, la presse écrite, la radio, la presse Internet							
10. la banque, les jeux de chance et de hasard, les casinos, la société de consommation							
11. l'apparence physique, les codes sociaux et les vêtements							
12. le goût, les recettes de cuisine, les restaurants							
13. la banque, la poste, l'administration							
14. la vie associative / l'engagement personnel et associatif, défendre des causes, l'entraide / la solidarité, le bénévolat							
15. les jeux d'argent, les salaires, les taxes et les impôts							

Activité 188 À quoi vous font penser ces thèmes ? Écrivez vos idées et complétez librement la deuxième colonne du tableau. Comparez ensuite vos propositions avec celles de votre voisin.

Ces thèmes	... me font penser à...
1. l'écologie, l'environnement	
2. le travail, le monde professionnel	
3. l'école, l'éducation, les études	
4. les loisirs	
5. les technologies, le progrès scientifique	
6. les relations entre les genres (hommes/femmes)	
7. les relations personnelles avec les autres	
8. l'homme et les animaux	
9. les médias	
10. l'argent, la consommation	
11. la mode, les vêtements	
12. la nourriture, la gastronomie	
13. les relations quotidiennes avec les administrations publiques et privées	
14. la vie citoyenne	

activité 189 Reliez les éléments de la liste A avec ceux de la liste B.

Liste de thèmes A	Liste de thèmes B
1. *l'écologie, l'environnement*	1. les loisirs sportifs (sports), les loisirs culturels et artistiques (lecture, cinéma, théâtre, expositions, concerts, spectacles, visites), les loisirs touristiques (voyages, visites, gastronomie), les loisirs domestiques (télévision, bricolage, cinéma-maison, les jeux video, les repas en famille et entre amis
2. le travail, le monde professionnel	2. différences et inégalités, injustices et discriminations entre les personnes
3. l'école, l'éducation, les études	3. le couple, la famille, les amis, les âges de la vie, les différentes générations
4. les loisirs	4. *la nature /l'environnement naturel ; la vie rurale ; la ville /l'environnement urbain ; la vie urbaine ; la pollution ; l'industrialisation ; les transports*
5. les technologies, le progrès scientifique	5. la télévision, la presse écrite, la radio, la presse internet
6. les relations entre les hommeset les femmes	6. les métiers/ les professions ; le travail en équipe ; l'argent/les salaires ; la recherche d'emploi/le chômage ; la vie professionnelle/la vie privée ; la carrière professionnelle/le développement personnel ; les conflits/la grève
7. les relations personnelles avec les autres	7. les études / les diplômes ; apprendre avec les technologies de l'information et de la communication
8. l'homme et les animaux	8. la banque, les jeux de chance et de hasard, les casinos, la société de consommation, les jeux d'argent, les salaires, les taxes et les impôts
9. les médias	9. l'apparence physique, les codes sociaux et les vêtements
10. l'argent, la consommation	10. la banque, la poste, l'Administration
11. la mode, les vêtements	11. la vie associative/l'engagement personnel et associatif, défendre des causes, l'entraide/ la solidarité, le bénévolat
12. la nourriture, la gastronomie	12. l'utilisation du téléphone portable, de l'ordinateur, de l'internet
13. les relations quotidiennes avec les administrations publiques et privées	13. le goût, les recettes de cuisine, les restaurants
14. la vie citoyenne	14. la chasse, les safaris photo, la corrida, les animaux domestiques de compagnie

A1. B4	....	....	....	....	....	....
....	....	....	....	....	....	....

Identifier un thème et se poser des questions

ctivité 190 Voici douze groupes de questions. À partir de ces questions, trouvez un thème correspondant à chaque groupe. Ensuite, posez d'autres questions sur le même thème.

❏ **Groupe 1**

– Le mariage est-il la seule façon de vivre en couple ?

– Aimer la même personne toute sa vie, est-ce possible ?

– Peut-on garder les mêmes amis toute sa vie ?

Thème : ....

Trouvez d'autres questions sur le même thème.

....

....

❏ **Groupe 2**

– La nature est-elle en danger sur la planète ?

– Le développement industriel est-il un risque pour l'environnement ?

– Les voitures sont-elles un progrès ou une nuisance ?

Thème : ....

Trouvez d'autres questions sur le même thème.

....

....

❏ **Groupe 3**

– Les animaux sont-ils une menace pour l'homme ?

– La chasse est-elle un loisir comme les autres ? Est-elle une activité encore nécessaire ?

– Les animaux de compagnie peuvent-ils apporter du bonheur au personnes ?

Thème : ....

Trouvez d'autres questions sur le même thème.

....

....

❏ **Groupe 4**

– Les hommes et les femmes ont-ils les mêmes avantages dans la société ?

– Les femmes peuvent-elles exercer tous les métiers ?

– Les garçons et les filles doivent-ils recevoir la même éducation ?

Thème : ....

Trouvez d'autres questions sur le même thème.

....

....

❏ **Groupe 5**

– Les parents peuvent-ils remplacer les professeurs ?

– L'ordinateur et l'Internet peuvent-ils remplacer les professeurs ?

– Les diplômes sont-ils nécessaires pour réussir une vie professionnelle ?

Thème : ....

Trouvez d'autres questions sur le même thème.

....

....

❑ Groupe 6

– Pourquoi faut-il travailler dans la vie ?

– Est-il toujours facile de combiner la vie professionnelle et la vie personnelle ?

– Les gens travaillent-ils toujours pour l'argent ?

Thème : ....

Trouvez d'autres questions sur le même thème.

....

....

❑ Groupe 7

– Le progrès scientifique et technique est-il toujours sans risque ?

– Internet et le téléphone portable améliorent-ils la communication entre les personnes ?

– La science et la technologie répondront-elles à toutes les questions, et pourront-elles résoudre tous les problèmes ?

Thème : ....

Trouvez d'autres questions sur le même thème.

....

....

❑ Groupe 8

– Le tourisme peut-il transformer la culture d'un pays ?

– Les touristes peuvent-ils contribuer au développement d'un pays ?

– Voyager permet-il de mieux connaître les autres cultures ?

Thème : ....

Trouvez d'autres questions sur le même thème.

....

....

❑ Groupe 9

– Peut-on vivre heureux sans argent ?

– Faire des achats dans les magasins est-il un plaisir ou une nécessité ?

– Les consommateurs sont-ils manipulés par la publicité ?

Thème : ....

Trouvez d'autres questions sur le même thème.

....

....

❑ Groupe 10

– Pourriez-vous vivre sans musique ?

– Préférez-vous lire un livre ou aller au cinéma ?

– Préférez-vous écouter un CD à la maison ou aller à un concert ?

Thème : ....

Trouvez d'autres questions sur le même thème.

....

....

❑ Groupe 11

– Être journaliste est-il un métier dangereux ?

– Quels médias préférez-vous : la télévision, la radio, les journaux, la presse Internet ?

– Doit-on tout dire et tout montrer dans les journaux télévisés ?

Thème : ....

Trouvez d'autres questions sur le même thème.

....

....

❑ Groupe 12

– Rendre service aux autres, est-ce une perte de temps personnel ?

– Y a t-il des causes prioritaires pour l'humanité et la planète ?

Thème : ....

Trouvez d'autres questions sur le même thème.

....

....

Observer, analyser, présenter une image

ctivité 191 Comment faire pour présenter une image ou une photo ?

Retrouvez la logique de la présentation, étape par étape, et indiquez vos réponses dans le tableau.

a. Illustrer avec des exemples.

b. Dire comment elle est organisée, composée.

c. Dire pourquoi, dans quel but cette photo a été prise.

d. Dégager le thème général et développer vos idées.

e. Observer bien la photo.

f. Décrire les éléments importants de cette photo : personnages, lieux, objets, texte.

g. Identifier son origine / dire d'où elle vient / donner ses références.

h. Exprimer ce que cette photo inspire (quelles sont les impressions quand on regarde cette photo ?)

i. Décrire ce qu'elle représente d'une manière générale.

Étapes	1	2	3	4	5	6	7	8	9
Ce que je vais faire									

Lire, analyser un texte et pouvoir en parler

Activité 192 Comment faire pour présenter un texte court ?

Trouvez la meilleure façon de présenter un texte et notez l'ordre des étapes dans le tableau.

a. Exprimer un point de vue critique sur le texte.

b. Observer globalement le texte.

c. Sélectionner les informations importantes du texte pour les présenter.

d. Identifiez le genre du texte : article, publicité, extrait de brochure, etc.

e. Dégager le thème du texte.

f. Identifier les références du texte : auteur, livre, journal, date.

g. Lire le texte.

h. Dire pourquoi ce texte est écrit.

i. Dire pour qui ce texte est écrit.

j. donner des exemples.

Étapes	1	2	3	4	5	6	7	8	9	10
Ce que je vais faire										

activité 193

Comment faire un exposé ?

Un étudiant qui prépare l'examen oral du DELF a demandé à son professeur quelques conseils pour faire une présentation claire et efficace : le problème est qu'il les a écrits dans le désordre… Il vous demande de l'aider à les remettre en ordre.

a. Dialoguez avec l'examinateur.

b. Organisez vos idées.

c. Partez de votre analyse précise de la photo ou du texte.

d. Exprimez votre point de vue personnel sur le sujet avec des exemples précis.

e. Dites le thème général / le problème général posé par le texte ou par la photo.

f. Développez vos idées.

g. Formulez des questions posées ou suggérées par le texte ou la photo.

Étapes	1	2	3	4	5	6	7
Conseils							

ACTIVITÉS D'ENTRAÎNEMENT À L'EXPOSÉ

Maintenant, entraînez-vous à préparer et présenter un exposé.

activité 194

> **Le film du mois**
>
> Mathilde, l'héroïne du film, est déterminée à retrouver son fiancé, disparu mystérieusement lors de la Première Guerre mondiale. Avec une détermination à toute épreuve, elle bravera monts et marées pour découvrir la vérité sur la disparition mystérieuse de son grand amour.
> Ce merveilleux film retrace avec force, passion, tristesse et espoir, cette période, où se mêlent l'histoire des peuples et l'histoire des gens. Le personnage principal est bouleversant de sincérité, le scénario très bien construit et les images sont magnifiques. À voir, absolument, en semaine ou ce week-end, entre amis ou en solo, pour l'émotion, pour le plaisir, pour Audrey, alias Mathilde ! *Un long dimanche de fiancailles,* une longue séance de bonheur…
> Rejoignez-nous sur notre site Internet www.francecinemax.fr et donnez votre opinion sur le film.
>
> *France-cineMEGAzine,* novembre 2004.

A. J'identifie le document : cochez les bonnes réponses.

1. Ce document est extrait d'un magazine consacré au cinéma :

   a. ❏ non

   b. ❏ on ne peut pas savoir

   c. ❏ oui probablement

2. Il s'agit :

    a. ❏ d'un scénario de film

    b. ❏ d'une critique de film

    c. ❏ d'une critique de documentaire historique

3. Répondez par oui ou par non :

	oui	non
a. le texte parle du film de manière négative	❏	❏
b. le texte parle du film de manière positive	❏	❏
c. le texte raconte toute l'histoire du film	❏	❏
d. le texte donne le sujet général du film	❏	❏

4. Ce texte a pour objectif de

    a. ❏ dissuader les lecteurs d'aller voir le film

    b. ❏ donner envie aux lecteurs d'aller voir le film

    c. ❏ raconter aux lecteurs l'histoire du film

B. Je trouve le thème. Ce texte fait référence...

    a. ❏ aux loisirs sportifs

    b. ❏ aux loisirs culturels

    c. ❏ aux loisirs touristiques

C. J'organise mes idées.
Voici des questions pour vous aider à organiser vos idées. Entraînez-vous à y répondre.

1. Qu'est-ce que le cinéma peut apporter aux spectateurs d'une manière générale ?
....
....

2. Qu'est-ce que je recherche quand je vais au cinéma ?
....
....

3. Quels types de films est-ce que je préfère ? Pourquoi?
....
....

4. Est-ce qu'il est préférable de lire d'abord un livre et de voir son adaptation au cinéma après ou le contraire ?
....
....

D. Je dis ce que j'en pense. Complétez vos réponses de C. avec des exemples personnels.
1. ....
2. ....
3. ....
4. ....

Faites les soldes et vous payerez plus cher...
...avec la carte bancaire qui double les prix !

Vous avez profité du week-end pour faire les soldes samedi dernier et faire de bonnes affaires au Grand Magasin de Paris, boulevard des Bonnes affaires ? Attention ! Surveillez bien votre compte en banque ! Suite à un incident informatique venant de la Banque Française Nationale, les achats payés par carte bancaire ont été débités deux fois. L'information vient d'être confirmée par le GMP, qui a annoncé que tous ses clients concernés avaient été recrédités mercredi. « *Le problème n'a rien à voir avec le Grand Magasin de Paris*, a déclaré le responsable de la communication du GMP, *c'est un problème du service informatique de la BFN.* » Mais aujourd'hui, tout est rentré dans l'ordre et le service clients de la BFN s'est mis en relation avec le Grand Magasin de Paris pour une opération séduction. Souriez, c'est les soldes ! Tous les clients concernés se verront accorder une réduction supplémentaire de 10% sur le montant de leur prochain achat en période de soldes. Comme quoi, avec les soldes, vous ne pourrez jamais dire « dommage pour mon porte-monnaie » !

Paris Journal, 20 janvier 2005.

A. J'identifie le document.

1. Il s'agit :

    a. ❏ d'un courrier d'une banque à ses clients

    b. ❏ d'une publicité commerciale pour un service bancaire

    c. ❏ d'un article de journal

2. Le texte s'adresse :

    a. ❏ aux clients d'un grand magasin parisien

    b. ❏ aux lecteurs d'un journal

    c. ❏ aux clients d'une banque

3. Le sujet principal du texte concerne :

    a. ❏ les soldes dans un grand magasin à Paris

    b. ❏ un problème informatique concernant les clients d'une banque

    c. ❏ une offre commerciale pour les soldes

B. Je trouve le thème.
Cochez les thèmes qui sont évoqués en priorité par le texte.

    a. ❏ les vêtements

    b. ❏ la mode

    c. ❏ le tourisme

    d. ❏ les relations banques-clients

    e. ❏ les achats

    f. ❏ les habitudes de consommation

    g. ❏ les loisirs urbains

    h. ❏ l'argent

C. J'organise mes idées.

Écrivez les questions à vous poser pour parler de ce texte et pour construire votre présentation. Entraînez-vous à y répondre.

....

....

D. Je dis ce que j'en pense.

Complétez vos réponses de C. par des exemples personnels.

....

....

....

....

tivité 196   *Voir page suivante.*

A. J'identifie le document.

1. Ce document est :

    a. ❑ une affiche publicitaire

    b. ❑ la page de couverture d'un magazine

2. Le document donne la priorité à des informations sur

    a. ❑ l'emploi

    b. ❑ le mariage

    c. ❑ les habitants de la région Île-de-France

B. Je trouve le thème.

Dans la liste ci-dessous, quels sont les thèmes qui peuvent être mis en relation avec le document ? Cochez-les.

    a. ❑ le couple

    b. ❑ la mode

    c. ❑ le stylisme

    d. ❑ l'amour

    e. ❑ le cinéma

    f. ❑ les relations hommes/femmes

C. J'organise mes idées.

Voici des questions pour vous aider à organiser vos idées. Essayez d'y répondre !

1. Qu'est-ce qu'une preuve d'amour ?

....

....

....

....

2. Quels sont les avantages et les inconvénients d'être célibataire ?

....

....

....

3. Y a t-il un modèle idéal pour vivre à deux?

....

....

....

....

D. Je dis ce que j'en pense.

Complétez vos réponses de C. par des exemples personnels.

....

....

....

....

A. J'identifie le document.
Ce document est une publicité concernant :

a. ❏ les bébés
b. ❏ un appareil photo numérique
c. ❏ un téléphone portable

B. Je trouve le thème.
Avec quels thèmes cette publicité a-t-elle un rapport?

a. ❏ l'éducation
b. ❏ la photographie
c. ❏ les loisirs
d. ❏ l'utilisation des nouvelles technologies
e. ❏ la vie de famille
f. ❏ le progrès technique

C. J'organise mes idées.
Répondez à ces questions pour organiser vos idées.

1. Qu'est–ce que le téléphone portable et les technologies multimédia ont changé dans la vie des gens ?

....
....
....
....

2. Le téléphone portable et les technologies multimédia n'ont-ils que des avantages ?

....
....
....
....

3. Quelle est la place du téléphone portable et des technologies multimédia dans ma vie ?

....
....
....
....

D. Je dis ce que j'en pense.
Complétez vos réponses de C. par des exemples personnels.

....
....
....
....

ÉPREUVES TYPES

1- Parler de soi
Entretien dirigé / présentation générale de soi

➤ activité 198

Exercice 1
Vous devrez, dans cette première partie de l'oral individuel, parler de vous, de vos activités, de vos centres d'intérêt, de votre passé, de votre présent et de vos projets. Cette épreuve vous permettra également de vous mettre à l'aise en parlant de vous-même. Elle se déroule en interaction comme un entretien informel entre vous et l'examinateur. C'est l'examinateur qui commencera le dialogue par une question du type :
Bonjour, pouvez-vous vous présenter, me parler de vous… ?

2- Prendre part à une conversation
Exercice en interaction / jeu de rôles en situation

➤ activité 199

Le jour de l'examen, vous choisirez un de ces deux sujets par tirage au sort.

Sujet 1
Une personne de votre entourage vous offre une opportunité très intéressante : elle vous prête gratuitement une grande et luxueuse maison dans une région touristique très attractive pour passer vos vacances. Vous pouvez aussi y inviter tous les amis que vous voulez. Vous téléphonez alors à votre meilleur(e) ami(e) pour lui proposer de partager ces vacances. L'examinateur joue le rôle de votre meilleur(e) ami(e).

Sujet 2
Pour fêter votre succès aux examens, vous décidez de partir en vacances avec un(e) ami étudiant. Mais vous n'êtes pas d'accord sur la destination, le type de vacances (culturelles ou sportives), le mode d'organisation (voyage individuel ou en groupe organisé avec tour-opérateur). Discutez-en pour prendre une décision. L'examinateur joue le rôle de votre ami(e) étudiant.

3- S'exprimer en continu
Monologue suivi

➤ activité 200
Pour chacun des deux sujets types, le candidat se servira de ces instructions :
Lisez attentivement le document que l'on vous a remis (vous avez 15 minutes). Vous allez présenter ce document au jury, puis discuter avec lui de son contenu (vous avez 10 minutes).
Pour préparer cette présentation, aidez-vous du questionnaire ci-dessous :

De quel genre de document s'agit-il (lettre, article, publicité, photo, etc.) ? À quoi le voyez-vous ?

Pourquoi a-t-il été écrit ? À quel public est-il destiné ?

Quel est son sujet principal ? Ou quel est le problème qu'il pose ? Quelles informations ou quelles idées vous paraissent particulièrement importantes ?

Comment réagissez-vous par rapport à ce document ? Qu'en pensez-vous ?

Sujet 1

Bien choisir son itinérance

Sport aventure ou Voyage découverte ?

Un programme **"Sport Aventure"** vous permet de découvrir une région ou un site naturel remarquable (massif montagneux, rivière, forêt, désert...) tout en pratiquant une activité sportive (raft, kayak, raid pédestre...) d'intensité plus ou moins importante.

VOYAGE DÉCOUVERTE — Entre tourisme et sport, nature et culture, un programme **"Voyage Découverte"** vous fait parcourir plus d'espace, une région plus étendue, voire un pays tout entier, souvent en bus mais aussi en véhicule tout-terrain ou en bateau. Les activités sportives sont le plus souvent d'un niveau facile.

Sujet 2

AllianceFrançaise

Entrée libre

**Lundi 21 juin 2004
La Fête de la musique
à l'Alliance française
ouvert à tous !**

De 10h00 à 14h30
« LE FABULEUX DESTIN DE L'ACCORDEON»

Un atelier permettra de découvrir les origines chinoises
de l'accordéon et de jouer de cet instrument qui s'est fait
une place dans de nombreuses musiques populaires
de tous les continents.

A 12h30
concert du groupe
AÏWA

Un collectif fondé par 2 frères d'origine irakienne
qui allie **musique classique arabe (basse, derbouka,
daf) et musique électronique (tendances dub
et rap mâtinées de scratch).**
*« Le collectif Aïwa remonte jusqu'aux racines de l'humanité
pour la faire entrer en collision avec la modernité, donnant
naissance à une musique universelle qui voit
Oum Kalsoum tutoyer l'électronique »* Cod@ juin 2003.

**A l'Alliance française – 101 boulevard Raspail – 75006 Paris
M° : St Placide ou Notre Dame des Champs**

AUTO-ÉVALUATION

Vous avez fait les activités d'expression orale du DELF B1.

Dites ce que vous êtes capable de faire !

    1. pour vous présenter

    2. pour prendre part à une conversation

    3. pour faire un exposé

Si vous répondez « pas très bien » ou « pas bien du tout », refaites les activités de la partie concernée.

➤ 1. Parler de soi : entretien dirigé

	Très bien	Assez bien	Pas très bien	Pas bien du tout
Je peux me présenter d'une manière générale.	❑	❑	❑	❑
Je peux parler de mon environnement quotidien.	❑	❑	❑	❑
Je peux parler de mes études, de mes activités professionnelles.	❑	❑	❑	❑
Je peux parler des mes loisirs.	❑	❑	❑	❑
Je peux dire depuis combien de temps j'étudie le français.	❑	❑	❑	❑
Je peux expliquer pourquoi j'étudie le français et prépare les examens du DELF.	❑	❑	❑	❑
Je peux parler de mes projets (travail, études, vie personnelle).	❑	❑	❑	❑
Je peux parler de certaines de mes expériences passées.	❑	❑	❑	❑

➤ 2. Prendre part à une conversation : exercice en interaction

	Très bien	Assez bien	Pas très bien	Pas bien du tout
Je peux comprendre une situation de communication de la vie quotidienne.	❑	❑	❑	❑
Je peux faire face à une situation inhabituelle de la vie quotidienne.	❑	❑	❑	❑
Je peux identifier et comprendre le rôle de chaque personnage dans une conversation.	❑	❑	❑	❑
Je peux identifier, comprendre, justifier des choix.	❑	❑	❑	❑
Je peux identifier ce que je dois faire pour réagir à une situation.	❑	❑	❑	❑
Je sais ce je dois dire en fonction de ce que je dois faire.	❑	❑	❑	❑
Je peux adapter mon comportement, mon attitude à une situation donnée.	❑	❑	❑	❑
Je peux adapter mes gestes, mon intonation, ma mimique à ce que je dis.	❑	❑	❑	❑

➤ 3. S'exprimer en continu / à partir d'un document déclencheur

	Très bien	Assez bien	Pas très bien	Pas bien du tout
Je peux associer un court texte à un thème de discussion.	❑	❑	❑	❑
Je peux associer une image à un thème de discussion.	❑	❑	❑	❑
Je peux associer un bruitage à un thème de discussion.	❑	❑	❑	❑
Je peux comprendre, analyser un texte pour dégager un thème de discussion.	❑	❑	❑	❑
Je peux comprendre, décrire une image pour dégager un thème de discussion.	❑	❑	❑	❑
Je peux me poser des questions à partir d'un texte pour organiser les idées de ma présentation.	❑	❑	❑	❑
Je peux me poser des questions à partir d'une image pour organiser les idées de ma présentation.	❑	❑	❑	❑

Crédits photographiques

63 ht © Topical Press Agency / Hulton Archive / Getty Images ; bas © Archive Holdings Inc. / The Image Bank / Getty Images

94 © Dan Chavkin / Stone / Getty Images

138 © Ilico / Photononstop

139 ht g © Jacques Loic / Photononstop ; ht d © Michel Gaillard / REA ; m g © Pierre Wellor / Reporters-REA ; m d © HPP / Renaud Visage / Fotostock / Hoa-Qui ; bas g © Mel Yates / Taxi / Getty Images ; bas d © Taxi / Getty Images

140 ht g © Jacques Loic / Photononstop ; ht m © Denis Boissavy / Taxi / Getty Images ; ht d © Altrendo Images / Getty Images ; m © Alan Kearney / Botanica / Getty Images ; bas © Caccuri / Contrasto-REA

141 ht © David Sacks / The Image Bank / Getty Images ; m © Camille Moirenc / Photononstop ; bas g © Ludovic / REA ; bas d © Arthur Tilley / Taxi / Getty Images

N° d'éditeur : 10139895 – Janvier 2007
Imprimé en France par Hérissey – N° 103842

GW00793180

Maths and Non-verbal Reasoning

Assessment Papers

CEM
(Durham University)

10–11+ years

OXFORD

UNIVERSITY PRESS

Great Clarendon Street, Oxford, OX2 6DP, United Kingdom

Oxford University Press is a department of the University of Oxford. It
furthers the University's objective of excellence in research, scholarship,
and education by publishing worldwide. Oxford is a registered trade mark
of Oxford University Press in the UK and in certain other countries

British Library Cataloguing in Publication Data
Data available

978-0-1927-4287-2
10 9

Paper used in the production of this book is a natural, recyclable product
made from wood grown in sustainable forests. The manufacturing process
conforms to the environmental regulations of the country of origin.

Printed in Great Britain by Ashford Colour Press Ltd.

Acknowledgements

Page make-up: Tech-Set Ltd, Gateshead
Illustrations: Tech-Set Ltd, Gateshead
Cover illustrations: Next Big Thing

Although we have made every effort to trace and contact all copyright
holders before publication this has not been possible in all cases.
If notified, the publisher will rectify any errors or omissions at the earliest
opportunity.

Links to third party websites are provided by Oxford in good faith and for
information only. Oxford disclaims any responsibility for the materials
contained in any third party website referenced in this work.

Before you get started

What is Bond?

This book is part of the Bond CEM Assessment Papers series for Maths and Non-verbal Reasoning, which provides **thorough and continuous practice of key Maths and Non-verbal Reasoning skills** from ages eight to eleven. Bond's resources are ideal preparation for Key Stage 1 and Key Stage 2 SATs, the 11+, the CEE and other selective school entrance exams.

How does the scope of this book match real exam content?

Each paper is **pitched at the level of a typical 11+ exam** and practises a combination of maths and non-verbal reasoning questions suitable for the 11+ exams. Unlike other 11+ papers, the CEM exam is a combination of maths **and** non-verbal reasoning questions. They cover numbers, shape and space, measure, algebra, sequences, data and graphs and the key non-verbal reasoning questions. The question format is much more varied and this holistic approach to learning key skills, rather than learning question styles, will also provide a rigorous foundation for other exams.

The coverage of number work, statistics and algebra is matched to the National Curriculum Mathematics Programme of Study and will provide **invaluable preparation for Key Stage 2 SATs**. The aim of the CEM exam is to constantly change the style and format of questions. This makes it outside of the scope of any book to provide a prescriptive series of papers, but the Bond CEM style papers are based on the range and styles of questions asked in previous exams alongside a solid foundation of the **key skills that will underpin the CEM exams**.

What does the book contain?

- **6 papers** – each with a differing number of questions.
- **Tutorial links throughout** – 📖 – this icon appears in the margin next to the questions. It indicates links to the relevant section in *How To Do CEM Maths and Non-verbal Reasoning*, our invaluable subject guide that offers explanations and practice for all core question types.
- **Scoring devices** – there are score boxes in the margins and a Progress Chart on page 68. The chart is a visual and motivating way for children to see how they are doing. It also turns the score into a percentage that can help inform what to do next.
- **Answers** – located in an easily-removed central pull-out section.

How can you use this book?

One of the great strengths of Bond Assessment Papers is their flexibility. They can be used at home, in school and by tutors to:

- set **timed formal practice** tests – allow about 45 minutes per paper in line with standard 11+ demands. Reduce the suggested time limit by ten minutes to practise working at speed.
- provide **bite-sized chunks** for regular practice
- highlight **strengths and weaknesses** in the core skills
- identify **individual needs**
- set **homework**
- follow **a complete 11+ preparation strategy** alongside *The Parents' Guide to the 11+* (see below).

It is best to start at the beginning and work though the papers in order to make the best use of the Progress Chart. If you are using the book as part of a careful run-in to the 11+, we suggest that you also have two other essential Bond resources close at hand:

- *How To Do CEM Maths and Non-verbal Reasoning*: the subject guide that explains all the question types practised in this book. Use the cross-reference icons to find the relevant sections.
- *The Parents' Guide to the 11+*: the step-by-step guide to the whole 11+ experience. It clearly explains the 11+ process, provides guidance on how to assess children, helps you to set complete action plans for practice and explains how you can use *CEM Maths and Non-verbal Reasoning 10-11+* as part of a strategic run-in to the exam.

What does a score mean and how can it be improved?

It is unfortunately impossible to guarantee that a child will pass the 11+ exam if they achieve a certain score on any practice book or paper. Success on the day depends on a host of factors, including the scores of the other children sitting the test. However, we can provide invaluable guidance on what a score indicates and how to improve it.

If children colour in the Progress Chart on page 68, this will give an idea of present performance in percentage terms. The Next Steps Planner inside the back cover will help you to decide what to do next to help a child progress. It is always valuable to go over wrong answers with children. If they are having trouble with any particular question type, follow the tutorial links to *How To Do CEM Maths and Non-verbal Reasoning* for step-by-step explanations and further practice. Bond offers the complete range of resources for you and your child, to give the maximum support that you need.

Don't forget the website!

Visit www.bond11plus.co.uk for lots of advice, information and suggestions on everything to do with Bond, the 11$^+$ and helping children to do their best.

Key words

Some special words are used in this book. You will find them in **bold** each time they appear in the Papers. These words are explained here.

area	is a measure of surface. It uses square units, e.g. centimetre squares, also written as cm^2
average	to find the average of two or more numbers, you add the values together and divide by the number of values
coordinate	a pair of numbers used to locate a point. The first number is the distance along the horizontal line and the second number is the distance along the vertical line
cube	a regular 3-dimensional solid shape where every face is an identical square and every angle a right angle
cuboid	a 3-dimensional solid shape where each surface is a rectangle (includes squares) and every angle is a right angle
degrees	(1) the unit of measurement for temperature (2) the unit of measurement of angle, with 360 degrees making one complete turn
difference	to find the difference between two numbers, take the smaller number away from the larger number
digit	any of the numerals 0,1, 2, 3, 4, 5, 6, 7, 8, 9
even	numbers which are exactly divisible by 2 are even
factor	a factor of a number is a whole number which divides exactly into another larger number, e.g. the factors of 8 are 1, 2, 4 and 8
heptagon	a polygon that has 7 interior angles and 7 sides
hexagon	a polygon that has 6 interior angles and 6 sides
mean	the average of a set of data, found by totalling the items and then dividing by the number of items
minimum	the lowest value
multiple	a whole number that is the product of another number is one of its multiples
odd	numbers that are not exactly divisible by 2
percentage	indicates hundredths, e.g. 5% is $\frac{5}{100}$
perimeter	the perimeter of any 2-D shape is the distance around the edge
pie chart	a circle where sectors are marked with their areas representing the proportion of that part of a group of categories
prism	a shape which has the same section all the way through, e.g. a 'tent' shape is a triangular prism
range	the difference between the largest and the smallest value in a set of numbers
ratio	division of a quantity into parts that are in a fixed proportion to each other, e.g. in a ratio of 1 : 2, the second quantity will be twice the size of the first quantity

rounding the process of approximating a number to a given degree of accuracy, e.g. nearest ten.Where the first number 'dropped off' is 5 or more, the number in the next column is rounded up, e.g. 375 to the nearest ten becomes 380

series a set of numbers where there is a pattern determining the difference between each term of the series (also called a sequence)

speed the measure of distance travelled in a given amount of time. Its units will have a unit of length per unit of time, e.g. km per hour

total the sum of a number of values all added together

x **axis** the name given to the horizontal line going across a graph

y **axis** the name given to the vertical line going up along a graph

Paper 1

Complete the following equations by adding the missing sign:

1 35 + 72 = 134 _____ 27

2 245 _____ 5 = 7 × 7

3 4 × 18 = 8 _____ 9

4 17 + 3² = 104 _____ 4

Fill in the missing numbers:

5 1.86 + 2.5 = _____

6 $5\frac{1}{2}$ – _____ = $2\frac{3}{4}$

7 £49.20 + _____ = £123.50

8 _____ × 2000 = 220,000

9 10,350.4 × 10 = 207,008 ÷ _____

10 How many ml are left if 760 ml are taken from 4.2 litres? _____ ml

11 How many metres are in 170 m plus 300 cm plus 0.26 km? _____ m

12 What is the **difference** in kg between 6.35 kg and 10,050 g? _____ kg

13 What is the **total** length in cm of 46 mm, 3.2 cm and 0.42 m? _____ cm

Find the value of x in the following equations:

14 $3x - 21 = 72$ $x =$ _____

15 $\frac{1}{2}x + 14 = 54$ $x =$ _____

In each of the following questions underline the correct answer(s):

16 Which of these numbers are **multiples** of 7?

    17   23   63   45   35   54

17 Which of these numbers are square numbers?

    32   81   44   15   24   121

18 Which of these numbers are **factors** of 28?

    2   3   5   6   7   9   11

19 Which of the following numbers is a **multiple** of 3, 4 and 5?

    222   240   445   280   453

20 Underline the odd one out:

    $\frac{3}{4}$ $\frac{4}{6}$ 75% $\frac{6}{8}$ 0.75

21 Class 2 recorded the daily temperature every day for two weeks, at the same time and in the same place. Their results are recorded in this graph:

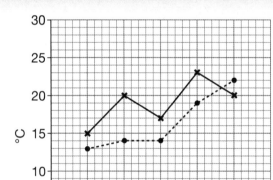

Key
- ✶——✶ Week 2
- •----• Week 1

a If the **mean** daily temperature for that time of year is 18°C, which days in Week 2 exceeded the **mean**?

_____

b What was the **average** daily temperature for Week 2?

_____

9

c What was the **difference** in temperature between

   i the hottest day in Week 1 and the coolest day in Week 2?

_____

   ii the hottest day in Week 2 and the coolest day in Week 1?

_____

22 Children in a class were asked to name their favourite fruit. The results were recorded in this bar chart:

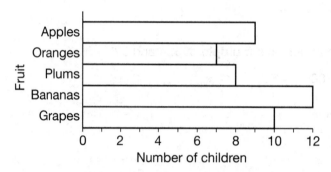

a How many children were asked? _____

b Which fruits were chosen by more than 20% of the class? _____

c If one-third of the children who chose bananas changed their choice to apples, how many more children will have chosen apples than oranges?

_____

23 Here is a price list for drinks at a cafe.

	Small	Medium	Large
Coffee	£1.60	£1.75	£1.95
Tea	£1.10		£1.35
Fruit juice	£1.10	£1.35	£1.50
Fizzy drink	£0.80	£1.00	£1.20

a What is the cost of 2 large coffees and 3 small juices? _____

b What is the change from a £20 note after buying 2 small fizzy drinks and a large cup of tea? _____

c A party of 20 people want a small fruit juice and a large coffee each. What is the **total** cost? _____

d If the cost of the fizzy drinks increase by 5%, what is the **total** new cost for a medium and a large fizzy drink? _____

10

Which is the odd one out? Underline the answer.

Example

 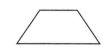

    a   b   <u>c</u>   d   e

24

    a   b   c   d   e

25

    a   b   c   d   e

26

    a   b   c   d   e

27

    a   b   c   d   e

28

    a   b   c   d   e

5

Which code matches the shape or pattern given at the end of each line? Underline the answer.

Example

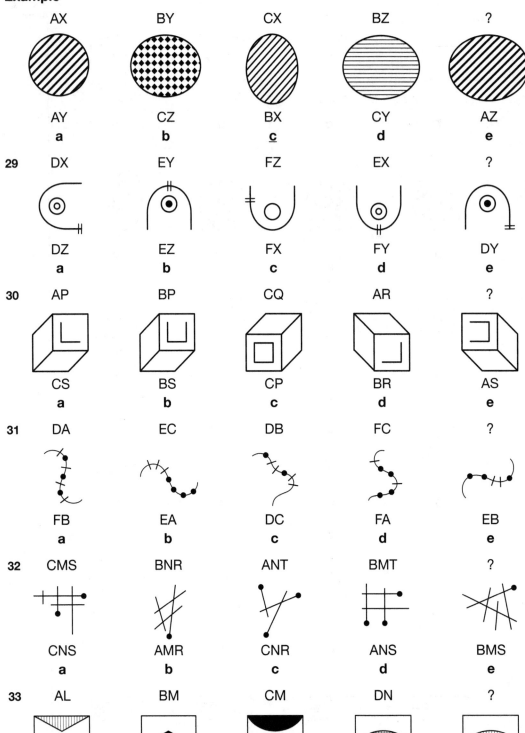

AX	BY	CX	BZ	?
AY	CZ	BX	CY	AZ
a	**b**	**c**	**d**	**e**

29 DX | EY | FZ | EX | ?

DZ	EZ	FX	FY	DY
a	**b**	**c**	**d**	**e**

30 AP | BP | CQ | AR | ?

CS	BS	CP	BR	AS
a	**b**	**c**	**d**	**e**

31 DA | EC | DB | FC | ?

FB	EA	DC	FA	EB
a	**b**	**c**	**d**	**e**

32 CMS | BNR | ANT | BMT | ?

CNS	AMR	CNR	ANS	BMS
a	**b**	**c**	**d**	**e**

33 AL | BM | CM | DN | ?

AN	DL	AM	CL	BN
a	**b**	**c**	**d**	**e**

5

Which **cube** cannot be made from the net on the left? Underline the answer.

Example

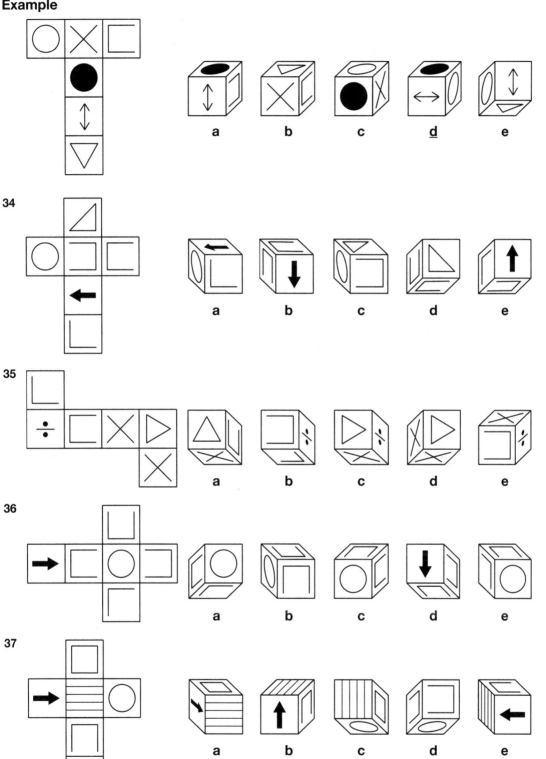

34

35

36

37

38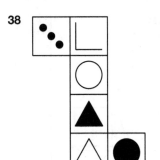

  a   b   c   d   e

Which pattern completes the second pair in the same way as the first pair?
Underline the answer.

Example

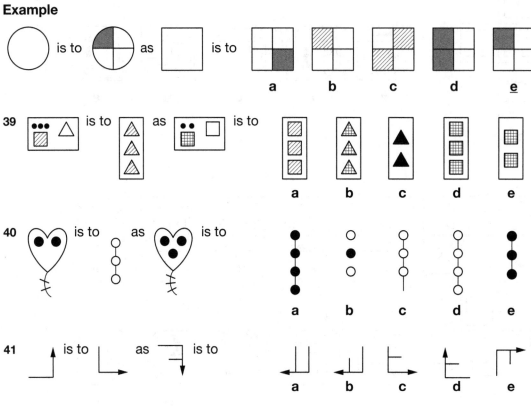

39

40

41

42

43

  a   b   c   d   e

44 A curtain is made up of two lengths of fabric sewed together side by side to make a double width. The final length of the curtain is 2.5 m.

An extra 25 cm has to be allowed onto each length for hems.

Mrs Black wants to make a pair of double width curtains.

  a How much fabric is needed all together to make the pair?_____

  b How much is saved by getting fabric at
    £24.99 a metre rather than £30 per metre? _____

45 A rectangular room 2.5 m wide and 3.5 m long is fully carpeted.

If the carpet costs £12 per square metre, what is the
cost of carpeting the room assuming there is no waste? _____

46 A new library is being set up to take a stock of 3000 books.

A length of 30 cm is allowed for 10 books.

What is the **minimum** amount of shelving required? _____

47 A school with 850 pupils is divided into 5 house groups.

If each house has 5 senior pupil house leaders, and each leader has an equal
number of pupils in their team, how many pupils are
there in each house team excluding the team leader? _____

48 A lorry driver **averages** 540 km distance per day, with an **average speed** of
60 km per hour.

For how many hours will he be driving during a 5-day working week?

_____

49 If this solid is built of **cubes** which measure
2 cm × 2 cm × 2 cm, what is its **total** surface **area**? _____

50 From this diagram, work out the value of

  a Angle x _____

  b Angle y _____

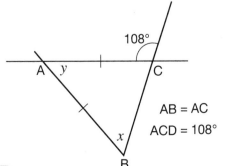

108°

y

A

C

D

x

B

AB = AC
ACD = 108°

51 Insert the numbers 1 to 9 in this grid so that each column and each row adds up to 15. Each number should be used only once.

52 A train is due to leave the station at 21:34 for a 67-minute journey to Puddlington.

On the way, it makes 3 scheduled stops each of 3 minutes.

If it leaves the first station 3 minutes late and has an 8-minute delay along the way, at what time does it arrive at its destination? _____

53 The ingredients for biscuits are sugar, butter and flour in a 1 : 2 : 3 **ratio**.

Using 150 g butter makes 15 biscuits.

List the amounts of each ingredient needed to make 45 biscuits.

a Sugar _____

b Butter _____

c Flour _____

54 100 raffle tickets are sold, numbered 1 to 100.

The winning number is an **odd** number.

It is a **multiple** of 3. It is greater than 20. It is a **multiple** of 5. It is less than 66.

What is the winning number? _____

55 High tide is at 03:12 hours one day.

a If the tide took 6 hours and 17 minutes to come in, at what time was the previous low tide? _____

b If it takes the same amount of time to go out, when will the next low tide be? _____

56 This graph shows three points making a triangle.

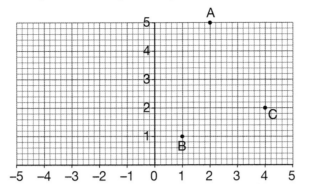

If triangle A, B, C is reflected in the **y axis**, what are the new **coordinates** for its three corners, A', B' and C'?

A' _____

B' _____

C' _____

Paper 2

1 A restaurant offers a 3-course menu for £17.95 per person. Starters and desserts cost £5.25 each when bought separately and the main courses vary from £8.50 to £10.50 each.

   a What is the cost for four people to each have a starter and a dessert? _____

   b How much change from £40 do a couple have after both having the set menu? _____

   c What is the **minimum** amount saved per person by having the set menu rather than choosing 3 separate courses? _____

2 In a school of 500 pupils, 20% learn Latin, 40% learn Spanish and 60% learn French. If half of the pupils learn two languages and no one learns more than two, how many pupils do not learn one of these languages at school? _____

3 A fruit drink is made up of 1 part juice to 2 parts diluted squash. The squash is made up of 1 part concentrate to 4 parts water. How much squash concentrate is needed to make 12 litres of the fruit drink? _____

4 A class of 20 children go to the theatre.

   Group tickets at the theatre are £40 for 5 people.

   The coach for the trip costs £280.

   If the cost is shared equally among the children, how much must they each pay? _____

5 Ben is 3 years older than his sister and a third of the age of his mother.

   His father is 4 years older than his mother and four times the age of his sister.

   How old is Ben? _____

6 A street has **even** house numbers starting with number 2 at the end by the main road.

   The 6th and 7th house along the street have been taken down to make a park, but the other numbers have not been changed.

   Andrea lives at number 26 and her friend lives 8 houses away nearer the main road.

   At what house number does her friend live? _____

1L 6A

3

1 J

2

1 K

2

1 C

2

6 A

3

6A 1A

2

7 This diagram shows the distances in kilometres between a number of different villages.

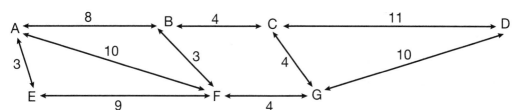

a What is the shortest distance from village G to village A? _____

b How many kilometres are covered travelling the shortest way from village D to E, through villages C and F? _____

c Through which village/villages will a walker pass doing a 16 km walk from village A to G? _____

4

8 Look at the points on the graph below and then answer the questions.

10 mins

7B 2G

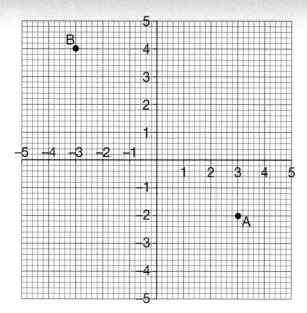

a What are the **coordinates** for point A on the graph? _____

b If point B is reflected in the **y axis**, what will its **coordinates** be in the reflected image? _____

c If point B is reflected in the **x axis**, what are the **coordinates** for the point in the image? _____

3

This chart shows a town's **average** monthly rainfall in mm.

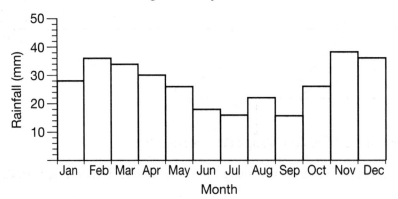

a How many months have a **mean** rainfall greater than 35 mm? _____

b What is the **average** rainfall for Jun, Jul, Aug and Sep together? _____

c What is the **range** of **average** monthly rainfall measurements across

the year in mm? _____

10 Use the information in this tally chart to answer the following questions.

Car colour	Number observed
Silver	JHT JHT JHT III
Black	JHT JHT
Red	JHT II
Blue	JHT I
Other	JHT IIII

a How many cars were seen in **total**? _____

b How many more silver cars were observed than red cars? _____

c What **percentage** of the cars seen were blue? _____

d What fraction of the **total** number of cars seen were black? _____

Which shape or pattern on the right belongs to the group on the left?
Underline the answer.

Example

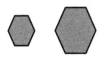

a   b   c   <u>d</u>   e

11

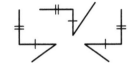

a   b   c   d   e

12

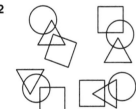

a   b   c   d   e

13

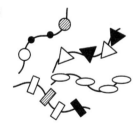

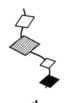

a   b   c   d   e

14

a   b   c   d   e

 4

Which pattern on the right completes the second pair in the same way as the first pair? Underline the answer.

Example

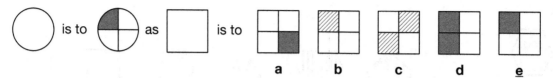

    a   b   c   d   <u>e</u>

15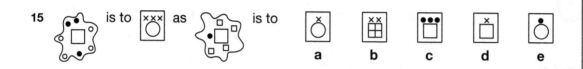

    a   b   c   d   e

16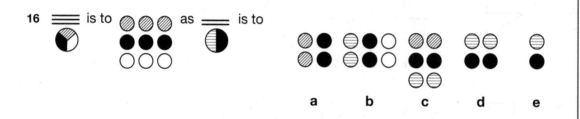

    a   b   c   d   e

17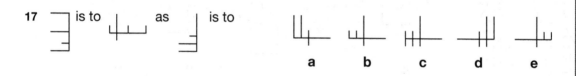

    a   b   c   d   e

18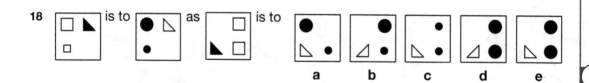

    a   b   c   d   e

4

Which picture or pattern on the bottom row comes next in the pattern on the top row? Underline the answer.

Example

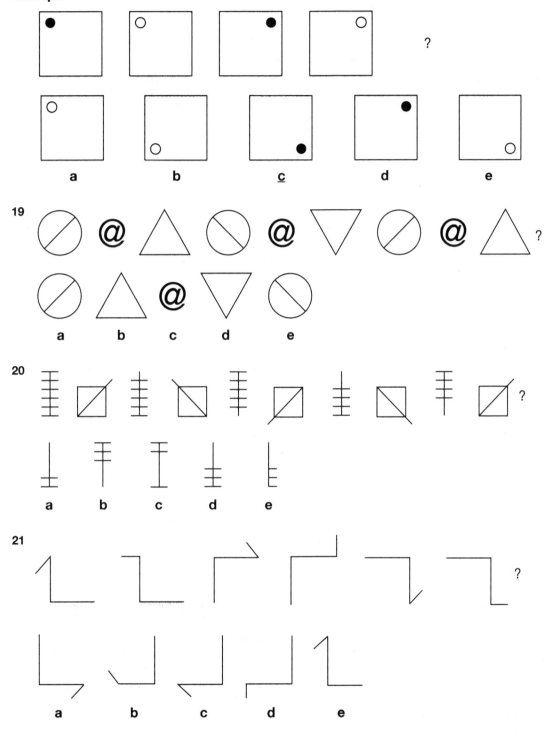

19

20

21

22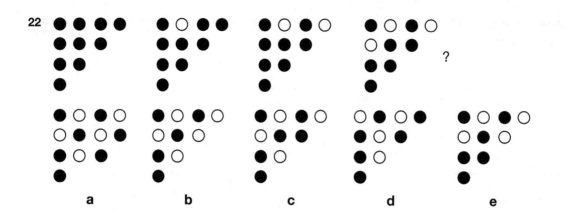

     a   b   c   d   e

Which pattern completes the larger shape or grid? Underline the answer.

Example

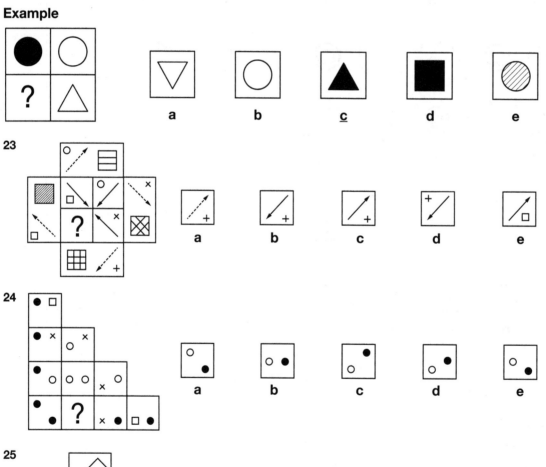

23

24

25

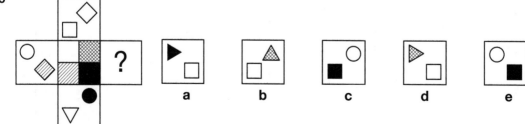

26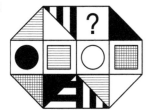

a   b   c   d   e

Which pattern on the right is a reflection of the pattern on the left? Underline the answer.

Example

  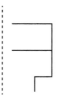 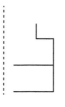 

a   b   c   <u>d</u>   e

27

a   b   c   d   e

28

a   b   c   d   e

29

a   b   c   d   e

30

a   b   c   d   e

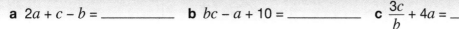

31 If $a = 7$, $b = 3$ and $c = 8$, what is the value of the following:

  a $2a + c - b =$ _____   **b** $bc - a + 10 =$ _____   **c** $\dfrac{3c}{b} + 4a =$ _____

32 What is the **perimeter** of a regular **heptagon** with sides of 3.5 cm? _____

33 If 1 ml of water occupies 1 cubic centimetre, how many litres of water can a 10 cm **cube** hold? _____

34 How many mm in 3.4 km? _____

35 What is the **total** surface **area** of a **cuboid** measuring 2 cm × 5 cm × 3 cm? _____

36 Fill in the spaces in the following sequences:

    a 2, 3, 6, 6, 10, _____, 14, 12, 18, 15, _____

    b 144, 121, _____, 81, 64, _____, 36

    c 50, 48, 44, _____, 30, 20, _____

    d 3, 17, 31, 45, _____, _____, 87

37 Find the value of the third angle in these triangles:

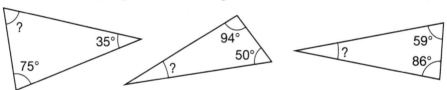

    a Angle 1 _____

    b Angle 2 _____

    c Angle 3 _____

38 $\left(\frac{1}{2} \times \frac{3}{4}\right) + \frac{1}{2} =$ _____

39 $\frac{3}{5} \times (1120 + 25) =$ _____

40 What is the **area** of the shaded triangle? _____

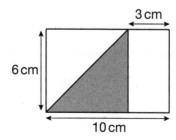

41 $2.541 + 0.75 + 1.03 = $ _____

42 What is the value of the largest share of £2000 when it is divided in the **ratio** of

4 : 3 : 2 : 1? _____

43 $10x - 49 = 3x, \quad x = $ _____

44 $2x^2 \times 5 = 6^2 + 4, \quad x = $ _____

Now go to the Progress Chart to record your score!   **Total**

27

1 Three boys enter a long jump competition. They have 5 jumps each.

Here are their results:

	1st jump	2nd jump	3rd jump	4th jump	5th jump
Adi	1.75 m	1.66 m	1.71 m	1.60 m	1.78 m
Callum	1.58 m	1.63 m	1.69 m	1.71 m	1.75 m
Ben	1.64 m	1.79 m	1.75 m	1.68 m	1.71 m

a By how much was Callum's best jump longer than his shortest jump? _____

b By how much did Ben win the competition? _____

c What was Adi's **average** jump length? _____

d If the three jumps of each turn are added together, which turn has the highest

total length? _____

2 Here is a **pie chart** showing the favourite lunch choices of a group of students.

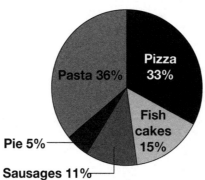

a If this chart showed the results for a class of 20 children, how many chose pie?

_____

b If the data was collected in a school of 500 pupils, how many chose fish cakes?

_____

c Which 2 choices could be offered that would please at least half of the children?

_____

d One third of the children chose pizza. What is the size of the angle on the **pie chart** for the section representing pizza? _____

e Connie wanted to make a **pie chart** for her own family, with 3 choosing pizza, 1 curry and 2 spaghetti.
What size angle must she draw in the circle for the curry sector? _____

3 This chart shows the details of Toby's journey to a friend's house.

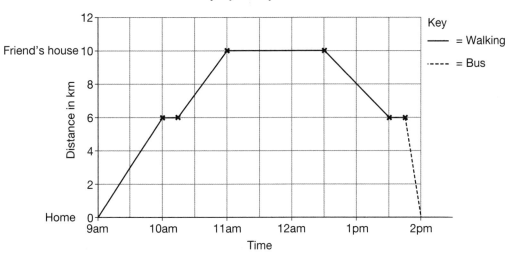

a Toby walks to a friend's house 10 km away, taking a short rest along the way.

For how long was he walking? _____

b On the return journey, he walks part of the way and then gets the bus.

At what time did he get on the bus? _____

c For how long was Toby at his friend's house? _____

d How many kilometres did Toby walk in **total**? _____

4 There are twice as many red beads as blue beads in a box.
There are 20 more blue beads than green beads.
There are three times as many yellow beads as green beads.

If there are 15 yellow beads, how many are red? _____

5 In a race, Annie is 3 seconds behind Bella, who is 5 seconds ahead of Carol.
Dilma is 1 second ahead of Carol and 4 seconds behind Ellie.

In the race, who came in 3rd? _____

6 A recipe for 25 cupcakes uses 350 g flour, 250 g butter and 150 g sugar.

Complete the list of ingredients to make 35 cupcakes.

a Flour _____ g

b Butter _____ g

c Sugar _____ g

7 An aunt leaves £3000 in her will to her 3 nieces.

It is to be shared according to the **ratio** of their ages.

Tina is 12 years old, Sue is 15 years old and Rosa is 6 years older than Tina.

How much will the eldest girl receive? _____

8 The four sides of a field measure 430 m, 310 m, 360 m and 400 m respectively.

How many times must a jogger go round the field to complete a 12 km run?

_____

9 A water tank containing 300 litres of water has a leak, losing 1 litre of water every 8 hours.

After how many weeks and days will the tank be half empty? _____

10 Taz is 5 years older than his brother and 1 year younger than his cousin.

His uncle is 3 times the age of his cousin and 4 times the age of his brother.

How old is Taz? _____

11 A string of flags is made up of red, blue, green and orange flags.

Half of the flags are blue, and one tenth are orange.

There are an equal number of red and green.

If there are 12 orange flags, how many red ones are there? _____

Which shape or pattern on the right belongs to the group on the left?
Underline the answer.

Example

                          a   b   c   <u>d</u>   e

12

                          a   b   c   d   e

13

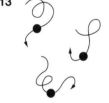

                          a   b   c   d   e

14

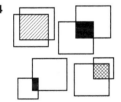

                          a   b   c   d   e

15

                          a   b   c   d   e

4

Which pattern completes the second pair in the same way as the first pair?
Underline the answer.

Example

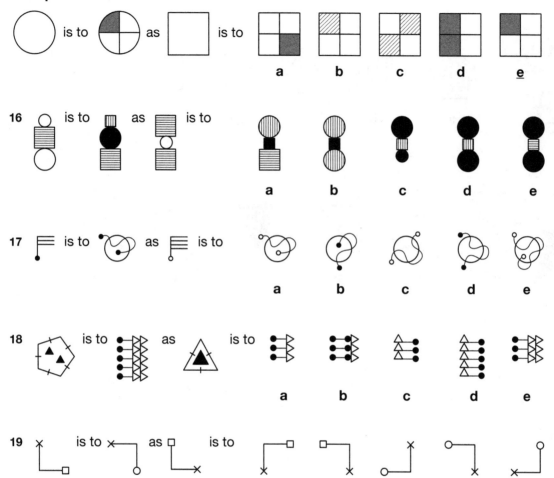

Which picture or pattern on the bottom row comes next in the pattern on the top row?
Underline the answer.

Example

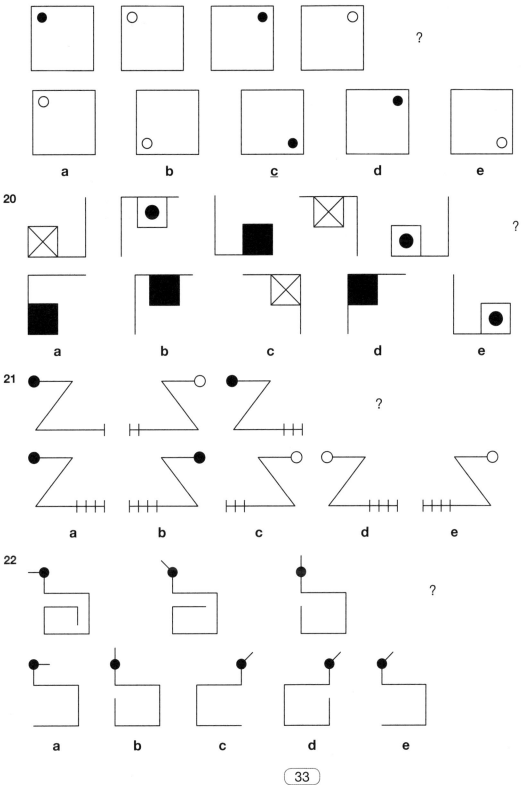

23

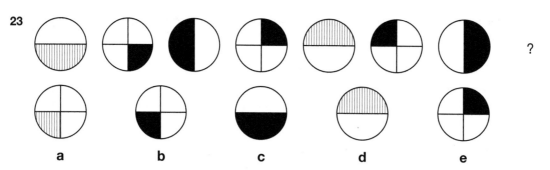

a	b	c	d	e

Which code matches the shape or pattern at the end of each line? Underline the answer.

Example

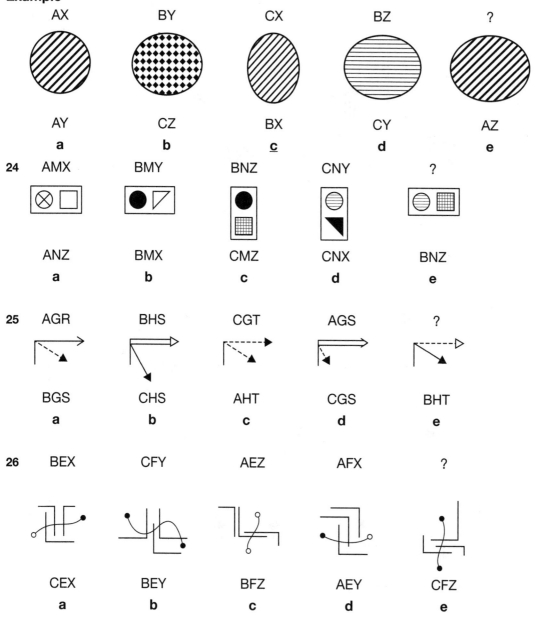

AX	BY	CX	BZ	?

AY	CZ	BX	CY	AZ
a	b	<u>c</u>	d	e

24

AMX	BMY	BNZ	CNY	?

ANZ	BMX	CMZ	CNX	BNZ
a	b	c	d	e

25

AGR	BHS	CGT	AGS	?

BGS	CHS	AHT	CGS	BHT
a	b	c	d	e

26

BEX	CFY	AEZ	AFX	?

CEX	BEY	BFZ	AEY	CFZ
a	b	c	d	e

Paper 1

1 –
2 ÷
3 ×
4 ÷
5 4.36
6 $2\frac{3}{4}$
7 £74.30
8 110
9 2
10 3440 ml
11 433 m
12 3.7 kg (or –3.7 kg)
13 49.8 cm
14 31
15 80
16 63, 35
17 81, 121
18 2, 7
19 240
20 $\frac{4}{6}$
21 a Tue, Thu, Fri
   b 19°C
   c i 7°
     ii 10°
22 a 46
   b grapes and bananas
   c 6
23 a £7.20
   b £17.05
   c £61
   d £2.31
24 b
25 a
26 e
27 e
28 c
29 e
30 b
31 d
32 c
33 b
34 c
35 a
36 b
37 e
38 d
39 e
40 d
41 b
42 a
43 d
44 a 11 m
   b £55.11
45 £105
46 90 m
47 33
48 45
49 88 cm²
50 a $x = 72$
   b $y = 36$
51 Example

9	5	1
4	3	8
2	7	6

52 22:52
53 a 225 g sugar
   b 450 g butter
   c 675 g flour
54 45
55 a 20:55
   b 09:29
56 A' (–2, 5)
   B' (–1, 1)
   C' (–4, 2)

Paper 2

1 a £42
   b £4.10
   c £1.05
2 150
3 1600 ml or 1.6 litres
4 £22
5 16
6 6
7 a 14 km
   b 27 km
   c B and C or E and F
8 a (3, –2)
   b (3, 4)
   c (–3, –4)
9 a 3
   b 18 mm
   c 22 mm
10 a 50
   b 11
   c 12%
   d $\frac{1}{5}$
11 d
12 a
13 d
14 c
15 d
16 d
17 b
18 e
19 e
20 d
21 c
22 e
23 c
24 e
25 d
26 e
27 d
28 b
29 e
30 e
31 a 19
   b 27
   c 36
32 24.5 cm
33 1 litre
34 3,400,000 mm
35 62 cm²
36 a 9, 22
   b 100, 49
   c 38, 8
   d 59, 73
37 a Angle 1: 70°
   b Angle 2: 36°
   c Angle 3: 35°
38 $\frac{7}{8}$
39 687
40 21 cm²
41 4.321
42 £800
43 7
44 –2, 2 and +2 all acceptable

Paper 3

1 a 0.17 m (or 17 cm)
   b 0.01 m (or 1 cm)
   c 1.70 m
   d 5th turn
2 a 1
   b 75
   c pasta and fishcakes OR pasta
     and pizza
   d 120 degrees
   e 60 degrees
3 a 1h 45 mins
   b 1:45pm
   c 1h 30 mins
   d 14 km
4 50
5 As Bella and Ellie end up in joint
   first position, the third person to
   complete the race is Annie.
6 a 490 g flour
   b 350 g butter
   c 210 g sugar
7 £1200 (£1199.99 rounded up to
   £1200)
8 8
9 7 weeks 1 day
10 23
11 24
12 e
13 d
14 e
15 d

16 d
17 c
18 a
19 d
20 b
21 e
22 e
23 b
24 c
25 e
26 b
27 e
28 c
29 c
30 d
31 e
32 37
33 65
34 31
35 56, 168, 700
36 A (2, 4)
   B (4, 8)
   C (8, 1)
37 £4250
38 500
39 0.509
40 21, 34
41 42, 35
42 70
43 12
44 128 mm
45 00:13
46 6
47 4

Paper 4

1 a 5000
  b 101, 100
2 a 74,000
  b 20,000
3 a 48, 30
  b 32, 27
4 1,010,305
5 1500
6 63
7 156
8 364
9 −7°
10 52 cm squares (cm²)
11 0.1
12 a 39
   b 58
13 1
14 3
15 13 cm
16 25
17 a Tej

b £5.65
c Ben
d Ali
18 a 8
   b 0.7 cm per day
   c 8th
   d days 1–4
19 a 78%
   b 48 marks
   c C
   d 58%
20 d
21 b
22 e
23 c
24 a
25 b
26 e
27 d
28 b
29 e
30 c
31 a
32 b
33 c
34 e
35 d
36 d
37 c
38 c
39 d
40 67p
41 £12.07
42 a 2 kg
   b A
43 a £150
   b £15
44 £2, 50p, 10p, 5p
45 420
46 a 48
   b 8
   c 64
47 a 64 m
   b 32
   c £67.00
48 a NW
   b 135 degrees clockwise or 225
     degrees anticlockwise

Paper 5

1 c
2 c
3 d
4 d
5 e
6 a
7 b

8 b
9 e
10 d
11 a
12 c
13 d
14 e
15 e
16 b
17 c
18 c
19 e
20 d
21 a 156, angles on a straight line add
     up to 180
   b 72, vertically opposite angles
     equal, then angle sum of triangle
     is 180
22 a 45, base angles of right angled
     isosceles triangle are 45
   b 30, angles of an equilateral
     triangle are 60, total of a right
     angle is 90 degrees
23 9
24 54 minutes
25 a 15 m
   b 39 slabs
   c 17
26 a E
   b A
   c B
   d A
27 a 74
   b location
   c choice of topics
   d 7
28 a 7 cm
   b 16 cm
   c 62 cm
   d 5 cm
29 4, 16, 25, 49
30 724
31 a 0.74771
   b 8
32 480 cm cubes (cm³)
33 8 hundredths
34 a 267.5
   b 13.9
35 a rhombus or square
   b kite
36 £1000
37 7
38 23
39 a 120
   b 12
   c 158
40 14:53
41 Any two of these three:
   1 × 32; 2 × 16; 4 × 8

42 a 8
  b 18
  c 12
43 3190
44 $\frac{3}{32}$
45 30 m per minute

Paper 6

1 a 27
  b 20
  c 28
2 144 cm
3 66
4 $50 + 2x = 100 - 20$
5 a 59,100
  b 880
  c 1000
6 139, 121
7 £224
8 2782 mm
9 5
10 a 13

  b 31
  c 51
11 194
12 3
13 10
14 4
15 20 cm²
16 a 73 m
  b 61 m
  c 13 m
  d 8
  e 40 mph
17 a May
  b 53 mm
  c 16.2°
  d 24.7°
  e Jun/Jul and Jul/Aug
18 a 52
  b 11
  c 200
  d 2
19 d
20 c
21 e

22 b
23 d
24 c
25 d
26 e
27 b
28 b
29 c
30 e
31 c
32 d
33 b
34 e
35 d
36 d
37 c
38 e
39 10 : 50
40 770 g
41 10p
42 £126
43 £9.10
44 26 May
45 09 : 45

27

MXA	NYB	NZC	MYD	?

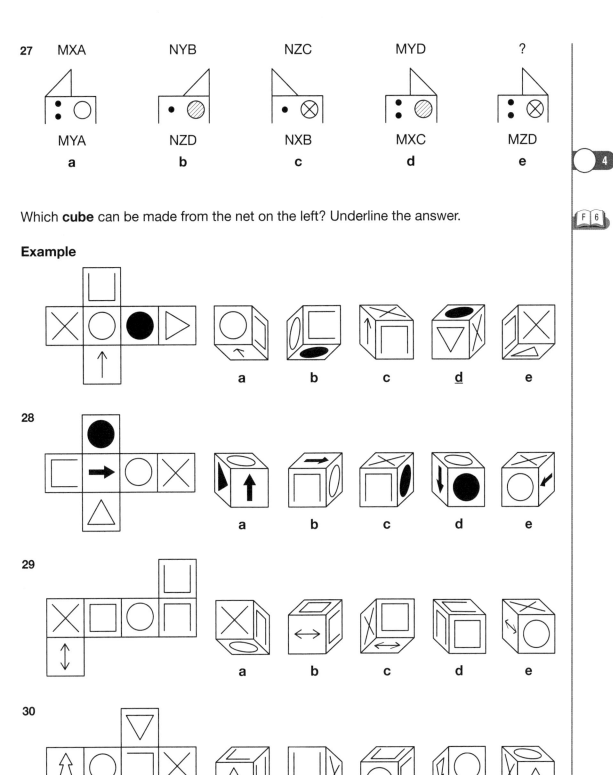

MYA	NZD	NXB	MXC	MZD
a	**b**	**c**	**d**	**e**

Which **cube** can be made from the net on the left? Underline the answer.

Example

a   b   c   <u>d</u>   e

28

a   b   c   d   e

29

a   b   c   d   e

30

a   b   c   d   e

35

31

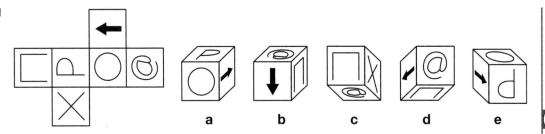

a   b   c   d   e

4

14 mins

Fill in the missing numbers:

1B 1C

32 $27 + 136 = 200 -$ _____

33 $645 \div 3 = 150 +$ _____

1 F
3

34 $3^3 + 2^2 =$ _____

35 Which of these numbers have 4 and 7 as **factors**?

1 E

   49   56   700   160   210   168   _____

1

36 Based on this graph, give the **coordinates** of the points labelled A, B and C:

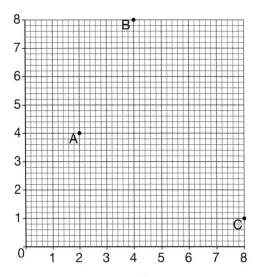

   A _____

   B _____

   C _____

1

37 If 30% of an amount of money is £1275, how much is the full amount of money?

£ _____

38 $\left(\frac{3}{4} \times 640\right) + 20 =$ _____

39 $\frac{1}{3} \times 1.527 =$ _____

Add the next two terms to each of these number **series**:

40 1, 1, 2, 3, 5, 8, 13, _____, _____

41 63, 56, 49, _____, _____

If $a = 5$, $b = 11$ and $c = 4$, what is the value of:

42 $2b + 2a^2 - \dfrac{c}{2} =$ _____

43 $\dfrac{(3a + 3b)}{c} =$ _____

44 How many mm in 0.02 m, 7.3 cm and 35 mm? _____

45 What is the time on a digital clock 31 minutes after 23:42? _____

What is the value of x if:

46 $3x + 12 = 5x$ $x =$ _____

47 $21x - 4 = 5x + 60$ $x =$ _____

Now go to the Progress Chart to record your score!   Total   70

1 J

1

1 I

2

5 A

2

4 A

4

3 A

1

3 B

1

4 A

2

Paper 4

1 **Round** these numbers to the nearest hundred:

   a 4963 _____

   b 101,080 _____

2 **Round** these numbers to the nearest thousand:

   a 73,569 _____

   b 20,497 _____

3 Give the next two terms for these sequences:

   a 6, 66, 12, 60, 18, 54, 24, _____, _____

   b 83, 72, 62, 53, 45, 38, _____, _____

Complete the following equations:

4 $1010.305 \times 1000 =$ _____

5 $(7495 \div 5) + 1 =$ _____

6 $\left(\frac{30}{4} - \frac{1}{2}\right) \times (0.3 \times 30) =$ _____

7 $\frac{3}{4} \times 208 =$ _____

8 $\frac{7}{10} \times 520 =$ _____

9 The temperature falls 13 **degrees** from 6°C in the day. What is the night temperature?

_____

10 What is the surface **area** of a **cuboid** 3 cm × 2 cm × 4 cm? _____

11 $0.0001 \times 10^3 =$ _____

12 If $x = 8$ and $y = 3$, what is the value of:

    a $3x + 5y =$ _____   **b** $x^2 - 2y =$ _____

13 $4x + 16 = 21 - x$, $x =$ _____

14 $26 - 3a = 14 + a$, $a =$ _____

15 The perimeter of a rectangle 3 cm wide is 32 cm. What is its length? _____

16 How many 200 ml bottles can be filled from 5 litres of water? _____

17 The table shows how much money 5 boys collected for charity on 3 different days.

	Day 1	Day 2	Day 3
Stan	£7.20	£5.40	£8.10
Ali	£5.45	£6.80	£7.75
Dean	£6.90	£5.40	£8.20
Ben	£6.80	£9.10	£7.10
Tej	£5.75	£4.80	£10.45

    a Who collected the least on Day 2? _____

    b What is the **difference** between the highest and
        lowest amount collected on any of the three days? _____

    c Who collected most in **total**? _____

    d Who collected exactly £20? _____

18 This graph shows the height of a seedling each day after germination.

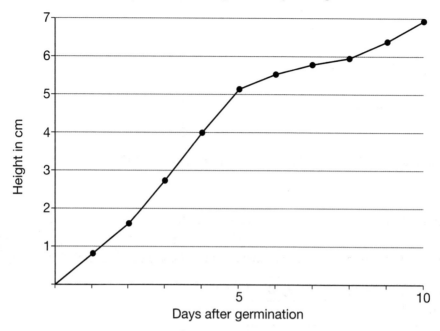

Height in cm

Days after germination

a After how many days was the seedling 6 cm high? _____

b What was its **average** rate of growth over the first 10 days? _____

c If the rate of growth is slowest on the coldest day, which day of the 10 days was

the coldest? _____

d Which four consecutive days have an **average** rate of growth of 1 cm per day?

_____

3

19 The graph shows the test scores for 10 pupils given as a **percentage.**

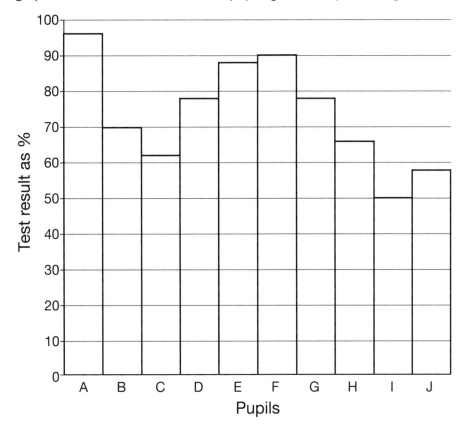

a What same **percentage** score was achieved by two pupils? _____

b If there were 50 marks in the test, how many marks were gained by the highest

 scoring pupil? _____

c Which pupil gained 31 marks? _____

d What was the **average percentage** score for the three pupils H, I and J? _____

Which shape or pattern on the right belongs to the group on the left?
Underline the answer.

Example

  a   **b**   **c**   **d**   **e**

20

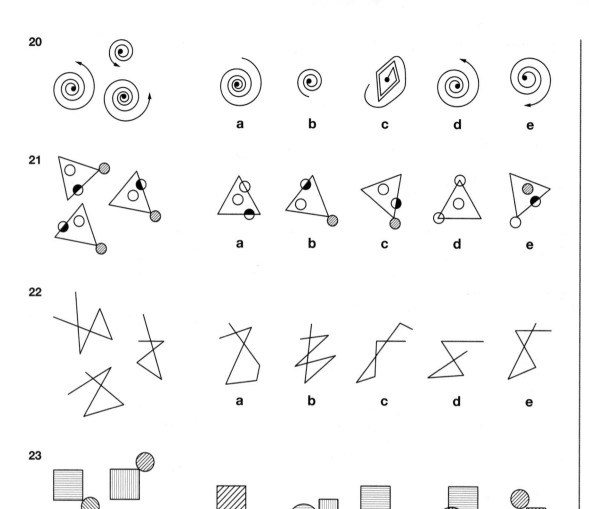

21

22

23

Which picture or pattern on the bottom row comes next in the pattern on the top row? Underline the answer.

Example

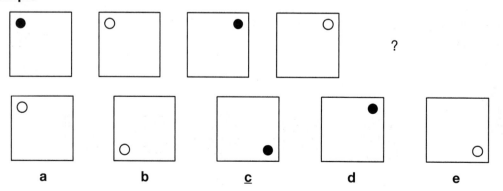

42

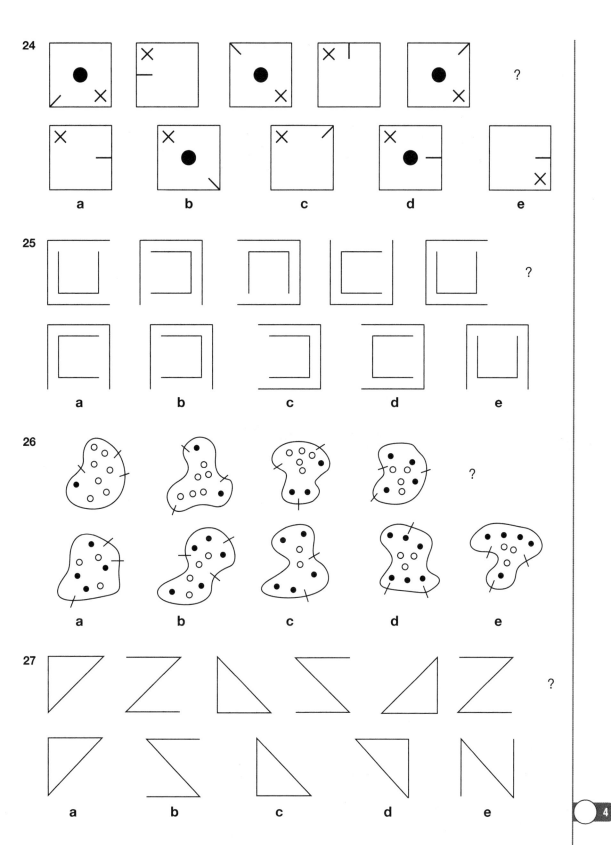

24

a   b   c   d   e

25

a   b   c   d   e

26

a   b   c   d   e

27

a   b   c   d   e

43

Which code matches the shape or pattern given at the end of each line? Underline the answer.

Example

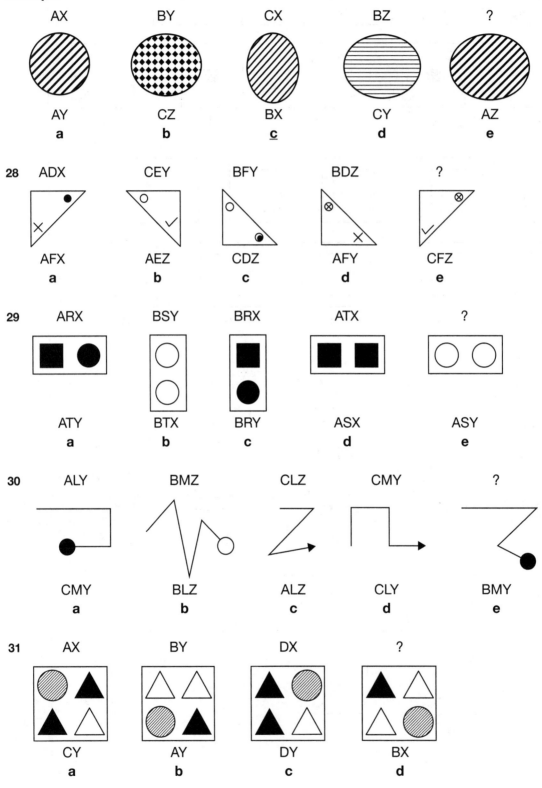

Which pattern completes the larger shape or grid? Underline the answer.

Example

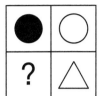

          a   b   <u>c</u>   d   e

32

          a   b   c   d   e

33

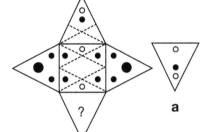

          a   b   c   d   e

34

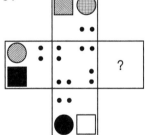

          a   b   c   d   e

35

          a   b   c   d   e

Which pattern on the right is a rotation of the one on the left? Underline the answer.

Example

    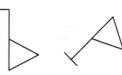

           a   b   <u>c</u>   d   e

36

           a   b   c   d   e

37

           a   b   c   d   e

38

           a   b   c   d   e

39

           a   b   c   d   e

40 Apples are 70p per kilogram, oranges are 80p per kilogram and sugar is 83p per kilogram. 8 jars of chutney are made from 3 kg apples, 2 kg oranges and 2 kg sugar.

What is the cost of the ingredients per jar? _____

41 If 1 litre of fuel costs £1.42 and a car does 12 km to the litre, what is the cost of the fuel for a journey of 102 km? _____

42 Pete had 5 packages, labelled A, B, C, D and E.
Package A weighed 3.0 kg.
Package C was 250 g heavier than D and 500 g lighter than E.
Package B was 500 g heavier than D and 500 g lighter than A.

a How much did package D weigh? _____

b Which was the heaviest package? _____

43 A shop sale is offering 10% discount off everything.

In the sale, Mrs Down spends £54 on a bag and £81 on a dress.

a What was the **total** original cost of these two items? _____

b How much did Mrs Down save by getting them in the sale? _____

44 A shopkeeper gives Tom the smallest number of coins possible for his change.

If he has just bought a paper for £1.40 and some milk for 95p, what coins does he get in his change from a £5 note? _____

45 A shop sells twice as many vanilla as strawberry flavour ice creams, and twice as many chocolate as vanilla. If it sells 60 strawberry ice creams, how many ice creams in **total** were sold? _____

46 A **cube** with sides of 6 cm is built out of 1 cm **cubes**.

The outside of the large **cube** is painted red.

How many of the smaller 1 cm **cubes** will have:

a 2 faces painted red? _____   **b** 3 faces painted red? _____

c no red faces? _____

47 20 cm wide wooden floor planks are used to cover a floor.

a What is the **total** length of planking required to floor a rectangular room measuring 4 m × 3.2 m? _____

b If the planking only comes in 2 m lengths, how many lengths will be needed? _____

c The 2 m lengths of wood are £3.50 each or 5 for £10. How much will the planks cost if just enough are bought to do the room? _____

48 Sam is facing north.

First he turns 135 **degrees** clockwise.

Then he turns through 180 **degrees** clockwise.

a In which direction is he now facing? _____

b Describe the turn he must make to move from that position to a position where he is facing East.

_____

_____

_____

Now go to the Progress Chart to record your score!   Total   70

Paper 5

Which is the odd one out? Underline the answer.

Example

a   b   <u>c</u>   d   e

1

a   b   c   d   e

2

a   b   c   d   e

3

a   b   c   d   e

4

a   b   c   d   e

Which shape or pattern on the right completes the second pair in the same way as the first pair? Underline the answer.

Example

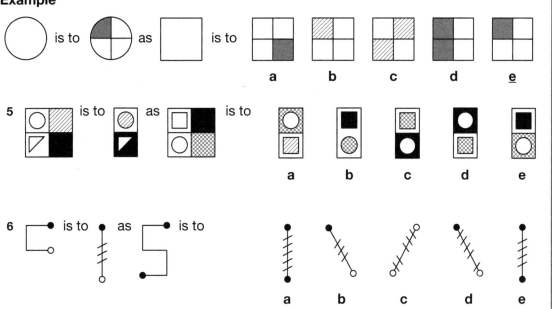

a   b   c   d   <u>e</u>

5 is to as is to

a   b   c   d   e

6

a   b   c   d   e

7

a   b   c   d   e

8

a   b   c   d   e

4

Which code matches the shape or pattern given at the end of each line?
Underline the answer.

Example

AX	BY	CX	BZ	?

AY	CZ	BX	CY	AZ
a	**b**	<u>**c**</u>	**d**	**e**

9

AX	BY	AY	CZ	?

CY	BX	BZ	AZ	CX
a	**b**	**c**	**d**	**e**

10

LP	MQ	LR	NP	?
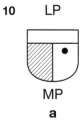				
MP	NR	LQ	MR	NQ
a	**b**	**c**	**d**	**e**

11

AX	BY	CZ	DY	?
BZ	DX	CY	BX	DZ
a	**b**	**c**	**d**	**e**

12

DAX	EBY	FBZ	DCY	?

FCX	EAY	EAZ	DBZ	FCZ
a	**b**	**c**	**d**	**e**

Which **cube** cannot be made from the net on the left? Underline the answer.

Example

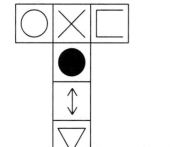

a   b   c   <u>d</u>   e

13

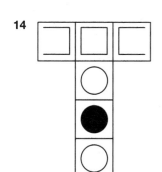

a   b   c   d   e

14

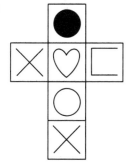

a   b   c   d   e

15

a   b   c   d   e

16

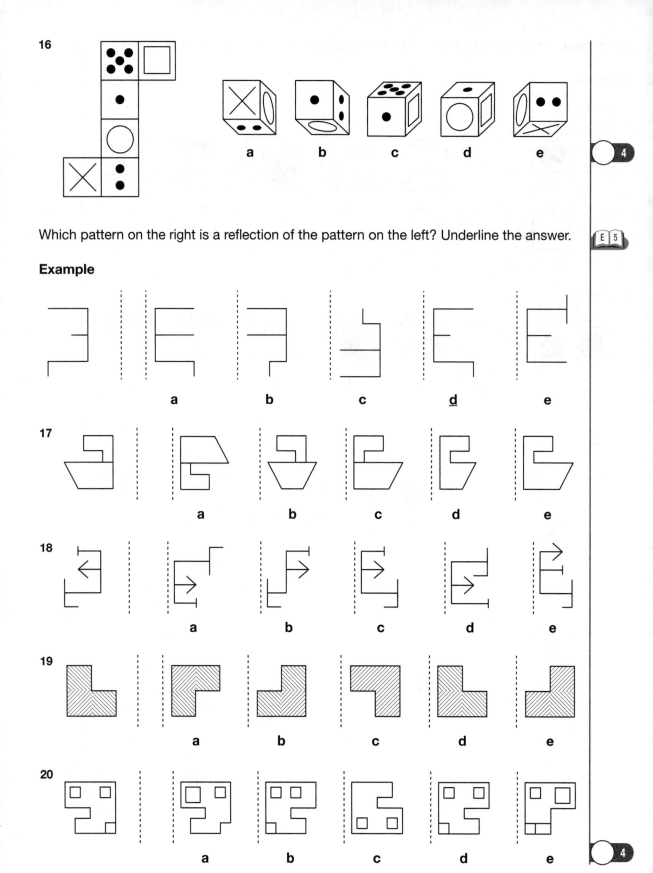

Which pattern on the right is a reflection of the pattern on the left? Underline the answer.

Example

a   b   c   <u>d</u>   e

17

a   b   c   d   e

18

a   b   c   d   e

19

a   b   c   d   e

20

a   b   c   d   e

Look carefully at the following diagrams to calculate these angles and explain your answers.

21

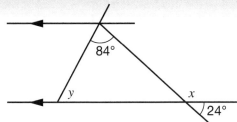

a Angle x = _____

Because _____

_____

b Angle y = _____

Because _____

_____

4

22

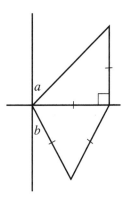

a Angle a = _____

Because _____

_____

b Angle b = _____

Because _____

_____

4

23 Nathan is one-quarter of his mother's age and 3 years younger than his sister.

If his sister is one-third of their mother's age, how old is Nathan? _____

24 A cyclist travels at 20 km per hour and a car **averages** 50 km per hour.

Oliver and Pete agree to meet at 11:00 at a castle 30 km away.

If Oliver cycles and Pete takes the car, how much earlier must Oliver leave the house than Pete? _____

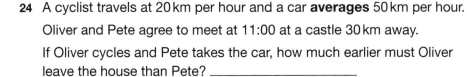

25 This diagram shows the plan of a garden. All of the angles shown are right angles.

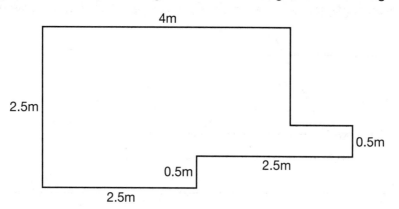

4m

2.5m

0.5m

0.5m

2.5m

2.5m

a What is the **perimeter** of the garden? _____

b How many 0.5 × 0.5 m slabs will be needed to cover the **area**? _____

c How many plants are needed for a hedge along the 4 m boundary if one must be

planted every 25 cm, starting and ending the row with a plant? _____

3

26 This graph shows babies' birth weight for the first three weeks after birth. Use the information on the graph below to answer the questions.

10 mins

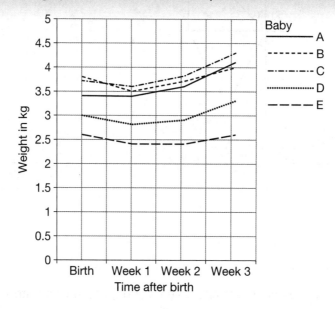

Weight in kg

Baby
——— A
- - - - - B
-·-·-·- C
············· D
- - - - E

Birth   Week 1   Week 2   Week 3
Time after birth

a Which baby made no net gain after 3 weeks? _____

b Which baby gained the most weight in 3 weeks? _____

c Which baby lost the most weight in the first week? _____

d Which baby didn't lose any weight in the first week? _____

4

27 The results of a questionnaire completed by 200 attendees on a course are shown as **percentages** in this table, with Grade 1 being excellent and Grade 5 being very poor.

Results as %

	Grade 1	Grade 2	Grade 3	Grade 4	Grade 5
Quality of speakers	37	58	5	0	0
Choice of topics covered	54	44	2	0	0
Convenience of location	12	25	33	24	6
Quality of refreshments	82	16	2	0	0
Usefulness of handouts	0	17	61	17	5

a How many people thought the quality of the speakers was excellent? _____

b Which question had the widest spread of opinions? _____

c Which question had the second highest proportion of excellent grades?

_____

d If results for Grades 1 and 2 are combined as 'better grades' and results for Grades 4 and 5 are combined as 'poorer grades', how many more people gave better grades than poorer grades for the convenience of the location? _____

28 Three children plant beans on the same day.

After 1 week, there is still no growth.

After 2 weeks, the beans have germinated and are growing.

The height of each plant is recorded on this graph.

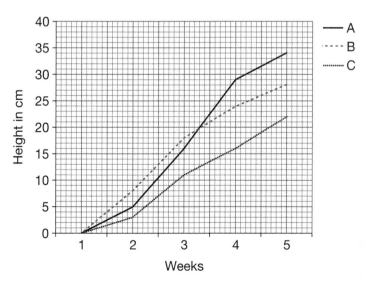

a What was the **difference** in height between the tallest and the shortest plant at 3 weeks? _____

b How tall was plant C after 4 weeks? _____

c What is the combined height in cm of plant A and plant B after 5 weeks?

_____

d How much taller is plant B than plant C after 2 weeks? _____

29 Underline the numbers below which are square numbers:

2   4   8   16   20   25   35   48   49   50

30 Three-quarters of what number gives five hundred and forty-three? _____

31 Fill in the missing gaps:

a 0.73049 + 0.01722 = _____

b 59.3 ÷ _____ = 7.4125

32 What is the volume of a **cuboid** 16 cm long, 3 cm wide and 10 cm high? _____

33 Give the value of the **digit** 8 in this number: 765.381 _____

34 State what comes next:

a 4280, 2140, 1070, 535, _____

b 1.1, 4.3, 7.5, 10.7, _____

35 Name the following quadrilaterals:
a Both pairs of opposite sides
are parallel and the same length _____

b One pair of adjacent sides are equal in length,
and the opposite pair are equal but
a different length from the first pair _____

36 What is the value of half of one-third of one-quarter of £24,000? _____

56

37 $4x + 15 = 50 - x$ $x =$ _____

38 $22 + 2y = 68$ $y =$ _____

39 If $a = 4$ and $b = 10$, what is the value of:

a $3ab =$ _____

b $\dfrac{4b}{8} + 7 =$ _____

c $a^2 + b^2 + 42 =$ _____

40 What is the time on a digital clock 42 minutes before 3:35 pm? _____

41 Give two pairs of **factors** for 32: _____ _____

42 On a regular **hexagonal prism**, state the number of:

a faces _____

b edges _____

c vertices? _____

43 $10^2 \times 0.0319 \times 10^3 =$ _____

44 Underline the odd one out:
$\frac{1}{8}$ 12.5% $\frac{3}{32}$ $\frac{5}{40}$ 0.125

45 What is a **speed** of 50 cm per second in metres per minute? _____

Now go to the Progress Chart to record your score!   Total 70

Paper 6

1 Fill in the missing numbers:

 a $45 \times 3 =$ _____ $\times 5$

 b $417.4 \div$ _____ $= 20.87$

 c $\frac{7}{8} \times 16 = \frac{1}{2} \times$ _____

2 What is the **perimeter** in cm of a regular decagon with sides of 144 mm? _____

3 How many 50 cm squares in a 3 m $\times$ 5.5 m rectangle? _____

4 Which is the odd one out? Underline the answer.

 $2x + 7 = 27$ $40 - x = 5 \times 6$ $50 + 2x = 100 - 20$ $\dfrac{x}{2} = \sqrt{25}$

5 **Round** the following numbers to the nearest ten:

 a 59,099.3 _____

 b 875.1 _____

 c 997.6 _____

6 Fill in the missing numbers in this sequence:

 151, 145, _____, 133, 127, _____, 115, 139, 121

7 What is 7% of £3200? _____

8 $2 m + 73 cm + 52 mm =$ _____ mm

9 $3x^2 + 25 = 100$ $x =$ _____

10 Look at the first two triplets to work out the pattern, then complete the third triplet:

 a 12 (24) 2   4 (28) 7   3 (39) _____

 b 4 (13) 9   17 (28) 11   23 (_____) 8

 c 48 (16) 3   75 (25) 3   _____ (17) 3

58

11 $\left(\frac{1}{2} \times 364\right) + \left(\frac{1}{4} \times 48\right) =$ _____

12 What is the value of x if $52x + 10 = 166$? $x =$ _____

13 $712 - 322 = 400 -$ _____

14 $45 \times 5 = 900 \div$ _____

15 The height of a right-angled triangle is 4 cm and its base is 10 cm.

What is its **area**? _____

16 The stopping distance of a moving car from when a hazard appears to the point when it stops is made up of the 'thinking distance' and the 'braking distance'. This table shows these distances for cars when travelling at different **speeds**.

Speed of travel	Thinking distance	Braking distance
20 mph	6 m	6 m
30 mph	9 m	14 m
40 mph	12 m	24 m
50 mph	15 m	38 m
60 mph	18 m	55 m
70 mph	21 m	75 m

a What is the **total** stopping distance for a car going at 60 mph? _____

b How much greater is the braking distance when travelling at 70 mph than 30 mph?

_____

c How much longer is the **total** stopping distance travelling at 40 mph than 30 mph?

_____

d How many times longer is the **total** stopping distance at 70 mph compared to

20 mph? _____

e In wet weather all braking times are twice as long. To be able to brake within 48 m,

what is the maximum travelling **speed**? _____

17 Here is the annual **average** rainfall and temperature from an Egyptian weather station.

	Jan	Feb	Mar	Apr	May	Jun	Jul	Aug	Sep	Oct	Nov	Dec
Rain (mm)	92	94	124	120	129	82	81	88	101	76	118	114
Average temp (°C)	2.8	5.3	10.3	16.2	20.8	25.6	27.5	26.1	22.2	16.4	10	4.7

a Which is the wettest month? _____

b How many more mm of rain on **average** in the wettest month than the driest

month? _____

c What is the **average** temperature across the three months of Sep, Oct and Nov?

_____

d What is the temperature **range** between the hottest and the coolest month?

_____

e Between which months is the **average** temperature difference less than

2 **degrees**? _____

5

18 This graph shows the favourite sports of a group of students.

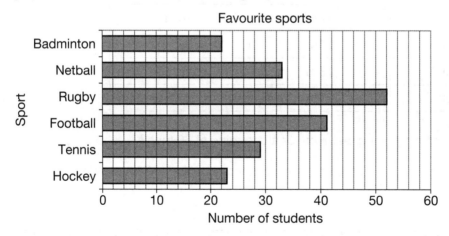

a How many students chose rugby as their favourite sport? _____

b How many more chose netball than badminton? _____

c How many students were asked altogether? _____

d What is the smallest number of extra players needed to make up complete netball

teams with 7 in each team allowing all those who chose netball to play? _____

4

Which shape or pattern on the right belongs to the group on the left?
Underline the answer.

Example

a

b

c

<u>d</u>

e

19

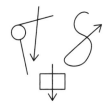

a

b

c

d

e

20

a

b

c

d

e

21

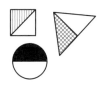

a

b

c

d

e

22

a

b

c

d

e

4

Which pattern on the right completes the second pair in the same way as the first pair?
Underline the answer.

Example

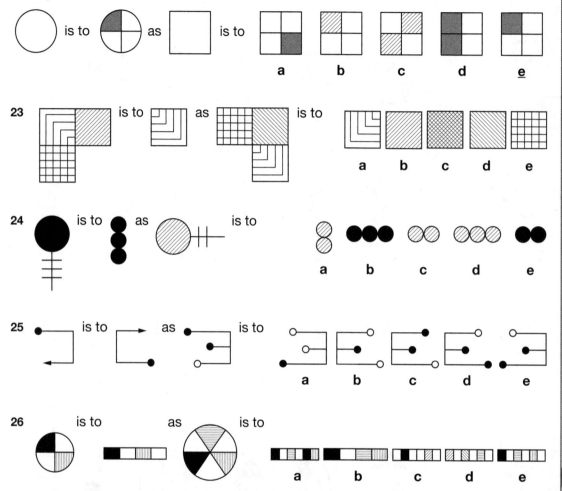

23

24

25

26

Which pattern or picture on the bottom row comes next in the pattern on the top row?
Underline the answer.

4

Example

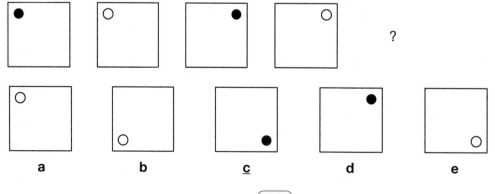

a   b   c   d   e

27

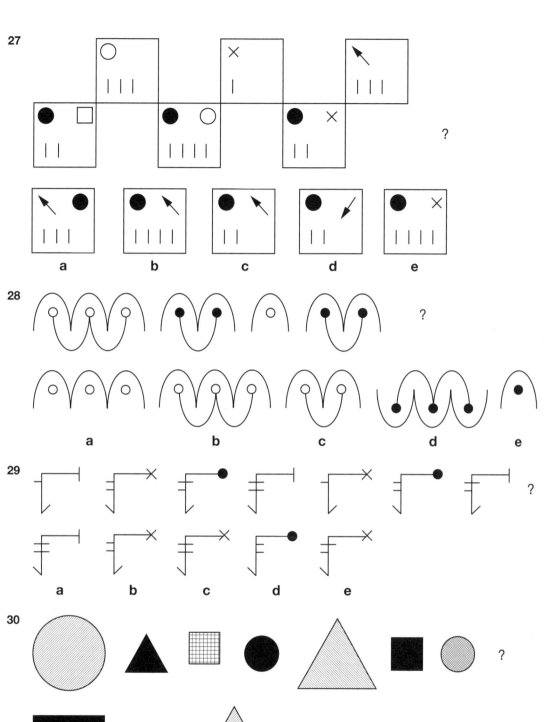

a   b   c   d   e

28

a   b   c   d   e

29

a   b   c   d   e

30

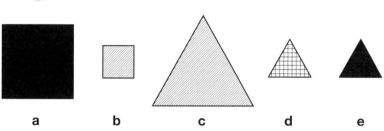

a   b   c   d   e

4

Which code matches the shape or pattern given at the end of each line? Underline the answer.

Example

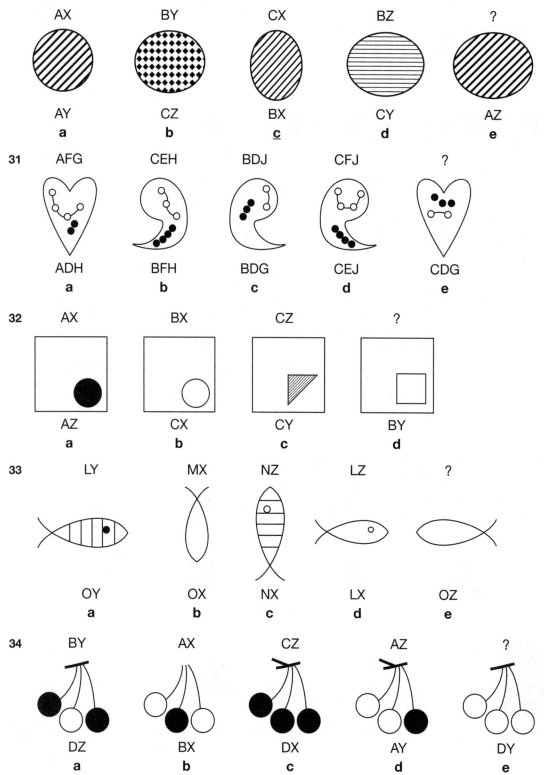

AX	BY	CX	BZ	?
AY	CZ	BX	CY	AZ
a	b	<u>c</u>	d	e

31

AFG	CEH	BDJ	CFJ	?
ADH	BFH	BDG	CEJ	CDG
a	b	c	d	e

32

AX	BX	CZ	?
AZ	CX	CY	BY
a	b	c	d

33

LY	MX	NZ	LZ	?
OY	OX	NX	LX	OZ
a	b	c	d	e

34

BY	AX	CZ	AZ	?
DZ	BX	DX	AY	DY
a	b	c	d	e

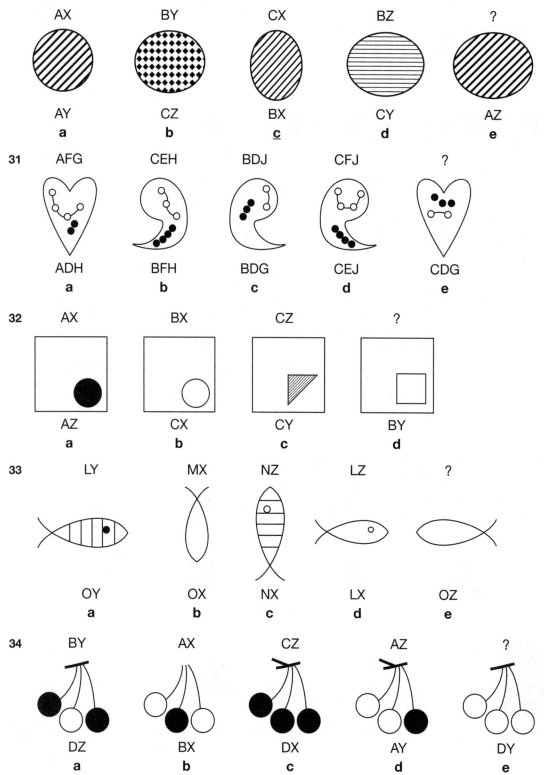

Which pattern completes the larger shape or grid? Underline the answer.

Example

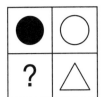

                 a   b   <u>c</u>   d   e

35

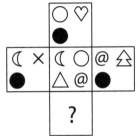

                     a   b   c   d   e

36

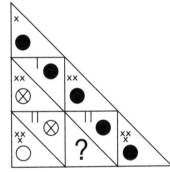

                     a   b   c   d   e

37

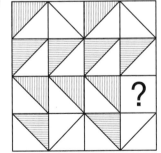

                     a   b   c   d   e

38

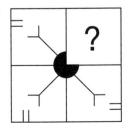 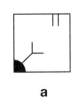

                     a   b   c   d   e

39 Station A is 40 km from station B.

A train leaves from station A at 10:00 and travels at 30 km per hour towards station B.

At what time will it pass a train travelling at the same **speed** from B to A, which left

B at 10:20? _____

3B 3C

3

40 Flour : butter : sugar are used in the **ratio** of 7 : 4 : 2 in a recipe.

If Beth uses 220 g of sugar, how much flour will be needed? _____

1 K

1

41 Tim spends £1.75 on chocolates, 80p on a paper and £1.15 on a drink, paying with a £5 note.

When he gets home, he finds he has only 2 of the 3 coins given in change.

If he has a pound coin and a 20p coin,
what was the value of the coin he lost? _____

1 L

2

42 Tickets costing £48 are being sold with a 12.5% discount.

How much will it cost to buy 3 reduced price tickets? _____

6A 1J

1

43 If a car uses 1 litre of fuel to go 8 km, and 1 litre costs £1.30,

how much will the fuel cost for a journey of 56 km? _____

6A 1L

2

44 Rosie is 13 days older than Sara, and Sara is 3 days younger than Tasmin.

If Tasmin's birthday is 5 June, when is Rosie's birthday? _____

6 A

2

45 A $7\frac{1}{2}$ hour flight lands exactly on time. If it set off at 20:15 local time and its destination is a country where the time zone is 6 hours ahead of the country where

it started, what is the local time when it arrives at its destination? _____

3 B

3

Now go to the Progress Chart to record your score! **Total** 70

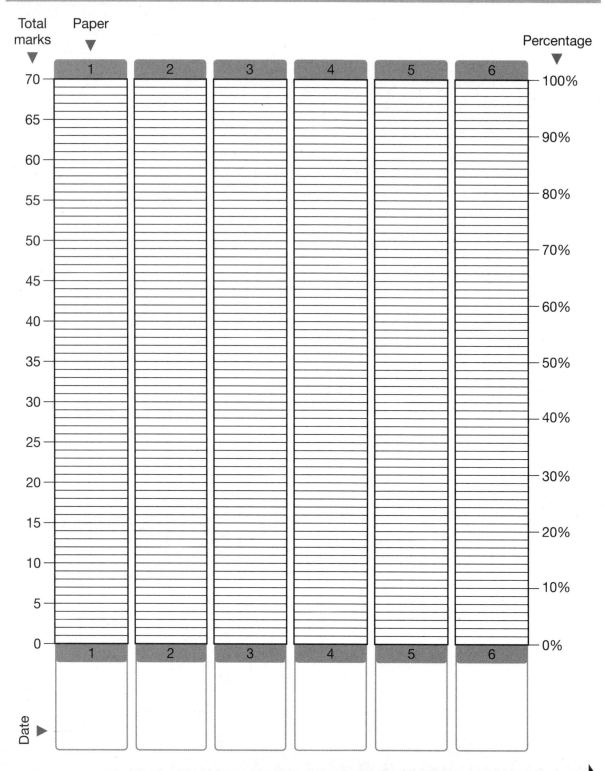

Progress chart   CEM Maths and Non-verbal Reasoning 10–11⁺ years

Total marks ▼

Paper ▼

Percentage ▼

Date ▶

When you've finished the book use the Next Steps Planner ➡

Geography in Place 2

Michael Raw   **Sue Shaw**

Series Consultant: Nicholas Rowles

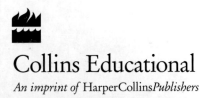

Collins Educational

An imprint of HarperCollins*Publishers*

Contents

Glossary words are highlighted in bold letters in the text the first time they appear.
* Indicates the more difficult exercises.

1 River processes and landforms

1.1 Introduction

Rivers are primarily natural channels which drain the surface of the land (Fig.1.1). However, rivers do more than simply remove water from the land: they also carry huge amounts of sediment. This sediment comes from the breakdown of rocks by **weathering** and **erosion**. Rivers play an important part in this process of erosion. As a result, they create much of their own **sediment load**.

By eroding the land, **transporting** sediment and **depositing** the sediment elsewhere, rivers create new **landforms**. In many parts of the world (including the British Isles) rivers are the most important natural agents shaping the landscape today. Rivers also have an important influence on human activities. As we shall see later in this chapter, rivers are both valuable resources as well as natural hazards.

Figure 1.1 Using rivers

**Anticlockwise from top: River Whanbach flowing into reservoir, Germany;
River Gard, France;
Hoover Dam, River Colorado, USA;
Using the River Po, Italy**

Right: River Main floods Wertheim, Germany

4

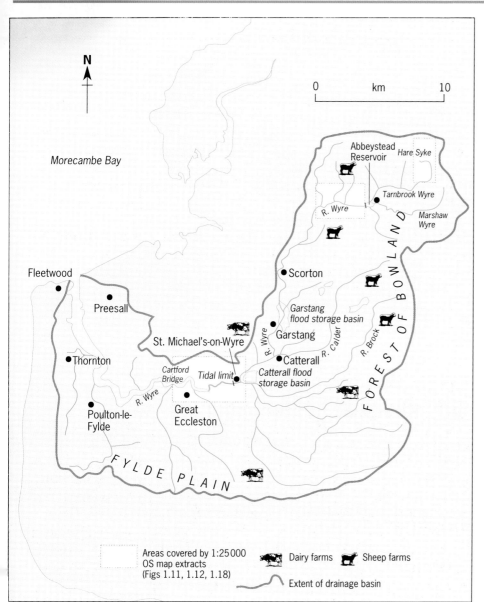

Figure 1.2 The Wyre drainage basin

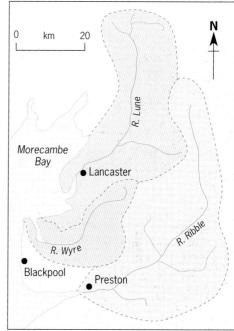

Figure 1.3 Drainage basins in North Lancashire

1.2 Drainage basins

The Wyre is a small river in North-west England. It drains an area of nearly 450 km² (Fig.1.2). We call the area drained by a river and its tributaries a **drainage basin** or **catchment**. The boundaries or **watersheds** of the Wyre basin separate it from the Lune basin to the north, and the Ribble basin to the south and east (Fig.1.3).

If you look at Figure 1.4 you will see that the River Wyre and its tributaries form a tree-like, or **dendritic**, drainage pattern. Tiny tributaries, like Hare Sike, come from the most distant watersheds. They then flow into larger streams, such as Tarnbrook Wyre, which eventually join with the main river – the Wyre.

The River Wyre has its **source** high up on the boggy, peat-covered moors of the Forest of Bowland. From here, it flows south-westwards for nearly 50 km, finally reaching its **mouth** on the Irish Sea coast near Fleetwood (Fig.1.2).

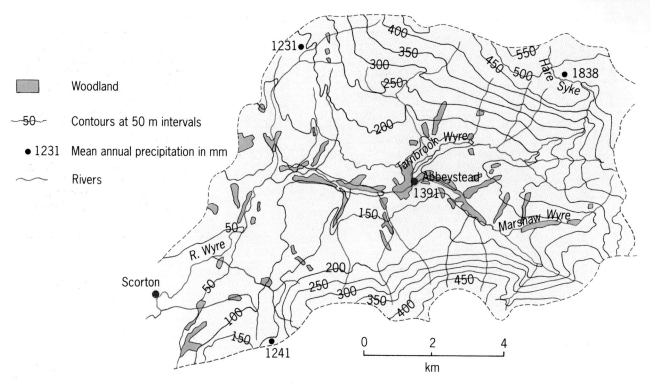

Woodland

~50~ Contours at 50 m intervals

● 1231 Mean annual precipitation in mm

~ Rivers

Figure 1.4 The upper Wyre drainage basin, showing distibution of woodland

1.3 Rivers as landshaping agents

The cross-section of a river, from its source to its mouth is known as the **long profile** (Fig.1.5). This profile is usually concave. Thus, as we move downstream there is a steady decrease in gradient. At the same time, there is an increase in the volume of water in the river (i.e. its discharge) and in the amount of sediment being transported. These downstream changes affect the river's ability to erode the landscape and transport its sediment load (Table 1.1). As a result, we find different processes and landforms in different parts of a river's course.

Figure 1.5 Long profile of the River Wyre

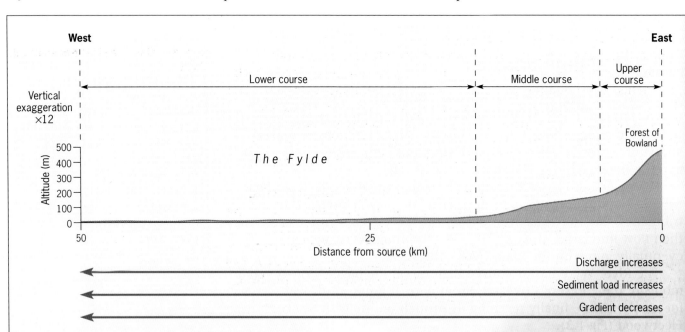

Table 1.1 River erosional processes

Abrasion/corrasion	Coarse sediments (bedload), transported by the river, wear away the bed and banks. This process is most effective during flooding and if the material is caught in hollows it will erode the river bed to form potholes.
Attrition	As the bedload is transported it, too, is gradually worn down (by scaping along the river bed and by collision with other sediments). Sharp edges are removed and sediments become both rounder and smaller.
Hydraulic action	The force of running water alone can erode soft rocks like clay, sands and gravels. The pressure of water moving into cracks and bedding planes can remove slabs of rocks from the channel bed and sides.
Solution	Rocks such as chalk and limestone can be dissolved by acid river water and so removed in solution.

Table 1.2 The river's load

Bedload	Coarse sediments (boulders, cobble stones, pebbles) rolled and dragged along the river bed. Smaller, sand-sized particles are bounced along the bed by saltation.
Suspended load	Fine silt and clay particles suspended in water and transported down-stream.
Dissolved load	Rocks which are soluble, e.g. lime-stone, are transported in solution. Unlike bed load and suspended load (only transported at high flow), the dissolved load is transported all the time.

The upper course

The upper course of the River Wyre is dominated by steep slopes and hills rising to over 500 m (Fig.1.4). The hills force moist air from the Irish Sea to rise, drenching the highest ground with more than 1800 mm of precipitation a year. With high altitude, steep slopes and a lot of water, streams in this area have plenty of energy. Most of this energy is used to transport water and sediment and overcome friction caused by the river's bed and banks. Any energy which is left over is then spent on erosion.

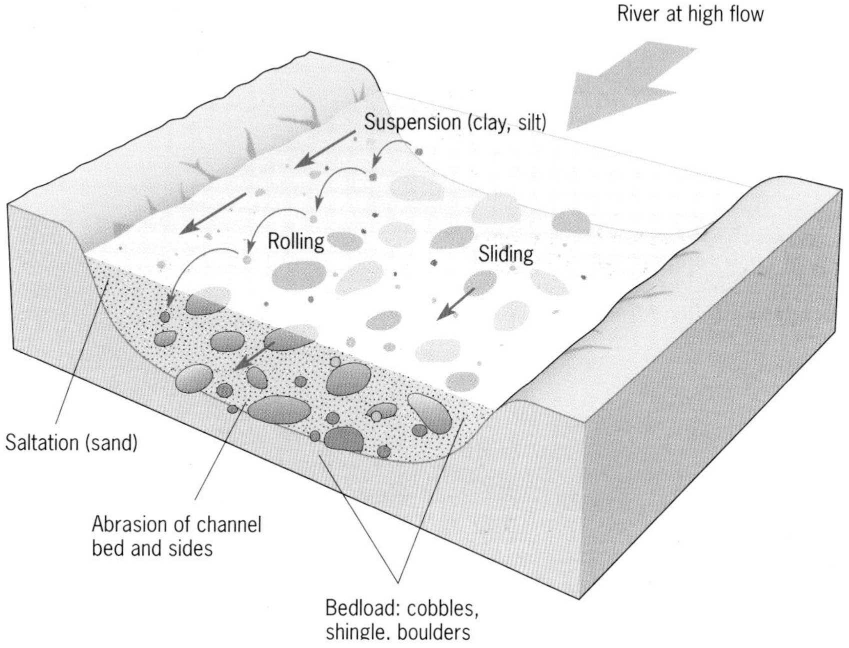

Erosion

Erosion is very effective in the upper course. One reason for this is the stream's surplus energy. Another is because weathering and erosion produce large amounts of coarse rock fragments. These sediments range in size from boulders to gravel (Table 1.2, Fig.1.6). It is such sediments that are the river's main erosional tools. After heavy rain, when streams become raging torrents, coarse sediments are swept along the stream bed (Table 1.2). The stream then acts like a giant grinding machine, cutting vertically into its bed and eroding away the land.

Rapid vertical erosion (see Table 1.1) cuts deep, **V-shaped valleys** (Fig.1.7). As the river cuts down into the land, it also follows a winding course. Thus, V-shaped valleys are often meandering rather than straight. As a result, the view upstream is blocked by **interlocking spurs** (Fig.1.8). Where the river flows across solid rock, pebbles trapped in swirling eddies wear away the bed by drilling neat circular **potholes**. These increase the river's ability to erode vertically.

Figure 1.6 How a river transports its load

Figure 1.7 V-shaped valley and interlocking spurs

Figure 1.9 Low Force, Teesdale where a band of hard igneous rock crosses the River Tees

Figure 1.10 Formation of a waterfall and gorge

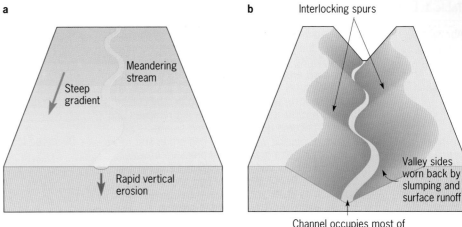

a

Steep gradient

Meandering stream

Rapid vertical erosion

b

Interlocking spurs

Valley sides worn back by slumping and surface runoff

Channel occupies most of the valley floor: no lateral erosion to widen valley

Figure 1.8 Formation of a V-shaped valley and interlocking spurs

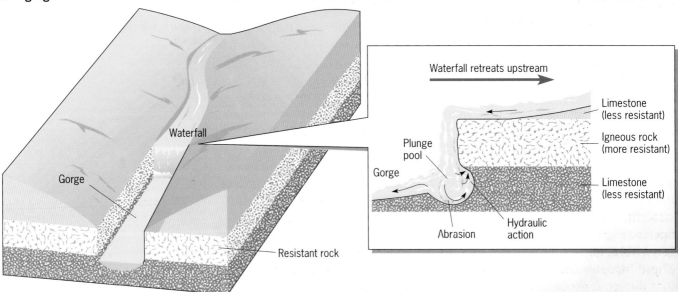

Waterfall

Gorge

Resistant rock

Waterfall retreats upstream

Limestone (less resistant)

Igneous rock (more resistant)

Limestone (less resistant)

Plunge pool

Gorge

Abrasion

Hydraulic action

Figure 1.11 River Wyre: upper course © Crown copyright

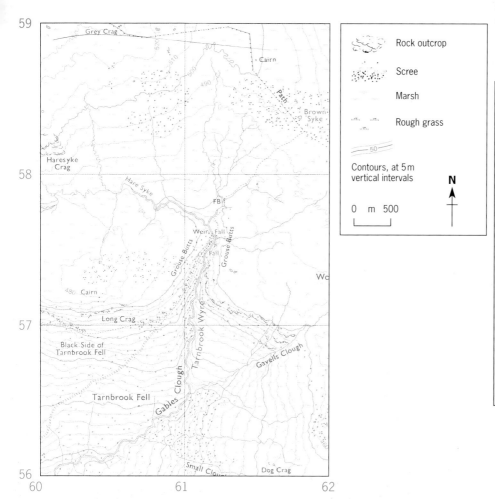

Rock outcrop

Scree

Marsh

Rough grass

Contours, at 5 m vertical intervals

0 m 500

N

EXERCISES

3 Use Figure 1.11.
a Draw a cross section of the valley of Hare Sike between grid references 606574 and 615574.
b* Describe and explain the main features of the valley between grid references 610565 and 610577. Refer to the following: • cross sectional shape, • height, • channel gradient, • waterfalls.
c What is the main type of land use shown of Figure 1.11?
d Suggest two kinds of economic activity that might be found in the upper course of the River Wyre.

Where bands of harder rock cross the channel, waterfalls and rapids form (Fig.1.9). At the foot of a waterfall, less resistant (softer) rock is eroded by abrasion and hydraulic action (see Table 1.1). Eventually the harder rock is undercut and collapses. Thus the waterfall slowly retreats upstream. As it does so, it leaves behind a narrow gorge (Fig.1.10).

The middle course

Five or six kilometres from its source the River Wyre enters its middle course. The river has now been joined by many tributaries (see Fig.1.2)and has a greater discharge. Other changes have occurred too. The river is at a lower altitude; its gradient is gentler; and its channel has a more regular shape. Although it transports a heavier load, the sediment is finer and so more is carried in suspension (see Fig.1.6).

The shape of the river valley in cross-section is also very different from the upper course. Now, the valley is much wider and has a broad, flat floor (Figs 1.12, 1.13). The valley sides are less steep and form gentle **bluffs**, while all traces of interlocking spurs have been removed (Fig.1.14). How have these changes happened? The simple answer is that different processes operate in the middle course.

Figure 1.12 River Wyre: middle course © Crown copyright

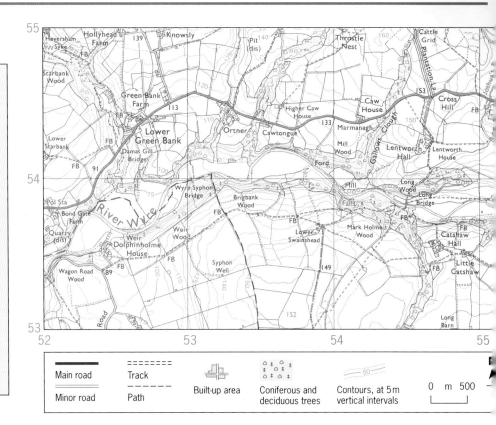

Figure 1.13 Marshaw Wyre valley

Meanders

Vertical erosion, so important in the upper course, has little significance in the middle course. This is because the river has a gentler gradient and its tools of erosion (i.e. bedload) are much smaller. With a gentler gradient, the river develops wider meanders which swing from one side of the valley to the other. This meandering is the key to understanding the valley shape.

Water moving around a meander flows fastest on the outside of the meander bend. Here, the current undercuts the bank and causes erosion (Fig.1.14). If the channel is right up against the edge of the valley, this undercutting causes the valley side to collapse – thus forming a steep river cliff. In this way, the valley is gradually widened. We call this **lateral erosion**. Meanwhile, the eroded material becomes part of the river's load. Opposite the undercut bank is a lower bank made of coarse shingle sand. These deposits form a feature known as a **point bar**.

Over hundreds of years the meanders slowly migrate downvalley. This happens because the valley slopes downstream, making erosion more effective on the downstream side of meander bends. As the meanders migrate, they remove any interlocking spurs.

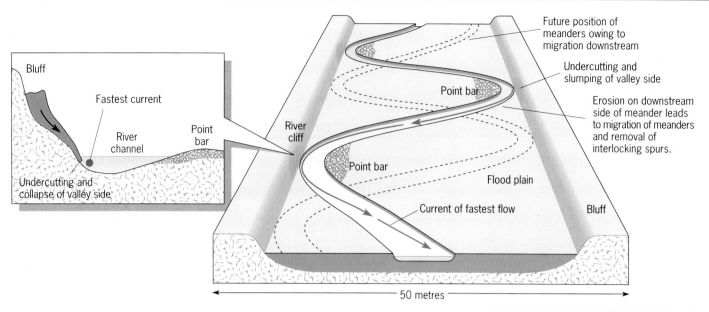

Figure 1.14 The main features of a river's middle course

Flood plain

We refer to the river's wide, flat valley floor as its **flood plain**. The flood plain consists of river sediment or **alluvium** which is made up of both coarse and fine sediments. These are deposited over time as meanders criss-cross the valley. Because of this migration, the point bar deposits will cover the entire flood plain. In addition, fine silt deposits are added to the flood plain whenever the river spills out of its channel and floods the valley floor.

Terraces

Terraces are common landforms in the middle course of many valleys (Fig.1.15). Matching pairs of terraces on either side of the valley result from rapid vertical erosion by the river (see Table 1.1). This happens when there is a sudden increase in the river's energy. We call this **rejuvenation**. It may be due to a steepening of the river's gradient (owing to a fall in sea level), uplift of the land, or an increase in discharge. The resulting paired terraces are known as **rejuvenation terraces** (Fig.1.16). Sometimes, where a river has a meandering course within a solid rock channel, rejuvenation leads to vertical erosion and gorge-like valley sides. We call this feature an **incised meander** (Fig.1.17).

EXERCISES

6 Study Figure 1.13.
a Draw a sketch of the area then name and label the features A, B and C and active areas of erosion and deposition.
b* Explain briefly how the features A–C have formed.
c Suggest reasons for the areas of active erosion and deposition.

Figure 1.15 River terraces in the Lune Valley

11

1 River processes and landforms

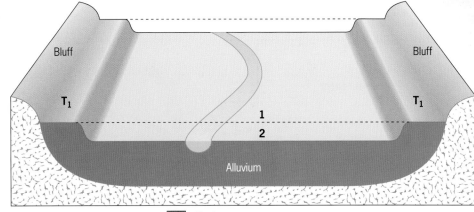

	Alluvium
1	Initial level of flood plain
2	Modern flood plain level
T_1	Matching terraces at flood plain level **1**

**Figure 1.16 (above right)
Rejuvenation terraces**

**Figure 1.17 (above left) Aerial view
of incised meander at Durham**

**Figure 1.18 (below) River Wyre:
lower course © Crown copyright**

Lower course

In the last 25 km of its journey to the Irish Sea, the River Wyre falls only 20 m. On leaving the uplands it crosses the gently sloping Fylde Plain (see Fig.1.2). Here, the river occupies a broad, shallow valley: so broad that the meanders no longer reach from one side of the valley to the other (Fig.1.18). This means that the valley is no longer being widened.

The river now has its largest flow, having received water from most of the tributaries in its catchment. As a result, the river's load has increased. However, even though its gradient is very gentle, the river is able to transport this increased load because most of it is very fine suspended sediment.

In the lower course, erosion is confined to the river's channel. Where meanders form an almost complete circle, the river may cut across the narrow meander neck, straighten the channel and so follow a

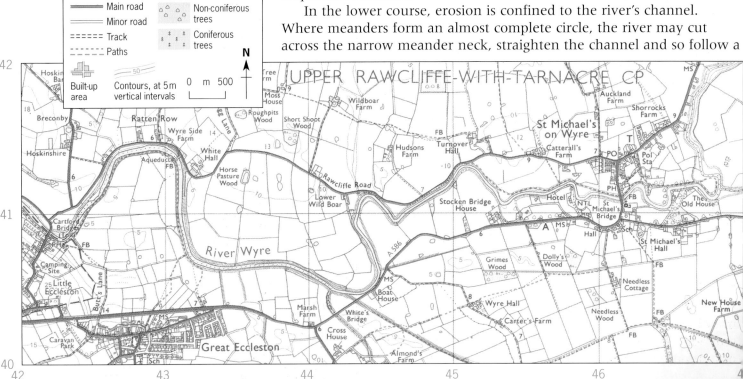

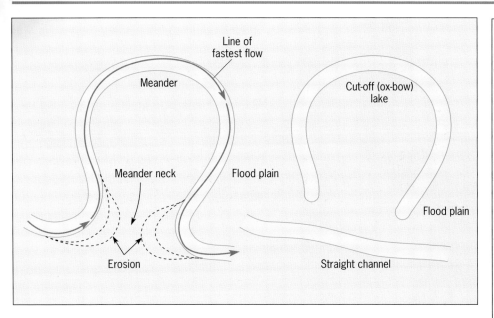

Figure 1.19 Formation of ox-bow lakes

more direct course (Fig.1.19). The abandoned meander, left isolated on the flood plain, is known as an **ox-bow lake** (cut-off lake) .

Levées form alongside the channel. These are natural embankments built up by deposition of the river's suspended load. This deposition occurs during times of flood when there is a sudden loss of energy as the river spills out of its channel. As a result, coarse sediments (which are deposited first) accumulate alongside the channel to form levées.

Estuaries

The River Wyre finally meets the Irish Sea at Fleetwood (see Fig.1.2). Here it forms a distinctive, funnel-shaped river mouth or **estuary**. However, 10 000 years ago the estuary would have looked very different. At that time, sea level was 100 m lower than it is today; most of the Irish Sea was dry land; and the Wyre estuary was a broad, shallow river valley.

As the ice age came to a close, glaciers and ice sheets melted. Sea level began to rise and flooded lowland valleys, like the Wyre. Eventually, around 6000 years ago, the sea reached its present level. Since then, the drowned valley at the mouth of the Wyre has been partly filled in by mud and silt brought by the tide. These deposits, together with the scouring action of the tide, have given estuaries their smooth outline today (Fig.1.20).

Deltas

Not all rivers have estuaries. Instead, some reach the sea in **deltas**. These are, in fact, river mouths choked with sediment. This causes the main river channel to split up into hundreds of smaller channels or **distributaries**.

Figure 1.20 Formation of the Wyre estuary

EXERCISES

EXERCISES

7a Use an atlas to find into which major estuaries the following British rivers flow:
• Trent, • Great Ouse, • Eden, • Medway, • Wye, • Ouse, • Orwell, • Test.
b Rivers meander in all sections of their courses. Using Figures 1.11, 1.12 and 1.18, describe how the meanders change from the upper to the lower course of the River Wyre.
c What evidence is there in Figure 1.18 that the area around St Michael's and Great Eccleston might be liable to flooding?
d How has the risk of flooding influenced the siting of settlements in the area around Great Eccleston?
e* Suggest a possible crop that farmers might grow in the fields close to the River Wyre between St Michael's and Great Eccleston. Explain your answer.

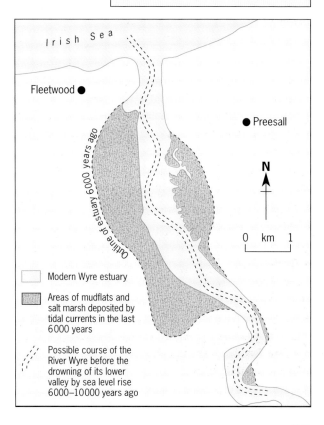

Irish Sea

Fleetwood ●

● Preesall

Outline of estuary 6000 years ago

N

0   km   1

☐ Modern Wyre estuary

▨ Areas of mudflats and salt marsh deposited by tidal currents in the last 6000 years

⟋ Possible course of the River Wyre before the drowning of its lower valley by sea level rise 6000–10000 years ago

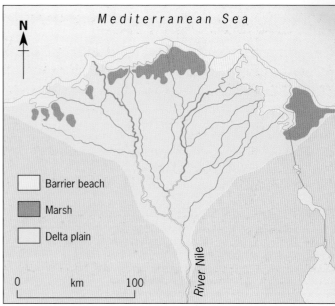

Figure 1.21 (left) Satellite image of the Nile delta

Figure 1.22 (right) The Nile (arcuate) delta

EXERCISES

8a Draw a sketch diagram of the Nile Delta (Fig.1.21).
b Use Figure 1.22 to help you label features on your sketch.

9a Use an atlas to find out which of the following rivers have estuaries and which have deltas: Seine, Danube, Po, Severn, Niger, Mekong, Ganges-Brahmaputra, Loire, Zaire, Plate.
b Of those rivers which have deltas, which ones: • flow into tideless seas (i.e. the Mediterranean and Black Seas), • have major mountain ranges in their basins and possibly very heavy sediment loads?

Deltas form because rivers deposit their silt faster than waves and tides can take it away. There are two circumstances where this is likely to happen. First, in tideless seas like the Mediterranean and the Black Sea. The lack of any tide in the Mediterranean causes the formation of the Nile delta in Egypt (Fig.1.21) and the Rhône delta in France. However, not all deltas are found on tideless seas. A second explanation is the amount of sediment carried by a river. Where the sediment load is very large (e.g. Ganges and Brahmaputra rivers in Bangladesh), waves and tidal action may not be able to remove all the silt deposited by the river.

There are two common types of deltas: arcuate and bird's foot. The River Nile is the classic triangular-shaped or arcuate delta (Fig.1.22) with a smooth, rounded coastline. It owes its shape to tidal currents which shift sediment along the coast to form parallel beach bars. Lagoons, which form on the landward side of the bars, are gradually filled with river sediment.

In contrast, the Mississippi has a bird's foot delta with a distinctive branch-like appearance. This develops as levées form along the distributaries, allowing them to extend seawards. When the river floods, it breaks through the levées, depositing sediment which eventually fills in

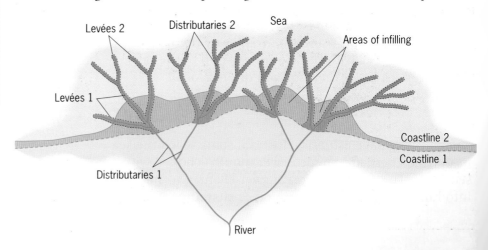

Figure 1.23 Formation of a bird's foot delta

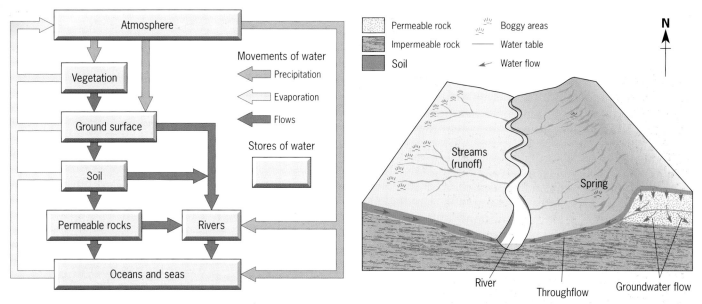

Figure 1.24 The water cycle

Figure 1.25 Sources of water for streams and rivers

the shallow water areas between the distributaries. In this way, the whole delta gradually pushes out beyond the line of the coast (Fig.1.23).

1.4 Rivers as flows in the water cycle

Water moves in an endless cycle between the atmosphere and the earth's surface (Fig.1.24). Rivers play an important part in this **water cycle**. Once precipitation reaches the ground, it gets into rivers by one of three routes: over the ground surface; through the soil; or through porous rocks such as chalk and sandstone. The speed with which water then reaches rivers depends on the route it takes. For instance, water running off the surface will get into rivers in just a few hours, whereas water flowing through the soil may take several days. However, this is rapid when compared to water moving through porous rocks. It may take months, or even years, before this **groundwater** adds to river flow.

Table 1.3 Factors influencing river regimes in the British Isles

Precipitation	Precipitation is fairly evenly distributed all year, though in the north and west late autumn and winter are often the wettest times. In the south and east, thunderstorms make summer the wettest season in some areas.
Evaporation	Evaporation is highest in summer, so less water is available for river flow.
Transpiration	Plants transpire moisture throughout the growing season (between April and September).
Interception	Plants intercept most precipitation when in full leaf (summer). Moisture trapped on leaves and stems evaporates before reaching the ground.
Soil moisture	By late autumn soils are usually saturated. Precipitation falling on to these soils simply runs off the surface. In summer, soils are dry and soak up a large proportion of precipitation.

EXERCISES
10 Study Figure 1.25.
a Name and explain the two sources of streams and rivers.
b From which side of the river (east or west) will rain get into the river faster? Explain.
c* Suggest two possible reasons for the absence of streams and rivers in the upland area shown on Figure 1.25.

Figure 1.26 River Wyre: mean monthly discharge, Scorton, 1976–95

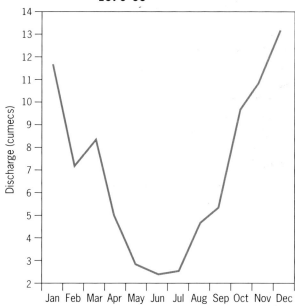

Table 1.4 Mean monthly precipitation and temperatures at Abbeystead: 1976–95

	Precipitation (mm)	Temperature (°C)
J	144	2.8
F	76	3.0
M	133	5.0
A	78	7.8
M	75	10.7
J	92	13.7
J	91	15.2
A	125	14.8
S	130	13.1
O	164	10.1
N	145	6.0
D	170	3.8

River regimes

The volume of water flowing down a river in a given time is known as the **discharge**. We usually measure discharge in cubic metres per second (cumecs). Over a year, the pattern of a river's discharge varies with the seasons. These seasonal changes of flow are called the **river's regime**. In tropical climates, which have extreme wet and dry seasons, river regimes are dominated by high flows in the wet season. In contrast, in high latitudes and mountainous areas, rivers often have their maximum discharge in the spring when winter snows melt.

Rivers in the British Isles also show marked seasonal variations in flow. The highest flows normally occur in winter, with the lowest in summer (Fig.1.26). However, the climate of the British Isles does not have wet or dry seasons and snowmelt makes only a small contribution to the flow of most British rivers. Other factors explain the regime of British rivers. The main ones are **evaporation**, **transpiration**, the **interception** of precipitation by vegetation, and the amount of moisture in the soil (Table 1.3).

Flood hydrographs

River regimes describe average river flows over a year. In contrast, flood **hydrographs** are concerned with short-term precipitation events (e.g. a thunderstorm or a few hours of precipitation) and their effect on river flow.

A flood hydrograph plots precipitation amounts and river discharge at hourly intervals (Fig.1.27). You will see on the hydrograph that discharge is made up of *slowflow* and *quickflow*. Slowflow is water which comes from porous rocks and the soil. These underground sources provide a constant flow of water even in the driest summers. Quickflow is water from recent precipitation events. It mainly comes from surface runoff and gets into rivers rapidly.

During a period of precipitation, river levels rise as discharge increases. This is shown as the *rising limb* of the hydrograph (Fig.1.27). Eventually maximum flow or *peak discharge* is reached. Thereafter, water levels (and discharge) start to go down. This is the *recession limb* of the hydrograph.

Figure 1.27 A model flood hydrograph

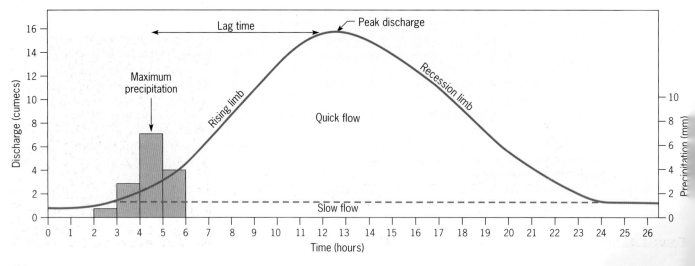

Table 1.5 Factors influencing the shape of the flood hydrograph

Precipitation characteristics	• The amount of precipitation per hour (i.e. intensity) e.g. high intensity precipitation is less likely to seep into the soil (and therefore more likely to run off the surface). • The total amount of precipitation. • The type of precipitation e.g. snow may take days or weeks to melt.
Soil moisture characteristics	• If soil is saturated, precipitation will quickly run off the soil surface into rivers. • Dry soil will absorb precipitation. Water will then move slowly through the soil into rivers.
Drainage basin characteristics	• Rock type: Porous rocks, e.g. chalk and sandstone, will store water and release it slowly. Impermeable rocks such as granite and shale will allow rapid runoff. • Vegetation cover: The denser the vegetation cover, the greater the rate of interception and transpiration. Interception increases evaporation and slows down the movement of water to rivers. • Slopes: The steeper the slopes, the more rapid the rate of runoff. • Drainage density: The more streams and rivers that drain an area, the faster water will run off. • Drainage basin shape: Near circular drainage basins have higher peak flows than long, narrow drainage basins.

Rivers vary in their speed of response to precipitation (Table 1.5). We measure this as the *lag time* – the difference in time between maximum rainfall and peak discharge. Rivers with short lag times have steep rising and recession limbs, and high peak discharges. Water therefore reaches these rivers quickly. Such rivers are described as 'flashy' and are particularly liable to flooding.

Table 1.6 Drainage basin characteristics and discharge

	Other drainage basin characteristics					
Rock type	Slopes		Vegetation cover		Basin	
	Steep	Gentle	Dense	Sparse	Circular	Elongated
Impermeable	1					
Permeable	2					

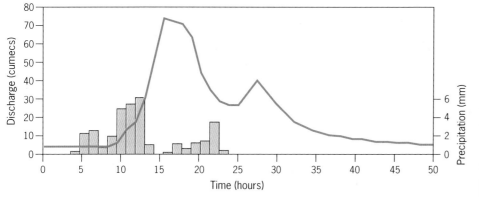

Figure 1.28 River Wyre: hydrograph at Scorton, 18–20 December 1993

EXERCISES

11a Using the information in Table 1.4, plot a climate graph of precipitation and temperature at Abbeystead in the Upper Wyre drainage basin. (see Fig.1.4)
b Describe the flow regime of the River Wyre (Fig.1.26).
c* Compare your climate graph with the flow regime of the River Wyre (Fig.1.26). Explain how precipitation and temperature might influence seasonal differences in river flow.
d* With reference to Table 1.3, suggest other possible reasons for seasonal differences in flow of the River Wyre.

12a Copy and complete Table 1.6 to show the effects of drainage basin characteristics on river discharge. Use the following key: 1 = high peak discharge/short lag time; 2 = moderate peak discharge/moderate lag time; 3 = low peak discharge/long lag time. The first column has been completed for you.
b Describe the drainage basin characteristics which are likely to give: • shortest lag time and maximum peak discharge, • longest lag time and minimum peak discharge.

Figure 1.29 Marshaw Wyre drainage basin

EXERCISES

13 Study Figure 1.28.
a What was the discharge of the River Wyre before the first precipitation event?
b What name do we give to this part of a river's discharge?
c What was the peak discharge and lag time for the first precipitation event?
d How can you explain the second peak discharge around 23 hours?
e How would you describe the river's response to precipitation?

14* Study Figures 1.4 and 1.29 and Tables 1.4 and 1.5. Write a paragraph to explain the hydrograph for the River Wyre in Figure 1.28.

15a Describe the weather situation on 27 October (Fig.1.30) responsible for the floods in the Lower Wyre.
b From what you already know about the River Wyre, what factors other than heavy rainfall may have contributed to the floods of October 1980?

The hydrograph for the River Wyre (Fig.1.28) shows the river draining the upper part of its basin (Fig.1.29 and see Fig.1.4). This area is made up of impermeable gritstones and shales. Two closely spaced periods of precipitation on the 18 and 19 December 1993 had a pronounced effect on the river's discharge.

1.5 Rivers as hazards

Flooding is the natural thing for rivers to do, and flood plains are where they do it! In spite of this, we build settlements next to rivers only to complain when they are flooded each winter! Of course, this is not to deny that flooding is in fact a major hazard.

Flooding on the River Wyre

Serious floods occurred in the lower part of the Wyre basin on the 27 and 28 October 1980 (Fig.1.31). Between the 22 and 27 October, 223 mm (or one sixth of the average annual precipitation) fell at Abbeystead (see Fig.1.4). The peak discharge of the Wyre at St Michael's (see Fig.1.2) on 27 October was 190 cumecs – three times the average flow of the River Thames in London!

Such high flows greatly exceeded the River Wyre's channel capacity. As a result, embankments were overtopped and breached, causing widespread flooding. In all, 2000 hectares were flooded and 400 homes evacuated. The worst affected areas were between Catterall and Great Eccleston (see Fig.1.2).

Flood control measures

People use various methods to prevent and control flooding (Fig.1.32). Flood *prevention* is most effective. It includes managing land use within drainage basins to minimise runoff. In addition, flood prevention includes building dams and reservoirs to store flood water. Schemes involving the construction of dams and reservoirs often have several other purposes apart from flood protection (see section 1.6).

An alternative approach is flood *control*. Here, the aim is to confine flood waters to the river. This may be achieved by building embankments and relief channels, or by widening, deepening and straightening river channels. But perhaps the simplest response to floods is for people to avoid locating housing, commerce and industry on flood plains.

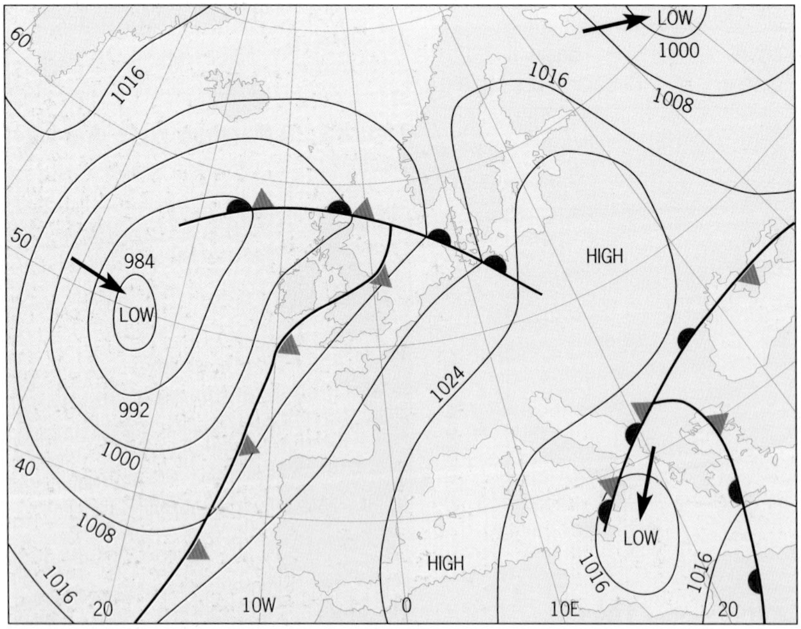

Flood control on the River Wyre

Following the 1980 floods the National Rivers Authority (NRA) undertook a comprehensive flood control scheme on the River Wyre. The scheme, completed in 1989 at a cost of £7.5 million, raised

Figure 1.30 North Atlantic region: weather chart, 27 October 1980

Receding waters

The flood waters around Preston began receding slowly yesterday, after one death and many thousands of pounds of damage to homes and other property.

As the waters from the rivers Wyre and Ribble went down, villagers from Ribchester began the huge task of clearing mud and debris from their flooded homes. But some fifty families in the village of St Michael's on Wyre were still unable to return to their homes, many of which were surrounded by 90 cm of water.

Where the floods had receded, floors were covered in mud several inches thick and garden crops, greenhouses and sheds were destroyed.

Soldiers in two amphibious vehicles and eight assault boats helped the police to move stranded St Michael's villagers to drier ground yesterday.

The village's 500 inhabitants had been badly flooded only last Thursday and some

had just finished mopping up the mess when they were inundated on Monday.

Mr Ronald Bamber, aged 64, who is staying with a neighbour, said: 'We had been living upstairs for several days. But when the second flood came they evacuated us from the upstairs window.'

He had dragged his carpet outside after the first flood, only to see it being washed away by the second. 'We have more or less lost everything downstairs, because we had no time to move it.'

Farmers were particularly badly affected. Villagers had worked through the night to rescue 500 pigs.

Schools had been shut since Thursday and deliveries such as milk were being made by tractor and trailer. There had been no newspapers.

Some villagers were still without power and the local authority provided hot meals in an hotel.

Sewage and rotting carcases of animals are being carried through the streets by the floods.

Figure 1.31 Death and damage by floods © Times Newspapers Ltd, 1980

EXERCISES

16a Read Figure 1.31. In your own words, describe the impact of the floods at, and around, St Michael's.
b The village of St Michael's was the worst hit by the floods of 27 and 28 October 1980. Study Figures 1.2, 1.11, 1.12 and 1.18 and suggest three reasons why this settlement was so badly affected.

17 Imagine you are a water engineer working for the NRA on flood protection of the lower Wyre and its tributaries. Write a brief report outlining possible flood protection schemes (other than those completed in 1989) that might be introduced. Give your opinion on the likely effectiveness of each scheme.

and strengthened the existing flood embankments on the Wyre and its tributaries between Scorton and Great Eccleston (see Fig.1.2). It also included the construction of two flood storage basins. These are operated by gates which control flow downstream through Garstang and St Michael's. In times of high flow, the gates are raised and surplus flood water spills into the two storage basins on the flood plain.

Figure 1.32 Flood control and flood prevention

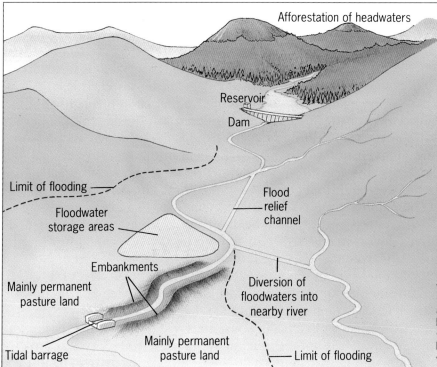

Land-use management
• Afforestation increases interception, evaporation and transpiration. This reduces the amount of water reaching rivers and slows runoff.
• Encouraging grassland, while discouraging arable farming and land drainage, slows runoff and reduces the risk of flooding.
• *Problem:* conflict with landowners who may disagree with these methods of preventing flooding.

Reservoirs and dams
• Dams hold back floodwaters.
• Reservoirs store floodwaters and have other purposes: e.g. water supply, recreation, HEP.
• *Problems:* cost of constructing dams; reservoirs permanently flood valley land.

Channel improvements
• Straighten channels to increase speed of river flow.
• Deepen and widen channels to increase capacity.
• Build flood relief channels around settlements.
• Build channels to divert excess water into neighbouring river basins.
• Build embankments to keep floodwaters in rivers.
• Build sluice gates and washlands to divert excess water into storage areas on flood plains.
• *Problems:* construction costs; although flood risks are reduced, flooding is not prevented.

Land-use zoning
• Restrict flood plain development to uses unaffected by flooding.
• *Problem:* not possible in existing urban areas.

CASE STUDY

Figure 1.33 Berkshire/Marlborough Downs in the Kennet basin

1.6 The River Kennet: a sustainable resource?

The River Kennet drains an area of more than 1150 km² of downland in Berkshire and Wiltshire in southern England (Fig.1.33). Precipitation in the catchment averages around 750 mm a year. However, much of the Kennet's flow comes from groundwater in the chalk which underlies most of the drainage basin. In this region, agriculture is the principal land use although mineral extraction is also important. There are a number of sizeable towns in the Kennet basin. The largest are Reading, Newbury and Marlborough·

Water demand

The River Kennet is an important resource for the 210 000 people who live within its catchment. In fact, it is the main water supply for both domestic users and industry. It is also a valuable resource for wildlife and for recreation and leisure activities. Problems arise, however, from these different (and often conflicting) demands. If they are all to be met without damaging the environment, careful management is needed.

One potential problem is the rising demand for water. This is because the populations of towns in the Kennet basin have grown significantly over the last 20 years. Swindon, just outside the Kennet basin, is also a major centre of growth and is likely to increase pressure on the Kennet's water resources in the near future.

Water is abstracted from the Kennet basin in two ways: directly from the river and from boreholes in the chalk **aquifer**. Because of rising demand, too much abstraction might lead to a fall in the water table. The effects of this would be disastrous. Springs would dry up; the Kennet's flow would be reduced; and serious damage would be caused to the river's wildlife.

About one-third of the water abstracted from boreholes is transferred outside the Kennet basin. Most is used to supplement the flow of the River Thames (and so safeguard London's water supplies) in times of water shortage. Unlike water consumed within the Kennet basin though, this water is not returned to the River Kennet. There is therefore a reduction in the Kennet's flow which makes it more difficult to

EXERCISES

18a Compared to the Wyre basin (see Fig.1.2), the Kennet basin (Fig.1.34) has a fairly low drainage density (i.e. length of stream channel per km²). Suggest two possible reasons for this.

b* A period of precipitation in January lasting four hours brings 15 mm of rain to the Kennet and Wyre basins. Sketch storm hydrographs for this event for each of the drainage basins. Explain how and why the Kennet's hydrograph is different from the Wyre's.

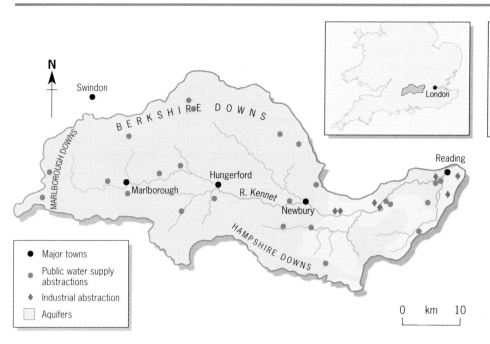

Figure 1.34 The Kennet drainage basin

EXERCISES

19 Suggest ways in which water companies can meet the demand for water in the Kennet basin without damaging the environment.

disperse wastes from industries and sewage works. Again, the result is conflict between water supply and wildlife and recreational activities on the river.

CASE STUDY

1.7 Kielder Water: the UK's first regional water grid

Kielder Water, in the North Tyne valley in Northumberland, is northern Europe's largest artificial lake (Fig.1.35). Completed in 1982, it was built to meet the growing demand for water from both industry and domestic users in the North-east region. Its effect has been to double the region's water resources.

Geography of the North-east

Originally, there was no overall shortage of water in the North-east. The problem was actually a geographical one. This is because the areas of heaviest demand are also the areas of lowest rainfall. In an average year, the densely populated urban areas of Tyneside, Wearside and Teesside (Fig.1.37) receive only 650 mm of precipitation. This contrasts with over 1200 mm in the sparsely populated North Pennines.

Neither Teesdale nor Weardale could provide the extra water they needed. Teesdale already had three major reservoirs and the River Wear was too small to supply a new reservoir. The River North Tyne had no such disadvantages, though. Instead, it drained a large catchment in which there were no existing reservoirs. In addition, the North Tyne valley was sparsely settled, so there were few people to object to flooding of the area.

Figure 1.35 Aerial view of Kielder Water

EXERCISES

20a Suggest possible advantages and disadvantages of transferring water by river rather than by tunnel or pipe.
b How might Kielder Water assist with flood control on the River Tyne?

Figure 1.36 Kielder Water

Kielder scheme

The Kielder scheme is the first regional water grid in the UK. Its network of tunnels and rivers allows water from Kielder to supply areas throughout the region and up to 120 km away. The grid is made up of 43 km of tunnels linking the River Tyne with the Derwent, Wear and Tees rivers (Fig. 1.37). To supply the grid, water taken from the River Tyne near Corbridge is transferred southwards by tunnel. Outlets on the Derwent, Wear and Tees then top up the flow of these rivers. These rivers then carry the water eastwards before its final abstraction and treatment.

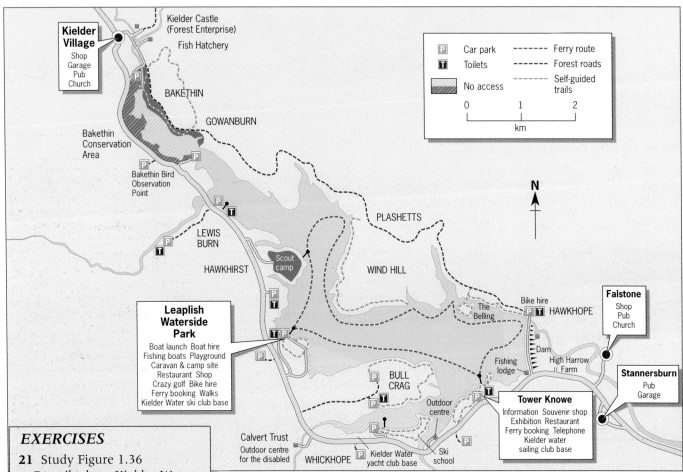

EXERCISES

21 Study Figure 1.36
a Describe how Kielder Water generates employment in the North Tyne valley.
b Make a list of some of the recreational and leisure activities at Kielder which might conflict with each other (e.g. water skiing and angling).
c State briefly why the people involved in the different activities might conflict.
d Explain how some of these conflicts have been resolved. (Fig 1.36).

Thanks to Kielder, the North-east has greater water security than any other region in the UK. Furthermore, its water resources are likely to be more than adequate until well into the twenty-first century. As a bonus, the quality of the region's water and the security of its supply helped to persuade giant electronic companies such as Fujitsu, Siemens and Samsung to invest heavily in the North-east during the 1990s.

The Kielder Water scheme has also created jobs in the North Tyne valley. Kielder is a multi-purpose scheme. This means that as well as supplying water, it has also become a major centre for recreation and leisure activities, attracting 500 000 visitors in 1994 (Fig.1.36). It even generates small amounts of HEP. All this has given people, who previously depended almost entirely on hill farming and forestry, much needed employment,

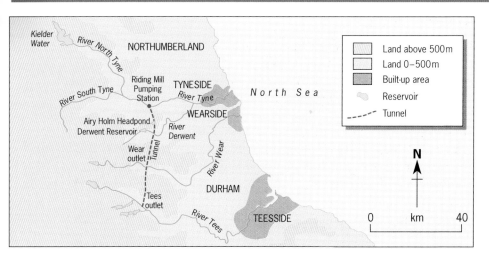

Figure 1.37 The Kielder scheme

1.8 Summary: River processes and features

Key ideas	Generalisations and detail
Rivers are important land-shaping agents.	• Rivers erode the land, transport sediment, and deposit it elsewhere. In the process, they create new landforms.
A variety of processes are responsible for erosion and transport of sediment by rivers.	• Rivers erode land when they have more energy than needed to transport water and sediment. • There are three erosional processes: abrasion, hydraulic action and solution. • A river's load is the sediment it transports. Coarse material rolls and slides along the river bed (bedload); sand is bounced along (saltation); silt and clay are moved in suspension; and rocks like chalk and limestone are dissolved and transported in solution.
A river's course, from source to mouth, comprises upper, middle and lower sections.	• Different processes dominate in each section. These give rise to distinctive landforms. • Vertical erosion dominates the upper course and produces V-shaped valleys, interlocking spurs, waterfalls and rapids. • In the middle course, lateral erosion and deposition result in flood plains and terraces. • Deposition in the lower course produces levées, estuaries and deltas.
Rivers play an important part in the water cycle.	• Rivers and their tributaries drain an area known as a drainage basin.
River flow varies over time.	• Rivers have a seasonal pattern of flow, or regime. This is mainly influenced by climate. In the British Isles rivers have their maximum flow in winter. • The response of a river to short periods of precipitation is recorded on a flood hydrograph. The characteristics of the hydrograph reflect the amount and intensity of precipitation and the characteristics of the drainage basin (geology, slopes, vegetation cover, etc.).
Rivers are natural hazards.	• Flooding by rivers causes loss of life and damage to property. The probability of flooding depends on the level of peak discharge (determined by precipitation and drainage basin characteristics); the relief of an area; and the location of settlement. • Various flood prevention and flood control measures are used to stop floods or minimise their impact. These measures vary in their effectiveness and cost.
Rivers are valuable resources.	• Rivers supply water for domestic use, industry and commerce. They provide recreation and leisure opportunities; they support a rich and varied wildlife; they are an important means of disposing of sewage and industrial effluent; they can be used for transport.
Conflicts arise through the use of rivers as resources.	• Flooding valleys to create reservoirs; pollution of rivers by sewage and industrial effluent; excessive abstraction of water from rivers and boreholes, etc.

2 Glacial processes and landscapes

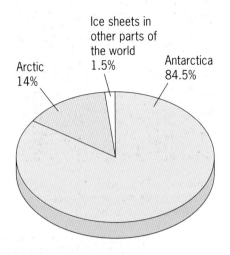

Figure 2.1 Global distribution of ice sheets and glaciers

2.1 Introduction

Ice covers nearly 15 million km^2 of the Earth's surface (Fig.2.1). Although this is only a fraction of the area covered by ice during the last ice age, three-quarters of the world's fresh water is today locked up in glaciers and ice sheets.

2.2 The long winter

Imagine that you are a time traveller. You are in the British Isles and it is 20 000 years before present (BP) (Fig.2.2). As you step out of your time machine what do you see? In northern Britain, there is a vast sheet of ice stretching to the horizon (Fig.2.3). Meanwhile, the scene in southern Britain is hardly more inviting. Although the landscape is free of ice, the ground is frozen solid. There are no trees and few plants and animals (Fig.2.3). 20 000 years ago Britain was in the grip of an ice age: a big freeze which had already lasted for 80 000 years!

Figure 2.2 Glacial limits and areas of greatest erosion in the last ice age

EXERCISES

1a Describe and explain the distribution of ice sheets and glaciers (Fig.2.1).
b In what type of environment are ice sheets and glaciers likely to be found outside the polar areas?
c Apart from ice, suggest three other sources of the Earth's fresh water.

EXERCISES

2a Find out where your school is located on Figure 2.2. Was its location covered by ice or was it ice-free in the last ice age?
b* What clues would you look for to find out if the area around your school was glaciated in the last ice age?

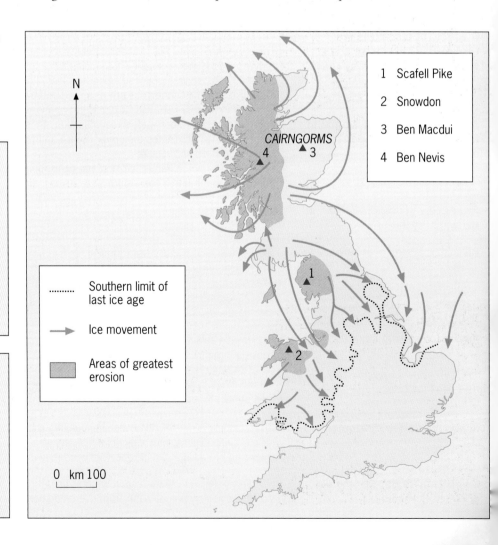

1 Scafell Pike

2 Snowdon

3 Ben Macdui

4 Ben Nevis

CAIRNGORMS

.... Southern limit of last ice age

→ Ice movement

Areas of greatest erosion

0   km 100

About 12 000 years ago the ice age finally ended. A brief cold snap, lasting just 1000 years (Fig.2.3), saw the return of small glaciers to the uplands of Scotland, the Lake District and North Wales. But by 10 000 BP these had also melted. This was the last time that glaciers existed in Britain. In fact, today, only a few permanent snow patches survive the summer on Ben Nevis and in the Cairngorms (Fig.2.4). None the less, they remind us that it would need only a small drop in temperature for glaciers to return to Scotland.

During the last two million years there may have been up to twenty ice ages. In other words, this long period of time has been one of almost continuous ice and cold. In contrast we live today in a warm climate, or **interglacial**, and it is this that is unusual. With interglacials normally lasting around 10 000 years (Fig.2.3), the next ice age could be just around the corner!

Figure 2.3 Timeline: climate change and glaciation in the last 140 000 years

Figure 2.4 Permanent snow patch on a mountain top in mid-August, the Cairngorms, Scotland

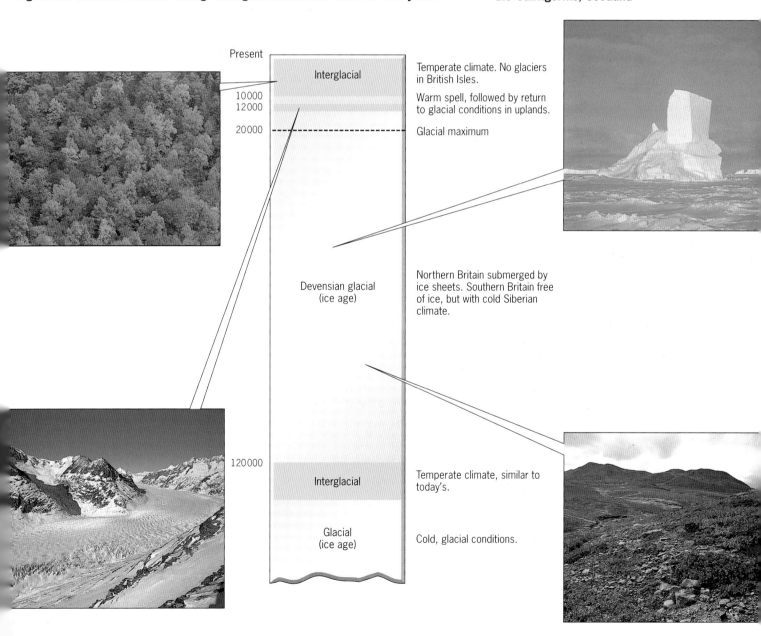

Present

Interglacial — Temperate climate. No glaciers in British Isles.

10000
12000 — Warm spell, followed by return to glacial conditions in uplands.

20000 — Glacial maximum

Devensian glacial (ice age) — Northern Britain submerged by ice sheets. Southern Britain free of ice, but with cold Siberian climate.

120000

Interglacial — Temperate climate, similar to today's.

Glacial (ice age) — Cold, glacial conditions.

EXERCISES

3 Study Figure 2.5.
a Estimate how far Ben Nevis, Ben Macdui, Scafell Pike and Snowdon are below the snowline.
b If temperatures fall by 6.5°C for every kilometre above sea level, by how much would the climate need to cool for glaciers to develop again on the highest mountains in Scotland?

Figure 2.5 Theoretical snowline for the British Isles

EXERCISES

4a* Use an atlas to find the latitude and height of the following mountains: Aconcagua, Etna, Everest, Erebus, Galdhopiggen, Hekla, Kebnekaise, Kilimanjaro, Mont Blanc, Mount Cook, Mount Kosciusko, Mount McKinley, Tibesti Plateau, and Vesuvius.
b Refer to Table 2.1 and decide which mountains are likely to have permanent snowfields and glaciers.

Table 2.1 Height of snowline

Latitude	Altitude (m)
0°	5000
45°	3000
60°	1500

c Present your results as a table, with columns for: • the name of the mountain, • its height, • its latitude, and • whether or not the mountain has snowfields and glaciers.
d* Apart from temperature, suggest one other factor which might influence the height of the snowline.

2.3 Glaciers as systems

Glacier ice forms in upland areas which lie above the **snowline**. This is because here, the accumulation of snow (the input) exceeds the rate at which it melts (the glacier's output). This creates a permanent cover of snow and ice. In the British Isles, even the highest mountains are below the snowline (Fig.2.5). For example, in Snowdonia, North Wales, the snowline is close to 2000 m – almost twice as high as the tallest mountains. However, in the last ice age the snowline was much lower, falling to around 500 m.

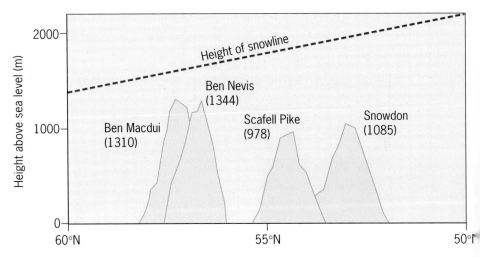

Permanent snowfields are **accumulation zones** for the ice which feeds glaciers (Fig.2.6). However, it takes many years for snow to become glacier ice. This is because snow is light: 90 per cent of its volume is empty space. As snow gradually accumulates, though, it is compressed by its own weight. At the same time, melting and re-freezing helps to convert the snow to ice. Eventually, after thirty or forty years a hard, dense ice forms and starts to flow downslope under its own weight. We call these 'rivers' of ice, glaciers.

If the climate cools and there are lower temperatures or heavier snowfalls, glaciers will advance. On the other hand, if the climate gets warmer or drier, glaciers are likely to 'retreat'. In the last hundred years most glaciers have been shrinking rapidly.

Movement of glaciers

Despite being solid and hard, glacier ice can flow like thick custard. How is this possible? First, flows occur within a glacier as individual ice crystals slip across each other. Second, in warmer conditions, whole, or parts of, glaciers move by sliding. This is possible when there is water at the base of the glacier, because it is water which loosens the ice from the land surface and so allows movement to occur.

Glaciers vary in their speed of movement, from 3 m to 300 m a year. This speed depends not just on temperature at the base of the ice, but also on gradient and the amount of ice produced in the accumulation zone. In addition, different parts of a glacier move at different rates. One effect of this is to wrinkle the surface of the ice into great cracks or **crevasses**.

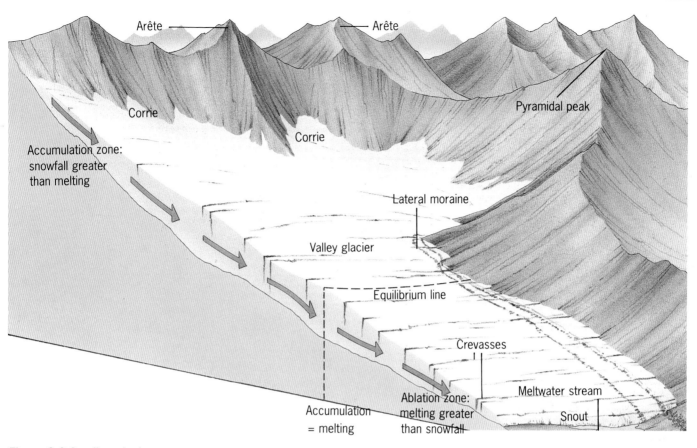

Figure 2.6 A valley glacier

Figure 2.7 Rhône glacier, Switzerland, c. 1880

Figure 2.8 Rhône glacier, Switzerland, 1995

2.4 Glaciers as landshaping agents

Today we live in an interglacial between ice ages. But throughout northern Europe, in both uplands and lowlands, the imprint of the last ice age is all around us. Sometimes the evidence is so clear that it's as if the ice melted only yesterday. This section is about that evidence: the landforms of glacial **erosion** and glacial **deposition**.

EXERCISES
5 Study Figures 2.7 and 2.8.
a Describe how the Rhône glacier has retreated over the last one hundred years.
b* Suggest possible reasons for this retreat.

27

Of all the forces which shape the landscape, none has a more dramatic effect than glacier ice. Glaciers are like powerful earth-moving machines. They excavate rocks in the uplands; **transport** rock debris like giant conveyor belts; and finally dump it in the lowlands. By such activities, glaciers change the landscape. The processes which cause such change are listed in Table 2.2.

Table 2.2 Processes of weathering and erosion in glaciated uplands

Example	Process
Frost shattering	Water collects in rock crevices and joints. As the water freezes, it increases in volume and puts pressure on the rock joints. Continuous freezing and thawing of the ice causes pieces of rock to break off and form scree slopes.
Abrasion	Rock fragments carried in the glacier grind against valley sides and floor as the glacier moves. This wears away and erodes the land surface.
Quarrying/plucking	Ice freezes on to rock outcrops. As the glacier moves forward it pulls away pieces of rock.

CASE STUDY

Figure 2.9 (above) Location of Snowdonia

Figure 2.10 (right) Aerial view of Glaslyn and Snowdon, Wales

2.5 Landscapes of glacial erosion: Snowdonia

Snowdonia (Fig.2.9) in North Wales is a rugged upland made of hard volcanic rocks. During the last two million years ice sheets and glaciers have carved this upland into spectacular shapes. **Landforms** of glacial erosion, including corries, arêtes, glacial troughs (U-shaped valleys), hanging valleys and ribbon lakes dominate the mountain scenery.

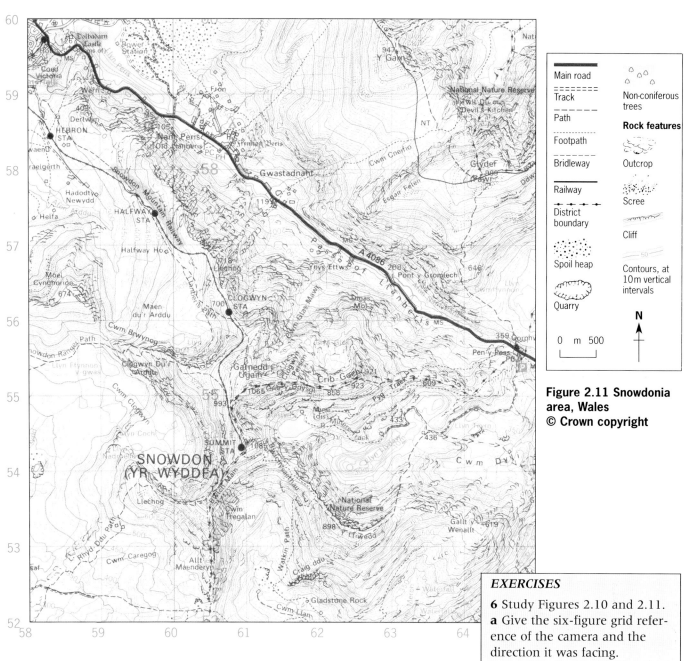

Figure 2.11 Snowdonia area, Wales
© Crown copyright

Corries

Glaslyn, nestling below the summit of Snowdon (Figs 2.10, 2.11) is a perfect example of a **corrie** (also known as a cirque, or a cwm in Wales). A corrie is rock basin surrounded on three sides by steep rock walls. Today, a small circular lake fills Glaslyn. However, for most of the last 100 000 years a glacier filled the bowl of Glaslyn. It was this glacier which gave the corrie its distinctive shape.

How did this happen? During the ice age, prevailing westerly winds swept snow from Snowdon's summit and windward slopes and piled it up on the eastern (leeward) slopes. Over many winters the snow gradually turned to ice, which then formed a small glacier. As the glacier increased in size, it began to slide and flow downslope. Rock

EXERCISES

6 Study Figures 2.10 and 2.11.
a Give the six-figure grid reference of the camera and the direction it was facing.
b Name the summits A and B (Fig.2.10) and the three corries surrounding the summit of Snowdon (Fig.2.11).
c* Draw a sketch map of the area covered by eastings 59–64 and northings 52–56 (Fig.2.11). Use symbols and labels to show these features: corries, corrie lakes, arêtes, steep rocky outcrops.
d* In which direction do most of the corries face? Suggest two possible reasons for this.

Figure 2.12 Rocks smoothed by ice abrasion, Göteborg, Sweden

Figure 2.13 Cross–section through a corrie hollow during the ice age and today

Figure 2.14 (below left) Crib Goch, Snowdonia

Figure 2.15 (below right) Y Lliwedd, Snowdonia

fragments frozen into the ice scraped the sides of the mountain slope by **abrasion** (Fig.2.12, see Table 2.2). The Glaslyn glacier also eroded its basin by **quarrying** (plucking). This occurred as meltwater at the base of the glacier froze on to rocks. When the glacier moved forward it dragged, or 'quarried' loose blocks from the corrie floor. Slowly, the processes of abrasion and quarrying enlarged the Glaslyn hollow to its characteristic circular shape (Fig.2.13).

Meanwhile, on the exposed rock walls above the glacier, freeze-thaw **weathering** shattered the rocks and helped the corrie to eat into the Snowdon ridge. Then, as weathered rock fragments showered on to the glacier, they became new tools for further abrasion.

Corries also developed on Snowdon's southern and western slopes. These, too, cut back into the mountain and helped re-shape Snowdon's summit into a low **pyramidal peak**. Similar changes occurred on the two ridges – Crib Goch (Fig.2.14) and Y Lliwedd (Fig.2.15) – leading up to Snowdon. Glacial erosion and freeze-thaw weathering reduced them to narrow, sharp-edged ridges known as **arêtes**.

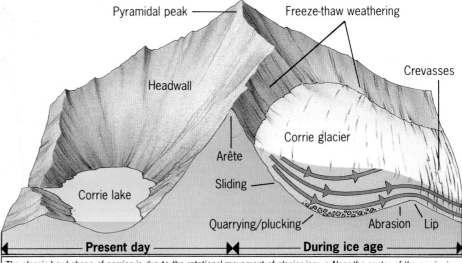

The classic bowl shape of corries is due to the rotational movement of glacier ice: • Near the centre of the corrie, ice flow is directed downwards to the rock surface. This gives maximum erosion by plucking and abrasion and leads to over-deepening. • Near the lip, the flow is towards the glacier surface. Erosion is less important here. • Plucking causes retreat of the headwall, which is steepened by freeze-thaw weathering.

U-shaped valleys

As the Glaslyn glacier grew, it spilled out of its corrie and flowed downslope. It joined ice from the nearby Llydaw corrie to form a valley glacier. The glacier then flowed around Crib Goch to meet ice moving north through Nant Peris (see Fig.2.11) .

Nant Peris is a U-shaped valley or **glacial trough**. Before the ice age, most U-shaped valleys were upland river valleys (Fig.2.16). The Nant Peris glacier completely altered the shape and plan of its former river valley. Abrasion and quarrying widened and deepened Nant Peris transforming its old **V-shaped valley** cross section to a broad U-shape. This erosion was so effective that Nant Peris was over-deepened, which left smaller tributary valleys hanging high above the main valley. Today, streams flow in these **hanging valleys** (Fig.2.16) and tumble down to Nant Peris in a series of spectacular waterfalls.

The Nant Peris glacier also changed the valley's plan. Like a giant bulldozer, it sliced straight through interlocking spurs leaving them cut off or **truncated** (Fig.2.16). As a result, Nant Peris, like most glacial valleys, has a very straight plan.

Unlike river valleys, glacial valleys often have an uneven **long profile**. Nant Peris is no exception. Where the valley's gradient was steeper, or where the main glacier was joined by a tributary glacier, erosion increased. This meant the glacier could carve out rock basins on the valley floor. The **ribbon lakes** of Lyn Peris and Lyn Padarn occupy such a rock basin today (Fig.2.11).

One other erosional feature common in Nant Peris is **roches moutonnées.** These are small outcrops of resistant rock which a glacier has smoothed and steepened (Fig.2.17). The slope facing up-valley has been smoothed by abrasion. In contrast, the steeper down-valley slope is formed by plucking and the removal of rocks along joints and bedding planes.

Figure 2.16 The development of glacially eroded landscapes

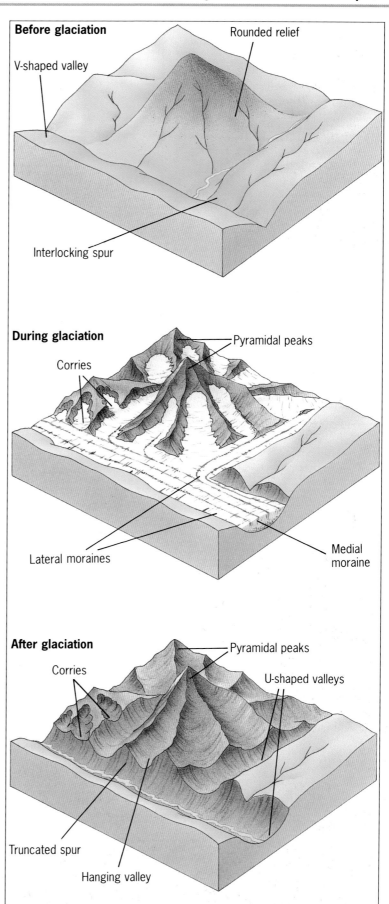

EXERCISES

7 Study Figure 2.11.

a Using evidence from Figure 2.11, make a table to describe the differences between a glacial valley (Nant Peris or Pass of Llanberis) and an upland river valley (Fig.1.11). In your table use the following headings: size; plan; cross-sectional shape; long profile; tributaries.

b* Suggest two reasons why glaciers produce different shaped valleys to rivers.

c Make a list of the features in Figure 2.11 which suggest that Snowdonia is important for recreational activities.

d* Explain how these recreational activities might be linked to the glaciation of Snowdonia.

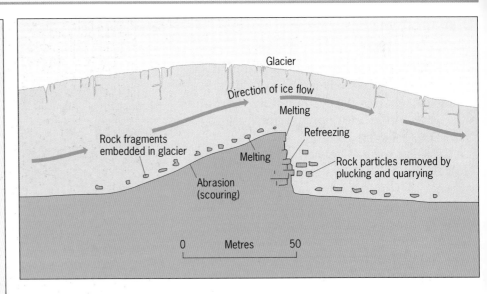

Figure 2.17 Formation of roches moutonnées

2.6 Landscapes of glacial deposition

Glaciers and ice sheets transport huge amounts of debris ranging from boulders as big as houses to the finest rock particles. Where does all this debris come from? There are two main sources. Some comes from glacial erosion: the rest from rockfalls. Freeze-thaw weathering on steep valley slopes feeds glaciers with a continuous supply of rock fragments. Meanwhile, rock avalanches, caused by glaciers undercutting valley slopes (although less frequent) also provide much rock debris.

Moraines

Glaciers and ice sheets eventually dump all the rock debris they carry. We refer to this material as **till** or boulder clay. It is easy to recognise by its unsorted appearance: a random mixture of boulders, rocks, sand and clay (Fig.2.18).

Most glacial deposition takes place in lowland areas. In the Arfon Lowlands in North Wales (Fig.2.19), ice sheets from Snowdonia and the Irish Sea plastered the landscape with a thick layer of till – so thick that it has completely buried the old landscape. **Till plains**, like those at Arfon, produce fertile soils and are valuable for both arable and live-stock farming.

Till also forms the smaller scale features of mounds and ridges, which we call moraines. **Lateral moraines** are carried on the surface of glaciers (Fig.2.20). They result from rockfalls from valley slopes. However, if a glacier shrinks and retreats back up its valley, these lateral

Figure 2.18 Till at Dungeon Ghyll, Cumbria

32

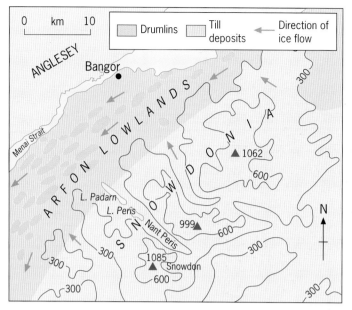

moraines are left as low ridges along the valley side (Fig.2.21). When two valley glaciers meet then their lateral moraines join together to form a **medial moraine**.

Material deposited at the front of an ice sheet or glacier is called **terminal moraine**. In fact, ice sheets can build up huge terminal moraines. For example, at the end of the last ice age the great Scandinavian ice sheet remained stationary for several years over central Jutland, Denmark. The result was a terminal moraine up to 180 m high and 100 km long! However, terminal moraines deposited by valley glaciers are much smaller features. They often form arc-like ridges which stretch from one side of a glacial valley to the other (Fig.2.22).

Figure 2.19 (left) Glacial deposition in the Arfon Lowlands, North Wales

Figure 2.20 (right) La Mer de Glace, France (note the well developed lateral and medial moraines)

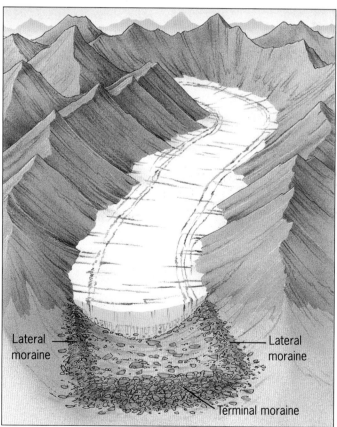

Figure 2.21 (left) Aletsch Glacier and lateral moraine, Switzerland

Figure 2.22 (above) Deposits at the snout of a valley glacier

Figure 2.23 Drumlins, Brampton, Cumbria

Figure 2.24 (right) Plan and profile of a drumlin

In contrast, drumlins are elongated hills made of till which usually occur in large numbers or 'swarms' (Fig.2.23). They are rounded and blunt at one end, while the other end is longer and tapering (Fig.2.24). This gives them the shape of half-an-egg in cross-section. Their streamlined shape suggests that they were formed by moving ice. In fact, the drumlins of the Arfon Lowlands have a north-east to south-west alignment, which is parallel to the direction of ice flow (see Fig.2.19).

Ice sheets often transport rocks hundreds of kilometres and deposit them in completely different geological areas. These rocks therefore stand out as being 'foreign', and so we call them erratics (Fig.2.25). For example, we can find erratics made from a granite which *only* crops out on Ailsa Craig, in western Scotland, as far away as West Wales and South-east Ireland (Fig.2.26). In fact, erratics found in East Anglia have travelled even further – they came from Scandinavia!

EXERCISES

8 Study Figure 2.23.

a In which direction did the ice sheet flow to form the drumlin? Explain your answer.

b* How can the study of erratics help geographers to understand the movement of glaciers and ice sheets?

Figure 2.25 (below right) Glacial erratic, Småland, Sweden

Figure 2.26 (below) Distribution of Ailsa Craig erratics

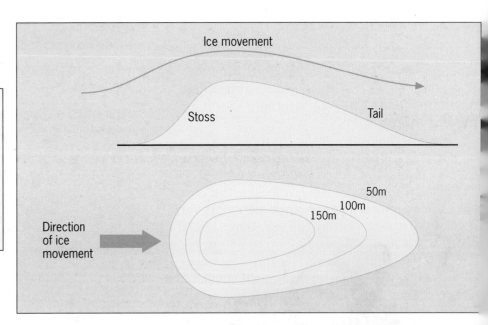

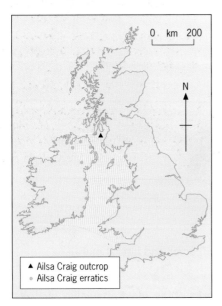

▲ Ailsa Craig outcrop
• Ailsa Craig erratics

Meltwater deposits

As the ice age drew to a close, glaciers and ice sheets began to melt rapidly. Powerful streams swollen by meltwater flowed within, beneath and on the surface of glaciers. These streams could transport huge loads of boulders, gravel and sand. As a result, when the streams deposited these sediments, they created new landforms. We call these **meltwater deposits** and they include outwash plains, kames, kame terraces and eskers (Fig.2.27).

Except for outwash plains, all of these meltwater deposits were originally sediments piled up against the walls of glaciers and ice sheets. When the ice finally melted, it dropped its sediment. As the deposits lost their support, they then slumped to the valley floor. Their appearance today is largely due to this slumping process.

2.7 The human use of glaciated uplands

Table 2.3 The human use of glaciated uplands

Type of use	Description and examples
Recreation and tourism	Spectacular glaciated scenery e.g. corries, arêtes, U-shaped valleys, hanging valleys, waterfalls, ribbon lakes, etc. Opportunities for sight-seeing, rock climbing, scrambling, walking, mountain biking, etc. Winter tourism in the Alps and Scotland based on skiing. Summer tourism based on sight-seeing and water-based recreation on the many ribbon lakes. Many glaciated uplands in the UK, Europe and North America are protected as national parks.
Hydroelectric power	Glaciated uplands are important for hydroelectric power (HEP) in France, Switzerland, Austria, Norway and Sweden. Glaciated landforms favour HEP generation e.g.overdeepened U-shaped valleys and hanging valleys provide high 'heads' of water and massive HEP potential. Ribbon lakes and corrie lakes are deep, natural storage reservoirs. High precipitation and permanent snowfields provide plenty of water for river flow all year round.
Farming	Steep slopes, cold and damp climate, and thin soils severely limit farming. Only extensive livestock farming (hill sheep) is viable in the glaciated uplands of the British Isles.
Water catchment	Heavy relief precipitation, deep glacial lakes for water storage, and low population densities give ideal conditions for water catchment. In the English Lake District, Haweswater and Thirlmere (both ribbon lakes) provide water for towns and cities in North-west England.

Glaciated uplands provide opportunities and impose limits for human activities (Table 2.3). On the one hand, their spectacular scenery, landforms and snow make them increasingly popular for recreation and tourism and ideal for hydroelectric power and water catchment. On the other hand, the low population densities and sparse settlement of glaciated uplands tell another story. With their harsh climate, thin soils and rugged relief, there are few resources for farming.

EXERCISES

9a What are the differences between moraines and meltwater deposits?
b* Why do you think that meltwater streams were so powerful and able to transport such large amounts of sediment?

Figure 2.27 Meltwater deposits

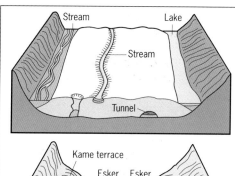

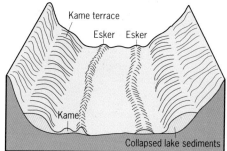

Kame terrace: sediments deposited between the edge of a glacier and valley side by meltwater streams.

Esker: long, winding ridges of meltwater sediment (often many kilometres long), laid down in the channels of meltwater streams flowing within and beneath the ice.

Kame: small, isolated mound formed from meltwater sediments which filled crevasses and caverns in the ice.

Collapsed lake sediments form kame terraces.

Outwash plains: extensive lowlands covered with coarse sand and gravel deposited by meltwater streams flowing from a large ice sheet.

2.8 Skiing in Scotland

Scotland's first ski resort opened in the Cairngorms in 1961. Since then, skiing in Scotland has become big business. In 1995, there were five ski resorts (Fig.2.28) which attracted nearly 500 000 skiers. From this, we can see that skiing is important to the economy of the Scottish Highlands. In fact, it creates around 3000 jobs and is worth £30 million a year.

Commercial skiing in the British Isles has only developed in the Highlands of Scotland. Why is this? The simple answer is climate (Fig.2.29, see Fig.2.5). Only in Scotland are there mountains high enough to give a reliable snow cover in winter. Even then, the ski slopes must be sited close to the summits (between 1000 m and 1200 m above sea-level): rarely do they descend much below 800 m.

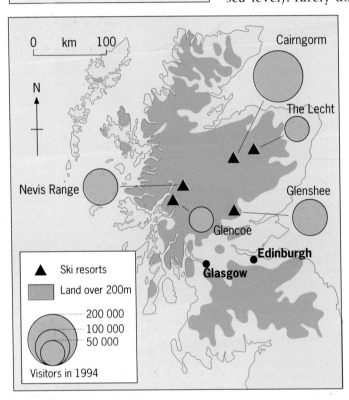

Figure 2.28 Scotland's skiing industry

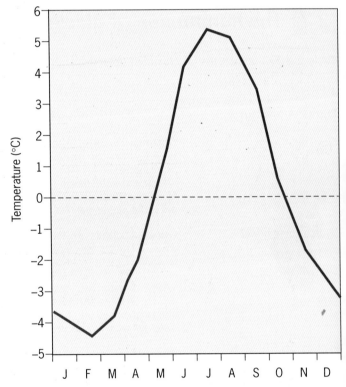

Figure 2.29 Mean monthly temperatures on Ben Nevis

CASE STUDY

2.9 Skiing in the Cairngorms

Cairn Gorm is Scotland's oldest and most popular skiing centre (Fig.2.28). Skiing began at Coire Cas in 1961 when developers built a new access road from Aviemore through Glen More to Coire Cas (Fig.2.30). This opened up the Cairngorms' northern corries for commercial skiing. A second centre at nearby Coire na Ciste followed in 1974. Undoubtely Cairn Gorm ski centre has been highly successful.

With over 50 km of downhill runs, it attracts 200 000 skiiers a year.

Aviemore (Figs 2.31–2.32), located 15 km from Coire Cas, has grown as the main resort for Cairn Gorm. During the 1960s and 1970s, a range of services and facilities, including hotels, guest houses, chalets, a swimming pool and a new shopping centre were built for tourists. As a result, Aviemore became one of the few year-round resorts in the UK. While winter visitors flock to the ski slopes, summer visitors come to roam the hills and ancient pine forests, and admire the scenery and wildlife (Figs 2.33–2.37).

EXERCISES

11 With reference to Figure 2.30:

a Draw a cross-section between 000044 and 989059. Describe the shape of the slope and say how it favours downhill skiing.

b At approximately what altitude do: • the highest ski runs start? • the ski runs end? Suggest reasons for the length of the main ski runs.

c Suggest how Aviemore's geographical situation might have contributed to its growth as a resort (Fig.2.32).

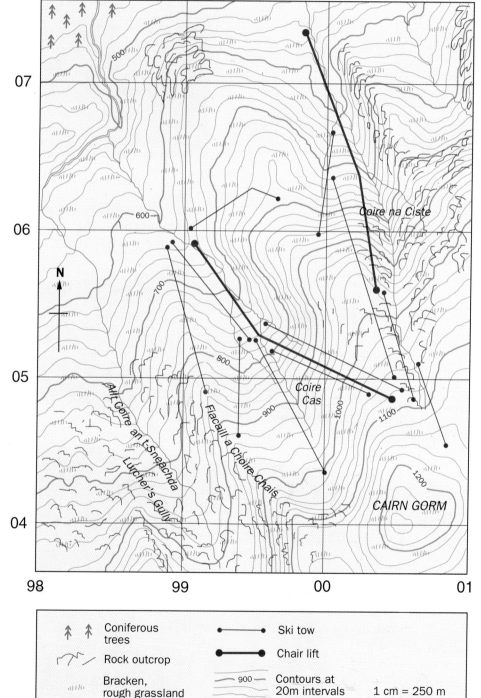

Figure 2.30 (left) Cairn Gorm area (redrawn from Crown copyright, with permission)

Figure 2.31 (below) Aviemore

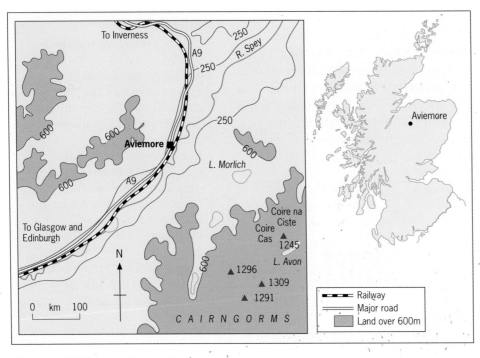

Figure 2.32 Aviemore's situation

Figure 2.33 (below left) Cairngorm plateau

Figure 2.34 Loch Avon

Figure 2.35 (below right) Cushion of moss campion

Figure 2.36 (left) Ptarmigan

Figure 2.37 (right) Mountain hare

Glaciated uplands in crisis

Glaciated uplands like the Cairngorms are under pressure. Such areas, which were once remote, are today threatened by the enormous increase in recreation and tourism. Hill walkers, climbers, mountain bikers, downhill skiiers and others compete to use the upland environment. In the process, these people come into direct conflict with conservationists. In this section, we shall assess the impact of skiing and other recreational activities on the environment of the Cairngorms.

Conflict in the Cairngorms

Skiing in the Cairngorms is a problem. This is because it conflicts with conservation. The Cairngorm plateau and its spectacular corries are a very special natural environment. The plateau surface, at 1100 m, is the largest area of high ground in the British Isles. It has a sub-arctic climate with unique landforms, and many rare plants and birds. Because of this, the Cairngorms are protected as a National Scenic Area and a National Nature Reserve. In fact, the whole of the Cairngorm upland is a proposed United Nations World Heritage Site.

Conservationists argue that the effects of skiing, although localised, have been disastrous. We can see that the environment around the ski slopes has been damaged. At Coire Cas, builders used heavy machines to install uplift facilities (chair lift and ski tows). To do this, they had to bulldoze access roads which have permanently scarred the landscape.

In addition, skiing in Scotland depends on drifted snow. To allow deep drifts to form, developers built snow fences and dug bulldozed tracks at an angle into the hillside. All of this spoils the area's natural beauty and causes damage to the environment (Fig.2.38).

EXERCISES

12 Study Figure 2.38 and describe the effects of skiing on the landscape.

Figure 2.38 (below left) Ski slopes at Coire Cas, summer

Figure 2.39 (below right) Lurcher's Gully

The conflict between skiing and the environment at Cairn Gorm reached a climax in the 1980s. The Cairngorm chairlift company wanted to extend skiing westward into Lurcher's Gully in Coire an t-Sneachda (Figs 2.30, 2.39). The Highland Regional Council and the Scottish Tourist Board supported this proposal. They wanted to provide jobs and improve the economic prospects of the Aviemore area. However, they met fierce opposition from conservationist groups. Eventually, a public inquiry rejected the chairlift company's plans. In spite of this, a few years later another attempt was made to develop Lurcher's Gully. This was also turned down, this time by the Secretary of State for Scotland. The main parties in the dispute, and their points of view are set out in Table 2.4.

Environmental management

Damage to the environment of the Cairngorms is not only caused by skiing. The chairlift at Coire Cas reaches to within 200 m of the summit of Cairn Gorm. As a result, sixty times more people visit the summit of Cairn Gorm today than before the chairlift was built. This improved access has therefore led to people trampling vegetation, widening footpaths and causing unsightly erosion (Fig.2.40).

Table 2.4 Skiing versus conservation: the issue of Lurcher's Gully

Groups for skiing	Arguments for Lurcher's Gully development	Groups against skiing	Arguments against Lurcher's Gully development
• Chairlift company; • Scottish National Ski Council;	The development: • will reduce skiing pressure and ease queuing and traffic congestion on Coire Cas and Coire Ciste; • is simply a response to demand. The adverse environmental effects of skiing are confined to only a small area of the Cairngorms.	• Nature Conservancy Council; • Countryside Commission for Scotland; • Ramblers' Association of Scotland; • RSPB; • Mountaineering Council of Scotland	Area lies in the Cairngorm National Nature Reserve, the Cairngorm National Scenic Area and has several SSSIs. The area is a site of international as well as national importance. The northern corries are important glacial landforms with arêtes, moraines, eskers. Development would damage these.
• Scottish Tourist Board; • Highland Regional Council • Highlands and Islands Development Board	The development will boost tourism in Badenoch and Speyside. Spending in the region will increase. Unemployment is high in the region, especially in winter. The new scheme will create jobs when they are most needed. Out-migration and rural depopulation is a problem in parts of Badenoch and Speyside. The expansion of skiing will help some local people to remain in the region.		The development will affect the survival of rare plants (e.g. alpine saxifrage) and birds (e.g. ptarmigan). Rather than concentrate even more skiing in Cairngorm, new development should be spread out to less environmentally sensitive areas. Skiing is a minority interest. It benefits a few, but brings disbenefits to many more. Apart from the environmental pressure from so many skiiers, the development of essential infrastructure (chairlifts, ski-tows, roads, car parks, snow fences etc.) will cause permanent environmental damage.

If tourism and recreation in the Cairngorms are to be sustainable, and not degrade the environment, careful management is needed. One response is zoning. This means that planners could set aside the most accessible areas for intensive recreation, including skiing, camping, forest trails, picnic sites, information centres, and so on. Then, most visitors who want to walk in the hills could be directed to specially managed areas where badly eroded paths have been repaired, refuge huts have been closed and where there is some signposting. However, in the central core of the plateau there would be little or no management. Here, conservation would have absolute priority. Only a small number of visitors seeking the 'wilderness' experience would come this far.

Figure 2.40 Visitor pressure and environmental damage

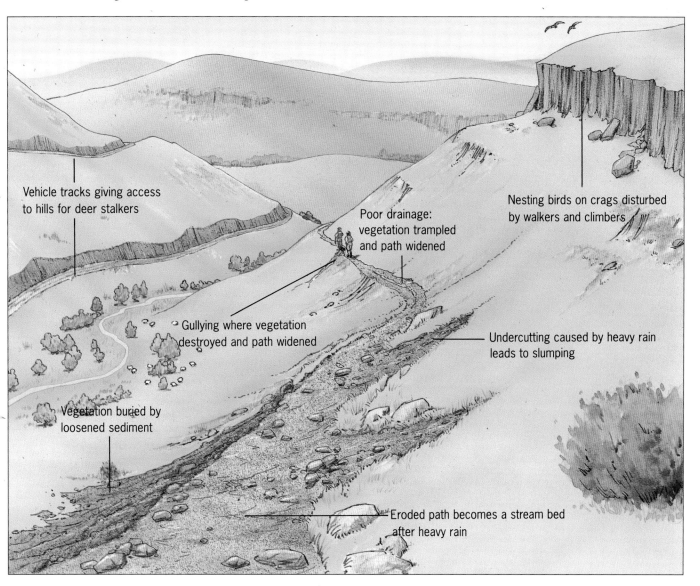

Vehicle tracks giving access to hills for deer stalkers

Poor drainage: vegetation trampled and path widened

Nesting birds on crags disturbed by walkers and climbers

Gullying where vegetation destroyed and path widened

Undercutting caused by heavy rain leads to slumping

Vegetation buried by loosened sediment

Eroded path becomes a stream bed after heavy rain

2.10 Summary: Glacial processes and landscapes

Key ideas	Generalisations and detail
For most of the last two million years, northern Britain and Ireland have been covered by ice sheets and glaciers.	• The last glaciers in the British Isles finally melted 10 000 years ago. This ended an ice age that had lasted for nearly 100 000 years. • The last ice age had an enormous effect on both upland and lowland landscapes in the British Isles.
Glaciers are systems.	• Glaciers are systems with inputs of ice from snowfall, and outputs through melting. • Glacier ice forms in the accumulation zone above the snowline, where snowfall exceeds the rate of melting. Any increase in accumulation of snow and ice causes a glacier to advance. Glaciers retreat when accumulation decreases. Currently, glaciers are retreating everywhere.
Glaciers erode the landscape and create new landforms.	• Glaciers erode by abrasion and quarrying (plucking). • Erosion is concentrated in upland areas. • Landforms of glacial erosion include corries, arêtes, U-shaped valleys, hanging valleys and ribbon lakes. They are best developed in uplands formed from hard, resistant rocks, e.g. Snowdonia.
Glaciers transport huge amounts of rock debris which they eventually deposit to create new landforms.	• The rock debris transported by glaciers is called till. • Deposition of till often forms low mounds and ridges known as moraine. • Landforms of glacial deposition include till plains, moraines (lateral, medial, terminal) and drumlins. These features are best developed in lowlands, e.g. Arfon Lowlands.
Glacial meltwater produces a variety of depositional landforms.	• Powerful meltwater streams flow on, within, and under ice sheets and glaciers. • Meltwater streams transport large amounts of rock debris. • Deposition of this material results in meltwater features: outwash plains, kames, kame terraces and eskers.
Glaciated uplands provide resources for a range of human activities.	• The main human activities in glaciated uplands are: recreation and tourism; hydroelectric power; hill sheep farming; and water catchment. • Recreation and tourism in the uplands are growing rapidly. • Farming in the uplands is declining.
Use of glaciated uplands can lead to conflict.	• Glaciated uplands are fragile environments with unique landforms and wildlife. • Recreation and tourism increasingly conflict with conservation in the uplands, e.g. skiing causes significant, though localised, environmental damage. Apart from unsightly uplift facilities, skiing (and hill walking and climbing) destroys vegetation, causes erosion and footpath widening, and disturbs wildlife, e.g. in the Cairngorms.

Figure 2.41 Terminal moraine deposited at the end of a glacier fed by the Vatnajökull ice cap, Iceland

3 Coastal processes and landforms

3.1 Introduction

Coasts are dynamic places: they change rapidly. Think of your favourite beach. In summer it's probably steep and sandy. But in winter, it may look very different. Battered by winter gales, storm waves flatten beaches and remove most of the sand, leaving instead a rubble of cobbles and shingle.

Such rapid change reminds us that waves differ from rivers and glaciers as landshaping agents. Rivers do most of their work during floods, which may occur just once or twice a year. Glaciers have enormous power to **erode** and **transport**, but only when the climate is in deep freeze. In contrast, waves erode land and shift sediment along the coast every minute of the day.

Waves are responsible for most of the **landforms** we see on the coast. Often these landforms are important resources for people and wildlife (Figs 3.1–3.4). Little wonder then, that coastlines have always been a magnet for settlement. In fact, many of the world's largest cities occupy coastal sites. But coasts, like flood plains, are also hazardous places. Nowhere is this more evident than where rapid erosion is taking place or where coastal lowlands are at risk from flooding.

Figure 3.1 Paignton, Devon

EXERCISES

1a Describe how people use coasts in Figures 3.1 to 3.4.
b Suggest any problems that might arise from these different uses.
c Use an atlas to find out which of the following major world cities are located on the coast: Buenos Aires, Rio de Janeiro, Mexico City, New York, Los Angeles, London, Paris, Moscow, Cairo, Johannesburg, Calcutta, Bombay, Delhi, Beijing, Hong Kong, Singapore, Tokyo, Seoul, Sydney.
d List these cities in a table and tick those which have a coastal location.

Figure 3.2 (top) Milford Haven oil terminal, Wales

Figure 3.3 (bottom left) Heavy industries on the Mersey Estuary, Cheshire

Figure 3.4 (bottom right) Extracting sand and gravel from ancient beach deposits, Dungeness, Kent

Figure 3.5 The coastal system

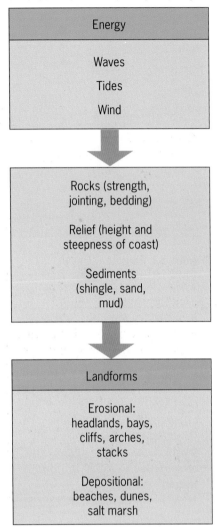

3.2 The coastal system

The coast is the narrow zone where land meets sea. We can understand the coastline better if we think of it as a system (Fig.3.5). A system is simply a group of objects which are linked together by flows of energy and materials (see Book 1, Chapter 4). Waves, tides and wind (the inputs) provide the energy which drives the coastal system. This energy does two things: it erodes land and transports sand, shingle and mud. The end result (or output) from the coastal system is landforms such as headlands, bays, cliffs and beaches.

The first part of this chapter is about these landforms. But first we need to look more closely at the main energy input to the coastal system: waves.

3.3 Waves

Waves are movements of energy through water. They are caused by the wind. As wind blows across the sea, friction (between the wind and the sea's surface) leads to turbulence. Downward gusts of wind depress the sea surface to form wave troughs. In contrast, upward air movements allow the surface to rise to form wave crests (Fig.3.6).

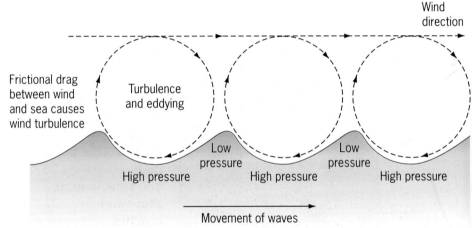

Figure 3.6 Formation of waves

Wave height and length

The amount of energy in waves depends on their height. As a result, when high waves hit a coastline, erosion and transport are greatly increased. But why do waves vary in height? Three factors affect wave height and wave energy. The first is *wind speed*. When the weather is very windy, damaging storm waves crash against the coastline (Fig.3.7). Even so, the wind does not have to be strong to generate large waves. A moderate wind blowing steadily for several days can also produce high waves. This second factor is therefore *wind duration* – the length of time over which a wind blows. The third factor, *fetch*, also has nothing to do with wind speed. Fetch refers to the distance of open sea over which a wind has blown. Where the fetch is very long, such as on the coast of North Cornwall (because the wind has blown all the way across the Atlantic) very large waves can occur. But if a beach faces away from the direction of fetch, and on more sheltered coastlines, e.g the Irish Sea, where the fetch is fairly short, waves are generally much smaller.

Table 3.1 Wind direction, fetch and wave height

	Wind direction	Max. fetch (km)	Wave height (m)
Blackpool	W	207	5.2
Bridlington	E		
Dover	S		
Cape Wrath	NW		
Aberdeen	NE		

Movement of waves

If you watch a wave travelling across the sea's surface, it is easy to think that it is the water in the wave that is moving forward. In fact what you are seeing is a movement of energy: the water particles, rather than moving forward, follow a circular orbit (Fig.3.8). However, when waves reach the coast things start to change. In shallow water waves begin to 'feel' the sea bed and slow down. This causes an increase in wave height, until eventually the wave becomes unstable and breaks. Only then does the water itself move forward as it surges up the beach as the **swash**, and returns to the sea as **backwash**.

Constructive and destructive waves
Breaking waves may be either **constructive** or **destructive**. Constructive waves are only a metre or so high and have low energy. They are most common in summer, or in spells of calm weather. These waves gently push sand and shingle on-shore and so form steep beaches. Destructive waves are quite different. They are powerful storm waves which may be five or six metres high. They remove sand and shingle from the shore and create flat beaches. Also, along cliffed coastlines, destructive waves have enough power to erode even the toughest rocks.

EXERCISES

2 We can calculate the effect of fetch on wave height using the following formula:
$$H = \sqrt{0.36 \ F}$$
where: H = wave height in metres
F = fetch in kilometres.
a Use an atlas to find: • the fetch, • the wave height at each location in Table 3.1.
b Study an atlas map of the British Isles and North Atlantic. Then on an outline map of the British Isles, shade in the coastlines which, on the basis of fetch, are likely to have high, medium and low wave energy.
c* Suggest how the distribution of wave energy might affect landforms on different stretches of coastline.

Figure 3.7 (far left) Storm waves breaking over the promenade, Colwyn Bay,

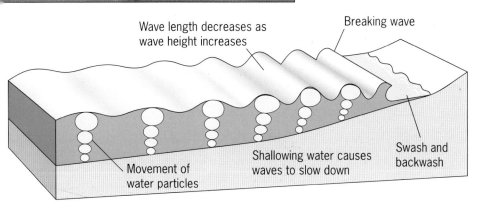

Wave length decreases as wave height increases

Breaking wave

Movement of water particles

Shallowing water causes waves to slow down

Swash and backwash

Figure 3.8 Waves in shallow water

Figure 3.10 Cliffs in Lyme Bay, Dorset

3.4 Coastal features: South Devon and Dorset

The coastline of southern England, between Start Point in Devon and the Isle of Purbeck in Dorset, has some of the most spectacular scenery in Britain (Figs 3.9–3.14). This coastal scenery owes much to the rocks and relief of the area. For example, hard rocks such as schist at Start Point and limestone at Berry Head, form rugged **headlands**. In contrast, where less resistant rocks meet the coast, the sea has eroded broad bays like Lyme Bay in Dorset. Much of the Devon and Dorset coastline is upland. Erosion of these upland coasts creates dramatic **cliffs** like Golden Cap in Dorset, the highest on the south coast.

Figure 3.9 Coastline of south Devon and Dorset

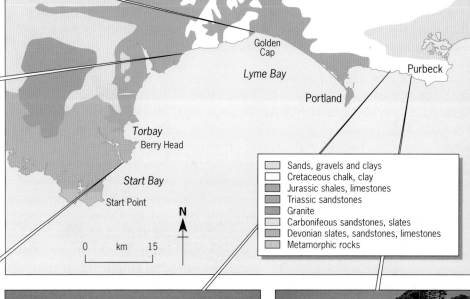

Golden Cap

Lyme Bay

Purbeck

Portland

Torbay
Berry Head

Start Bay

Start Point

N

0   km   15

Sands, gravels and clays
Cretaceous chalk, clay
Jurassic shales, limestones
Triassic sandstones
Granite
Carbonifeous sandstones, slates
Devonian slates, sandstones, limestones
Metamorphic rocks

Figure 3.11 (middle) Cliffs at Sidmouth, Devon

Figure 3.12 (base) Cliffs in Start Bay, Devon

Figure 3.13 Cliffs at Bat's Head, Dorset

Figure 3.14 Cliffs at Stair Hole, Dorset

Less common are beaches known as **spits**. They are easily recognised because they are joined to the land at just one end. Most spits form along coasts where the waves break at an oblique *angle* (i.e. not parallel to) the shoreline. As a result, the swash pushes sediment up and along the beach, while the backwash drags it down the beach at a 90° angle to the shore. This produces a 'saw-tooth' movement of sediment along the beach known as **longshore drift** (Fig.3.21).

Figure 3.23 Classic depositional landforms of south Devon and Dorset

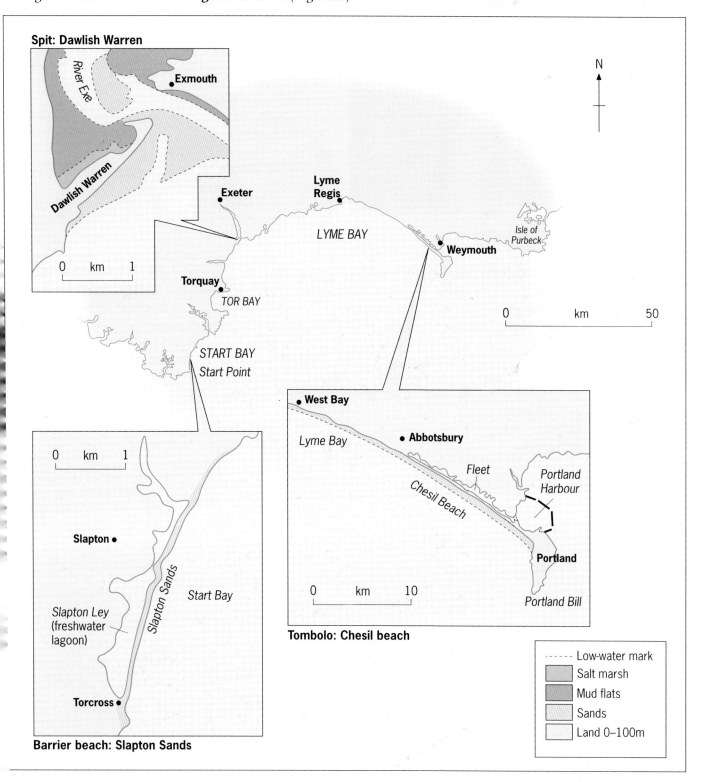

Spit: Dawlish Warren

Barrier beach: Slapton Sands

Tombolo: Chesil beach

Figure 3.24 Aerial view of Chesil Beach

Figure 3.25 Outline map for longshore drift and depositional landforms

Dawlish Warren (Figs 3.22 and 3.23), at the mouth of the River Exe, is the only example of a spit between Start Point and Purbeck. Powerful waves from the south-west have created a longshore movement which has driven sand and shingle across the mouth of River Exe. In Figure 3.22 you can see a number of recurves, or hooks, at the end of the spit. They mark stages in the spit's growth and tell us that Dawlish Warren has grown by longshore drift. Spits often develop across river mouths or where there are abrupt changes in the direction of the coastline. Tucked away behind spits like Dawlish Warren are quiet backwaters. Waves cannot reach these areas. This allows tidal currents to deposit fine silt and form **mud flats** and **salt marshes**.

Dawlish Warren is not the only unusual beach along the south coast of England (Fig.3.23). Chesil Beach, in Dorset, is the longest shingle ridge in the British Isles (Fig.3.24). It is 18 km long and runs from Abbotsbury in the west to the Isle of Portland in the east. Beaches like Chesil, which join an island to the mainland, are known as **tombolos**. Unlike Dawlish Warren, Chesil did *not* form by longshore drift. It started thousands of years ago as a shingle bar out in the English Channel. After the ice age (see section 2.2), as the climate warmed and sea level rose, waves gradually rolled Chesil onshore. Eventually, around 6000 years ago, it reached its present position.

Slapton Sands in South Devon (Fig.3.23) formed in a similar way to Chesil. However, Slapton is a **barrier beach** rather than a tombolo because it extends right across a shallow bay.

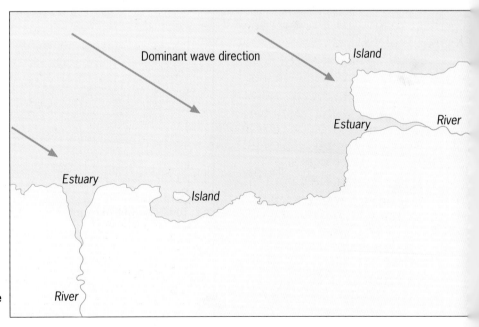

3.5 Sea-level changes

During the last ice age, so much water was transferred from the oceans to great ice sheets and glaciers, that sea level fell by 140 m. At this time, the English Channel, Irish Sea and most of the North Sea were dry land. But as the ice age drew to a close, and sea level started to rise, once again Britain became an island.

The main effect of rising sea level was to submerge large stretches of Britain's coastline. In South Devon and South Cornwall, deep river valleys were drowned by the sea. We call these drowned valleys and their tributaries **rias** (Fig.3.26). Lowland rivers, meandering across broad flood plains were also drowned. They formed wide, shallow inlets or **estuaries** (see section 1.3), such as the Thames and the Humber. In western Scotland, a different type of valley was flooded. Here we find drowned glacial valleys or **fjords** (Fig.3.27).

Not all sea-level changes were the same world-wide. Some changes were caused by vertical movements of the land and only affected small areas. For example, during the ice age huge masses of ice covered the Highlands of Scotland. So thick was this ice that it depressed the height of the land by hundreds of metres. Then, thousands of years later when the ice melted, the land began to rise. It is still rising today. As a result of this **isostatic change**, ancient beaches, cliffs, caves and shore platforms have been lifted out of the sea. These **raised beaches** are common around the coast of western Scotland (Fig.3.28).

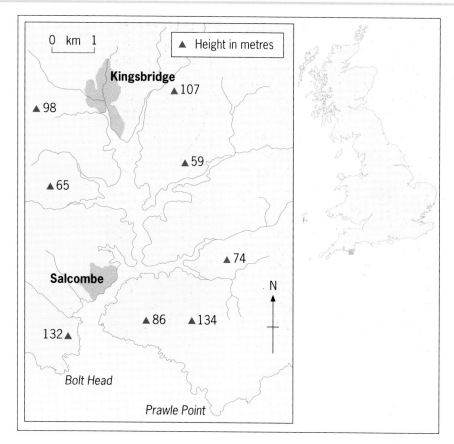

Figure 3.26 Ria at Kingsbridge estuary

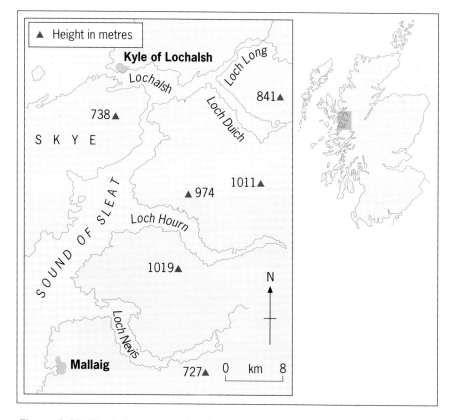

Figure 3.27 Fjords in western Scotland

3 Coastal processes and landforms

EXERCISES

9 Draw a sketch of Figure 3.28. Add notes to your sketch which describe and explain the main features of raised beaches.

Figure 3.28 Aerial view of raised beaches on Jura, Scotland

CASE STUDY

Figure 3.29 The *Sea Empress* run aground and leaking oil, St Ann's Head, Pembrokeshire

3.6 The *Sea Empress* oil disaster, Milford Haven

On 15 February 1996 the supertanker *Sea Empress* hit rocks at the entrance to Milford Haven in Pembrokeshire (Fig.3.29). Over the next six days, 70 000 tonnes of crude oil leaked from the vessel. The oil polluted beaches, mud flats and salt marshes in South-west Wales, and as far away as North Devon and Lundy.

Milford Haven is a drowned river valley (that is, a ria). Its deep, sheltered waters provide a superb natural harbour where super-tankers discharge their cargoes of crude oil. As a result, both Texaco and Gulf have built oil refineries here. But deep water is only one of the attractions of Milford Haven to these companies. The other is its location in the southern part of the UK. From Milford Haven it is relatively easy to serve the large markets for refined oil products in South Wales, the Midlands and southern England.

But in other ways, Milford Haven is not an ideal location for oil refining. Environmentally, the coastline of South-west Wales is one of the

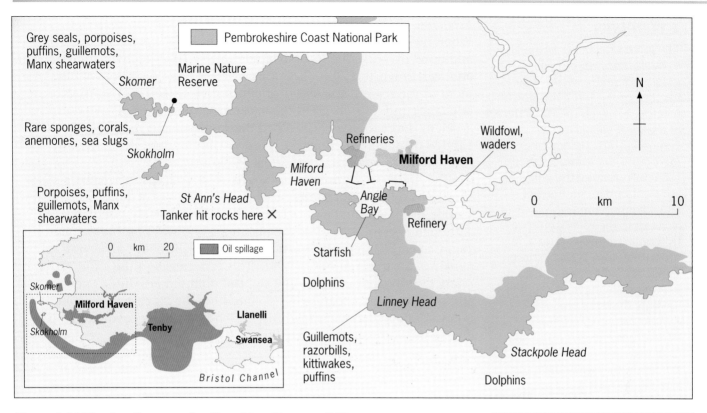

Figure 3.30 The *Sea Empress* oil spill and its effect on wildlife

most outstanding in the UK. Much of this is protected by the Pembrokeshire Coast National Park and there is even an underwater nature reserve within a few kilometres of Milford Haven. However, most important is the area's status as an international refuge for marine life. Half a million sea birds breed along the coast and there are colonies of grey seals, dolphins and porpoises (Fig.3.30).

The impact of the oil spillage

Any major oil spillage close in-shore spells ecological disaster for nearby coastlines (Fig.3.31). But in a small area like South-west Wales, which has so much marine life, the effects are potentially catastrophic. In addition, such an oil spill results in economic problems.

Environmental effects
As soon as oil started to leak from the stricken *Sea Empress*, aeroplanes sprayed the oil with dispersants, and booms were used to contain the oil slicks. Even so, this didn't stop large amounts of oil from being washed up on beaches. Here, road-cleaning vehicles sucked up the oil, and special task forces sprayed rocky shorelines.

In spite of the efforts of the special task forces, over 200 km of coastline were polluted. Although conservationists rescued and cleaned thousands of oiled sea birds, at least 50 000 (mainly guillemots and razorbills) are thought to have died. The timing of the spillage was particularly unfortunate. It occurred just as many sea birds were returning to Pembrokeshire to breed but before the winter migrants (mainly waders and wildfowl) had left so more birds were present than usual.

EXERCISES

10 In addition to rias, fjords offer excellent deep-water anchorages for large oil tankers. However, few have been developed. Study the distribution of fjords in the UK (i.e. North-west Scotland) and suggest a possible reason for this.

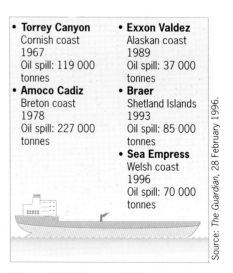

- **Torrey Canyon** Cornish coast 1967 Oil spill: 119 000 tonnes
- **Amoco Cadiz** Breton coast 1978 Oil spill: 227 000 tonnes
- **Exxon Valdez** Alaskan coast 1989 Oil spill: 37 000 tonnes
- **Braer** Shetland Islands 1993 Oil spill: 85 000 tonnes
- **Sea Empress** Welsh coast 1996 Oil spill: 70 000 tonnes

Source: The Guardian, 28 February 1996.

Figure 3.31 The world's largest oil spills

EXERCISES

11 Should major oil terminals and refineries be located in environmentally sensitive areas like Pembrokeshire? Imagine a meeting between the residents of a coastal village in Pembrokeshire and an oil executive from the Milford Haven refineries. Among the villagers are a fisherman, an hotelier and a conservationist.

a Assume the role of either a fisherman, an hotelier or a conservationist. Write a short statement, addressed to the oil executive, giving your attitude towards the issue and the reasons for your viewpoint.

b* Assume the role of the oil executive and respond to this statement by explaining your attitude towards the issue.

Economic effects

Worst hit by the economic effects of the spillage were local fishermen and hotel owners. The local fishing industry (for shellfish, crabs, lobsters and fish) is worth £20 million a year and is a major source of employment in the region. Exports of shellfish go to Japan and South Korea; and crabs and lobsters go to Spain, France and Italy. Following the accident, foreign buyers cancelled their orders, and the government banned fishing in a 750 km² exclusion zone around the coast. Without compensation, many fishermen faced bankruptcy.

The life-blood of tourism in South-west Wales is the region's rocky coastline and unspoilt sandy beaches. The beaches at Tenby, the biggest seaside resort on the Pembrokeshire coast, were badly polluted. Although two months after the disaster few traces of oil remained on Tenby's beaches, most hoteliers were pessimistic about achieving full bookings for the summer of 1996. This is because, in the short term, many visitors are put off by the sight of polluted beaches in newspapers and on television. Cleaning up polluted beaches is easy: persuading holidaymakers that their favourite beach will not be covered by oil during the summer is a more difficult task.

CASE STUDY

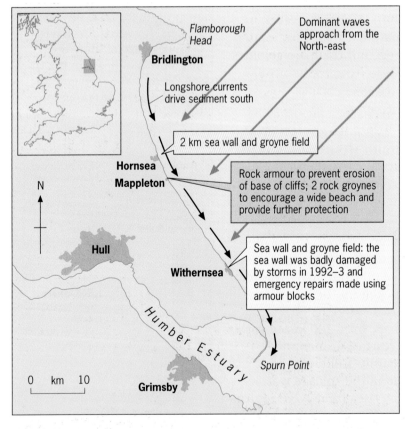

Figure 3.32 Holderness coast

3.7 The crumbling cliffs of Holderness

'When winter seas crash against the promenade at Withernea the Christmas trees in the houses nearby shake and shed a few needles or scraps of tinsel...and the houses feel like jelly.' (Martin Wainwright, *The Guardian* 28 Dec. 1993)

Nowhere in Europe is coastal erosion more rapid than at Holderness in East Yorkshire. Here, between Flamborough Head and Spurn Point (Fig.3.32) an average of two metres of cliff fall into the North Sea every year. Locally, rates of erosion are even higher as waves take giant bites from the coast (up to 10–20 m at a time), and cliffs slump into the sea (Fig.3.33). The battle between land and sea at Holderness is not new. In fact, the sea has been advancing here for the last 6000 years, and over 30 villages have disappeared since Roman times (Fig.3.34). Why is erosion along this stretch of coast so rapid?

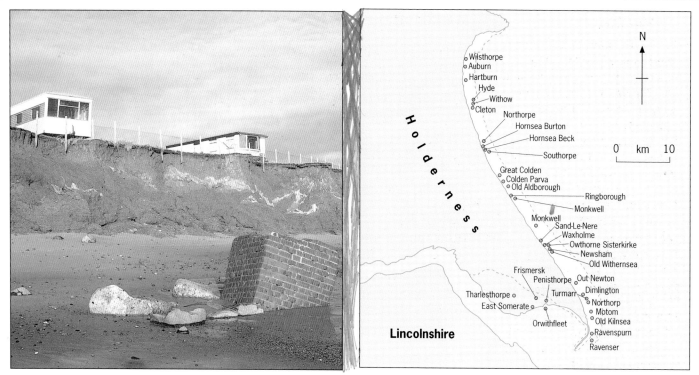

Figure 3.33 Cliff erosion at Holderness threatens caravans as the ground beneath steadily disappears

Figure 3.34 Villages of Holderness lost to erosion since Roman times

Reasons for erosion

First, we must consider the rocks which make up the coastline. At Holderness they are a soft glacial **till**. This material is easily eroded by waves (Fig.3.35). But this is not the whole story. We can see the second reason for erosion in Figure 3.32. This shows that Holderness is an exposed coast and has little protection from waves from the north-east. Moreover, these waves have a long fetch (see section 3.3) and thus lots of energy. What makes the erosion even more rapid is the lack of well developed beaches. Beaches protect cliffs by stopping waves. Unfortunately, at Holderness the beaches are so narrow and thin that they provide little protection from wave attack.

Two factors explain the absence of beaches. First, because the Holderness cliffs are mostly clay (Table 3.3), there is little sand and shingle to make beaches. And second, longshore drift carries what sand and shingle is available south to Spurn Point. Little wonder then that erosion is so rapid along the Holderness coast.

Table 3.3 Composition of the till cliffs at Holderness

Mud	72%
Sand	27%
Boulders	1%

> ### EXERCISES
> **12a** Show the data in Table 3.3 as a pie chart.
> **b*** Suggest what is likely to happen to the mud eroded from cliffs at Holderness. Explain your answer.
> **c*** Erosion is less rapid in the most northerly section of the Holderness coast. Study Figure 3.32 and suggest a reason why.

Figure 3.35 Cliff erosion at Holderness

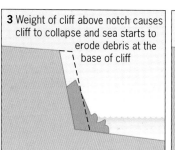
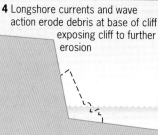

1 Waves attack base of till cliff

2 Waves erode notch about 10cm deep into base of cliff

3 Weight of cliff above notch causes cliff to collapse and sea starts to erode debris at the base of cliff

4 Longshore currents and wave action erode debris at base of cliff exposing cliff to further erosion

3 Coastal processes and landforms

EXERCISES

13 Study Figure 3.36. Many experts think that sea walls are not the answer to the problem of cliff erosion. Suggest reasons for their point of view.

Managing the Holderness coast

Many people live along the Holderness coast, which is dotted with settlements. Most of these are isolated farms, but there are also villages, like Atwick and Mappleton, and small towns such as Hornsea and Withernsea (Fig.3.32). Coastal erosion therefore directly threatens some of these settlements. Without protection, many buildings would fall into the sea.

A variety of measures has been used to protect the coast from erosion (Fig.3.36). Hornsea and Withernsea have a combination of sea walls and groynes. At Mappleton, both armour blocks and groynes protect the cliffs (Fig.3.37). However, elsewhere in Holderness there are few sea defences. This means that every year agricultural land and even farms tumble into the sea. This erosion is controversial. Many local people believe that not enough is being done to protect Holderness. On the other hand, geographers and scientists take a different view, arguing that it is better to let nature take its course.

Figure 3.36 Types of sea defence

	Advantages and disadvantages
Recurved sea wall 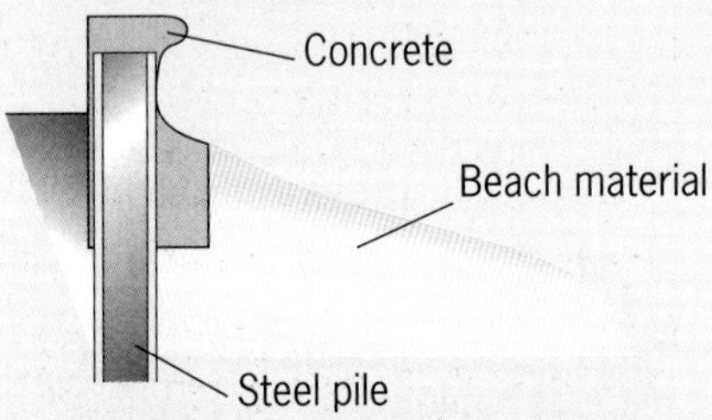 Concrete Beach material Steel pile	• Expensive to build: costs £1 million per 1km • Designed to stop erosion, but this means less sediment to protect other stretches of coast • Sea walls reflect (rather than absorb) wave energy • As a result, waves scour base of sea walls undermining them so that they eventually collapse
Armour blocks  Large boulders dumped on beach	• Relatively cheap but environmentally ugly • When resting on sand and shingle, can be undermined and moved by waves
Gabion 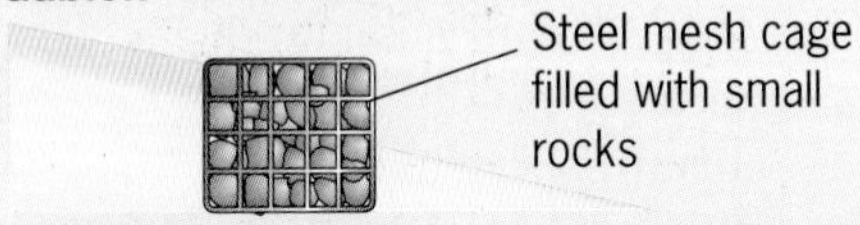 Steel mesh cage filled with small rocks	• Much cheaper than sea walls but environmentally ugly • Small rocks help to absorb wave energy and reduce erosion
Wooden revetment 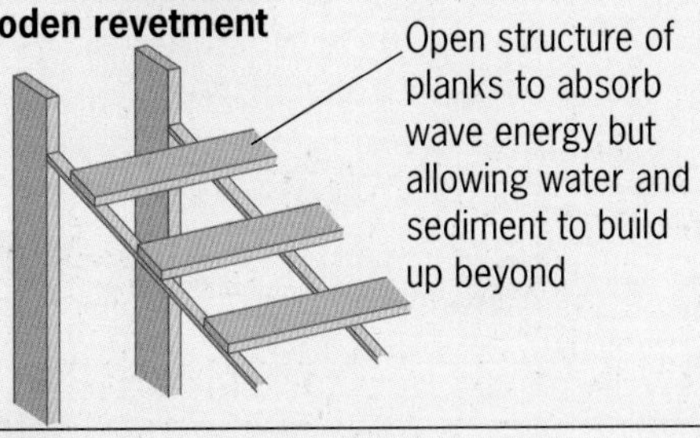 Open structure of planks to absorb wave energy but allowing water and sediment to build up beyond	• Cheap and more effective than sea walls • Environmentally very ugly
Groyne 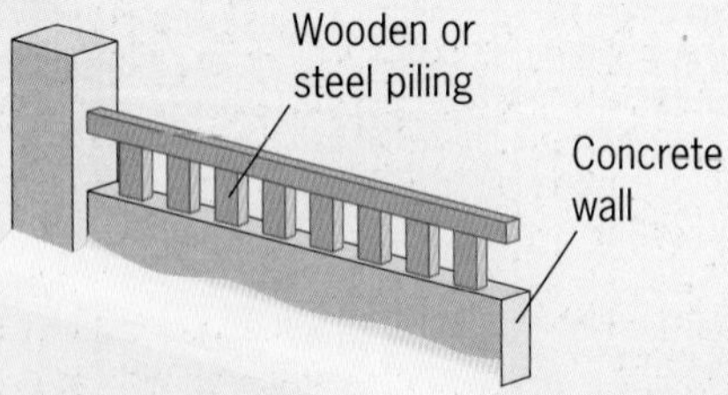 Wooden or steel piling Concrete wall	• Stops longshore drift and keeps beaches in places • May starve downdrift coasts of sand and shingle and thus increase erosion in these areas

58

Responsibility for sea defences at Holderness rests with local district councils. Their policy is to defend the larger settlements, but do nothing to stop erosion elsewhere. The main reason for this is cost: it would simply be too expensive to protect the entire Holderness coastline. Furthermore, as the bulk of the land at risk is farmland, which has limited value, the cost of protecting it would be hard to justify.

Deposition

However, there is an even stronger argument for allowing erosion to continue. Cliff erosion at Holderness adds 2.5 million m^3 of mud to the North Sea every year. Currents carry this mud south to the Humber Estuary and to the coast of Lincolnshire. Here, it builds mud flats and salt marshes which help to protect the low lying coasts of the Humber Estuary and Lincolnshire from flooding.

Thus, if we stop erosion at Holderness, we may create an even bigger problem of flooding elsewhere. Remember that nearly 500 000 people live around the Humber Estuary in large urban centres such as Hull and Grimsby. This is ten times the number living in Holderness where only a small number of people are directly at risk from coastal erosion.

Figure 3.37 Armour blocks protecting the cliffs at Mappleton

Managed retreat

Coastal protection is an important issue not just in East Yorkshire and Lincolnshire, but along most of the coast of South-east Britain. Because of the enormous costs of maintaining coastal defences, a new policy called managed retreat has been introduced (Fig.3.38). This is when some sea walls and tidal embankments are not

Figure 3.38 Managed coastal retreat

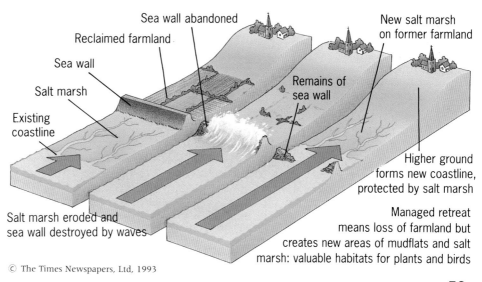

Sea wall abandoned
Reclaimed farmland
Sea wall
Salt marsh
Existing coastline
New salt marsh on former farmland
Remains of sea wall
Higher ground forms new coastline, protected by salt marsh
Salt marsh eroded and sea wall destroyed by waves
Managed retreat means loss of farmland but creates new areas of mudflats and salt marsh: valuable habitats for plants and birds

© The Times Newspapers, Ltd, 1993

maintained, thus allowing farmland behind these barriers to be flooded by sea water. Eventually, the sea will build its own natural barriers – mud flats, salt marshes and beaches – which will stop further flooding and erosion. Set against the loss of farmland, valuable new marshland habitats will be created for plants and birds. With global warming likely to cause a rise in sea level of at least half a metre by 2050, we probably have little alternative to the policy of managed retreat.

CASE STUDY

3.8 Marina development in South Australia

Although South Australia has more than 3700 km of coastline, there are few natural sheltered harbours for yachts and other pleasure craft. Despite this, by the mid-1990s South Australians had 47 000 recreation boats in the state, and the total boat ownership was higher than in all of the UK. Such growth has only been possible through the building of marinas. Unfortunately, marina development has often damaged the coastal environment.

The largest concentration of marinas is on the Gulf of St Vincent, and particularly around Adelaide, Australia's fifth largest city (Fig.3.39). Just south of Adelaide, the Patawalonga marina occupies a natural inlet. Apart from breakwaters at the entrance to the marina, its construction did not involve major engineering work. However, North Haven marina, located in North-west Adelaide, is a larger development. It occupies an artificial basin on the coastline, dredged from sand and other sediments. Like Patawalonga, it also has breakwaters. In addition, engineers have protected the marina walls from the sea by rock armour (see Fig.3.36).

Figure 3.39 Marinas in South Australia

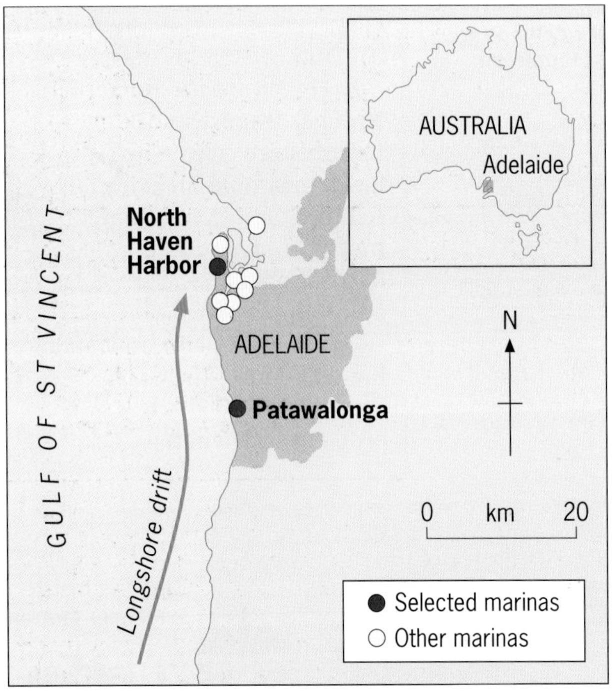

Problems of breakwaters

At both marinas the breakwaters are unattractive. But their main disadvantage is their effect on sand transport along the coast. Along the eastern side of the Gulf of St Vincent, longshore drift moves sand northwards. The breakwaters interrupt this movement. Consequently, at both North Haven and Patawalonga, sand has accumulated behind the southern breakwaters. As a result, expensive dredging is needed to keep the marina entrances open. Even worse is the disruption to sand transport which causes northern beaches to shrink. At Patawalonga, erosion of the coastline where beaches are starved of sand has become a problem. Meanwhile, the growth of Adelaide on to coastal dunes has cut off the natural supply of sand to many beaches. Unless people actually bring sand in to replenish beaches, coastal erosion will become an even more serious problem in future.

EXERCISES

16* Draw a flow diagram to show how marina construction and the growth of Adelaide has: • affected the transport of sediment, • caused coastal erosion, • led to a programme of beach replenishment.

3.9 Summary: Coastal processes and landforms

Key ideas	Generalisations and Detail
Natural processes cause coastlines to change rapidly.	Beaches respond to changing inputs of wave energy in just a few hours. Rapid erosion (cliff retreat) is taking place in eastern England (e.g. Holderness, East Anglia).
Coasts are systems.	The coastal system is driven by inputs of energy from waves, as well as from tides and winds. This energy interacts with rocks and sediments of the coast to produce distinctive landforms e.g. cliffs, beaches, etc. These are the outputs from the coastal system.
Wave energy is influenced by wind speed, wind duration and fetch.	Gale force winds produce powerful storm waves. High-energy waves are also produced by moderate winds which blow steadily for several days. Fetch – the extent of open sea over which waves form – also influences wave energy. The longer the fetch the greater the energy. The direction in which a coast faces determines its fetch.
Waves may be either constructive or destructive.	Constructive waves have low energy and build up sediments to form steep beaches. Destructive waves have high energy. In storm conditions they remove sediments from beaches and erode hard rock coastlines by abrasion/corrasion and hydraulic action.
Geology influences coastal land-forms.	Hard, resistant rocks such as granite and chalk form headlands. Less resistant rocks, such as shale and clay, form bays. Horizontally bedded rocks and those dipping land-wards tend to form vertical cliffs. Rocks which dip seawards have lower angled profiles.
Waves erode the coastline by abrasion/corrasion, hydraulic power, corrosion and attrition.	Rock fragments (shingle, cobbles), picked up by waves, wear away the base of cliffs. This is abrasion/corrasion. The pounding of waves against the land weakens rocks by hydraulic action, or quarrying. The rocks disintegrate along lines of weakness i.e. joints and bedding planes. Weathering by solution, salt spray and marine organisms (e.g. molluscs) also leads to cliff destruction. Attrition of beach sediments (by abrasion and by the sediments rubbing together) lead to the formation of sand and shingle.
Wave erosion is most evident on upland coasts where it creates new landforms.	Wave erosion on upland coasts leads to a sequence of landforms: cliffs, caves, arches, stacks, blowholes and shore (wave-cut) platforms. The initial landform is a cliff. The other landforms are simply stages in the destruction of cliffs.
Waves transport and deposit mud, sand and shingle to create new land-forms.	Depositional landforms such as beaches, mud flats, salt marshes and sand dunes are best developed on lowland coasts. Longshore drift transports sediments laterally along the coast. It gives rise to distinctive beaches known as spits (e.g. Dawlish Warren). Other distinctive beaches formed either by longshore drift or by bars of shingle rolled on-shore, are tombolos and barrier beaches.
Rising sea levels in the last 15 000 years have produced distinctive coastlines.	The worldwide rise in sea level following the end of the last ice age flooded many coast-lines. Drowned lowland river valleys became estuaries; drowned valleys which were deeply incised became rias; and drowned glacial troughs became fjords. Locally (e.g. Scotland), where the land has risen faster than sea level (due to the melting of great ice sheets), raised beaches have formed.
Rapid coastal erosion is a problem along some stretches of coastline.	On the Holderness coast, erosion averages 2 m a year. Agricultural land, farms and even villages are at risk. Sea defences such as sea walls, and armour blocks are used to protect the larger settlements from wave attack. These defences are costly. With global warming the cost of defending the coastline will rise. The policy of managed retreat recognises that not all coastlines can be defended.
Human interference in the coastal system often leads to problems else-where.	Sea defences may stop erosion and cut off supplies of sediment to low-lying coasts. These sediments form salt marshes and mud flats which help to protect these areas (e.g. Lincolnshire) from flooding. Groynes may stop longshore drift, causing beaches downdrift to thin, and accelerate erosion (e.g. Adelaide).
Deep water anchorages in rias and fjords offer good industrial sites, but may conflict with conservation.	Milford Haven ria has a deep water oil terminal and is the location for two oil refineries. The *Sea Empress* oil spillage at the entrance to the ria killed thousands of sea birds, polluted beaches and had severe economic impact on local fishing and tourism.

4 Population: distribution and change

EXERCISES

1 Use the data in Table 4.1 to draw a bar graph showing the world's population by continent.

4.1 Introduction

At the end of the twentieth century, two features of the world's population demand our attention. The first is its rapid growth, and the second is its uneven geographical distribution.

Since the middle of the twentieth century, the scale of population increase has been staggering: from 2.5 billion in 1950 to an estimated 6 billion in 1998. Nor is this growth at an end: within your lifetime you will almost certainly see a further doubling of the world's population.

While the global population has changed rapidly over time, its distribution across the surface of the earth has stayed much the same. Most remarkable is the geographical unevenness of this distribution (Fig.4.1). For example, nearly 40 per cent of the world's population lives in China and India, which between them account for less than 10 per cent of the world's land area. At the other extreme, four countries – Australia, Brazil, Canada, and Russia – cover more than 30 per cent of the world's land area and yet have only 6 per cent of the world's total population.

In this chapter we shall focus on the global distribution of population and population change. Both raise issues concerning food supplies, energy and mineral resources, and the environment. These are the subject of Chapters 5 and 6.

Figure 4.1 World population distribution

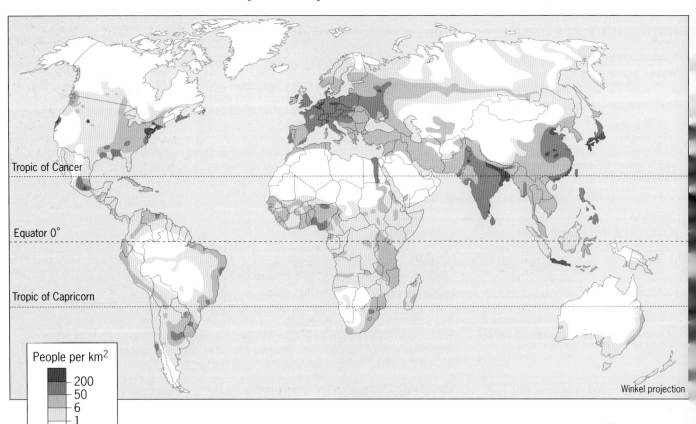

People per km²
- 200
- 50
- 6
- 1
- 0

Tropic of Cancer

Equator 0°

Tropic of Capricorn

Winkel projection

Table 4.1 Population of continents

Continent	Population, 1995 (millions)
Africa	708
Asia	3403
North America	290
South America	474
Europe	726
Oceania	28

Table 4.2 Land area of continents

Continent	Land area (000s km²)
Africa	29 665
Asia	44 609
North America	18 388
South America	20 539
Europe	9181
Oceania	8429

Figure 4.2 Population distribution and land area

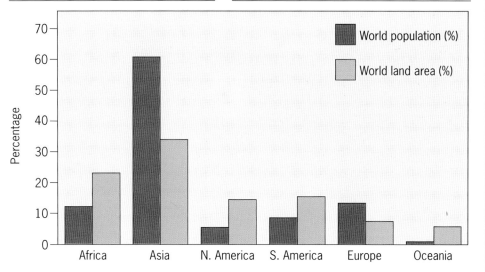

4.2 Global population distribution

We often hear people say that we live on an 'overcrowded planet'. In fact, if you live in South-east England, Hong Kong, Java or any other densely populated part of the world, then it is easy to understand the real meaning of overcrowding. And yet the average population density of the planet (excluding Antarctica) is only 43 people per km². This tells us that large areas of the world are very sparsely populated indeed. We can only understand the global distribution of population (Fig.4.1), by looking at both physical and human factors.

Explaining the global distribution of population: physical factors

Physical factors, especially climate, relief, vegetation and soil, determine the broad outline of population distribution at the global scale. Sometimes, such physical influences combine to produce favourable environments. Then they attract people and settlement. But just as often, physical factors may create harsh environments. These offer few opportunities for economic activities and permanent settlement.

Climate

Large parts of the continents are either too dry or too cold to support many people. The world's hot deserts (Fig.4.3) are too dry for cultivation. As a result, much of Africa north of the equator (Fig.4.4), the

EXERCISES

2 Study Figure 4.2, then copy the following paragraph and insert the missing words:

The world's population is unevenly distributed. .... supports three-fifths of the world's population on little more than one third of world's total land area. The only other continent with more than its average share of population is .... The most sparsely settled continent is ...., followed by ...., ..., and .... Generally the ....conti-nents are more sparsely settled than the northern continents.

3 Use Tables 4.1 and 4.2.
a Calculate the average population density of the continents. (Population density is the total population divided by the total land area in km².)
b Which is: • the most densely populated continent, • the least densely populated continent listed in Table 4.1?
c Compared to the world average population density, which continents have • above average density, • below average density?

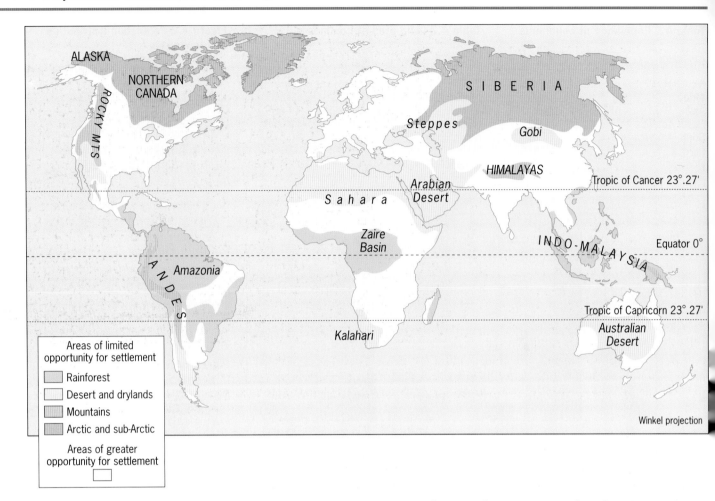

Figure 4.3 The physical environment and population distribution

Figure 4.4 Livestock farming, Mali

Arabian peninsula and central Australia are unpopulated. Even temperate deserts, like the Gobi in central Asia, are just as sparsely populated. Here, temperatures range from −25°C in January to 32°C in July and there is an average of only 1.4 people per km².

In high latitudes low temperatures deter population and settlement. In Antarctica and Greenland ice sheets cover an area equal in size to North America. No one lives permanently in these environments of perpetual cold. Less extreme, though, are the areas of tundra and coniferous forest in Alaska, Canada and Siberia (Fig.4.5). Even here, the low temperatures and short growing season make it impossible for people to grow crops. Only small groups of hunters and nomadic herders have successfully adapted to these harsh conditions, and they live at very low population densities.

Where climate provides a growing season long enough to allow cultivation, population densities are much higher. In humid tropical areas such as monsoon Asia (South and South-east Asia, Fig.4.6), high temperatures and abundant rainfall make it possible to grow two or three crops a year. In these areas, wet rice cultivation supports the highest rural population densities in the world. Other favourable regions for agriculture include northern Europe, the Mediterranean, central and eastern USA, eastern China and the seasonally wet tropical areas of Africa and South America. All have higher than average population densities (see Figs 4.1 and 4.3).

Relief

Extensive upland areas usually support few people. Outside the tropics, mountain ranges such as the Himalayas, Rockies, and Alps are usually too cold to attract large populations (Fig.4.7). Even where temperatures are high enough for farming, steep slopes and poor soils often make cultivation impossible. However, within the tropics, mountain-ous areas sometimes have more favourable climates, and therefore higher population densities than surrounding lowlands. For example, in Ethiopia the best farming areas are in the highlands. Here, unlike the scorched lowlands, there is enough reliable rainfall for cultivation. Also, compared to the lowlands, the highlands have fewer insect-borne dis-eases, such as malaria. Generally, though, because they are flat, lowland areas tend to attract settlement and often support larger populations

Figure 4.5 (above left) Alaska, USA

Figure 4.6 (above right) Subsistence farming, Ganges delta, India

Soils and vegetation

Soils and vegetation can also influence population distribution. Deltas such as the Nile (see Fig.1.22), Ganges and Mekong support huge populations because of their fertile alluvial soils. In contrast, the soils of tropical rainforests are highly infertile. Here, the only sustainable agriculture is shifting cultivation which supports densities of just 1 or 2 people per km^2 (Fig.4.8). As well as poor soils, the impenetrable rain-forest (see Fig.4.3) and many tropical diseases make it difficult for people to settle large areas of Amazonia, the Zaire Basin and much of Indo-Malaysia.

Figure 4.7 Himalayas, Nepal

Figure 4.8 Orinoco River basin, Venezuela

Figure 4.9 Climate, relief and population density

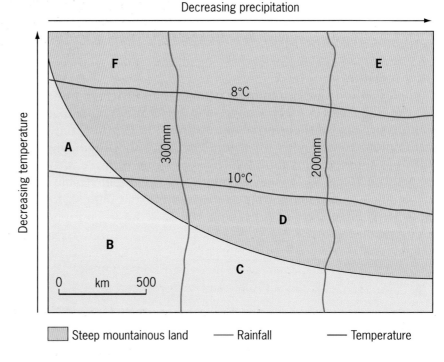

Decreasing precipitation

Decreasing temperature

Steep mountainous land — Rainfall — Temperature

EXERCISES

4 Study Figures 4.3 to 4.8. Describe the environmental conditions in each photograph and suggest how they might influence population density.

5 Study the pattern of mean annual temperature, mean annual precipitation and relief in the hypothetical region in Figure 4.9. Assume that population distribution is only influenced by physical factors:
a For each area (A–F), suggest the likely population density (i.e. high, medium, low).
b Give reasons for your suggested densities.
c Present your results as a table.

Explaining the global distribution of population: human factors

Physical factors alone cannot explain the global distribution and density of population. Often economic, technological and historical influences have greater importance.

Economic activities

The type of economic activity, whether farming, industry or services, which dominates a region has a strong control on population density. For example, because farming uses the land as a resource, it takes a large area to support a farming community. On the other hand, industry and services rely on materials, energy and trade brought in from elsewhere. These activities therefore use land for location, not production. In addition, such industries need people to work in them. Thus, they give rise to towns and cities and very high population densities (Fig.4.10). The world's greatest concentrations of population are vast urbanised areas based on industry, services and trade. Such areas include western Europe, the Pacific coast of Japan, and the North-east and South-west USA (see Fig.4.1).

Technological development
Closely linked to economic activities are levels of technology, education and skills. In places where the most advanced piece of machinery is a simple scratch plough, peasant farming is likely to dominate. In these conditions, both crop yields and population densities are often low. But in countries with advanced technologies, highly educated workforces and sophisticated communications systems, employment in manufacturing, finance, advertising, tourism and so on are able to support very high densities. We can see these contrasts most clearly in East and South-east Asia. Here, countries such as Cambodia and Vietnam, rely heavily on low technology farming. Alongside these are Singapore, Hong Kong and Taiwan which are some of the most successful and advanced industrial economies in the world (Table 4.3).

You should realise that low population densities in the economically developing world do not always mean a lack of natural resources. Countries like Brazil and Zaire have enormous natural wealth but lack the necessary capital, skills and technology to develop it.

Figure 4.10 Urban sprawl, Tokyo, Japan

Table 4.3 Population density and employment in industry and services in East and South-east Asia

	Employment in industry and services (%)	Population density (km^2)
Burma	36	76
Cambodia	26	55
China	27	135
Indonesia	46	115
Japan	93	340
Laos	24	23
Malaysia	58	67
Philippines	59	258
South Korea	82	469
Taiwan	79	608
Thailand	30	124
Vietnam	32	27

EXERCISES
6a Use the information in Table 4.3 to plot a scattergraph to show the relationship between employment in industry and services (horizontal, x axis) and population density (vertical, y axis).
b Draw a best-fit line through the scatter of points on your graph.
c* Summarise the relationship between employment and population density in a short paragraph.
d* Suggest possible reasons why some countries do not follow the general trend.

Figure 4.11 Yanomami Indians washing vegetables, Venezeula

Historical influences
Historical influences also affect population distribution. In fact, today's regions of highest density tend to be where people have been settled longest. For example, the high population densities in much of India, eastern China and Europe reflect civilisations which go back thousands of years. Compare this to continents such as North and South America, Africa and Oceania (see Fig.4.1). Until a few hundred years ago they had only small numbers of indigenous people. These native groups included the Aborigines in Australia and the Indians in North and South America (Fig.4.11).

4.3 World population growth

We have already seen that the world's population is growing rapidly: so rapidly, that the global population increases by three people per second or 225 000 every day! In 1995, 94 million people were added to the world's population, which is a number equal to the entire population of Nigeria.

Historically, such rapid rates of population growth are a recent event. They were unknown before the nineteenth century (Fig.4.12). Indeed, the human population only reached its first billion around 1800.

Athough we are discussing world population growth, growth is not occurring everywhere. Ninety-five per cent of current growth is in the economically developing world – in Asia, Africa and South America (Table 4.4). This growth will continue until well into the twenty-first century. In fact the latest estimates suggest a world population of 6.3 billion in 2000, rising to 10 billion by mid-century, and reaching a peak of 11 billion in 2075. Thereafter world population should remain level or decline slightly.

Figure 4.12 Growth of the world's population

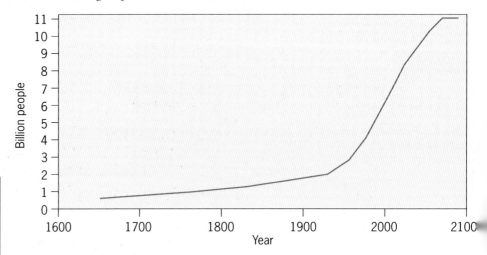

Table 4.4 The changing distribution of the world's population

	Economically developed world (millions)	Economically developing world (millions)
1950	806	1713
1994	1182	4448
2025	1243	7050

EXERCISES
7 Use Table 4.4.
a Draw three pie charts to show the proportion of the world's population in the economically developed and economically developing world in 1950, 1994 and 2025.
b Describe how the distribution is likely to change between 1950 and 2025.

4.4 | How does population grow?

At a global scale, the population grows when the number of people being born (births) exceeds the number of people dying (deaths). Normally we express the number of births and deaths per 1000 of the population. The number of births per 1000 people is known as the **crude birth rate** (CBR), and the number of deaths per 1000 people is the **crude death rate** (CDR). The difference between the crude birth rate and the crude death rate is the **natural increase** of a population which is usually stated as a percentage per year. For example, in 1995 the world's crude birth rate was 24 per 1000 and the crude death rate was 9 per 1000. This gave a natural increase of 15 per 1000 or 1.5 per cent and explains the current rapid growth of the world's population.

Globally, there are huge contrasts in birth rates, death rates and rates of natural increase (Fig.4.13). Birth rates are highest in the economically developing world. Here, they averaged 28 in 1995, compared with just 12 in the economically developed world. The highest birth rates are in Africa south of the Sahara Desert, where some countries exceed 50 per 1000. The lowest birth rates in the economically developing world are in China (18 per 1000).

Factors influencing CBR

A large number of social, economic and political factors influence CBRs (see Fig.4.17). As a result, CBRs are hard to predict. This is the main reason why all forecasts of future population growth contain a degree of uncertainty.

Table 4.5 Crude birth rates and crude death rates in the EU, 1995

	CBR	CDR
Austria	12	10
Italy	9	10
Belgium	12	11
Luxembourg	13	10
Denmark	13	12
Netherlands	13	9
Finland	13	10
Portugal	12	11
France	12	9
Spain	10	9
Germany	10	11
Sweden	13	12
Greece	10	9
UK	13	11
Ireland	14	9

Figure 4.13 Variations in birth rates, death rates and natural increase rates, 1994

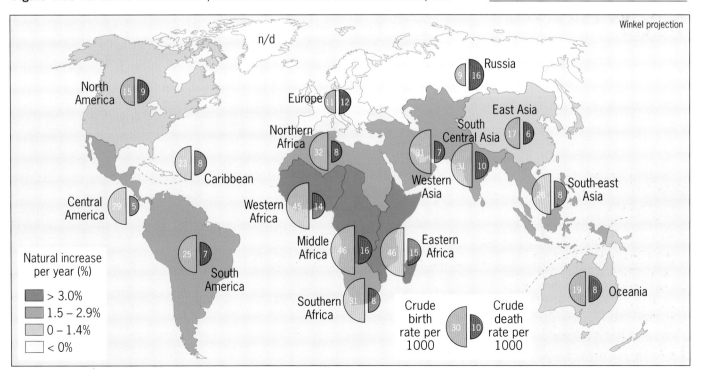

EXERCISES

9 Study Figure 4.13 and write a paragraph to describe the global patterns of birth rates, death rates and natural increase rates.

Figure 4.14 Stockholm's poor waiting at a police station, 1857

Differences in death rates

Death rates are more variable than birth rates. Some economically developing countries with low standards of living and poorly developed medical services continue to have high death rates. For instance, in Mali and Angola death rates are more than 20 per 1000. Other economically developing countries, like Mexico and Costa Rica, with higher standards of living and very youthful populations, have current death rates of just 4 or 5. In the economically developed world death rates are fairly steady at around 10 per 1000.

4.5 Population change and development

Two hundred years ago Sweden was a poor country. Most people worked in agriculture; most were illiterate; and most had a very low standard of living. For many people, particularly young children, life was short. High death rates resulted not only from poor living conditions, but also from diseases such as smallpox and typhoid, and from food shortages caused by harvest failure (Figs 4.14 and 4.15). To make sure that some of their family survived, women had many children. In other words, to compensate for high death rates, birth rates were high.

Today, the picture in Sweden is very different. Economic and social development mean that even the poor are much better off than most people were 200 years ago. The improvement in people's diets, housing, health and levels of education have have been accompanied by changes in birth, death and population growth rates. Similar changes have occurred in all economically developed countries over the last 200 years. When we view these changes together, we call them the **demographic transition** (Fig.4.16).

Figure 4.15 Birth and death rates in Sweden, 1737–1995

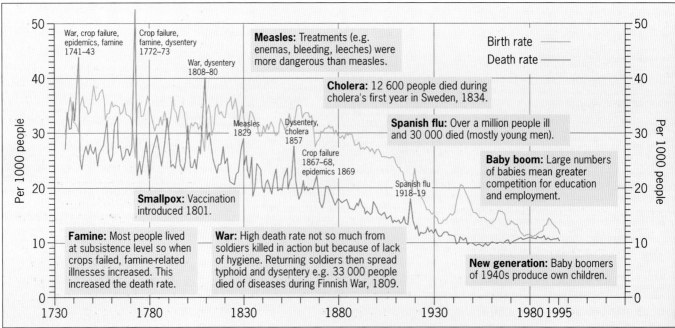

Demographic transition

As its name suggests, the demographic transition is a gradual process. It has four stages. In the first stage, before economic development, birth and death rates are high and there is little or no growth. During stage two, thanks to improved living conditions and medical advances, death rates begin to fall. However, birth rates remain high and the population increases rapidly. In stage three, birth rates at last begin to decline. Even so, the gap between births and deaths remains large and the population continues to increase. Finally, birth rates fall to the same low level as death rates: the country has entered stage four of the demographic transition and population growth comes to an end.

The demographic transition describes what happened to birth and death rates in economically developed countries in the last 200 years. It seems unlikely, though, that today's economically developing countries will follow the same transition. Birth rates are currently falling in the economically developing world. However, these falling birth rates are *not* due to economic development and better standards of living. Instead, they are taking place because of family planning programmes and the use of contraception. Modern mass media such as radio and television have made millions of people in poorer countries aware of the benefits of contraception. In economically developed countries, contraceptives were neither widely available nor widely accepted until the twentieth century.

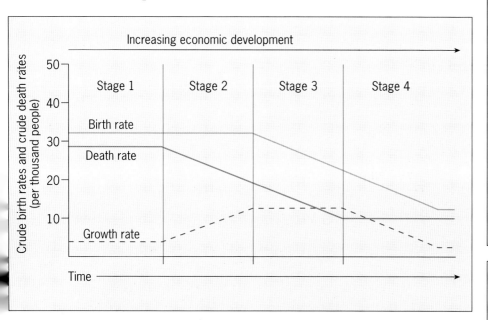

Figure 4.16 The demographic transition

Other reasons for population change

Economic development is only one factor which promotes population change. Other important influences include social, religious, political and environmental factors. These are shown in Figure 4.17.

4 Population: distribution and change

Figure 4.17 Reasons for variations in birth and death rates

Age structure
A high proportion of women of reproductive age (15–49) increases the birth rate. Similarly, a high proportion of old people in the population increases the death rate.

Diet, housing, living conditions
A balanced diet (protein, carbohydrate, fat, vitamins) and sufficient food intake lower death rates, especially among children. Good housing conditions, with adequate sanitation and clean water supplies, also lowers death rates. Improvements in living conditions mean more children survive. This may help to lower birth rates.

Medicine, health care
The availability of medicines, hospitals and doctors, reduce death rates: people live longer.

Family planning and contraception
Birth rates in the economically developing world are often high because women do not have access to family planning services and contraception. Where family planning is available, birth rates often fall rapidly. These services are more easily available in towns and cities than in the countryside.

Economic conditions
In rural areas of the economically developing world, children are often an economic asset. They work in farming at an early age, so large families make good sense. In urban areas, however, there is less work for children and so they become an economic burden. As a result, birth rates in the economically developing world are lower in urban than in rural areas. In economically developed countries, children have at least ten or eleven years in full-time education. Children are supported by their parents during this time and so there is little economic advantage to large families.

Social and religious factors
The status of women has an important influence on birth rates in economically developing countries. As women become more educated or achieve a higher status, they tend to have fewer children. Religion (or superstition) may forbid contraception (e.g. catholicism). Children may be seen as 'God-given'. In some societies, women marry in their early teens, thus increasing the chance of having large families.

Political factors
Governments may adopt policies either to encourage or to discourage births. For example, governments can encourage population growth by banning abortion or the sale of contraceptives, or by giving financial benefits for children. Currently, most governments in the economically developing world have policies aimed at reducing population growth by promoting family planning.

4.6 Age–sex structure

We use a special type of graph called a **population pyramid** to show the age–sex structure of a place (Figs 4.19 and 4.21). In spite of their name, not all population pyramids have a classic triangular shape. Sweden's pyramid (Fig.4.21) for example, is more rectangular than triangular and is rather top heavy. Some have a narrow base; others, with uneven numbers of men and women, may be rather lop-sided.

Three factors control the shape of any

population pyramid: births, deaths and migrations operating over a period of 70 or 80 years. At a national scale, births and deaths are usually most important. However, when we look at population pyramids for smaller areas, such as cities and regions, migration becomes much more important. We are going to look more closely at the age–sex pyramids for Sweden and Sierra Leone to see how differences in birth and death rates have influenced the pyramid shape.

4.7 Sierra Leone

According to the United Nations, Sierra Leone in West Africa is one of the world's poorest countries (Fig.4.18). Its population pyramid has two features which are typical of poor countries: a very broad base and steeply tapering sides leading to a narrow top (Fig.4.19). The broad base of the pyramid means that there is a large proportion of children (around 40 per cent) in the population. Thus, Sierra Leone has a youthful population. Its crude birth rate is high (48), and on average each woman will give birth to a total of 6.5 children. Such large families reflect the low status of women in this country where early marriage is

Figure 4.18 Poverty in Freetown, Sierra Leone

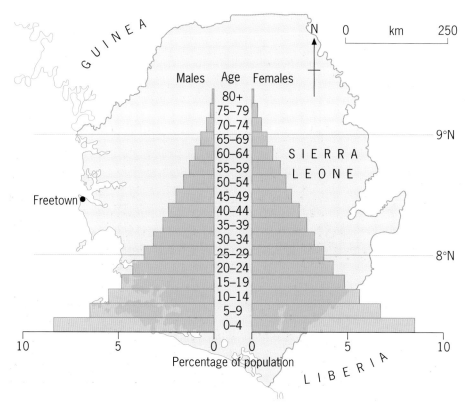

Figure 4.19 Population pyramid of Sierra Leone

73

common (women are often married in their early teens); there is limited availability and use of contraception, particularly in rural districts, and the lack of education means that only one in five adults can read and write.

The steeply tapering sides of the pyramid tell us that death rates are high (23). Life expectancy is only 47 years for women and even lower - 44 years – for men. Poor sanitation, inadequate diets and parasitic infections result in 3 out of every 10 children dying before their fifth year. Yet despite the high death rate, population growth is very rapid. With a natural increase rate of 2.5 per cent, Sierra Leone's 1995 population of 4.5 million will double within 26 years.

4.8 Sweden

Sweden, as one of the world's richest countries, is at the opposite end of the development scale to Sierra Leone (Fig.4.20). This shows in its population pyramid (Fig.4.21). Its narrow base and straight sides indicate an old population, with low birth rates (11.7) and low death rates (10.6). In fact only 18 per cent of Sweden's population are aged under 15 years. On average, Swedish women have only two children and the average age of mothers when they have their first child is 27 years. Unlike Sierra Leone, contraception is universal in Sweden. In addition, excellent medical care and high standards of living mean that infant deaths are low. Indeed, death rates are high only in extreme old age. On average, a

Figure 4.20 Enjoying café life, Stockholm, Sweden

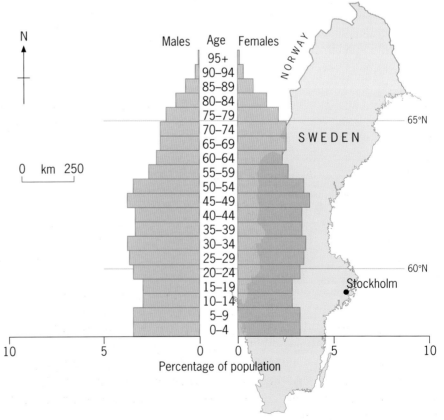

Figure 4.21 Population pyramid of Sweden

Swedish woman can expect to live for 81 years; and a Swedish man for 76 years. At the 1995 natural increase rate it would take nearly 1000 years for Swedes to double their 8.8 million population!

Table 4.6 Country A: age–sex structure

Age group	% males	% females
0–4	6.9	6.6
5–9	6.5	6.2
10–14	6.0	5.8
15–19	6.1	6.0
20–24	5.1	5.1
25–29	4.2	4.2
30–34	3.3	3.4
35–39	2.7	2.8
40–44	2.2	2.3
45–49	1.8	1.8
50–54	1.4	1.5
55–59	1.2	1.4
60–64	0.9	1.0
65–69	0.7	0.8
70–74	0.4	0.5
75–79	0.3	0.4
80 and over	0.3	0.4

EXERCISES

12a Read through the case studies of Sierra Leone and Sweden. Then draw a table to compare the main statistics for births, deaths and population change for the two countries.
b Comment on the contrasts shown in your table

13a Use the figures in Table 4.6 to draw a population pyramid for country A.
b* Describe and explain the likely pattern of births, deaths and natural increase in country A.
c Is country A likely to be in the economically developed or economically developing world? Give reasons for your answer.

4.9 Problems of population change

Population change often brings with it considerable problems. In most economically developing countries the scale of population growth is a problem in itself. Overwhelmed by rising numbers, most governments cannot hope to provide even the most basic services or meet people's demands for more housing and more jobs. Today, there is a growing awareness that the most successful countries in the economically developing world are those with the lowest rates of population growth (Fig.4.22).

Population growth also causes changes in age structure. In economically developing countries the proportion of children has increased. Meanwhile, in economically developed countries there has been an increase in the proportion of old people. Both cause problems. Why? The reason is that both young and old people depend for their support on the adult working population (Fig.4.23). Any increase in the proportion of children or old people puts greater pressure on already limited resources. This is the problem of age dependency; for different reasons it hits rich and poor countries alike.

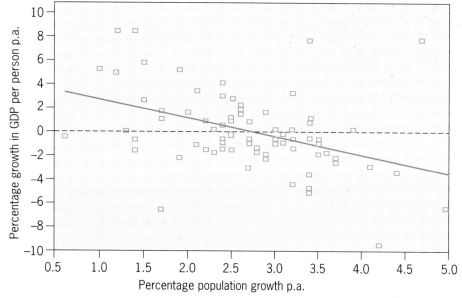

Figure 4.22 Economic growth and population growth rates in developing countries

EXERCISES

14 Dependency can be measured as a ratio of the percentage of children and the percentage of aged people in a population, to the percentage of adults. We call this the dependency ratio:

$$\frac{\% \text{ children} + \% \text{ aged}}{\% \text{ adults}}$$

children 0 – 14 years
adults 15 – 64 years
aged 65 and over

a Calculate the dependency ratios for Sierra Leone and Sweden (Figs 4.19 and 4.21).
b Both have high rates of dependency but for different reasons. Try to explain the differences.
c* Explain how today's youthful population in the economically developing world is almost certain to cause massive population growth in future.

Figure 4.23 The problem of age dependency in rich and poor countries (Source: United Nations Population Fund)

CASE STUDY

Figure 4.24 Bangladesh

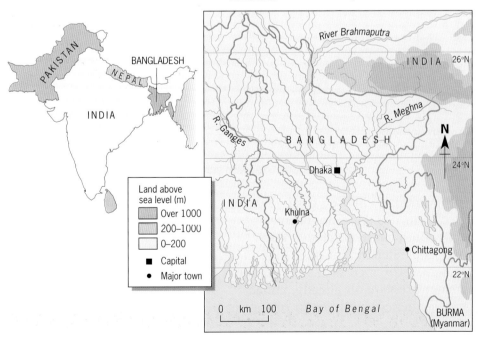

4.10 Family planning in Bangladesh

Bangladesh in South Asia covers an area of similar size to England and Wales (Fig.4.24). However, its population of 120 million is more than double that of England and Wales. Ninety per cent of Bangladeshis are rural dwellers and work in agriculture. Most of these people are desperately poor. One third have no land at all and for those with land, their average size of holding is less than one hectare (Fig.4.25). Moreover, because much of Bangladesh lies close to sea level, devastating floods hit the country every year (see Book 1, Chapter 3).

Population growth and control

Despite its poverty, Bangladesh's population has grown rapidly since 1950 (Fig.4.26). Alarmed at this growth, the government, has, since 1975, adopted a policy of family planning. This policy includes laws which have raised the age of marriage to 18 for women and 21 for men; and support for full-time field workers who provide a contraception service. The government also works to improve the health of mothers and their babies and women's education. This is because when women are sure that their children will survive will they decide to limit their families to just two or three children. Compared to neighbouring Pakistan and Nepal, population policies in Bangladesh have been relatively successful. Whereas in 1981 only 18 per cent of the population practised family planning, by 1995 the figure was nearly 45 per cent. As a result, the average number of children born to each woman fell from 6 in 1981 to 4.3 in 1995. Overall we can see a notable decrease in the rate of population growth since 1990 (Fig.4.26).

Problems

Of course there are still many obstacles to overcome. Because Islam is the dominant religion in Bangladesh, many women are governed by *purdah*. This means, among other things, that they cannot leave home without permission. Thus, it is often difficult for government agencies and field workers to make contact with women and give them advice about health, nutrition and family planning. Also, despite government legislation, early marriage is still common. Girls often marry by the age of 13 and have their first baby within a year. Then, after giving birth to five or six children by their mid-20s, many women are physically exhausted.

Figure 4.25 Irrigating a rice field, Bangladesh

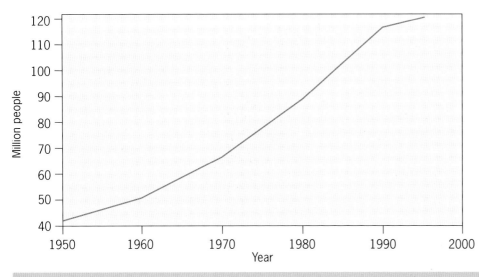

Figure 4.26 Population growth in Bangladesh, 1950–95

4 Population: distribution and change

EXERCISES

16 Study Figure 4.27. What is this cartoon saying about:
a world population growth,
b the effectiveness of family planning?
c* Do you agree with the message of the cartoon? Justify your response.

Figure 4.27 Family planning?
(Source: *The Independent*, 20 May 1992)

The greying of the world's population

The proportion of old people in the world is increasing steadily. Today, average life expectancy exceeds 73 years in North America, Europe and Oceania, and is rising fast throughout the economically developing world (Fig.4.28). By 2025 nearly one in five of the world's population will be aged 65 and over. This so-called greying of the world's population is most advanced in the rich countries of the developed world.

Ageing causes problems because old people are consumers and not producers. In economically developed countries old people are paid state pensions. They also make heavy demands on medical services and very old people (aged 80 and over) often require expensive nursing care. Unfortunately, while the number of old people is expanding rapidly, the number of people in work will stay roughly the same.

Figure 4.28 Life expectancy at birth

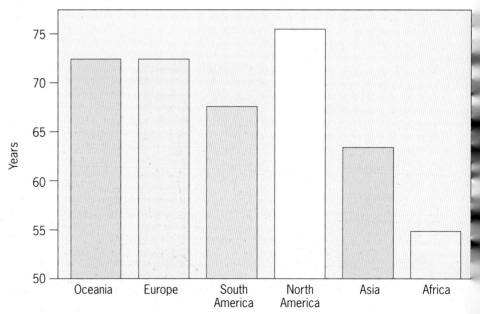

Governments throughout the developed world face the same problem: how to pay for the rising numbers of old people (Fig. 4.30). Various solutions have been proposed. Some rely on increasing the workforce, either by encouraging the immigration of young adults from poorer countries, or by giving financial incentives for larger families. An alternative approach is to raise the age of retirement so that old people remain in work and are therefore productive for longer. Finally, and least popular: working people may have to pay higher taxes to fund the older, non-working population. As yet, no government has found a successful solution. Rich countries only have about 10 years to find one.

Most economically developing countries are also starting to age. By the turn of the century there will be twice as many old people in poor countries than in the rich world. With fewer resources, the greying of populations in the developing world will create huge problems.

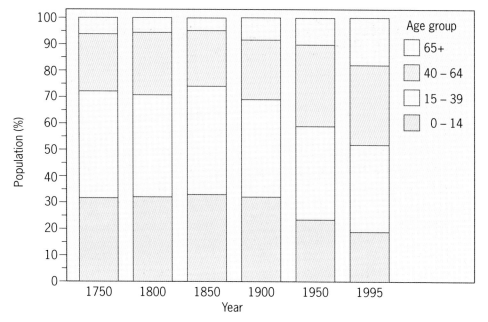

EXERCISES

17 Sweden is the 'oldest' country in the world. Show how Sweden's population has aged since 1950 by calculating the old-age index from the data in Figure 4.29.

Old-age index =

$$\frac{\% \text{ aged } (65+)}{\% \text{ adults } (15–64)}$$

EXERCISES

18 What are your views on the UK's ageing population? Write out your solution, explaining your reasoning in full. Be prepared to state and justify your viewpoint in a class discussion on the issue.

Figure 4.29 (left) Sweden's changing age structure, 1750–1995

Figure 4.30 (below) China's children face a heavy burden supporting older generations

4.11 Summary: Population: distribution and change

Key ideas	Generalisations and detail
The global distribution of population is very uneven.	• The average density of population (excluding Antarctica) is 43 per km². However, there are large geographical variations. • Large population concentrations are found in Europe, North-east USA, East and South-east Asia. • Very low densities exist in most of Oceania, Africa north of the equator, Siberia and Amazonia. The southern hemisphere is more sparsely populated than the northern hemisphere.
Physical and human factors influence the global distribution of population.	• Physical factors determine the broad pattern of population distribution, providing both opportunities for, and limits to, settlement: climate, relief and altitude (mountains and plains) are important. • Human factors include the types of economic activity in a place (i.e. farming, industry, services); levels of technology and development; length of occupancy, etc.
The world's population is growing rapidly.	• Growth in the second half of the twentieth century has been especially rapid. By 2000 the world's population will exceed 6 billion. Growth will eventually level out in the mid twenty-first century, but not before the population has reached 10 or 11 billion.
At the global scale, the difference in numbers of births and deaths causes population change.	• Births are measured by the crude birth rate (CBR); deaths by the crude death rate (CDR). The difference between the CBR and the CDR is the natural increase rate. • The current rapid growth of world population is due to an excess of births. This results from a fall in the CDR but a continuing high CBR.
Economically developing countries are mainly responsible for the current rapid growth of the world's population.	• Population growth is mostly in the economically developing world. Here CBRs remain high, but CDRs have fallen because of improvements in health and hygiene. • The economically developed countries only contribute 5 per cent of current world population growth.
Population change is often related to advances in economic development.	• The demographic transition describes the population changes which occurred in economically developed countries from the early nineteenth century. These changes accompanied industrial development and urbanisation. • Population changes in today's economically developing countries appear to be more rapid and are occurring for different reasons.
Social, religious, political and environmental factors also affect birth rates.	• Apart from levels of economic development, factors which influence birth rates include: the status of women; attitude of religion towards contraception; health/hygiene and the survival of children; diet; housing; and government policies aimed at either encouraging or discouraging births.
Age–sex structure is summarised in population pyramids.	• Economically developing countries like Sierra Leone typically have broad-based, triangular shaped pyramids. They result from high CBRs and CDRs and indicate youthful populations. • In economically developed countries, population pyramids are narrow and straight-sided. They represent older populations, with low CBRs and low CDRs, e.g. Sweden.
Changes in age structure give rise to difficult issues.	• In economically developing countries, age dependency is high because of the large proportion of children. Children have to be supported by the working population and make heavy demands on education and health care services. Also, large numbers of children mean further rapid growth 10–20 years later. • Economically developed countries have a problem of increasingly large numbers of old people. This group relies on the working population for pensions and health care. At present, the proportion of working adults is decreasing, thus making the dependency problem worse.

5 Population: migration and resources

5.1 Introduction

In the last chapter we saw how the difference between births and deaths causes population change at the global scale. However, when we look at population change at a smaller scale (within a country or region) a third factor – **migration** – begins to have an influence. Migration is the focus of the first part of this chapter. In the second part, we deal with the effect of population growth on resources such as food, forests, soils and water.

5.2 What is migration?

Migration is the permanent relocation of an individual or group. The term usually describes movement over some distance, at least from one region to another. If such movement occurs between countries (i.e. international migration) we describe it as either **immigration** (migrants coming into a country) or **emigration** (migrants leaving a country).

Migrations vary not only in their length, but also in their direction. For instance, in economically developing countries migration from rural to urban areas is most common. This contrasts with economically developed countries where most migration is in the opposite direction, from urban to rural areas.

5.3 Why do people migrate?

People migrate for one of the following reasons: economic, social, political and environmental. For a majority of migrants, economic reasons are probably most important. In particular,

EXERCISES

1 Consider the following population movements:
• nomadic herders moving with their livestock;
• people moving from the countryside to live in towns and cities;
• your journey to school;
• people moving from one country to settle in another;
• people moving house within a town or city;
• a shopping trip to the local supermarket.
For each of these movements, say whether or not it is migration. Give reasons for your decision.

Figure 5.1 Rural–urban migration in the developing world: push and pull factors

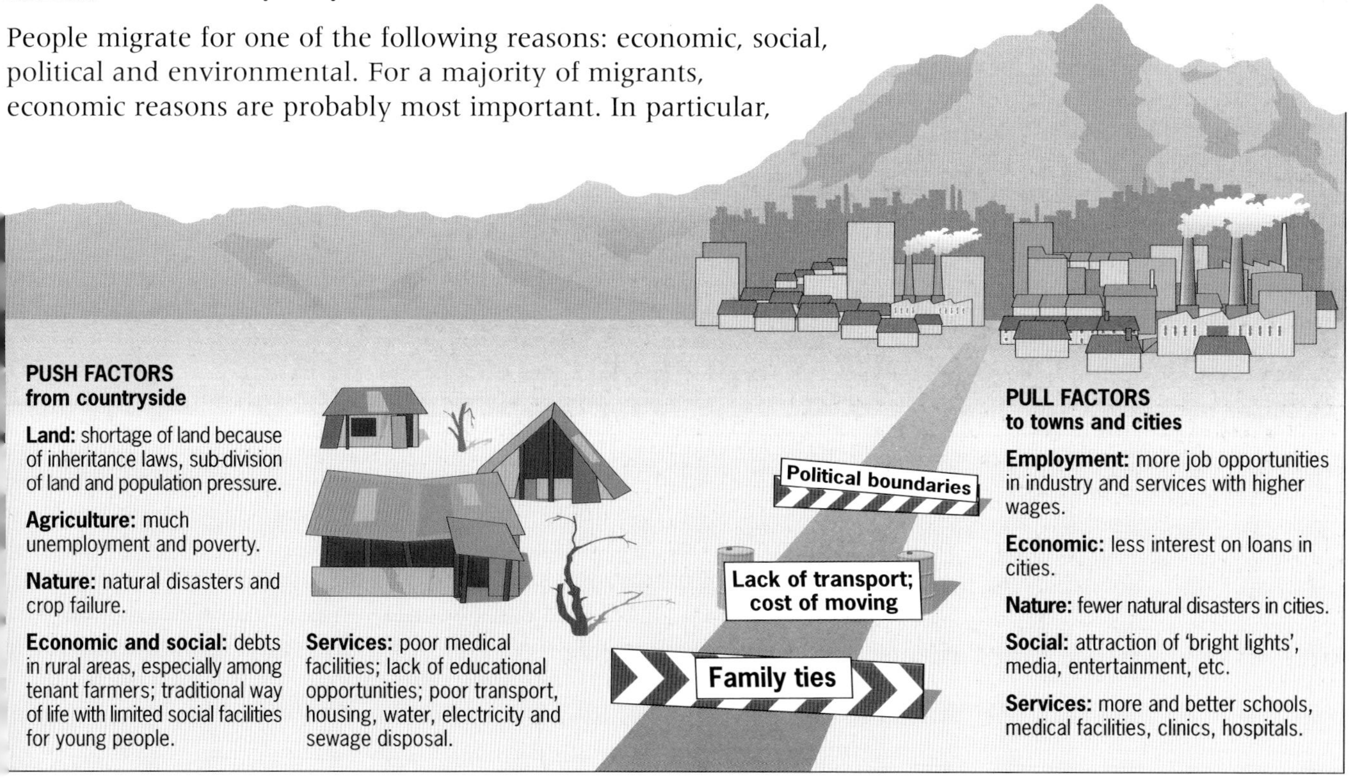

PUSH FACTORS from countryside

Land: shortage of land because of inheritance laws, sub-division of land and population pressure.

Agriculture: much unemployment and poverty.

Nature: natural disasters and crop failure.

Economic and social: debts in rural areas, especially among tenant farmers; traditional way of life with limited social facilities for young people.

Services: poor medical facilities; lack of educational opportunities; poor transport, housing, water, electricity and sewage disposal.

Political boundaries

Lack of transport; cost of moving

Family ties

PULL FACTORS to towns and cities

Employment: more job opportunities in industry and services with higher wages.

Economic: less interest on loans in cities.

Nature: fewer natural disasters in cities.

Social: attraction of 'bright lights', media, entertainment, etc.

Services: more and better schools, medical facilities, clinics, hospitals.

Figure 5.2 (above left) Nanjing Road, Shanghai, China

Figure 5.3 (above right) Living in poor conditions, Poona, India

people move to improve their job prospects, income and standard of living. Sometimes social reasons may also be crucial. Migrants may be attracted by better educational opportunities, better medical services or the desire to join family or friends who have already moved.

All of these reasons have one thing in common: they are voluntary. However, many other migrants *have* to move. For example, people suffering religious or political persecution, or caught up in wars or environmental disasters, may be forced to flee for their lives.

For many migrants, it is the disadvantages they experience where they are living (their place of origin) which cause them to move. We call these disadvantages **push factors** (Fig.5.1). For others, the advantages of a place of destination are more important. We call these advantages **pull factors** (Fig.5.1). Even so, many people may ignore both push and pull factors and decide not to migrate. This could be because family ties are just too strong for people to uproot themselves. In addition, we must also remember that many obstacles 'block' migrants from moving. These include lack of transport, the cost of moving, and the difficulty of crossing political borders (Fig.5.1).

CASE STUDY

5.4 Rural–urban migration in Peru

Peru is the fourth largest country in South America (Fig.5.4). In 1995 its population was 24 million, and increasing rapidly. However, its average population density was low: only 18 people per km² (see section 4.2). We can divide Peru into three main regions: the desert along the Pacific coast; the Andes mountains; and the hills and forest-covered lowlands of the remote east (Fig.5.4). Peru's population is distributed unevenly between these regions. Just over half of the country's population lives in the coastal desert region. Most are in the capital city, Lima. The Andes mountains account for around one-third of the population; and the rest occupy the sparsely populated eastern region.

Most migration in Peru is from the countryside to the towns. This **rural–urban migration** has caused rapid **urbanisation** (see Book 1, Chapter 6). Thus, in 1995 nearly three in every four people were urban dwellers, compared to just one in three in 1950. Lima has been the main attraction. Today, about one-quarter of Peru's population lives in the capital.

Causes of rural–urban migration

Compared with standards in the developed world, living conditions in towns and cities in the developing world are poor. Jobs are scarce; decent housing is in short supply; and essential services like clean water, electricity and sewerage systems are often non-existent (Fig.5.5). Despite this, migrants continue to pour into cities like Lima. Most are farmers and farm labourers, and come from poor regions like the Andes (Fig.5.6). They know that wages are higher in the cities and that there are more jobs available (Table 5.1). Of course, not all migrants succeed in finding a job. Many have to rely on self help, and survive by washing cars, running errands, selling newspapers, recycling waste, and so on.

Although most migrants remain poor, few want to return to the countryside. This is not surprising. According to the UN, rural households in Peru are three times more likely to be poor than urban households; infant mortality is twice as high in rural areas, and malnutrition more common. Meanwhile, although one-third of Lima's inhabitants live in squalid camps, housing conditions in the countryside are even worse.

Figure 5.4 (above) Peru: principal cities and regions

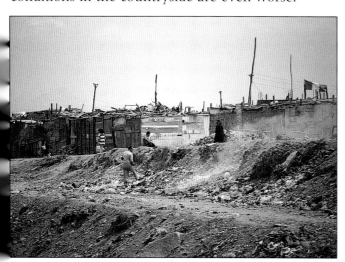

Figure 5.5 Slum dwellings on the banks of the River Rimac, Lima, Peru

Figure 5.6 Peasant farm on eastern slopes of the Andes

Table 5.1 Reasons for migrating from the countryside to urban areas in Peru

Reason	Percentage citing reason
To earn more money	39
To join family	25
No work in villages	12
Work available in towns	11
Dislike of village life	11
Poverty	9
To pay for education	7

EXERCISES

3a Draw a bar chart to show the information in Table 5.1.
b Describe the importance of economic and social factors as causes of rural–urban migration in Peru.

4 The population pyramids (Fig.5.7) show the age–sex structure for: • Lima, • the rural region of Apurimac in the Andes, and • all of Peru. The Lima and Apurimac pyramids both show the effects of rural–urban migration.
a Describe the main features of each population pyramid.
b* Identify the two pyramids for • Lima and for • Apurimac.
c* Give reasons for your choices.

Selectivity of rural–urban migration

Migration does not appeal to everyone and so some types of people are more likely to migrate than others. We can say, therefore, that migration is a selective process. In Peru, most migrants are young adults between the ages of 15 and 40. In general they are better educated and have more skills than non-migrants. Compared to migration in most of Africa and South Asia, it is women in Peru (and throughout South America) who are more likely to migrate than men. This is because towns and cities offer women a wider range of jobs, particularly in domestic service, office cleaning, shops and street selling.

The effects of rural–urban migration

Rural–urban migration has both positive and negative effects. In urban areas, the migrants provide industry and commerce with a young and cheap workforce. However, the scale of migration is sometimes so great that cities are overwhelmed. We can see the effects in lack of housing; the absence of basic services, such as clean water, sewerage, electricity and schools; and insufficient jobs. This results in millions of urban dwellers living in poverty (see Book 1, Chapter 7).

In the countryside, rural–urban migration creates different problems. Because migration is selective, there is often a shortage of young adults. This has several effects. It may cause rural birth rates to fall. Food production, which supports urban as well as rural populations, may also decline. Finally, the loss of young people is made worse because the migrants are usually better educated and more 'go-ahead' than non-migrants.

Even so, rural areas can also gain from migration. One important benefit is money which is sent back to rural areas by the migrants who work in cities. In Peru, rural–urban migration has also helped to reduce the pressure of population on land in the Andes and coastal plain.

Figure 5.7 Population pyramids for Peru, Lima and rural Apurimac

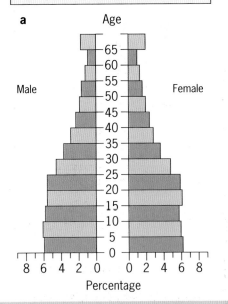

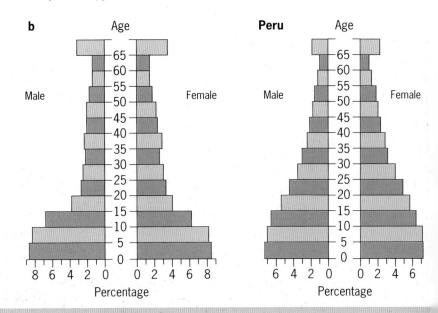

level of services and the remoteness of Upper Teesdale, and migration seems the only option. This migration has two effects. First, it leaves an ageing population; and second, falling numbers lead to a further decline in services.

Lower Teesdale

Twenty kilometres down valley the landscape is softer, farming is more prosperous and the dale is less isolated. Here, the experience of population change in the last 25 years has been very different. Since 1971 depopulation has been replaced by a population revival (Fig.5.14). This revival has been so strong that it produced a 10 per cent growth between 1971 and 1991. How has this happened? Once again, the key is migration: the number of people moving into this part of Teesdale has exceeded the number moving out.

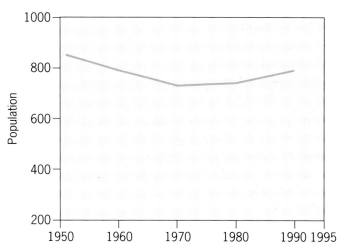

Figure 5.14 (above) Population change: Cotherstone, Hunderthwaite and Lartington, 1951–91

Figure 5.15 (left) Renovated cottages and new housing, Eggleston, Teesdale

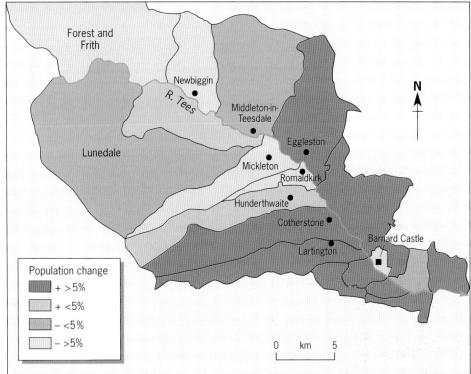

Figure 5.16 (above) Derelict village shop, Teesdale

Figure 5.17 (left) Population change in Teesdale, 1981–91

These population movements in the lower dale have led to changes in its population structure. Whereas the people moving out are mainly young and single, the in-comers are often retired couples and commuters. They are part of the process of counter-urbanisation. Consequently, many of the villages where they have settled have a new prosperity. As well as building new homes, people have converted barns and renovated farm cottages and outbuildings (Fig.5.15). Even so, this has not stopped the decline of village services such as shops, primary schools and public transport (Fig.5.16). This is because most in-comers have cars, are relatively well-off and have no children. In addition, because the main service centre for Teesdale – Barnard Castle – is less than 20 minutes away by car, there is little demand for village services.

5.7 International migration

Around 70 million people migrate between countries each year. We refer to these population movements as international migration. This type of migration is less common than internal population movements, such as rural–urban and urban–rural migration (see sections 5.4 and 5.5 respectively). There are two reasons why international migration is less common. First, the longer distances involved, and second, political controls make it difficult for migrants to move freely between countries.

CASE STUDY

5.8 Economic migration from Mexico to the USA

The border between the USA and Mexico (Fig.5.18) is more than an international frontier. It is a boundary where the rich, economically developed world meets the poor, economically developing world.

Because of the economic contrasts that exist on the other side of the border, it is hardly surprising that the USA is an irresistible attraction to millions of poor Mexicans. At least one million Mexicans try to cross into the USA every year, most illegally (Fig.5.19) Although the USA has elaborate security controls along the border, it is impossible to stop everyone. Those illegal immigrants who are caught – 850 000 in 1995 – are deported back to Mexico. Increasingly, Mexican immigrants are unwelcome in the USA. They are seen as a drain on the nation's social security and welfare system.

Mexican emigration is voluntary and its causes are largely economic. These include poverty in the countryside and better job prospects and a higher standard of living in the USA.

Selective migration in Michoacan state

Michoacan state (Fig.5.18) in central Mexico has only 5 per cent of the country's population, but accounts for 15 per cent of Mexican migrants

Figure 5.19 Illegal Mexican immigrants crossing the Rio Grande River into the USA at El Paso, Texas

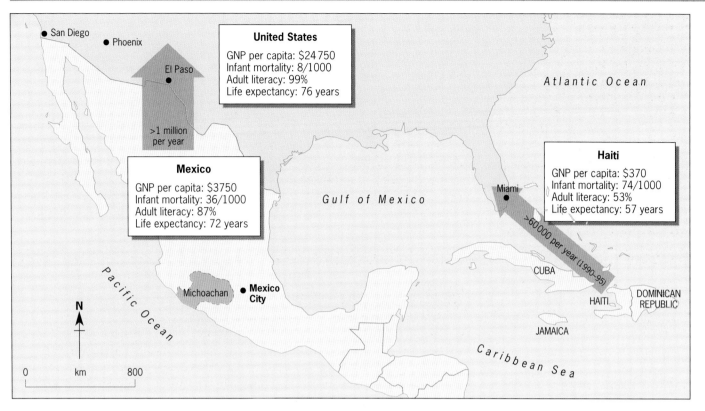

Figure 5.18 Migration into the USA from Mexico and Haiti

to the USA. In some places, the scale of emigration is so high that population levels have fallen steeply. One village – Santa Ines in North-west Michoacan – lost two-thirds of its population between 1985 and 1995. And yet the people leaving the village were not that badly off. They did not leave out of desperation but to improve the quality of their lives.

At one time only the men migrated. When they had made enough money they used to return home. Now, they tend to stay permanently in the USA. As a result, women outnumber men in rural Michoacan and have problems finding suitable marriage partners. Once married, though, they choose to migrate with their whole families. International migration is also age selective. It is young adults who migrate and so they leave ageing communities behind. With few children left, these communities will gradually die out. The only benefit Michoacan gets from emigration is the money sent home by migrants.

The refugee explosion

We know that migration may be forced as well as voluntary. People who are forced to migrate because of persecution, wars and environmental disasters are known as **refugees**. In the mid-1990s the UN estimated that there were 50 million refugees in the world, half of whom had been forced to leave their country (Fig.5.20).

Political refugees from Liberia
A typical example of forced migration was the 4000 refugees who fled from Liberia in May 1996. Desperate to escape fighting between rival militia groups in the capital, Monrovia, Liberians took to the sea in

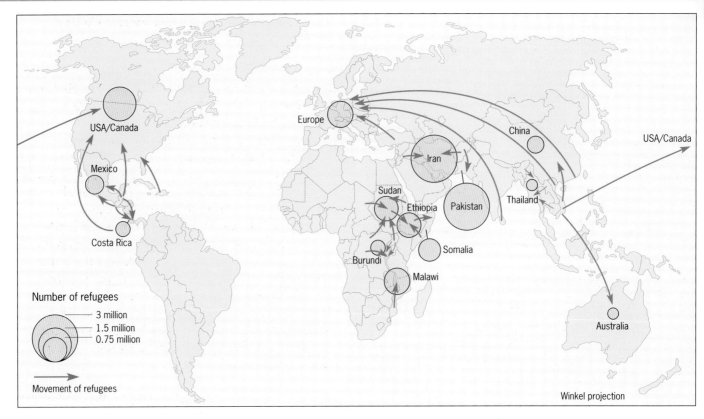

Figure 5.20 Global movement of political refugees

EXERCISES

7 Study Figure 5.20.
a Which two countries have the largest number of refugees?
b Where have the refugees in Pakistan come from?
c* Summarise the global movement of refugees in Figure 5.20. You should comment on the following migrations: • within and between continents; • between economically developed and developing countries; and • between economically developing countries.

dilapidated merchant ships (Fig.5.21). In spite of appalling conditions on board, these refugees were turned away when they tried to land in neighbouring Ivory Coast and Ghana (Fig.5.22). Few countries welcome large numbers of refugees.

Today's 23 million political refugees are outnumbered by another type of refugee: the environmental refugee. This is a person displaced by environmental disasters such as drought, soil erosion and famine.

Figure 5.21 About 3000 Liberian refugees crowd on to the cargo ship *Bulk Challenge* to leave Monrovia, May 1996

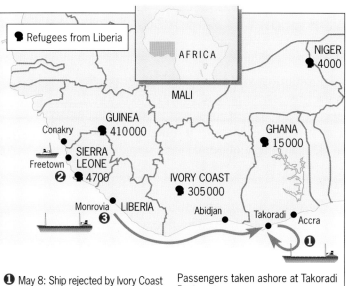

Figure 5.22 Refugee movements from Liberia (*The Guardian*, 15. 5. 96)

❶ May 8: Ship rejected by Ivory Coast after leaving Monrovia on May 5. May 12–13: Ship allowed into Takoradi twice, due to technical problems and need for supplies, but then sent out of port. Three people reported dead. May 14: Ghana agrees to accept 3000 refugees from the ship *Bulk Challenge*.

Passengers taken ashore at Takoradi Port.
❷ May 14: The fishing boat *Victory Reefer*, with 900 refugees aboard, allowed into Freetown.
❸ May 13–14: 3000 people try to board a freighter sailing from Monrovia.

Environmental refugees from Haiti
In the mid-1990s, 300 000 refugees left Haiti for the USA (see Fig.5.18). Haiti occupies the western half of the Caribbean island of Hispaniola, and is one of the world's poorest countries. Rapid population growth, poverty and overcrowding have caused massive deforestation, over-cultivation and soil erosion. Half of all farm-land is so badly eroded that it has had to be abandoned. In some areas, much of the land-scape has lost all of its soil cover. Little wonder then, that so many Haitians have left the country, risking the hazardous 950 km journey to Florida in tiny, overcrowded boats. However, Haiti's environmental problems are not the whole story. Fearful for their lives, thousands of Haitians also fled as political refugees to escape persecution.

Table 5.2 Advantages and disadvantages of refugee movements from economically developing to economically developed countries

Advantages	Disadvantages
Receiving countries	
Refugees are usually better educated.	Refugees are usually young. Their children are more likely to make greater demands on schools and hospitals.
Refugees more likely to be self-employed.	Conflict between native population and refugees. Native people may think that refugees have 'stolen' their jobs.
Refugees mainly aged 20–45. Economically they are highly productive.	
Refugees are often more mobile than the native population and are more willing to move around to find jobs.	
Because they are mainly young and skilled, refugees pay more in taxes than they receive in benefits (e.g. unemployment benefit).	
Because refugees are mainly young adults, they make fewer demands on health care systems.	
Sending countries	
May reduce population pressure on limited resources, e.g. land, water etc.	Leaves an unbalanced age structure in rural areas, with few young adults and children. This adversely affects the rural economy. As rural communities age, their future may be in doubt.
Refugees send money back to their country of origin.	Unbalanced ratios of males and females.
	Sending countries lose their better educated and more skilled people.

EXERCISES
8a Explain the meaning of the following terms: immigration, emigration and refugee.
b* Study Table 5.2. Do you think that the advantages of international migration out-weigh the disadvantages for:
• receiving,
• sending countries?

5.9 Population growth: opportunities and problems

By 2050, the Earth's population will have doubled to reach 10 to 12 billion people. Such an increase is bound to have important consequences for food supply. Will it be possible to feed so many people? And if so, can it be done without damaging the soils, water and forests on which we all ultimately depend?

Malthusian theory

The relationship between population growth and food supply has been a controversial issue for over 200 years. The debate began in 1798 when Thomas Malthus published his *Essay on Population*. In this, he argued that food supply could never grow as quickly as population. This is because, according to Malthus, food supply grows arithmetically (1, 2, 3, 4, 5, etc.) but population increases geometrically (1, 2, 4, 8, 16, etc.). His conclusion was simple. Food supplies would always set a limit to population growth. Malthus also warned of disastrous consequences: unless people had fewer children, famine, disease and war would 'check' population growth. Eventually, the ratio between population and food supplies would balance again, but only after terrible suffering.

Since Malthus first put forward his ideas, the world's population has increased from one billion to nearly six billion. However, the catastrophe he predicted failed to happen. This was because the growth in food supply has matched the increase in population. In the nineteenth century, the opening-up of new agricultural lands in the Americas and Australia boosted food production. By the twentieth century, advances in farming technology (such as those in India described in section 5.10) helped food supplies to keep one step ahead of population growth.

CASE STUDY

5.10 India's agricultural miracle

India has the world's second largest population (Table 5.3), and one which grew by nearly 500 million between 1960 and 1995. Despite such growth in numbers, during this period India became self sufficient in wheat and rice; famines disappeared; and the people were better fed than ever before. What is behind this achievement?

The green revolution

In the 1950s the Indian government aimed to provide greater food security (availability) for the country. First, it introduced land reform. This meant giving more farmers their own land – although often at the expense of large estates. Today the majority of Indian farmers are owner-occupiers. This gives them greater incentive to farm efficiently, increase output and conserve the land.

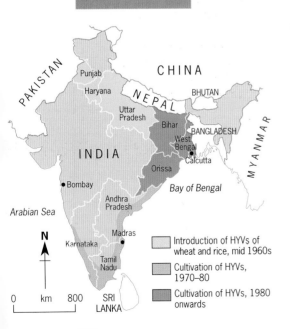

Figure 5.23 India: the spread of the green revolution

Then, from the mid-1960s, farmers began to grow new high yielding varieties (HYVs) of wheat and rice (Fig.5.23). These HYVs were part of the **green revolution** (see Book 1, Chapter 9). In addition to new seeds, the green revolution required farmers to use chemical fertilisers and irrigation. The government therefore encouraged the spread of the green revolution by providing farmers with cheap loans to buy the necessary seeds and fertilisers.

The effects of the green revolution have been dramatic (Fig.5.24). Since the late 1970s India has had a surplus of grain, giving the country much greater food security and reducing food imports. Moreover, this grain surplus has led to a fall in the price of wheat and rice which, above all, has helped the poorest people in India.

Table 5.3 Population growth, food production and consumption in India, 1980–95

	1980	1990	1995
Population (millions)	689	827	931
Food consumption (kcals/person/day)	1959	2297	2395
Food production per person (1980=100)	100	116	120

Figure 5.25 (below) Changing food supply, 1970–92

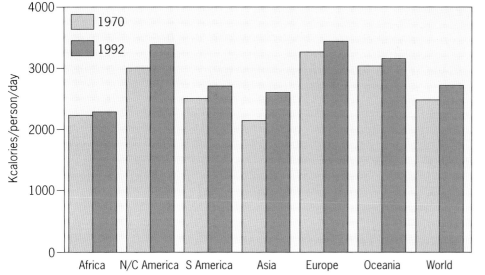

Figure 5.24 (above) Planting high-yielding rice, Karnataka, India

5.11 Environmental impact of population growth

Future population growth will put added pressure on environmental resources. These resources include water, forests and land. By 2025 two-thirds of Africa's population is likely to face water shortages (Fig.5.26). In the 1980s, deforestation caused annual losses of 15 500 km² of tropical forest. Much of this cleared land was then used for

Figure 5.26 (left) Digging for water in a dried-up river bed, Kenya

Figure 5.27 (right) Causes of land degradation

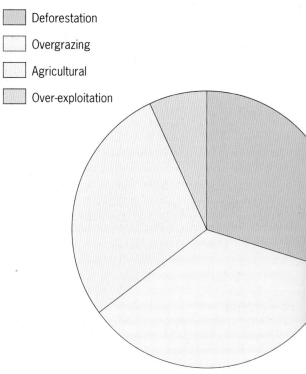

Deforestation

Overgrazing

Agricultural

Over-exploitation

unsustainable agriculture. Soil erosion, land degradation and deserted farms were the end results.

Land degradation

Land degradation describes the decline in the quality and productivity of land as a result of human action. It is a worldwide problem but is most serious in dryland areas in the economically developing world. The most common types of land degradation are soil erosion, salt accumulation in soils, and deforestation (Fig.5.27).

Population growth and poverty are important causes of land degradation. They force desperate farmers to over-exploit land. Such practices result in permanent soil damage. They are also unsustainable because they ultimately destroy the resources on which production depends.

The UN estimates that one quarter of the Earth's agricultural land is at risk of becoming desert through degradation (Figs 5.28 – 5.31).

Figures 5.28–5.31 Causes of land degradation

Deforestation
Removal of natural vegetation cover of forest and woodland. Clearance may be for new farm land, urban development, fuelwood and forestry. Grazing by domestic animals may then prevent regeneration.

Figure 5.28 Clearing the Amazon Rainforest, Brazil

Figure 5.29 (above) Comparison of heavily grazed and lightly grazed moorland, Borders, Scotland: heavy grazing (right) has left degenerated heather.

Overgrazing
Destruction of vegetation cover by grazing, and by trampling of soils by domestic animals. Removal of vegetation results in soils being eroded by wind and water.

Figure 5.30 (above) Eroded land, Tumbes, Peru

Over-cultivation
Cultivation of land without putting back sufficient nutrient fertilisers. Fallow periods may be too short, not allowing soils time to recover fertility. Natural supplies of silt to flood plains may be cut off by dams. Burning vegetation also depletes nutrient supplies. Exhausted soils are easily eroded by wind and water.

Figure 5.31 (left) Salt forming in a drainage ditch which will eventually make the land useless, Elkargah, Egypt

Salinisation
Surface accumulation of salts (and alkalines e.g. sodium). Caused by forest clearance and over-irrigation which lead to rising water tables. High temperatures and high rates of evaporation draw salts to the surface of soils.

Figure 5.32 (below) Population problems: people or resource use? (Adapted from *The Guardian*, 6.9.94)

Environmental problems: who's to blame?

It would be wrong to assume that the only cause of land degradation is population growth and poverty in the developing world. Two other factors – wealth and technology – enter the equation. Rich countries consume more resources per person than poor countries (Fig.5.32), and they have the technology to exploit these resources on a large scale, resulting in more pollution. As a result, many rich countries have more potential to degrade the environment than poorer countries.

What counts in the population crisis?

WHERE is the population problem worst? It depends on one's point of view. If the problem is defined simply as numbers of people, growth is largest in India.

Many more people are added to the population there than in any other country: 18 million a year. China, at 13 million a year, comes second. But India and China are already huge countries. In percentage increases, these countries are not growing nearly as fast as many others. India is growing 1.9 per cent a year and China just 1.1 per cent.

Almost all African countries are growing half as fast again: 2.7 per cent a year on average.

If, however, the population problem is defined as one of harm to the environment and using up natural resources, the worst problems are posed by the richest countries.

By that standard, the United States is way out in front. Americans use 43 times as much petroleum a head as the citizens of India.

According to one estimate, the average American has 30 times the environmental impact of an average person in a developing country.

Moreover, the US population is growing by about the same as China's.

Close behind, in terms of the amount of resources they use, are Japan and Western Europe, but both use less per person than do Americans, and their population growth rates are quite small.

EXERCISES

11 Environmental impact results from: • population, • wealth, • technology (Fig.5.33).
a Use this formula to estimate the potential environmental impact of the countries in Table 5.4.
b Which countries (rich or poor) have the greatest potential impact on the environment?
c Why does Japan have a potentially greater impact than Bangladesh?
d* Suggest other factors which might affect environmental impact. Explain their influence.

EXERCISES

12 Read Figure 5.32.
a State briefly the main points made in the article.
b Argue a case for a global solution to the population–environment crisis.

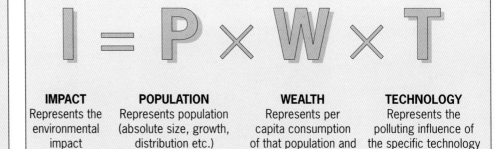

IMPACT	POPULATION	WEALTH	TECHNOLOGY
Represents the environmental impact	Represents population (absolute size, growth, distribution etc.)	Represents per capita consumption of that population and is determined by income and lifestyle	Represents the polluting influence of the specific technology the consumption involves

Figure 5.33 Relationship between population, wealth and technology and impact on the environment

We can blame some environmental damage in the economically developing world on rich countries. One reason is because rich countries influence the economically developing world through trade (see Chapter 9). For example, the destruction of the tropical rainforest in South-east Asia (see Book 1, Chapter 4) is partly due to the demand for timber in Japan and other developed countries of the Pacific Rim. Similarly, in the 1970s and 1980s, Brazil rapidly developed its energy and mineral resources (see Book 1, Chapter 4) in order to pay the huge debt it owed to rich countries. The consequences for the environment – soil erosion, deforestation, flooding of land for HEP – not to mention for the lives of thousands of people, were catastrophic.

Table 5.4 Environmental impact

	Population (millions) (P)	GNP per capita ($) (W)	Tonnes energy use per person (T)	Impact P x W x T
Bangladesh	122	220	1.05	
India	931	330	1.14	
Japan	125	26 920	4.5	
UK	58	16 750	4.9	
USA	257	22 560	10.82	

CASE STUDY

5.12 Egypt: expanding the resource base

60 million people live in Egypt (Fig.5.34) and half of them depend on agriculture. And yet 97 per cent of the country is desert. As a result, almost the entire population crowds into an area hardly bigger than Wales. Here, fertile soils and irrigation water support some of the highest population densities in the world. Ancient writers called Egypt 'the gift of the Nile'. Such a description applies just as much today as it did 2000 years ago.

There are few countries where the pressure of population on land and water is greater than Egypt. This has become worse over the last 50 years. As the population has grown rapidly (Fig.5.35), so the demand for more farmland, and especially more water, has soared.

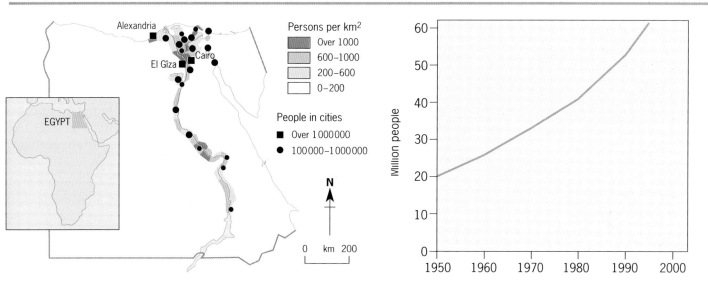

Strategy for more water

Egypt's response to population growth was to increase its water resources and expand the area of farmland. It did this through a single huge project: the construction of the Aswan High Dam on the River Nile (Fig.5.36). Completed in 1970, the dam created a huge reservoir (Lake Nasser), which is large enough to store the Nile's entire annual flood. This had two advantages. First, it provided sufficient water for farmers to grow two or three crops each year on the same land. And second, it smoothed out variations in the Nile's annual flow, ensuring enough water for farmers even in dry years. All of this raised crop

Figure 5.34 (above left) Egypt: population density

Figure 5.35 (above right) Egypt's population growth 1950–95

Figure 5.36 Aswan High Dam, Egypt

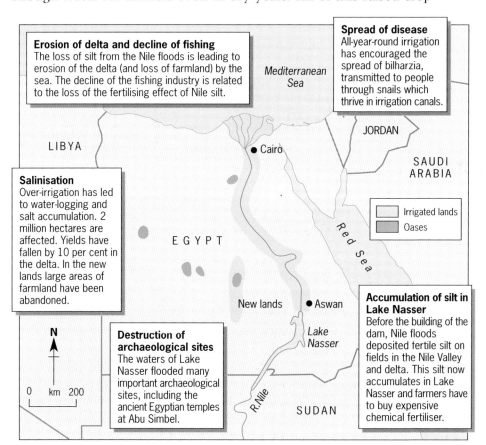

Erosion of delta and decline of fishing
The loss of silt from the Nile floods is leading to erosion of the delta (and loss of farmland) by the sea. The decline of the fishing industry is related to the loss of the fertilising effect of Nile silt.

Spread of disease
All-year-round irrigation has encouraged the spread of bilharzia, transmitted to people through snails which thrive in irrigation canals.

Salinisation
Over-irrigation has led to water-logging and salt accumulation. 2 million hectares are affected. Yields have fallen by 10 per cent in the delta. In the new lands large areas of farmland have been abandoned.

Destruction of archaeological sites
The waters of Lake Nasser flooded many important archaeological sites, including the ancient Egyptian temples at Abu Simbel.

Accumulation of silt in Lake Nasser
Before the building of the dam, Nile floods deposited fertile silt on fields in the Nile Valley and delta. This silt now accumulates in Lake Nasser and farmers have to buy expensive chemical fertiliser.

Figure 5.37 Environmental problems caused by the Aswan High Dam

yields, and produced more food for Egypt's growing population. Meanwhile, the development of new irrigated farmlands in the desert also increased food output. The success of these schemes was such that food production per person actually grew by 6 per cent between 1980 and 1994.

While the Aswan Dam has clearly benefited Egypt, there have been many problems too. These include salinisation of soils, (see Fig.5.31) the spread of water-borne diseases and the destruction of important archaeological sites (Fig.5.37).

CASE STUDY

Figure 5.38 The Netherlands: relief

5.13 Land reclamation in the Netherlands

Some economically developed countries have responded to population growth and shortage of space by draining marshes and reclaiming land from the sea. For example, in the seventeenth century a massive drainage scheme around the Wash, in eastern England, reclaimed the Fens for agriculture. More recently, large areas of land in Tokyo Bay and Osaka Bay in Japan have been reclaimed for heavy industry, and Hong Kong's new airport is built largely on reclaimed land.

The world's experts on land reclamation, however, are the Dutch. About one-fifth of the Netherlands is reclaimed land and nearly one-third lies below sea level (Fig.5.38). Although reclamation has been on-going since the thirteenth century, the largest areas have been reclaimed over the last 80 years.

The Netherlands is a small country (about half the size of Ireland) and it has the highest population density in Europe. Land reclamation is partly a response to population pressure, and partly a need to strengthen the country's defences against flooding from the sea.

Zuider Zee

The Zuider Zee is the biggest land reclamation project (Fig.5.39). Started in the 1920s, it was not completed until 1968. The scheme transformed a shallow inlet of the North Sea – the Zuider Zee – into four huge reclaimed areas, known as **polders**. They have added 5 per cent to the Netherlands' total land area (Fig.5.40).

Reclamation was step-by-step, one polder at a time. The early Zuider Zee polders were used mainly for agriculture. But the decision to reclaim the fourth polder, South Flevoland, was influenced by the rapid growth of the Dutch population in the 1950s and 1960s. At this time, there was great pressure on the overcrowded western Netherlands. In particular the Randstad conurbation, which includes the main cities of Amsterdam and Rotterdam, needed space to expand. In East and South Flevoland, therefore, the planners gave more space to housing, industry, recreation and conservation. This included two new towns, Almere and Lelystad. Almere has a target population of 250 000, mainly overspill from Amsterdam. Because it is so close to Amsterdam, most of its working population are commuters.

Land reclamation is often controversial. The original Zuider Zee scheme included plans for a fifth polder – the Markerwaard. Although a decision on the Markerwaard is not urgent, today people are more aware of the environmental disadvantages of land reclamation than in the past (Table 5.6).

Figure 5.39 The Zuider Zee project

Table 5.6 Advantages and disadvantages of land reclamation in the Zuider Zee

Advantages	Disadvantages
Increases the land area for food production.	Destroys valuable wetland habitats for birds, plants, etc.
Creates high quality farmland (fertile soils, flat relief).	Destroys the local fishing industry. Creates flat, monotonous landscapes of low visual quality.
New land relieves overcrowding in Randstad.	Very expensive.
Improved communications (across the main enclosing dam) between Randstad and the NE Netherlands.	
Creates freshwater lakes providing recreation and leisure opportunities and a water supply.	
Shortens the coastline and reduces the risk of flooding from the sea.	

Table 5.5 Population in the Netherlands 1950–95 (millions)

1950	10.11
1960	11.48
1970	13.03
1980	14.14
1990	14.95
1995	15.50

EXERCISES

14a Calculate the percentage population increase in the Netherlands between 1950 and 1970, and 1970 and 1990 (Table 5.5).

b* From your calculations suggest one reason why the government may decide to postpone reclaiming the fifth polder in the Zuider Zee – the Markerwaard.

15 With reference to either a land reclamation scheme in the economically developed world or an irrigation scheme in the economically developing world, explain how the scheme provides for population increases.

Figure 5.40 Polders of the Zuider Zee

5.14 Summary: Population: migration and resources

Key ideas	Generalisations and detail
Migration is the permanent relocation of an individual or group of people.	• Migrations may be classed according to distance (e.g. international, regional, etc.) and direction of movement (e.g. rural–urban, urban–rural). Such migrations may be either voluntary or forced movements.
Migration results from a combination of 'push' and 'pull' factors.	• 'Push' factors are the disadvantages of a migrant's place of origin. They might include lack of job opportunities, poverty, political persecution, etc. • 'Pull' factors are the attractions (advantages) of the migrant's place of destination and are usually the opposite of 'push' factors. • Both 'push' and 'pull' factors may be economic (e.g. standard of living), social (e.g. educational opportunities), political (e.g. wars) and environmental (e.g. floods, earthquakes or land degradation).
Rural–urban migration is most common in economically developing countries.	• Rural–urban migration is responsible for rapid urbanisation in the economically developing world today (e.g. Peru and its capital Lima). • Rural poverty and the hope of better economic prospects in towns and cities are the driving forces of current rural–urban migration.
Rural–urban migration creates problems in both rural and urban areas.	• Because migration is selective, rural areas often lose young adults and the better educated, most go-ahead members of a community. It may also lead to an imbalance between males and females in rural (and urban) areas. • Rural–urban migration puts enormous pressure on urban services which often cannot cope. The result is acute shortages of housing and the growth of squatter camps, and the lack of essential services such as clean water, electricity, sewerage systems, schools, etc.
Urban–rural migration (or counter-urbanisation) is most common in economically developed countries.	• In the UK, counter-urbanisation has led to population decline in most large cities and conurbations. Meanwhile, there has been a population revival in many small towns and rural areas. Population growth has been most rapid in rural commuter hinterlands of large urban areas. Some urban–rural migration has been to more remote areas. Many rural areas in southern Britain have been popular destinations for well-off retired people.
Many migrants are refugees.	• Refugees are people who migrate to escape political persecution, wars and environmental disasters. Most refugee movements are between countries in the economically developing world. More than half of all refugees migrate because of environmental problems such as famine, soil erosion, land degradation, flooding, etc.
The effect of population growth and poverty on food supplies gives rise to conflicting views.	• Some writers adopt Malthus' viewpoint: that population growth eventually outstrips the growth in food supplies and results in disastrous famines, wars and disease. They argue that the recent famines and wars in Africa (south of the Sahara) prove that Malthus was right. • Others believe that technology and invention allow food production to keep pace with population growth.
Population growth creates both problems and opportunities for people and societies.	• Rapid population growth and poverty are partly responsible for environmental degradation. They encourage unsustainable agriculture which causes land degradation, i.e. soil erosion, deforestation, overcultivation and salinisation. • Population growth may encourage countries to expand food production either by using new technologies (e.g. the green revolution in India), expanding the irrigated farm area (e.g. Aswan Dam in Egypt), or by expanding the cultivated area (e.g. Egypt's new lands). • In economically developed countries population growth and shortages of land may lead to land reclamation. The reclaimed land may be used for agriculture, housing, industry, conservation, etc. (e.g. Zuider Zee polders). Reclamation of wetlands may be environmentally costly.

6 Managing natural resources

6.1 Introduction

Natural resources are things that ar[...] [fu]els like oil and natural gas, and materials s[...] [tim]ber. Few things are more essential to us [...] [...]ed, they are so essential that we often forget [...] [...]veloping and using them. These problems are the focus of this chapter. As we shall see, some are global and affect all countries; some are national, and others are very local and affect only small areas.

Figure 6.1 (below) Modern, detached houses, Cheshire, England

Figure 6.2 (right) Women building a traditional rural dwelling, Niger, West Africa

EXERCISES

1 Study Figures 6.1 and 6.2.
a Make a list of as many natural resources that you can think of that might be used to build and heat the houses in Figure 6.1. Then make a similar list for Figure 6.2.
b From the evidence of your two lists, suggest how people's wealth might affect their use of natural resources.

6.2 Renewable and non-renewable resources

Some natural resources such as coal, oil and gas are **non-renewable**. These are **fossil fuels** which take millions of years to form. Because they are finite, once people have used them they cannot be replaced. Consequently, every year the world's stock of non-renewable resources gets smaller, and sooner or later they will run out (Fig.6.3). At the same time, the demand for energy is increasing and will double between 1995 and 2020. Because we cannot continue to use these resources indefinitely, we say that their use is **unsustainable**.

The outlook is not quite so gloomy for other non-renewable resources. Given the right economic conditions metals, such as iron, copper and aluminium, can be recycled and used again (see section 6.9).

101

Figure 6.3 Estimated proven reserves of oil

EXERCISES

2 Study Figure 6.3.
a On a world map, use proportional squares to show the distribution of oil reserves by country. (NB: the square sides are equal to the square root of the total oil reserves for each country.)
b Which region has the world's largest oil reserves?
c Which country has the world's largest oil reserves?
d* Suggest one possible reason why oil reserves in Iraq and Kuwait will last longer than those in Saudi Arabia.

3a Sort the following natural resources into renewable and non-renewable: coal, wave power, uranium, timber, peat, water, soil, oil, zinc, fish, wind power, geothermal power, natural gas, iron, rubber.
b* Draw a labelled diagram to show how water, although a finite resource like oil, is renewable (see Chapter 1).

Renewable resources include plants and animals which follow biological cycles of growth and reproduction; water which is constantly cycled between the land, atmosphere and seas; and supplies of energy such as solar, wind and geothermal power. These resources never end; they are inexhaustible.

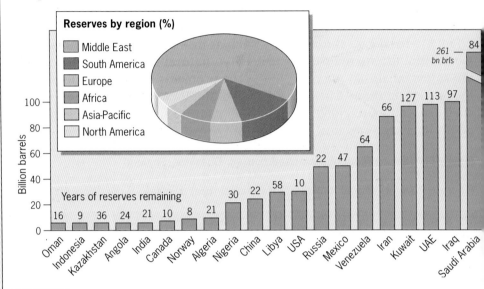

6.3 Natural resources and levels of development

Given the importance of natural resources for producing energy, we might assume that rich countries have lots of them. In some cases this is true. Take the examples of the USA, Canada, Australia and Sweden. All are rich countries and all owe their prosperity, at least in part, to an abundance of energy and other natural resources. Even so, many countries with vast natural resources remain poor. Sierra Leone in West Africa has rich reserves of diamonds, bauxite, rutile (titanium ore), iron ore and fish, and yet is one of the poorest countries in the world (see section 8.6). Even Brazil, with its fabulous mineral wealth in Amazonia, is a relatively poor country. Why is this?

People and funds

Often what are lacking in poor countries are human and economic resources. Generally, this means shortages of skilled and educated workers, and capital (money). Both are needed to unlock a country's natural resources. Too often in the economically developing world these are in short supply. To underline the importance of skills and capital, we only need to look at Japan. Japan is near the top of any list of the world's most prosperous nations, and yet it has few natural resources of its own. It has to import most of its timber (Fig.6.4) and 99 per cent of its energy and mineral needs (Table 6.1). Denmark, the Netherlands, Belgium, and Singapore are also examples of countries which have become prosperous in spite of having few natural resources of their own.

Figure 6.4 Loading pine logs, Miyako Port, Japan: Japan's dwindling forest reserves cannot meet its demand for soft-wood products. Japan is also the world's largest importer of tropical hardwoods.

What does this tell us? It suggests that when it comes to wealth, it is human and capital resources, rather than natural resources, that are more important. In fact, no amount of natural resources will ensure prosperity without the human skills and capital to develop them.

While possessing natural resources has no clear link with prosperity, consuming them does. We can see this in Figure 6.5. The two richest counties, the USA and Canada, are also the biggest consumers of energy. Meanwhile, poor countries such as Bolivia and El Salvador, consume only small amounts of energy. Most people in the economically developed world have high standards of living, supported by their consumption of huge amounts of energy, minerals and other natural resources. Just think of how much energy we use in a day. We need energy to heat our homes and schools; we need energy for transport; for lighting and cooking; and to make all the things we regard as essential to our way of life. In other words, it is only by using large amounts of energy that we can sustain our high standard of living. In conclusion, we can say that a better measure of a country's prosperity is the volume of natural resources it consumes, rather than the size of its natural resource base.

Table 6.1 Japan and Brazil: output of natural resources and manufactured products (million tonnes), 1994

	Japan	Brazil
Bauxite	0	9.41
Aluminium	1.02	1.24
Copper ore	0	0.19
Copper	1.93	0.04
Iron ore	0	152
Steel	74.69	22
Oil	0	22
Petroleum production	159	45

EXERCISES

4a Draw a bar chart to show the production of natural resources and manufactured goods in Japan and Brazil (Table 6.1).
b* In 1994 Japan's GNP per person was US$31 450 – ten times greater than Brazil's. Using the information from your bar chart, describe the importance of natural and human resources in generating wealth.

5 Study Figure 6.5.
a Describe the relationship between energy consumption per capita and GNP per capita.
b* Give a brief explanation of the relationship you have described.

6a Compile a table to show population growth rates and energy consumption for the countries in Table 6.2. (Energy consumption rates are shown in Figure 6.5.)
b Describe what happens to energy (resource) consumption as population growth increases.
c* What implication does this have for the well-being of people in poor countries in the economically developing world?

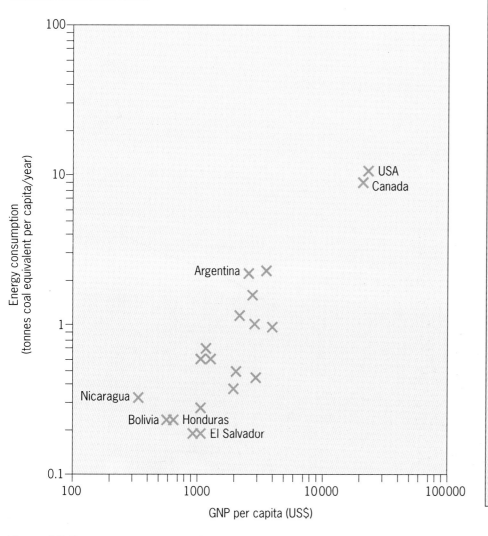

Figure 6.5 Energy consumption and wealth in the countries of North, Central and South America

Table 6.2 Annual population growth (percentage)

Argentina	1.1
Bolivia	2.9
Canada	0.5
El Salvador	2.9
Honduras	3.0
Nicaragua	3.2
USA	0.6

Figure 6.6 (right) Average global temperatures since 1853

6.4 Fossil fuels and global warming

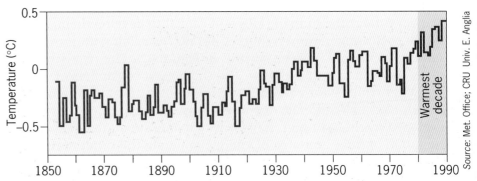

Source: Met. Office; CRU Univ. E. Anglia

Figure 6.7 Coal-fired power station, Brandenburg, Germany

In the twentieth century average global temperatures have risen by 0.6°C. Most of this increase has occurred in the last 40 years (Fig.6.6). In fact 1990 and 1995 were the two warmest years ever recorded. A temperature rise of just 0.6°C in a hundred years may not seem very much, but it is the most rapid increase since the end of the Ice Age, 10 000 years ago (see section 2.2). Moreover, many scientists believe that the Earth's climate is going to get even warmer. By 2100 the average global temperature could be between 1.6°C and 4°C higher than today's.

The evidence of a warmer global climate is easy to find. In the Alps, glaciers have shrunk to half their size since 1850 (see Figs 2.7–2.8). In recent years huge icebergs the size of an English county have broken away from the Antarctic ice shelf. Rapidly melting ice, combined with the expansion of ocean water because of higher temperatures, has resulted in sea level rising by 25 cm this century.

Causes of global warming

The key question is this: is global warming simply a natural event (the sort of trend which has occurred on many occasions in the past), or is it the result of human influence? Until recently scientists were very cautious about this matter. However, by the mid-1990s the weight of evidence was sufficient for the Intergovernmental Panel for Climatic Change (IPCC) to announce that global warming was probably due to human activity.

The theory behind global warming is called the 'greenhouse effect'. Gases such as carbon dioxide (CO_2) and methane (CH_4) occur naturally in the atmosphere. These gases allow the sun's rays to pass through the atmosphere, but trap heat radiated from the Earth. By trapping radiation, these gases behave like glass in a greenhouse. Without this natural greenhouse effect, the average global temperature would be around –20°C, and the Earth would be uninhabitable.

However, in the past 200 years, industrial development, population growth and rising prosperity have greatly increased the demand for energy (Fig.6.7). Most of this energy has come from burning fossil fuels, and this has greatly increased the amount of carbon dioxide and other greenhouse gases in the atmosphere (Fig.6.8). More carbon dioxide and methane in the atmosphere means that more of the Earth's heat is trapped, causing temperatures to rise further (Fig.6.9). Although fossil fuels also emit sulphur, which has a cooling effect on the atmosphere, scientists now believe that this merely slows down, rather than stops the warming caused by greenhouse gases.

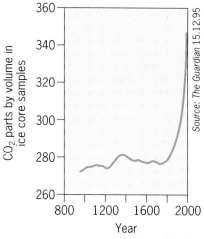

Source: The Guardian 15.12.95

Figure 6.8 (above) Global carbon dioxide concentrations

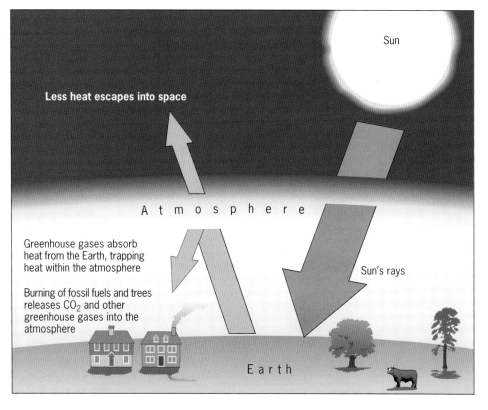

Figure 6.9 The greenhouse effect

Who is responsible for global warming?

The main responsibility for global warming rests with economically developed countries like the USA, Germany and the UK. Because the UK has large reserves of coal, oil and gas it has always relied heavily on fossil fuels (Fig.6.10). Power stations burn these **primary fuels** and convert them to **secondary energy**, i.e. electricity (Fig.6.11). Industries also use some primary fuels directly. For example, oil refineries make oil into petroleum products for transport vehicles, and steelworks use coal for smelting iron. Meanwhile, gas is used widely for domestic heating and cooking.

This reliance on fossil fuels means that the UK makes a small, but significant contribution to global warming. In fact, around 2 per cent of the total man-made emissions of carbon dioxide each year come from the UK, mainly from coal-fired power stations.

Figure 6.10 shows how the importance of coal to the UK's energy economy has fallen since the 1980s. This is largely due to the increased use of gas as an alternative fuel in power stations. And because gas is a cleaner fuel than coal, less carbon dioxide is being released into the atmosphere.

Figure 6.10 UK consumption of primary fuels, 1970–95

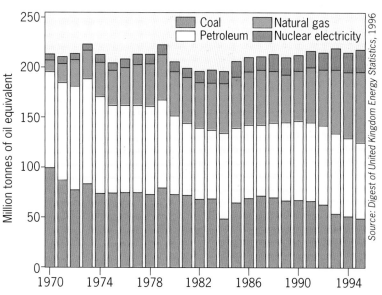

Source: Digest of United Kingdom Energy Statistics, 1996

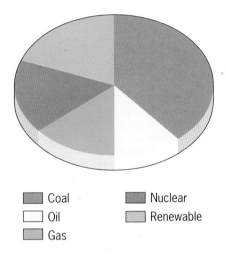

Figure 6.11 World production of electricity by source, 1994

Table 6.3 Carbon emissions and GNP per person

Country	GNP per person (US$)	Carbon emissions (tonnes/person/year)
USA	23 760	5.35
Canada	20 520	4.50
Australia	18 220	4.30
Germany	21 120	3.40
UK	17 160	2.85
Japan	20 520	2.45
Italy	18 090	2.00
France	19 510	1.85
Sweden	18 320	1.75
South Korea	9250	1.60
Mexico	7300	1.05
China	1950	0.55
India	1230	0.20

The consequences of global warming

Global warming has an effect at local and national, as well as the world scale (Table 6.4). Although we hear most about the harmful effects of global warming – disruption of the world's climate, rising sea level, spread of tropical diseases, etc. – it is not all bad news. In the UK for example, climatic change might bring a number of benefits (Fig.6.12).

Figure 6.12 The effects of global warming in the UK

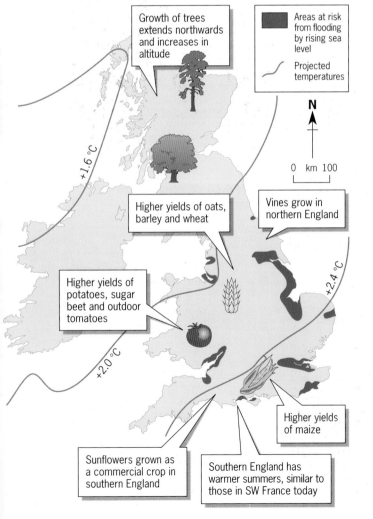

Table 6.4 The impact of global warming

Global	
Rising sea levels	• Melting glaciers and ice sheets and thermal expansion of water in the oceans have led to a rise in sea level of 25 cm since 1900. By 2100 sea level could be 50 cm higher than today. • Several small islands states such as the Maldives and the Marshall Islands could disappear altogether (Fig.6.19). Large parts of Egypt, Bangladesh and South China would be flooded, creating millions of environmental refugees (see Chapter 5).
Climate change	There could be major disruption of the global climate: • Drought, storms and floods could become more frequent. Already severe droughts in southern Africa between 1990 and 1995 meant that 100 million people struggled to grow enough food. • Harvests could drop by one-fifth in Africa and South and South-east Asia: famine would increase. • Siberia could become warmer, allowing greater crop yields. • Ocean currents like the North Atlantic Drift could break-down, giving much colder winters in North-west Europe.

National	
Pests and diseases	There could be an increase in insect pests such as aphids, mites, cockroaches and fleas. As a result, some crop yields could fall. Tropical diseases could spread to temperate regions. The malarial mosquito could re-establish itself in southern England.
Wildlife	Flooding of estuaries and salt marshes could destroy the habitats of millions of birds. Sub-arctic species of plants would disappear, unable to compete with the spread of trees and more vigorous plants. The Scottish Highlands would lose animals such as mountain hares, snow buntings and ptarmigans which are adapted to snowy conditions in winter (see Figs 2.36–2.37).

Climate	Southern Britain would become drier, causing severe water shortages. Wetter conditions would prevail in northern Britain. Parts of Spain and southern France would become drier and desert-like.
Sea level change	Low-lying areas of England, e.g. Fens, Somerset and West Lancashire could be flooded unless sea defences are strengthened.
Winter sports	Rising temperatures and lower winter snowfalls could mean economic disaster for ski resorts in the Alps and Scotland.

EXERCISES

7 What proportion of the world's electricity is produced by burning fossil fuels (Fig.6.11)?

8a Plot the information in Table 6.3 as a scattergraph with GNP on the *x*-axis and carbon emissions on the *y*-axis.
b What effect does wealth (GNP per person) appear to have on carbon emissions?
c* Why does the scatter of points on your graph not follow a straight line? Suggest what other factors might affect the level of carbon emissions.

Figure 6.13 (top left) Children queuing for food rations, Somalia

Figure 6.14 (top right) Malarial mosquito

Figure 6.15 (left) Aerial view of the Fens, eastern England

Figure 6.16 (above) Very low water levels, Thruscross Reservoir, North Yorkshire

Figure 6.17 (right) At the ski lift, French Alps

EXERCISES

9 Study Figures 6.13–6.17 and Table 6.4. Suggest how each photograph might be linked to global warming.

Managing global warming

Global warming is a problem which affects all countries. It is also important to remember that global warming has an in-built time-lag. Today's warming is the result of greenhouse gases released 30 years ago. The rise in sea level lags even further behind – between 50 and 100 years. This means that pollution released in 1998 will not affect the weather until 2028, and will not influence sea-level rise until 2048 at the earliest. Thus, even if we stop adding pollution now, global warming and sea level rise are set to continue for at least another 50 years.

If global warming is to be controlled, international action is needed urgently. And yet most countries seem either unable or unwilling to do anything about it. At the 1992 Earth Summit, in Rio de Janeiro, the world's rich countries agreed to reduce emissions of carbon dioxide to 1990 levels by the end of the century. But by 1996 it was clear that few countries would achieve this target.

Government attitudes to global warming depend on their own interests (Fig.6.18). Some countries have more to lose than others. Worst placed are the thirty-six countries which form the Association of

EXERCISES

10 You are a delegate at a meeting to discuss global climate change. You represent one of the following countries or organisations: • an oil exporting country; • a member of AOSIS; • a rapidly industrialising country in Asia; • a transnational car manufacturer; • Greenpeace.
There is a proposal to reduce global carbon dioxide emissions by 60 per cent by 2005.
a Choose one of these roles and state your view on the proposal.
b* Using the information on global warming in this chapter, give detailed reasons to support your view. Be prepared to argue your case in a class discussion.

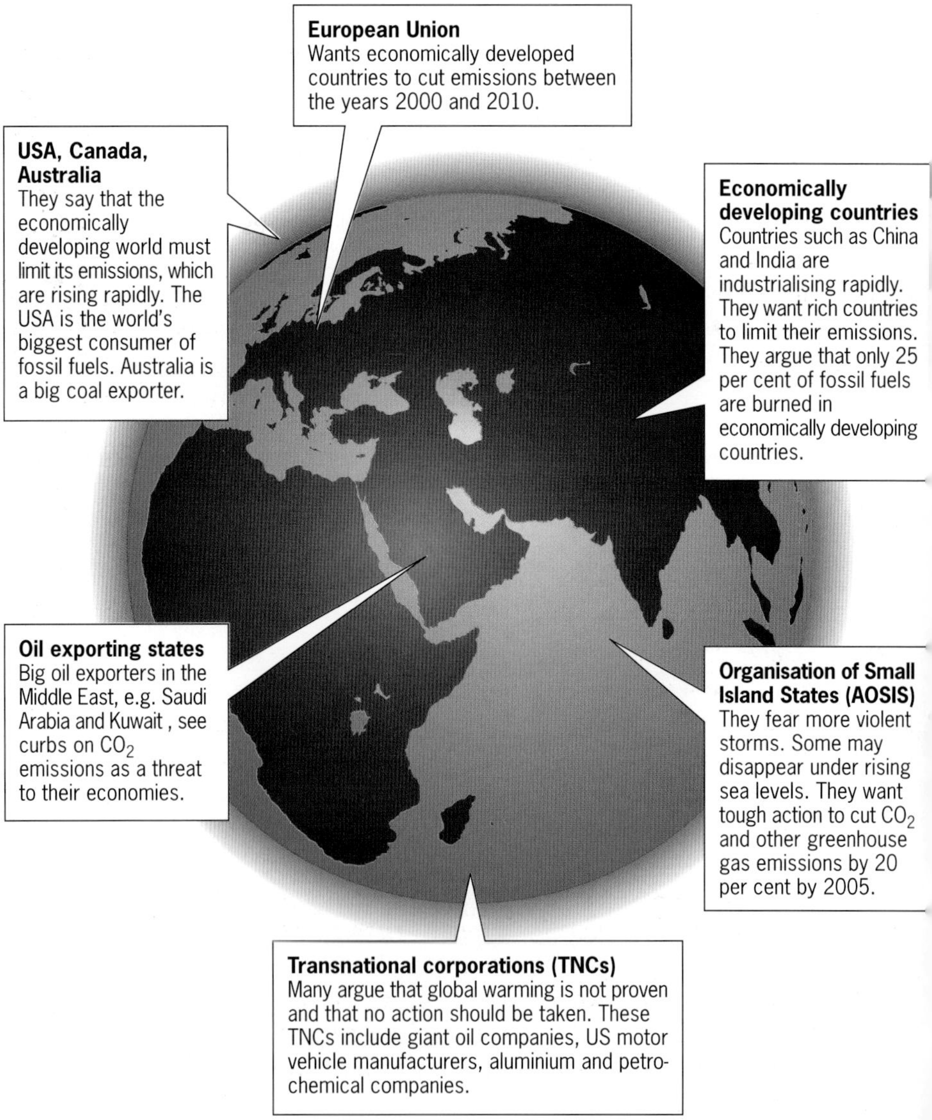
European Union
Wants economically developed countries to cut emissions between the years 2000 and 2010.
USA, Canada, Australia
They say that the economically developing world must limit its emissions, which are rising rapidly. The USA is the world's biggest consumer of fossil fuels. Australia is a big coal exporter.
Economically developing countries
Countries such as China and India are industrialising rapidly. They want rich countries to limit their emissions. They argue that only 25 per cent of fossil fuels are burned in economically developing countries.
Oil exporting states
Big oil exporters in the Middle East, e.g. Saudi Arabia and Kuwait , see curbs on CO_2 emissions as a threat to their economies.
Organisation of Small Island States (AOSIS)
They fear more violent storms. Some may disappear under rising sea levels. They want tough action to cut CO_2 and other greenhouse gas emissions by 20 per cent by 2005.
Transnational corporations (TNCs)
Many argue that global warming is not proven and that no action should be taken. These TNCs include giant oil companies, US motor vehicle manufacturers, aluminium and petrochemical companies.

Figure 6.18 Attitudes towards global warming

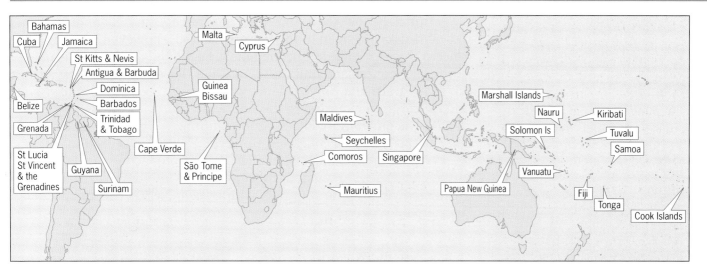

Small Island States (AOSIS) (Fig.6.19). Low-lying islands like the Maldives in the Indian Ocean could be swamped by a sea level rise of just one or two metres. Understandably, they want immediate action to cut greenhouse gas emissions.

Poorer countries such as China and India, which are currently undergoing rapid industrial growth, argue that most pollution (both today and in the past) has come from rich countries. They believe that it is the rich countries who should take action. Meanwhile, in the economically developed world powerful industrial corporations in the oil, petrochemical, automobile and mining industries oppose any reduction in burning fossil fuels, fearing it would hit their profits. Similarly, the major oil exporting countries such as Saudi Arabia and Kuwait, coal exporters such as Australia, and the USA (the biggest energy consumer of them all) are all against reducing emissions. To do so would threaten their standard of living.

6.5 The disappearing ozone layer

Ozone is a type of oxygen found in the Earth's atmosphere. Concentrated between 20 and 30 km above the surface, it absorbs a large part of the sun's ultaviolet (UV) radiation. UV radiation is what gives us a sun-tan in summer. However, in large concentrations UV radiation causes skin cancer and eye cataracts, as well as damaging crops and plankton (which is at the base of the oceans' food chain).

Today the ozone layer is under threat. This threat comes from man-made gases, particularly chlorofluorocarbons (CFCs) used by industry to make propellants in aerosols, refrigerants and plastic foam packaging. Each spring in the Arctic and Antarctic, massive holes appear in the ozone layer. They result from complex chemical reactions between ozone, sunlight, ice particles, and chlorine from CFCs (Fig.6.20).

Figure 6.19 (above) Distribution of AOSIS states

Figure 6.20 (below) Thinning of the ozone layer

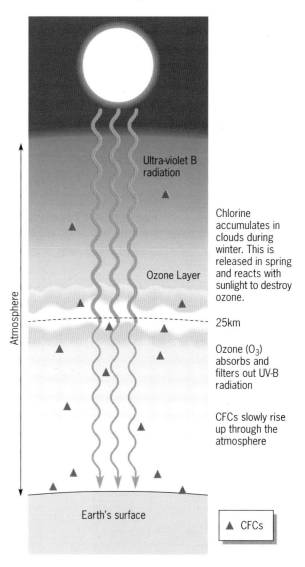

Ultra-violet B radiation

Ozone Layer

Atmosphere

25km

Earth's surface

▲ CFCs

Chlorine accumulates in clouds during winter. This is released in spring and reacts with sunlight to destroy ozone.

Ozone (O_3) absorbs and filters out UV-B radiation

CFCs slowly rise up through the atmosphere

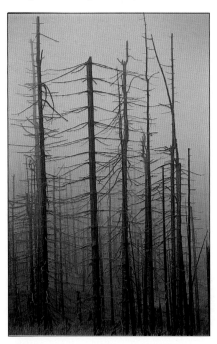

Fortunately, the Arctic and Antarctic are very sparsely populated and so health risks are small in these areas. There is, however, growing concern that the Antarctic ozone hole is beginning to affect parts of Australia, New Zealand and southern Chile (Fig.6.21). To protect against this in Australia and New Zealand, warnings are given about the risk of skin cancer from exposure to the sun.

Like the greenhouse effect, ozone thinning is a global problem that demands action by all countries. However, progress has been made. In the 1980s an international agreement limited production of CFCs. Although CFCs will remain in the atmosphere for many years and cause further loss of ozone to continue, within the next 50 years the ozone layer should recover.

EXERCISES

11 Read through Figure 6.21.

a Find the latitude of Punta Arenas in an atlas.

b Describe the effects of ozone thinning on people and animals in Punta Arenas.

c How do people protect themselves from the dangers of UV radiation?

d What are the economic effects in Punta Arenas of thinning ozone?

e* Why do you think that it has been easier to get international agreement on the ozone problem than on global warming?

Figure 6.21 Ozone hole keeps Chilean city under wraps (Calvin Sims, *The Guardian* 7.3.95)

The people of Punta Arenas, a quiet port, lying on the Strait of Magellan at the bottom of the world, do not venture outside without first rubbing sun block on their exposed skin and donning dark glasses.

For this, the 113000 residents of Punta Arenas have one man to thank, or to despise. He is Bedrich Magas, an electrical engineering professor at the city's University of Magallanes.

It was Dr Magas who first alerted his home town to the dangers of a large hole in the ozone layer which exposed the area, he says, to unsafe levels of solar radiation.

For the past eight years he has appeared on television and radio programmes and lectured to community groups, school children and agricultural associations, warning people to avoid prolonged exposure to the sun.

As he walks through the streets of Punta Arenas, Dr Magas is approached by mothers who complain that the fair-skinned children turn bright pink when playing outdoors, and farmers who say their sheep are going blind from cataracts they attribute to the sun's rays.

He tells them to shield themselves when the sun is high in the sky and to put pressure on the government to finance research into the impact the radiation may have on them.

'It is much too early in the process to say for certain that the problems these people are experiencing are due to ozone depletion,' Dr Magas said. 'But what we do know is that such high levels of radiation are dangerous and destructive. We are facing a worldwide emergency that is starting in Antarctica and spreading north and something must be done.'

But...the last mayor said Dr Magas was destroying the lucrative ecological tourist industry that Punta Arenas desperately needs as its sheep farming declines.

The city has become the main gateway to the Antarctic, and the cruise ships and flights that use it have created local jobs.

What is certain is that Punta Arenas, the world's southernmost city, is the only place where large numbers of people live under the Antarctic hole in the upper atmospheric ozone layer. This is believed to be caused by chlorofluorocarbons (CFCs), once heavily used as propellants for aerosols, as refrigerants, and in the productions of plastic foams.

6.6 Acid rain

In the industrialised countries of the northern hemisphere much of the rainfall is sour and acid. The cause of this acid rain is air pollution (see Fig.6.7). The main culprits are power stations and oil refineries burning fossil fuels and giving off waste gases, especially sulphur dioxide and oxides of nitrogen (Fig.6.22).

Results of acid rain

Acid rain has done serious harm to forests (Fig.6.23), soils, lakes, rivers and the stonework of buildings. For example, in Scandinavia large tracts of coniferous forest are dying and thousands of lakes, acidified by pollution, are lifeless. The Scandinavian states blame the UK for many of these problems. They argue that prevailing south-westerly winds dump acid rain generated in the UK on their forests and lakes.

Within the UK, the problem of acid rain varies from place to place. Worst affected are upland areas with high rainfall and hard, impermeable rocks (Fig.6.24). Not only does high rainfall deposit more acid on these areas but their impermeable rocks mean that acid water runs unaltered into rivers and lakes. In contrast, where permeable rocks such as chalk and limestone are found, acid water seeping into the ground is neutralised before it reaches streams and rivers.

Figure 6.23 Trees killed by acid rain, Czech Republic

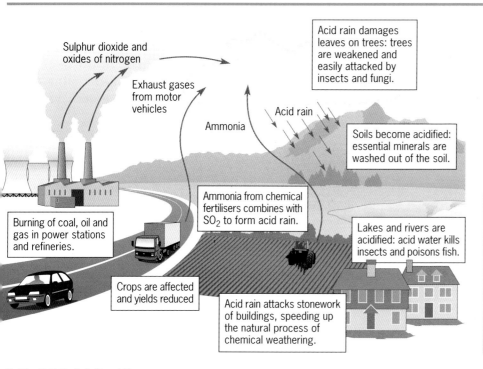

Figure 6.22 Acid rain: causes and effects

Sulphur dioxide and oxides of nitrogen

Exhaust gases from motor vehicles

Ammonia

Acid rain

Acid rain damages leaves on trees: trees are weakened and easily attacked by insects and fungi.

Soils become acidified: essential minerals are washed out of the soil.

Burning of coal, oil and gas in power stations and refineries.

Ammonia from chemical fertilisers combines with SO_2 to form acid rain.

Lakes and rivers are acidified: acid water kills insects and poisons fish.

Crops are affected and yields reduced

Acid rain attacks stonework of buildings, speeding up the natural process of chemical weathering.

EXERCISES

12 Study Figure 6.24 and Table 6.5.

a Make a list of the places in Figure 6.24 and state the likely acidity (high, medium, low) of surface water at each place.

b* Give a general summary of how the effects of acid rain will vary across the UK.

Table 6.5 Rainfall acidity

Mean annual rainfall	Acidity on impermeable rocks	Acidity on permeable rocks
More than 1500 mm	High	Medium
1000–1500 mm	High	Medium
Less than 1000 mm	Medium	Low

Figure 6.24 (below left) Rainfall, rock type and acid rain in the UK

Figure 6.25 (below) Distribution of power stations in the UK

□ Coal-fired
▣ Coal and oil-fired
● Oil-fired
◓ Gas-oil-fired
◕ Gas turbine
× Wind farm
△ Nuclear
+ Oil refinery
◉ Nuclear re-processing plant

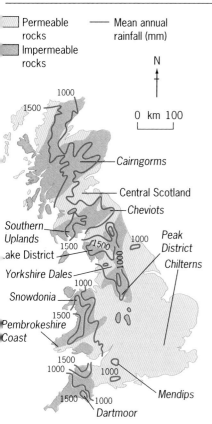

Permeable rocks
Impermeable rocks
Mean annual rainfall (mm)

N

0 km 100

1000
1500
Cairngorms
Central Scotland
Cheviots
Southern Uplands
Lake District
1500
1500
1000
Peak District
Chilterns
Yorkshire Dales
1000
Snowdonia
1500
Pembrokeshire Coast
1500
1000
1000
1500
1000
Mendips
1500
Dartmoor

Reducing sulphur dioxide

The EU has taken steps to reduce emissions of gases causing acid rain. An EU directive in 1988 called for a 40 per cent reduction in sulphur dioxide emissions within 10 years. In fact the UK's emissions halved between 1970 and 1993. This was mainly due to the rising popularity of gas as a primary fuel for home heating, and the switch from coal-fired to nuclear and gas-fired power stations.

Sulphur dioxide can be removed from the chimneys of coal-burning power stations. Drax is the UK's largest coal-fired power station (Fig.6.25) and the first to be fitted with desulphurisation equipment. It burns over 10 million tonnes of coal a year, all of which comes from the nearby Selby coalfield (see Fig.6.27). The desulphurisation equipment uses limestone, and removes 90 per cent of

Sellafield
Drax
Sizewell B
Milford Haven
Carland Cross

Figure 6.26 Coal production in the UK

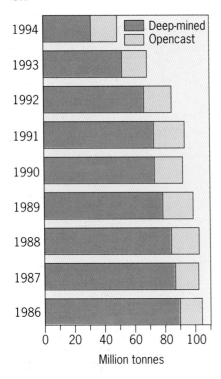

Figure 6.27 Coalfields and coal mines in the UK

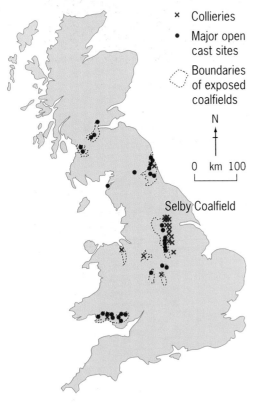

sulphur dioxide from waste gases. As a by-product, gypsum is made and sold to the plasterboard industry. But desulphurisation is expensive and adds significantly to the cost of electricity. As competition from gas-fired power stations increases, Drax may be forced to use cheaper, imported coal with a higher sulphur content. If this happens, the production of waste gases which cause acid rain will increase.

6.7 Opencast mining and the environment

We have seen how, at a world scale, burning coal and other fossil fuels causes atmospheric pollution and problems such as global warming and acid rain. At a local scale, coal extraction also leads to environmental damage. Mountains of waste from coal mines are dumped to form unsightly spoil heaps. Abandoned mine workings cause surface subsidence which can damage buildings and disrupt drainage. Additionally, an increasing problem in the UK is highly polluted water seeping from old mine workings.

Coal mining in the UK

Since the mid-1980s the UK coal industry has undergone massive decline (Fig.6.26). This has not always reduced the pressure of coal mining on the environment. One reason for this has been an expansion of opencast mining (Fig.6.27). Essentially, opencasting is quarrying coal from the land's surface. It is much cheaper than traditional deep mining. However, the Council for the Protection of Rural England describes opencasting as 'one of the most environmentally destructive processes carried out in Britain'. Opencast operations often occupy huge sites and create holes up to 150 m deep. Great mounds of earth act as screens around the site to reduce the noise of blasting and wind-blown dust. Within this protective screen, open casting creates a lunar landscape (Fig.6.28). Today, one-third of the UK's coal production comes from opencast sites.

By law, mining companies have to manage opencast sites in order to minimise their effects on local residents and on the landscape. Yet, no-one could argue that opencast operations are anything other than ugly. Although land restoration methods are improving, it still takes many years for agricultural land to return to its former productivity, and for trees and hedgerows to become established. Planning authorities also try to control opencasting by not allowing development in environmentally sensitive areas such as National Parks, Areas of Outstanding Natural Beauty and Nature Reserves (which are areas also attractive to tourists, see Chapter 7).

In its defence, opencast mining is only temporary. Once mining has ended, the mining companies have to restore the site. In areas badly affected by deep mining in the past, opencasting can even improve the landscape. Opencasting also creates jobs, often in parts of the country where unemployment is high, and provides cheaper coal for electricity generation and for industry. Meanwhile, if the only way to maintain our standard of living is to burn large amounts of fossil fuels, many people would argue that some environmental damage is a price worth paying.

Figure 6.28 (left) Opencast coal mining, Hirwaun, South Wales

EXERCISES

13 What is your attitude to opencast mining? Explain your view taking account of the following: • the need for cheap coal; • the need for employment in coalfield areas; • the effect on agriculture, local residents, wildlife and the landscape.

6.8 Alternative resources

Our dependence on fossil fuels cannot continue for much longer. There are two reasons for this. First, these resources will eventually run out, so that alternative fuels will have to be found. And second, their use creates serious global environmental problems.

So what is the answer? We shall examine two possibilities in this section: a gradual shift away from non-renewable to renewable resources; and an expansion of nuclear energy.

Nuclear power

Nuclear energy is produced by the fission of uranium in nuclear reactors. Although uranium is a non-renewable resource, there is enough available to supply the nuclear industry for the foreseeable future. (It is also possible to recycle uranium, making future supplies even more secure.) Nuclear energy has another advantage: because it does not produce carbon dioxide and other waste gases it does not contribute to global warming or acid rain.

Radioactivity

Despite these advantages, the expansion of nuclear power is not popular. The main reason is concern over its safety. Attitudes to nuclear power changed after the world's worst nuclear accident at Chernobyl in the Ukraine in 1986, when an explosion in a nuclear reactor scattered radioactive particles across a large area of Europe. Since then hundreds of people in eastern Europe have suffered from radiation-related cancers, and thousands more will be affected in future. Even today parts of upland Britain are still contaminated with radioactive fall-out from Chernobyl. Although the British nuclear industry has a good safety record, since Chernobyl the UK has built only one new nuclear power station – Sizewell B in Suffolk (Fig.6.29, see Fig.6.25).

About 20 per cent of the UK's electricity comes from nuclear power, but with little recent investment this will fall. Some of the oldest nuclear power stations, dating from the early 1960s, have already closed down and others will follow by 2000. And because new stations can take up to 10 years to build, old stations cannot be replaced quickly.

Figure 6.29 Sizewell B nuclear power station

EXERCISES

14 Should nuclear power replace fossil fuels as the world's main energy source in future? State and explain your opinion on this matter.

EXERCISES

15 Use Figure 6.25 to describe and explain the distribution of wind farms in the UK.

A major headache for the nuclear industry is the disposal of radioactive waste. The most toxic, high-level waste will remain radioactive for thousands of years. Eventually it will have to be put into specially designed storage areas, deep underground. However, no such storage area has yet been completed by any country. In addition, people object strongly over the siting of storage areas. For now, all high-level radioactive waste in the UK will continue to be stored on the surface at the nuclear re-processing plant at Sellafield in Cumbria (see Fig.6.25).

Renewable resources

In future coal, oil and gas fired power stations could be replaced by wind farms and other forms of renewable energy (Fig.6.30). In fact, the UK government wants to produce 5 per cent of the country's electricity from renewables by the year 2000.

Wind power

Wind, one of the first sources of power to be used by people, is renewable, efficient and non-polluting. Moreover, modern wind turbines occupy only a small area, so that people can use wind farms not only for generating electricity, but also for other activities. Wind farms, unlike nuclear and thermal power stations, are also easy to build and to dismantle. However, all forms of energy production have some environmental impact. Wind power is no different and has its opponents. Some people feel that wind turbines spoil the appearance of the landscape. Unfortunately, the best places to site wind farms – hilly areas in western Britain – are often the most scenic. Other people, who live close to wind farms, complain about the noise made by the blades of the turbines. A further disadvantage is that because wind is intermittent, it is not always possible to generate electricity when it is needed.

Two-fifths of Europe's usuable wind energy is in the British Isles. In

Figure 6.31 Carland Cross wind farm, Cornwall

Figure 6.30 Other forms of renewable energy

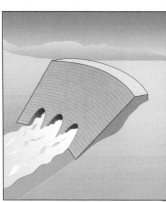

Geothermal power
Feasible where hot rocks, due to volcanic activity, lie close to the surface. Iceland gets most of its electricity from geothermal power (see Book 1, Chapter 1). Granite formations in South-west England have the potential for development.

Wave power
There is great potential on the UK's stormy western coastlines. Small wave machines are already working well in Norway.

Tidal power
The UK with its large tidal range, could produce huge amounts of electricity from barrages across estuaries. Disadvantages include the high capital costs; the disruption of navigation; and the destruction of important wildlife habitats (mudflats, salt marshes) in estuaries.

Solar power
Solar power can be used to heat water directly for domestic heating; to make steam to generate electricity; to generate electricity directly using photo-voltaic cells. Places in low latitudes with cloudless climates have the greatest potential although solar power is relevant even in cloudy, high latitude climates. But it is costly and solar power plants need large areas to collect sunlight. Also, power production stops at sunset.

Hydro-power
Hydroelectric power (HEP) already provides nearly 2 per cent of the UK's electricity. HEP is important in countries with high mountains and large rivers, e.g. Norway and Sweden. There are significant environmental costs, particularly where dams are built and valleys are flooded.

theory, the UK could produce 20 per cent of its total energy from land-based wind farms, and three times this amount if wind farms were located offshore. Between 1990 and 1994, the UK built 415 wind turbines (see Fig.6.25). Typical is Carland Cross wind farm in Cornwall (Fig.6.31), built in 1992. Its 15 turbines produce 6MW of electricity – enough to supply 4500 homes. Although small scale, compared to an equivalent coal-fired plant, the saving in air pollution is considerable: 13 000 tonnes of carbon dioxide and 190 tonnes of sulphur and oxides of nitrogen a year.

Fuel wood

Wood is probably the most ancient fuel. Today there is renewed interest in **biofuels** and particularly in growing wood for use in small wood-burning power stations (Fig.6.32). In four years, one hectare of willow and poplar can produce the energy equivalent of six tonnes of oil. Although carbon dioxide is released when the wood is burnt, it is no more than the amount absorbed by the trees during their growth.

The UK's first wood-burning power station, fuelled by willow saplings, opened at Eggborough in North Yorkshire in 1995. It generates 8MW – enough to supply a town of 16 000 people. The project has created 40 jobs in running the plant and managing the 2000 ha of willow saplings. Because transport is expensive, the power plant must be located close to the plantations.

With large amounts of arable land being taken out of food production (see Book 1, Chapter 8), willow and poplar qualify for payments under the Common Agricultural Policy's set-aside scheme (because they are non-food crops). The plantations also provide valuable wildlife habitats.

6.9 Recycling and conserving resources

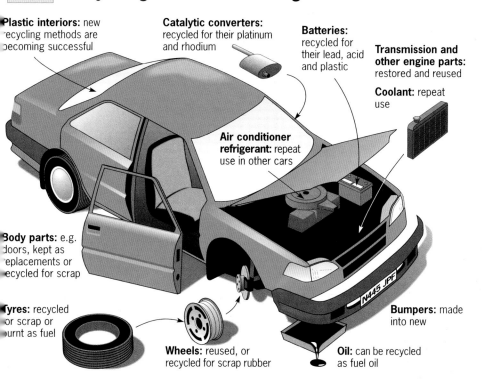

Plastic interiors: new recycling methods are becoming successful

Catalytic converters: recycled for their platinum and rhodium

Batteries: recycled for their lead, acid and plastic

Transmission and other engine parts: restored and reused

Coolant: repeat use

Air conditioner refrigerant: repeat use in other cars

Body parts: e.g. doors, kept as replacements or recycled for scrap

Tyres: recycled for scrap or burnt as fuel

Wheels: reused, or recycled for scrap rubber

Oil: can be recycled as fuel oil

Bumpers: made into new

N445 JPF

EXERCISES

16 Study Figure 6.31.
a Suggest one possible advantage of this site for wind turbines.
b What other type of land use is found within and around the wind farm?
c Give your opinion of the impact of wind farms on the landscape in Figure 6.31.

17a Summarise the advantages and disadvantages of renewable energy resources.
b In your opinion, which type of renewable energy has the greatest potential for the future? Give reasons.

Figure 6.32 Willow/poplar plantation: the wood is produced for burning in a nearby power station

Figure 6.33 Recyclable car components

115

Figure 6.34 (below) Recycling: the amount carbon emissions are reduced when 10 per cent of various materials are recycled

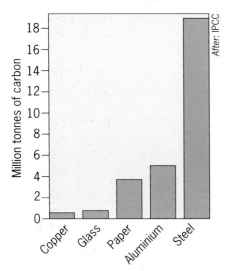

Figure 6.35 (above) Scrapyard, Tilbury, Essex: Tilbury exports scrap metal to steel mills all over Europe and the Far East

Figure 6.36 (right) Waste paper recycling

In Book 1, Chapter 4, we saw how there is a constant cycling of energy in the natural world. Nothing is wasted in natural systems: anything produced by one organism as waste is used by another. Today, the challenge is to design products which can be fully recycled in an economic system without producing any waste (Fig.6.33). Only in this way can we can manage the Earth's non-renewable resources and achieve truly **sustainable** growth.

Recycling resources

Metals such as steel, copper and aluminium, as well as other products, have been recycled for many years (Figs 6.34–6.36). Your family may even help to recycle some of its waste. In some parts of the UK homes have separate bins for different types of household waste. Bottle banks and skips for waste paper and even plastics have become familiar sights in shopping centres. Even so, large quantities of materials which could be recycled still end up on rubbish tips.

Conserving resources

We can also help to conserve resources by aiming for greater efficiency in the way we use them. For instance, we can obtain more energy from fossil fuels and wood by burning them in more efficient furnaces and stoves. More than half the energy consumed in the UK is used in buildings. Savings here can be very significant. Thus, the UK government gives grants for improving insulation in homes. This may involve insulating the roof space or filling cavity walls with foam to reduce heat loss. Windows and doors can be tripled-glazed, which also helps to retain heat. We could also design more energy-efficient houses. For example, because heat rises it makes more sense to have the living area on the first floor and the bedrooms and bathroom on the ground floor.

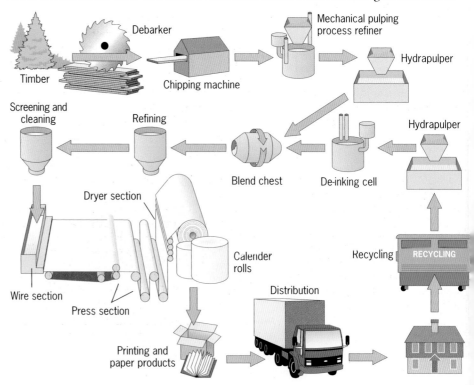

Similarly, more advantage could be taken of free solar energy. Houses aligned east-west and with plenty of windows on south facing walls (and few on north-facing walls) will maximise the solar energy gain.

6.10 Summary: Managing natural resources

Key ideas	Generalisation and detail
Natural resources are things which are valuable to people.	• Natural resources include fuels, minerals, water, timber, soil, fish, etc.
Natural resources can be divided into two groups: renewable and non-renewable.	• Non-renewable resources such as fossil fuels are finite and will eventually run out. • Renewable resources are either constantly recycled (e.g. water), or renewed (e.g. plants and animals), or are inexhaustible (e.g. solar energy).
No simple relationship exists between a country's natural resources and its level of development.	• Possessing a wealth of natural resources does not guarantee development. Many of the world's poorest countries have a huge natural resource potential (e.g. Sierra Leone). • Several rich countries, such as Japan and the Netherlands, have few natural resources. Their success is based on human resources (i.e. education and skills of their populations). However, the amount of natural resources consumed per person is a good indicator of development.
The world's reliance on non-renewable resources is not sustainable and is responsible for global environmental problems.	• Atmospheric pollution through the burning of fossil fuels is responsible for global warming and acid rain. • Global warming will cause major disruption to the world's climate and rising sea levels in the twenty-first century. • Acid rain is a more localised problem which destroys forests, aquatic life in lakes and rivers and attacks the stonework of buildings. • Ozone thinning, caused by the use of CFCs in industry, poses a health risk through increased levels of UV radiation.
It is difficult to get international agreement on tackling global environmental problems.	• Global warming centres around the atmosphere, which is not the responsibility of any one country. • Countries often have conflicting interests. For poor countries, rapid industrialisation (based on fossil fuels) may bring advantages which outweigh the disadvantages of global warming. Major coal, oil and gas exporters don't want any cut-back in the use of fossil fuels. On the other hand, many small islands states (e.g. Maldives) will be drowned by rising sea levels unless global warming is stopped.
The development and use of resources at a local scale can have a significant environmental impact.	• Opencast mining has a devastating effect on local environments. Minimising these effects requires careful management by mining companies and planners. • Planners must take account of other interests, including agriculture, conservation and tourism, etc.
Greater emphasis must be put on renewable/alternative resources to achieve sustainable growth in future.	• Nuclear power could be expanded but at the moment there are doubts concerning its safety. • Renewable energy resources, such as wind, solar and hydro power, and bio-fuels will become more important. But in the short term they cannot fully replace fossil fuels.
Governments need to encourage greater efficiency in the use of resources and more recycling to achieve sustainable growth in future.	• Manufactured items such as cars should be designed so that all of their materials are recyclable. • Fuels should be burned more efficiently; buildings should conserve energy and make maximum use of solar energy.

117

7 Tourism

EXERCISES

1a Name the places you have visited as a tourist in the last year or two. Make a list of the natural and human resources found at these places.

b Study Figures 7.1–7.5. For each photograph describe the possible resources for tourism. Suggest what type of tourist activities might be developed around these resources.

7.1 Introduction

When we have free time, or **leisure**, we can choose how to spend it. There are many options: we might read a book, play a sport, go to the cinema or simply do nothing! Tourism is one way of spending some of our leisure time. It involves visiting places, either on a day trip, or by staying away from home for at least one night. In the last 50 years the demand for tourism has soared. As a result, tourism has become one of the world's fastest growing industries. In this chapter we shall look at the growth and importance of tourism, and the advantages and disadvantages it brings. But first, we'll consider the resources which are the basis of tourism.

Figure 7.1 (top left) Thorsmark, Iceland

Figure 7.2 (top middle) Dyrholaey, Iceland

Figure 7.3 (top right) Elephants in Amboseli National Park, with Mt Kilimanjaro in distance, Tanzania

Figure 7.4 (far left) Tourists crossing St Mark's Square during a flood, Venice, Italy

Figure 7.5 (left) Warriors from the Masai tribe, Kenya

7.2 Resources for tourism

Tourism, like any other economic activity, depends on both natural and human resources. Mediterranean countries such as Greece have warm, sunny climates and sandy beaches; the Alps offer stunning mountain scenery, snow and lakes; while East Africa is home to some of the world's most spectacular wildlife. All of these attractions are natural resources that provide opportunities for recreation. However, some resources for tourism are man-made. For example, tourists visiting Paris or Rome will be attracted by human resources. These might include the cities' buildings, culture, history and night life.

7.3 Tourism in the UK

Mass tourism in the UK began in the second half of the nineteenth century. Seaside resorts such as Scarborough and Southend grew rapidly to serve people visiting from the expanding industrial towns and cities. Two things made this possible. First, the development of the railways offered cheap and rapid transport for thousands of tourists and day trippers. And second, the introduction of paid holidays meant that workers could afford a week's holiday away from home.

> **EXERCISES**
> **2a** Most Victorian seaside resorts developed to serve nearby industrial towns and cities. Find the location of the following resorts in an atlas: Blackpool, Brighton, Clacton, Margate, Skegness, Southport, Scarborough, Southend, Weston-super-Mare and Whitley Bay.
> **b** Suggest which major urban centres they would have served during the nineteenth century.
> **c*** There were no large Victorian resorts in Cornwall, Norfolk and West Wales. Suggest possible reasons for this.

CASE STUDY

7.4 Blackpool: a Victorian seaside resort

Blackpool is the biggest and most popular seaside resort in the UK. Tourism is vital to the town. In 1995, 17 million visitors spent nearly £450 million in the resort, and 30 000 jobs depend on the tourism industry.

Seaside resorts like Blackpool are relatively new settlements. Until the mid-nineteenth century Blackpool was little more than a village. Only wealthier people visited the seaside, and they were attracted by the supposed health-giving properties of sea water and sea air.

All this changed in 1846 when the railway connected Blackpool to the fast-growing industrial towns of northern England. Almost overnight Blackpool became the first 'working class' resort, providing recreation and entertainment for thousands of factory workers from Lancashire and Yorkshire.

As Blackpool's popularity increased, so the town expanded. Row upon row of terraced boarding houses were built to accommodate visitors. Soon the town sprawled in an untidy ribbon along the sea front, from Fleetwood in the north to Lytham St Anne's in the south (Fig.7.6).

Figure 7.6 Blackpool: its relative location to motorways and major centres of population

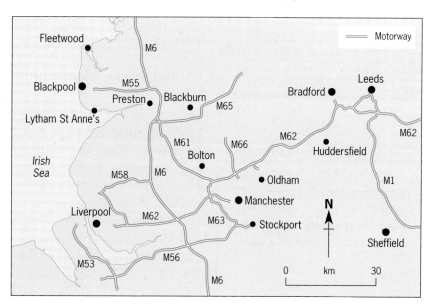

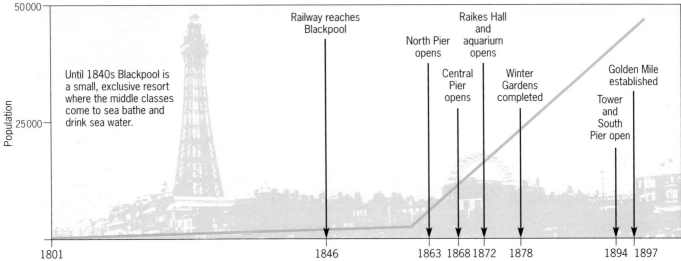

Until 1840s Blackpool is a small, exclusive resort where the middle classes come to sea bathe and drink sea water.

Railway reaches Blackpool

North Pier opens

Central Pier opens

Raikes Hall and aquarium opens

Winter Gardens completed

Golden Mile established

Tower and South Pier open

Population

50000

25000

1801   1846   1863 1868 1872   1878   1894 1897

Figure 7.7 (above) Population growth and the development of visitor attractions in Blackpool, 1801–1901

Figure 7.8 (top left) Engraving of early Victorian Blackpool, c. 1840

Figure 7.9 (top middle) Beach crowds near Blackpool Pier, c. 1890

Figure 7.10 (top right) Holiday-makers by Blackpool Tower, 1903

By 1890 Blackpool was attracting over a million visitors a year. They came not just because of the sea and beaches. From 1860 onwards Blackpool also provided a whole series of man-made attractions which drew visitors (Fig.7.7). These included a promenade, three piers, the Winter Gardens, the Golden Mile and the Tower (Figs 7.8–7.10). The town offered all manner of entertainments: amusement arcades, slot machines, open-air dancing, bingo, music hall, firework displays and even steamer trips to the Isle of Man.

Modern-day Blackpool

British seaside resorts have been in decline for many years. Package holidays to the Mediterranean, based on cheap air travel and guaranteed sunshine, have eroded their popularity. Today, as many British people take their main holiday abroad as in the UK.

Like other resorts, Blackpool now relies more on day trippers and short-break visits rather than long-stay visitors. Yet despite the general decline of British seaside resorts, Blackpool is still popular.

Why is this? One reason is that Blackpool has always provided new entertainments to attract visitors. Year in year out, Blackpool's Pleasure Beach (a giant funfair) is the single most popular tourist attraction in the UK. Investment in new attractions like the Pepsi Max roller coaster continue to pull in the crowds. Another reason is Blackpool's

---

EXERCISES

3 Study Figure 7.11. State three ways in which the model of a seaside resort differs from the concentric ring model (see Book 1, Chapter 6) of a typical town.

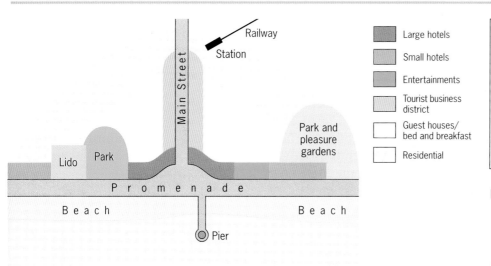

Figure 7.11 Model of a seaside resort

EXERCISES

4 Study Figure 7.12.
a State the direction in which the camera is pointing. Give your reasoning.
b Describe Blackpool's shape.
c* Suggest a possible reason for Blackpool's shape.

illuminations. Started in 1912, they help to extend the tourist season well into October. And lastly, the resort has worked hard to capture the profitable conference trade. This helps to fill guest houses and hotels outside the main tourist season.

Blackpool's geographical position also gives it two other advantages. First, it is easily accessible by the motorway network (Fig.7.6). And second, within 90 minutes' journey time there is a population of nearly 10 million potential visitors (Table 7.1).

Table 7.1 Origins of UK visitors to Blackpool

	Visitors (%)	UK population (%)
North-west	24	11.7
Yorkshire & Humberside	17	9.0
Scotland	13	9.4
North	12	5.4
West Midlands	11	9.5
South-east	8	30.2
East Midlands	6	7.2
Rest of UK	9	17.6

Figure 7.13 (above) Britain's leading seaside resorts

Figure 7.12 (left) Aerial view Blackpool, 1996

EXERCISES

5 Plot the origin of visitors in Table 7.1 as a pie chart.
b Describe Blackpool's visitor catchment area in the UK.
c* With reference to Table 7.1 and Figure 7.13, suggest a possible explanation for the differences in the proportion of visitors coming to Blackpool from the different regions.

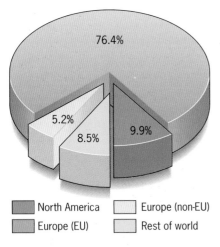

North America Europe (non-EU)
Europe (EU) Rest of world

Figure 7.14 (above) World destinations of UK tourists, 1995

Figure 7.15 (right) Destination of UK tourists to Europe, 1994

EXERCISES

6 Study Figure 7.18.
a Summarise the regional pattern of tourism for: • British residents, • foreign visitors.
b* Suggest possible reasons for the differences in the regional patterns.

Figure 7.16 (below left) Growth of foreign tourism to the UK, 1960–95

Figure 7.17 (below right) Employment in tourism in the UK, 1995

Travelling abroad

Today people travel much further than their nearest seaside resort. In fact, Britons spent £14.5 billion on overseas holidays in 1995, with France, Spain and the USA the most popular destinations (Figs 7.14–7.15). Foreign tourism to the UK has also grown dramatically in the last 35 years (Fig.7.16). There are several reasons for this. People have longer paid holidays; they are better-off and can afford to spend more on tourism; and improvements in transport (in particular, cheap air travel) have made international tourism much easier.

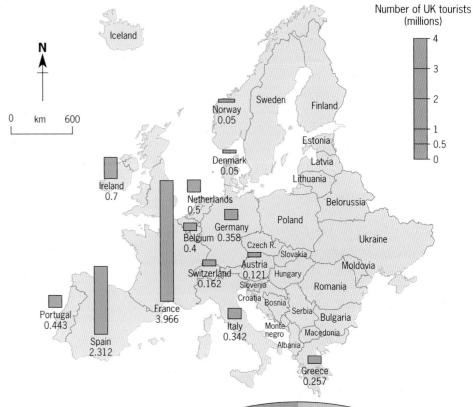

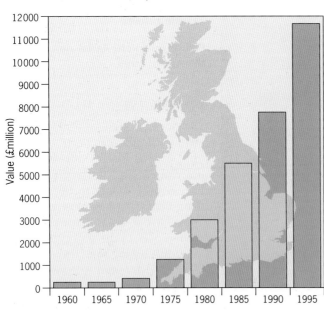

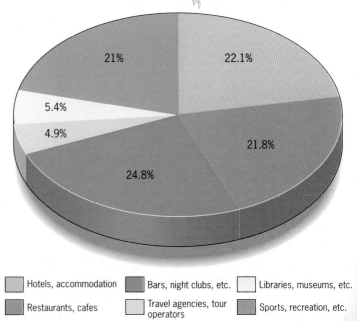

Hotels, accommodation Bars, night clubs, etc. Libraries, museums, etc.
Restaurants, cafes Travel agencies, tour operators Sports, recreation, etc.

Tourists visiting the UK

Nowadays tourism in the UK is a huge industry. In 1995 the UK received 23.5 million foreign visitors who spent nearly £12 billion. Moreover, tourism employs more than 1.5 million people in hotels, restaurants, cafes, pubs, travel agencies, museums, sports centres and so on (Fig.7.17).

7.5 National parks in England and Wales

We have seen that the tourist attractions of sea-side resorts like Blackpool are largely man-made. Very different, though, are the national parks of England and Wales. The parks' principal attractions are their natural beauty and wildlife. However, these are fragile resources, easily damaged by visitors. Unlike seaside resorts, tourism is only **sustainable** in national parks through careful management of the countryside and control of visitors.

Features of national parks

National parks are large tracts of relatively wild land defined by Act of Parliament. Most are areas of mountain and moorland (Fig.7.19). Because of their oustanding natural beauty, they are protected by legislation against development. Altogether there are ten national parks in England and Wales, plus the Broads in East Anglia which has a similar status. National parks cover 7 per cent of the land area of England, and 20 per cent of Wales.

Each park is looked after by a National Park Authority (NPA) whose main purpose is to protect the environment. However, NPAs also have a duty to promote 'quiet enjoyment and understanding of the parks', and take account of the economic and social needs of local people. Two features of national parks make these responsibilities particularly difficult. First, despite their name, most of the land in national parks belongs to private individuals. And second, national parks are not areas set aside exclusively for conservation. A wide range of economic activities use national parks, including forestry, agriculture, mining and quarrying, water supply, army training and tourism (see section 7.6).

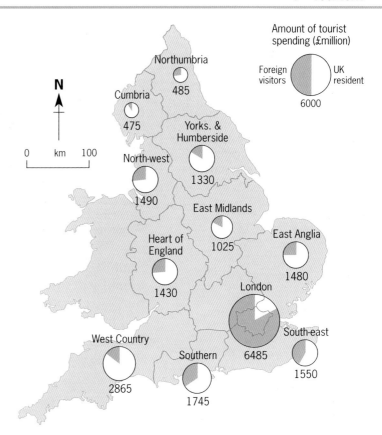

Figure 7.18 (above) England's regional pattern of tourism 1995

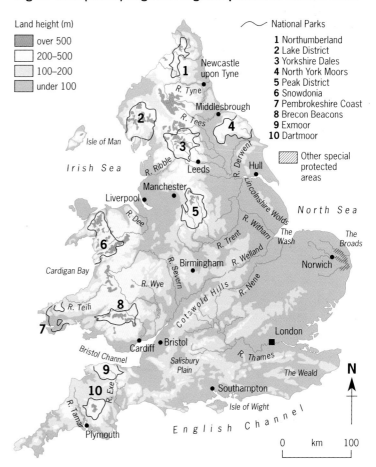

Figure 7.19 Distribution of national parks in England and Wales

7a Describe and explain the distribution of national parks in England and Wales (Fig.7.19).
b Plot the information in Table 7.2 as a series of bar charts.
c* Suggest three possible reasons for differences in the number of visitors to national parks (Table 7.2).

Table 7.2 Number of visitor days in national parks

	Visitor days (millions)
Brecon Beacons	7
Dartmoor	8
Exmoor	3
Lake District	20
Northumberland	1
North York Moors	11
Peak District	20
Pembrokeshire Coast	13
Snowdonia	8

Conflicting uses of national parks

Sometimes the various economic activities within national parks conflict with conservation and with each other. Quarrying for example, is important in several national parks (see Book 1, Chapter 2). Yet its effect is to destroy the very landscape national parks are supposed to protect. In addition, army firing ranges cover large areas of national parks, including the Northumberland National Park, Brecon Beacons and Dartmoor. The army's activities have a similar destructive effect. Such uses also conflict with the main purpose of national parks: to promote 'quiet recreation', conservation and public access. However, some of the most serious conflicts centre around tourism. Our next task is to examine these conflicts in more detail in the context of the Lake District National Park.

CASE STUDY

7.6 The Lake District

Figure 7.20 (right) Crinkle Crags from Great Langdale

Figure 7.21 (below) Great Langdale

Figure 7.22 (below right) Lake Windermere

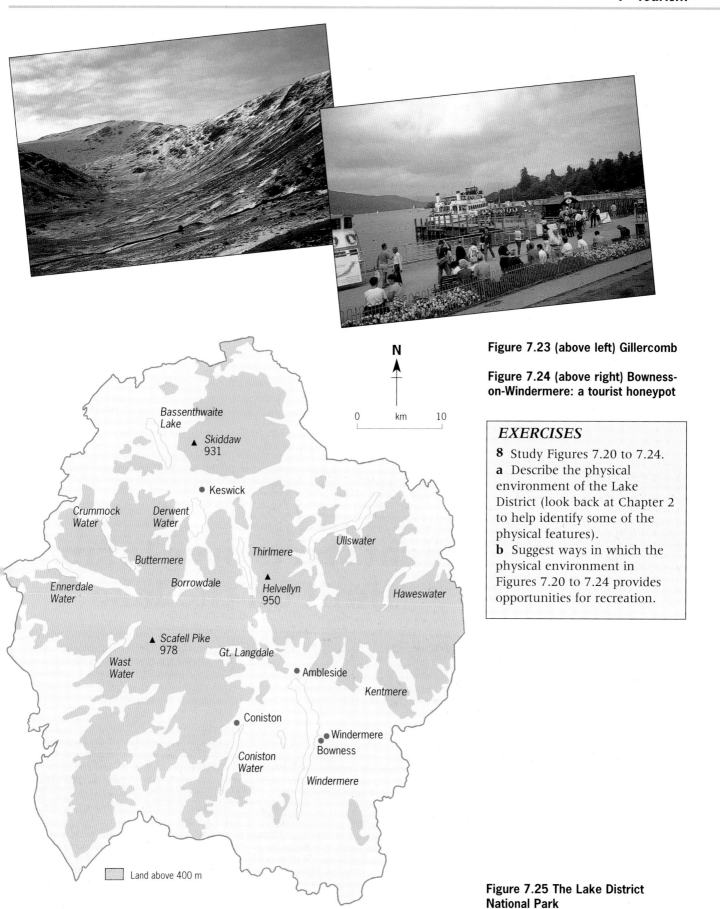

Figure 7.23 (above left) Gillercomb

Figure 7.24 (above right) Bowness-on-Windermere: a tourist honeypot

N

0   km   10

EXERCISES

8 Study Figures 7.20 to 7.24.
a Describe the physical environment of the Lake District (look back at Chapter 2 to help identify some of the physical features).
b Suggest ways in which the physical environment in Figures 7.20 to 7.24 provides opportunities for recreation.

Bassenthwaite Lake

▲ Skiddaw 931

● Keswick

Crummock Water

Derwent Water

Buttermere

Thirlmere

Ullswater

Ennerdale Water

Borrowdale

Helvellyn 950 ▲

Haweswater

▲ Scafell Pike 978

Gt. Langdale

Wast Water

● Ambleside

Kentmere

● Coniston

●● Windermere
Bowness

Coniston Water

Windermere

☐ Land above 400 m

Figure 7.25 The Lake District National Park

125

Figure 7.26 Footpath erosion at Langdale, Lake District National Park

The Lake District is the largest and most popular national park in England and Wales (Fig.7.25). Fourteen million people visit the Lake District every year, attracted by the region's spectacular mountain scenery, lakes, tarns and wooded valleys (Figs 7.20–7.24). Lakeland's natural environment offers a wide range of recreational opportunities: fell walking, climbing and scrambling in the hills; sailing, wind surfing and cruising on the lakes; rambling, pony trekking and sight-seeing in the valleys. However, it's not just the region's natural environment that draws visitors. Picturesque villages and the Lake District's association with writers, poets and painters also make it a magnet for tourists.

Some recreational activities like fell walking and climbing occur widely throughout the park. Others, such as sailing focus on lakeside resorts, especially Windermere, Bowness, Keswick and Ambleside (Fig.7.24). These resorts with their hotels, guest houses, cafes, restaurants and gift shops are **honeypots** for mass tourism. Surprising as it may seem, they also help conservation in the park: by attracting large numbers of visitors, they reduce the pressure on the more sensitive parts of the Lake District.

Advantages of tourism

Tourism brings both advantages and disadvantages to the Lake District. The main advantages are the jobs and money tourism brings to the 40 000 people who live in the park. For example, half of the workforce in Windermere and Keswick is employed directly in tourism (compared to just six per cent nationally). In addition, tourists support many local businesses such as village shops and pubs, as well as bus and rail services. In 1995, tourists spent £446 million in Cumbria, and most of this was in the Lake District National Park.

Figure 7.27 Boating troubles, *The Westmorland Gazette*, 21.2.92

EXERCISES

9 Windermere attracts a wide variety of uses. Some of these uses are in conflict with each other and put a great deal of pressure on Windermere's water and shore. Read Figure 7.27.
a What problems do speedboats cause on Windermere?
b What arguments do those people opposed to the restrictions on speedboats put forward?
c* What is your view on the conflict between speedboats and other recreational uses of Windermere? Give reasons for your view.

Fight starts over 16 km/h limit on the lake

LAKE DISTRICT planners have voted overwhelmingly to impose a blanket 16 km/h speed limit on Windermere.

A costly public inquiry now seems inevitable, as opponents say they will continue to fight the Lake District Planning Board's decision to introduce the 16 km/h limit.

The speed restriction could have a disastrous effect on the economy and cause unemployment in Bowness and Windermere with affluent water-skiers and power boaters forced out of the Lake District.

But advocates of the speed limit argue that noisy and pollution-causing water-skiers will be replaced by a new breed of tourists wanting to visit the Lakes for tranquillity.

Similar speed restrictions on Ullswater, Coniston Water and Derwent Water had resulted in peaceful lakes.

During the planning board meeting, supporters of the 16 km/h speed limit argued that allowing power boats on Windermere was like allowing Formula 1 cars in a children's playground; that the immense pressure on the lake was bound to increase without the blanket speed limit; and that England's largest lake was still too small to comfortably accommodate the huge number of water-skiers and power boaters.

Canoeists, swimmers and anglers would be once more able to enjoy the lake without powerboats and proposed compromise alternatives would be difficult to police, it was argued.

But opponents argued that imposing a blanket speed limit was using a sledgehammer to crack a nut and that people seeking solitude in the Lakes already had many places to go.

Disadvantages of tourism

Given the economic benefits of tourism, it is essential for local people that tourism continues to prosper. For this to happen, Lakeland's most valuable resource – its natural beauty – must be safeguarded. But getting the right balance between the needs of local people and environmental protection is not easy.

Already there are signs that tourism is putting severe pressure on the environment. For instance, several popular walking areas suffer badly from footpath erosion, creating ugly scars on the hills (Fig.7.26). Mountain biking, trials motorbikes, horse riding and the fashion for off-road vehicles all add to this problem. Meanwhile, speed boats on Lake Windermere cause noise pollution and annoy both residents and other visitors a like (Fig.7.27).

Traffic congestion

Lakeland's most difficult problem is the traffic congestion caused by tourism. Most visitors to the Lake District travel by car. At weekends and bank holidays, therefore, the main roads leading into the Lake District become badly congested (Fig.7.28). A greater problem is congestion in Lakeland valleys such as Great Langdale, Borrowdale and Kentmere. Here roads are narrow, winding and steep, and quite unsuitable for heavy traffic. Moreover, parking is limited which forces visitors to park at the roadside (Fig.7.29). This causes frustration for local residents and particularly for farmers trying to go about their business.

In 1995 the NPA, together with Cumbria County Council and the Countryside Commission published a traffic management plan for the Lake District. It aimed to reduce congestion by restricting visitors' access by private car to some of the more popular routes, and by closing other roads to traffic completely. When arriving at the Park, motorists would transfer from their cars to public transport. Public transport would therefore have to be improved to make the scheme work. This would involve making more buses, ferries and trains available and providing a better integration of their services. Also, fares would be cheaper. The outcome – fewer cars and perhaps fewer visitors – would reduce both traffic congestion and pressure on the environment, making tourism more sustainable.

The plan, however, proved highly controversial. It was extremely unpopular with local people whose livelihoods depend on tourism. Some of the arguments for and against the plan are summarised in Figure 7.30.

Figure 7.28 (above left) Heavy traffic in Bowness

EXERCISES

10 Study the proposals for managing the problem of traffic congestion in the Lake District.
Imagine that you are one of the following people: a Lakeland farmer; the owner of a popular Lakeland pub; a regular fell walker who lives outside the Lake District; or a resident who has retired to the Lake District. Write a letter to the local newspaper stating and explaining your opinion on the NPA's proposed traffic management scheme.

Conservationist
Some routes are not essential; apart from providing local access, they could be used to provide safe routes for walkers and cyclists. This might encourage people to use their cars less and improve visitors' experience of the area.

Planner
Urgent action is needed. Many Lake District roads are narrow, steep and winding and are simpl not suitable for large volumes of traffic.

Hotel owner
The valley will be cut off from traffic. People like to come here after a walk. If they can't get here by car they aren't going to walk and so they aren't going to come in.

Cumbrian Tourist Board spokesperson
If you are going to place restrictions on the lifeblood of th area, people will go away. They don't like a lot of rules and will simply find somewhere else to spend their money and leisure time.

Local councillor
Something has to be done: the motor vehicle is an increasing nuisance to resident and visitor alike.

NPA officer
We want to create a different environment, a park environment where people are encouraged to walk and cycle rather than use their car.

Figure 7.29 (below) Roadside parking by visitors, Great Langdale

Figure 7.30 Issue of traffic management in the Lake District National Park

7.7 Tourism in the economically developing world

Although the economically developing countries account for only one fifth of world tourism, this proportion is increasing rapidly. Indeed in Africa, tourism has become the continent's fastest growing industry. For many poor countries tourism provides one of the few avenues for development (see Chapter 8). Tourism brings many advantages (see Fig.7.39). However, without planning and sensitive development, tourism does little to benefit local people, while the most thoughtless projects can lead to environmental disaster (see section 8.11).

CASE STUDY

7.8 Green tourism in Zimbabwe

Since the late 1980s, Zimbabwe in southern Africa has experienced a tourist boom. Advertising itself as 'Africa's paradise', Zimbabwe has seen the number of tourists visiting the country increase threefold between 1989 and 1994. Today tourism is the fastest growing sector of Zimbabwe's economy.

Tourism has brought considerable benefits to Zimbabwe. Nearly one million foreign tourists visited Zimbabwe in 1995. They spent over £50 million and provided employment for 60 000 local people. In recent

> **EXERCISES**
>
> **11a** Name the two great rivers which form the northern and southern borders of Zimbabwe (Fig.7.31).
> **b** Despite being in the tropics, Harare's average temperature in January is just 21°C. Using Figure 7.31 suggest a reason for this. How might this benefit tourism?

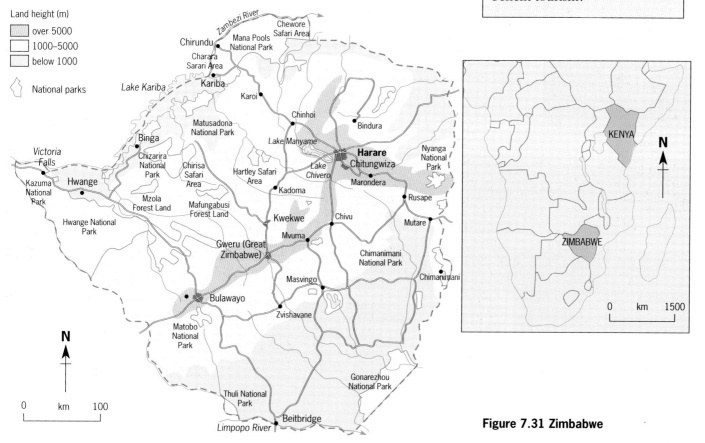

Figure 7.31 Zimbabwe

Figure 7.32 (below centre) Major tourist attractions in Zimbabwe

Figure 7.33 (bottom left) Watching the elephants, Hwange National Park, Zimbabwe

Figure 7.34 (bottom middle) Victoria Falls, Zimbabwe

Figure 7.35 (below) Lake Kariba, Zimbabwe

years Zimbabwe's tourism industry has been a great success story. It has overtaken its main rival, Kenya, and now has the fourth largest tourism industry in Africa.

Resources for tourism

Zimbabwe's greatest asset is its spectacular wildlife, concentrated in the country's national parks and game reserves (Fig.7.31). These conservation areas cover 10 per cent of the country, and occupy an area roughly equal in size to Denmark. In national parks such as Hwange (Fig.7.32) and Mana Pools, tourists can see most of Africa's largest mammals, including elephants (Fig.7.33), rhinos, lions, giraffes, hippos, buffalo,

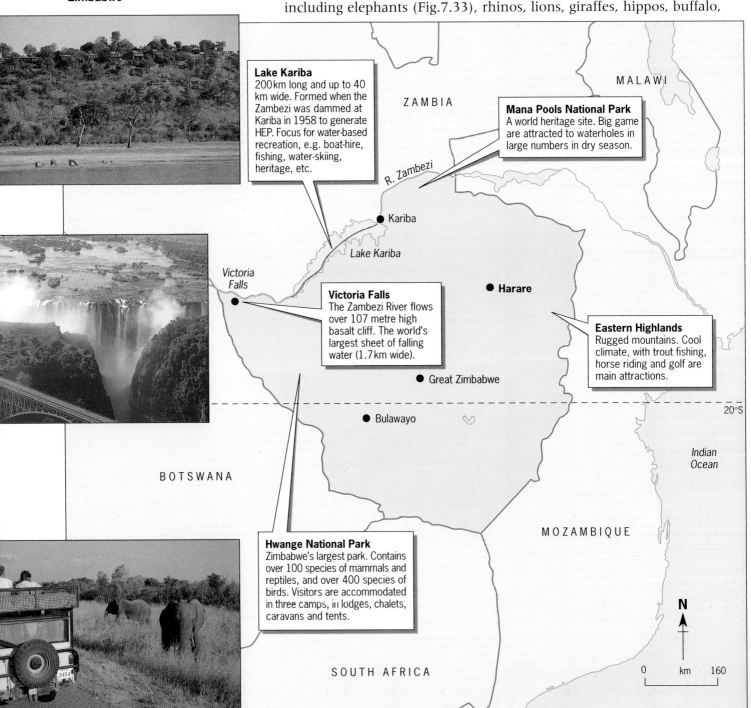

Lake Kariba
200 km long and up to 40 km wide. Formed when the Zambezi was dammed at Kariba in 1958 to generate HEP. Focus for water-based recreation, e.g. boat-hire, fishing, water-skiing, heritage, etc.

Mana Pools National Park
A world heritage site. Big game are attracted to waterholes in large numbers in dry season.

Victoria Falls
The Zambezi River flows over 107 metre high basalt cliff. The world's largest sheet of falling water (1.7 km wide).

Eastern Highlands
Rugged mountains. Cool climate, with trout fishing, horse riding and golf are main attractions.

Hwange National Park
Zimbabwe's largest park. Contains over 100 species of mammals and reptiles, and over 400 species of birds. Visitors are accommodated in three camps, in lodges, chalets, caravans and tents.

ZAMBIA
MALAWI
R. Zambezi
Kariba
Lake Kariba
Victoria Falls
Harare
Great Zimbabwe
Bulawayo
BOTSWANA
MOZAMBIQUE
Indian Ocean
20°S
SOUTH AFRICA

N

0   km   160

zebra and antelope, as well as hundreds of species of birds . Other major attractions include the Victoria Falls on the Zambezi River (Fig.7.34) and Lake Kariba (Fig.7.35). Cultural and historical attractions also pull in the tourists. These include Great Zimbabwe, a ruined city that was home to a native civilisation long before the arrival of Europeans; and the capital, Harare, with its museums and art galleries devoted to local culture.

Types of tourism

Zimbabwe has made a deliberate attempt to avoid mass tourism. Instead tourism is geared to small groups, seeking special interest holidays. These so-called **eco-tourists** will include wildlife enthusiasts, bird watchers, botanists and photographers.

Investing in tourism

A successful tourism industry needs a good infrastructure as well as attractive resources. Tourists require decent accommodation, electricity, clean water, roads and airports. Zimbabwe has one of the best developed infrastructures in Africa. There are top class hotels (mainly owned by international chains) in Harare and Bulawayo. In the national parks accommodation ranges from luxury lodges to chalets and caravans. There is also an adequate road network and the capital, Harare, has an international airport.

Managing the resources for tourism

Without careful management the resources on which tourism depends are easily degraded. Zimbabwe has plenty of experience in protecting and managing its tourist resources to ensure sustainable development. We have seen that large areas of the country have been set aside as national parks. The government owns these areas and reserves them exclusively for wildlife.

None the less, subsistence farmers living on the edges of national parks can come into conflict with wildlife. These farmers are poor and, with rapid population growth, land is in short supply. This situation could easily tempt farmers to grow crops and graze their animals inside the national parks. The result would be the destruction of natural habitat and its wildlife. Further conflict may also occur where wild animals (e.g. elephants) destroy crops or threaten the lives of local people.

Aware of these problems, the government reasoned that local people would only protect the wildlife if they received some benefit from it. Thus, in 1984 the government introduced its Communal Areas Management Programme for Indigenous Resources (CAMPFIRE) scheme. Through this, local communities receive money from game hunting fees (e.g. tourists pay up to £4600 to shoot an elephant), and from selling hides and meat. Local people also receive cash payments for any crop losses caused by wild animals. As a result, the attitude of local people towards wildlife has changed. Now, because wildlife provides them with an income they have an interest in protecting it. Today nearly 2 million Zimbabweans benefit from the CAMPFIRE scheme.

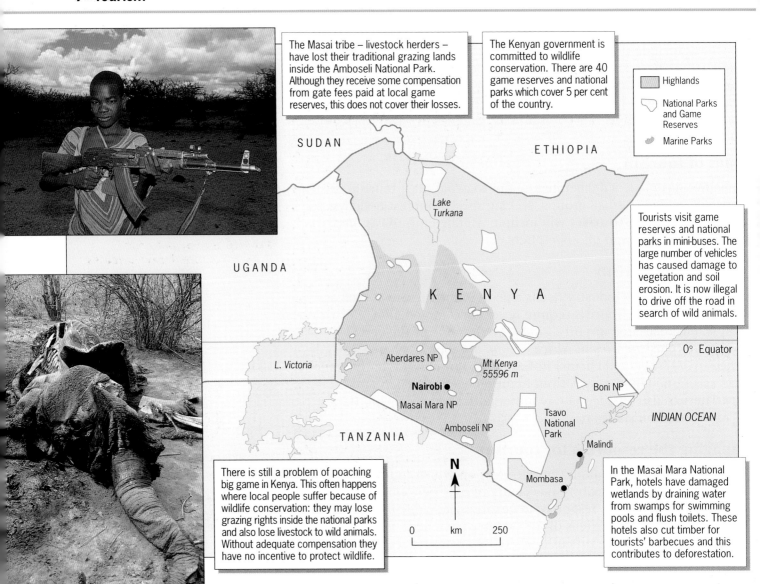

The Masai tribe – livestock herders – have lost their traditional grazing lands inside the Amboseli National Park. Although they receive some compensation from gate fees paid at local game reserves, this does not cover their losses.

The Kenyan government is committed to wildlife conservation. There are 40 game reserves and national parks which cover 5 per cent of the country.

Highlands

National Parks and Game Reserves

Marine Parks

Tourists visit game reserves and national parks in mini-buses. The large number of vehicles has caused damage to vegetation and soil erosion. It is now illegal to drive off the road in search of wild animals.

There is still a problem of poaching big game in Kenya. This often happens where local people suffer because of wildlife conservation: they may lose grazing rights inside the national parks and also lose livestock to wild animals. Without adequate compensation they have no incentive to protect wildlife.

In the Masai Mara National Park, hotels have damaged wetlands by draining water from swamps for swimming pools and flush toilets. These hotels also cut timber for tourists' barbecues and this contributes to deforestation.

Figure 7.36 (centre) Eco-tourism and conflict in Kenya

Figure 7.37 (top left) Shepherd boy with weapon for use against predatory animals and livestock thieves, northern Kenya

Figure 7.38 (above left) Elephant slaughtered by poachers, Tsavo Park, Kenya

Tourism troubles

Similar conflicts between local farmers and wildlife have arisen in other parts of Africa, including Kenya (Figs 7.36–7.38) There the government has been notably less successful in resolving the troubles.

In addition, in parts of Zimbabwe there has recently been some concern about the nature of tourist developments. Victoria Falls, visited by two out of every three foreign tourists, has become increasingly commercialised. Bungee jumping, micro-light aircraft flying over the falls, the sale of cheap trinkets and even drugs are giving the Falls a 'tacky' image which the government wants to discourage.

Future

The problem at Victoria Falls highlights the dilemma facing countries wishing to expand their tourism industries. Do they promote an exclusive eco-tourism or a downmarket mass tourism? Zimbabwe has chosen the former. It believes that it is not the volume of tourists that matters, but how much they spend. Moreover, by catering for small numbers, Zimbabwe can conserve its resources and build a tourism industry which is sustainable in the long term.

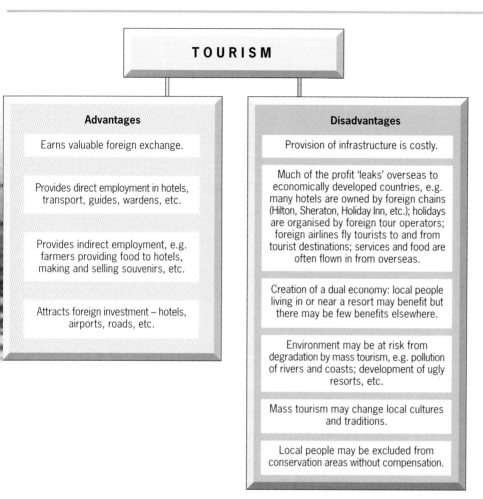

13* Study Figures 7.36–7.38. What evidence in there that in Kenya tourism, based on its wildlife, is currently unsustainable?

14 With reference to Figure 7.39 describe: • the benefits, • the possible disadvantages, of tourism in Zimbabwe.

Figure 7.39 The advantages and disadvantages of tourism in economically developing countries

CASE STUDY

7.9 Tourism and conservation in the Galapagos

The Galapagos Islands lie in the Pacific Ocean, nearly 1000 km from the coast of South America and belong to Ecuador (Fig.7.40). The archipelago consists of thirteen large islands and six smaller ones. All the islands are volcanic in origin. Although the Galapagos straddle the equator, the islands do not have a hot climate. This is because of the cold southern equatorial current which sweeps westwards from South America. As a result, the Galapagos have an agreeably cool climate.

Resources for tourism

The attractions of the Galapagos for tourists are its remarkable plant and animal life. The islands are home to several land animals found nowhere else in the world. Most famous are the giant tortoises (Fig.7.41), iguanas (Fig.7.42), and birds like the flightless comorant and red-footed booby (Fig.7.43). The seas around the islands have over 300 different species of fish, and whales, dolphins, sea lions, and seals. Even penguins are common.

Figure 7.40 The Galapagos Islands

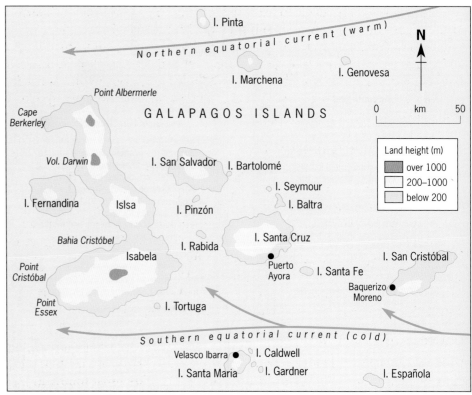

Figure 7.41 (above) Watching a giant tortoise

How can we explain this extraordinary variety of wildlife? There are four possible answers. First, there is the remoteness of Galapagos. Animals 'stranded' on the islands have evolved in isolation over millions of years. Second, there is the great diversity of habitats. Third is the absence of predators, which also accounts for the unusual tameness of many land animals. And last, where ocean currents meet the islands, the upwelling of cold water brings nutrients to the surface, providing a rich food source for fish, marine mammals and sea birds.

Figure 7.42 (right) Iguanas

Tourists have one other reason for visiting the Galapagos: to follow in the footsteps of the famous naturalist, Charles Darwin. In 1835 Charles Darwin's epic voyage aboard *HMS Beagle* took him to the Galapagos. He was struck by how closely related species of birds differed slightly from island to island. Many years later these observations made on the Galapagos inspired his theory of evolution – perhaps the greatest scientific theory of the nineteenth century.

Figure 7.43 (above) Red-footed booby on its nest of twigs

Tourism on the Galapagos

Recent estimates (1995) put the number of tourists visiting the Galapagos at 70 000 a year. Although tourism is still small scale, this represents an increase of almost 50 000 people in ten years. The Galapagos attract small parties of eco-tourists who come to experience its unique environment and wildlife. Around the coast snorkelling and diving are also popular activities. Visitors fly into the Galapagos from Quito, the capital of Ecuador and then tour the islands by boat. All parties have guides who direct the tourists to some of the official 45 visitor sites where there are rich concentrations of wildlife.

Conservation measures

Tourism in such a small and fragile environment has to be carefully managed. During their stay on the islands all tourists must follow a strict code of conduct (Fig.7.44). Since 1959, 97 per cent of the land area of Galapagos has received full protection as a national park. In 1986, the coastal areas also received similar protection, being designated a marine resources reserve. The Galapagos Islands are also a world heritage site, in recognition of their international importance.

Conservation issues

So far, apart from occasional over-crowding at visitor sites and some footpath erosion, tourism has created few direct conservation problems. Thus, in spite of a rapid growth in numbers, tourism appears to be sustainable. This is good news for Ecuador. Tourism on Galapagos is an important source of income for the Ecuador government but will remain so only if the islands' wildlife is protected and conserved.

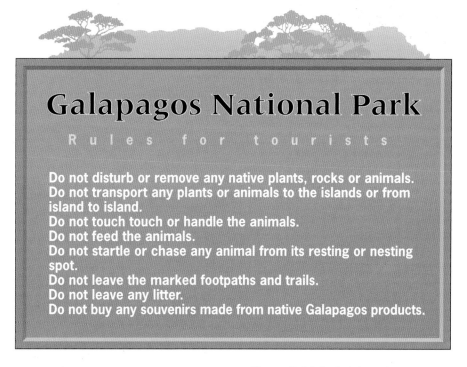

Galapagos National Park
Rules for tourists

Do not disturb or remove any native plants, rocks or animals.
Do not transport any plants or animals to the islands or from island to island.
Do not touch touch or handle the animals.
Do not feed the animals.
Do not startle or chase any animal from its resting or nesting spot.
Do not leave the marked footpaths and trails.
Do not leave any litter.
Do not buy any souvenirs made from native Galapagos products.

Figure 7.44 Code of conduct for tourists on the Galapagos

Even so, tourism has caused indirect pressure on the environment. The current population of Galapagos is 15 000 and growing rapidly. This growth is due to uncontrolled immigration from Ecuador. What attracts immigrants are the cool climate, low crime rates, and above all the prospect of well-paid jobs in tourism. Unfortunately, some immigrants

15a Summarise the main features of tourism in the Lake District, Zimbabwe and the Galapagos Islands in a table. Use the following headings: resources for tourism; benefits of tourism; problems of tourism; management responses; sustainability.
b* 'Tourism has mostly negative effects on environment and culture.' State and explain your view on this observation.

find it difficult to get work and resort to illegal hunting of sea cucumbers, sharks and seals. This activity poses a serious threat to the Galapagos marine ecosystem. The government has already relaxed controls on sport fishing in order to boost employment among local people on the islands. But without immigration control, damage to the marine ecosystem will continue.

However, the main conservation issue concerns the large numbers of introduced species found on some islands. These include goats, pigs, dogs, cats and rats. They threaten the native wildlife by destroying natural habitats and by predation. Their impact damages the islands' biodiversity, its tourism potential and its unique value to science. A programme for the eradication of the 100 000 goats on Isabela Island is now underway. But like so many conservation projects in the economically developing world, its effectiveness is hampered by lack of funds.

7.10 Summary: Tourism

Key ideas	Generalisations and detail
Tourism has grown rapidly in the twentieth century.	• Mass tourism began in Victorian Britain when seaside resorts for the populations of large industrial centres developed. • Tourism in the late twentieth century is a global economic activity. Rising incomes, longer paid holidays and cheap transport explain tourism's growth.
Environments differ in the possibilities they offer for tourism.	• Tourism is based on natural and man-made resources. • Natural resources include an agreeable climate, attractive landscapes, clean beaches, wildlife, etc. The mass tourism in Mediterranean countries exploits the region's warm, dry summers. Exotic wildlife sustains tourism in Zimbabwe, Kenya and the Galapagos Islands. • Man-made resources include historic buildings, local customs and cultures, museums, etc. Paris, London and Venice are popular centres of tourism because of their history, fine buildings, culture, museums, etc.
Tourism creates advantages and disadvantages for tourist destinations.	• Tourism creates employment and brings money and investment to tourist areas. However, in economically developing countries many of the economic benefits of tourism 'leak' overseas to the developed world and transnational corporations (hotel chains, airlines, tour operators). • Tourism often damages the environment. • Native customs and culture may be degraded by tourism.
Mass tourism is often non-sustainable.	• Large scale, unplanned tourism may cause permanent damage to environmental resources (e.g. pollution of coastal waters by holiday resorts, damage to coral reefs in the tropics, footpath erosion in national parks, etc.). • In the long term a sustainable, i.e. green tourism, is needed.
Many countries give areas of high environmental value a special conservation status (e.g. national parks).	• These areas are managed in order to protect their resources (e.g. landscapes, wildlife, etc.) and make their use sustainable. • Examples of management include the Lake District's controversial traffic scheme, Zimbabwe's CAMPFIRE scheme, and the Galapagos code of conduct for visitors.

8 Contrasts in development

8.1 Introduction

We live in a world divided between rich and poor nations. The rich countries account for just one-quarter of the world's population. And yet they earn 85 per cent of the world's income, consume 80 per cent of the world's energy, and own 86 per cent of the world's industry (Fig.8.1).

For many people in the world's economically developing countries life is about survival. Here, one child in every three is malnourished and each year 12 million children die from causes that could be prevented, often for just a few pence (Figs 8.2–8.5, see also Figs 4.18, 5.3–5.6). Throughout much of the tropics, in Africa, Asia and South America, millions of people live in absolute poverty. This means they lack even the most basic services – decent housing, proper sanitation and clean water – that we, in the developed world take for granted.

Figure 8.1 Global inequality and distribution of GNP, 1993

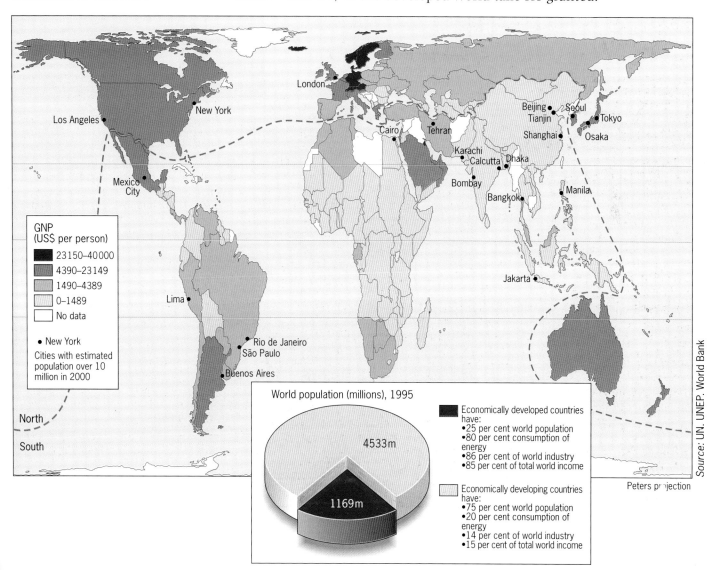

GNP (US$ per person)
- 23150–40000
- 4390–23149
- 1490–4389
- 0–1489
- No data

• New York
Cities with estimated population over 10 million in 2000

North
South

Source: UN, UNEP, World Bank

Peters projection

World population (millions), 1995

4533m

1169m

Economically developed countries have:
- 25 per cent world population
- 80 per cent consumption of energy
- 86 per cent of world industry
- 85 per cent of total world income

Economically developing countries have:
- 75 per cent world population
- 20 per cent consumption of energy
- 14 per cent of world industry
- 15 per cent of total world income

137

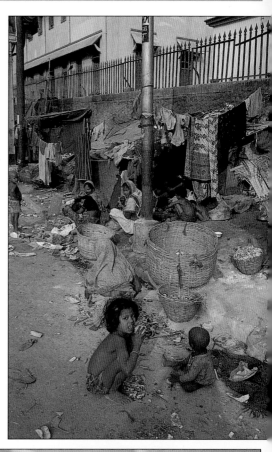

Figure 8.2 (above) Children pick their way along open sewers to go to schools in hot tin huts, Port-au-Prince, Haiti

Figure 8.3 (right) Living on the street, Calcutta, India

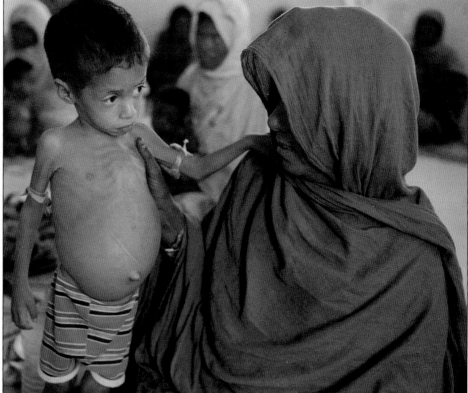

Figure 8.4 (above) Malnourished child, Nouakchott, Mauritania

Figure 8.5 (left) Scavenging off a city dump, Esmeraldas, Ecuador

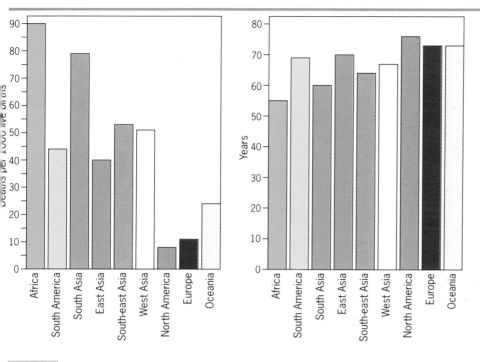

EXERCISES

1a Describe the global patterns of infant mortality (Fig.8.6) and life expectancy (Fig.8.7).
b Suggest how infant mortality and life expectancy might be linked to poverty.

Figure 8.6 (far left) Average infant mortality by world regions, 1995

Figure 8.7 (left) Average life expectancy by world regions, 1995

8.2 What is development?

How should poor countries tackle the problem of poverty? One answer is development. Development is about releasing the natural and human resource potential of an area (see section 6.3), whether it is a country, a region or a locality. Economic development aims to improve farming, industry and transport (Fig.8.8). Social development is about providing essential services such as schools and clinics (Fig.8.9), and improving people's skills through education and training.

Figure 8.8 (below left) Workers constructing a road to Abuja, Nigeria's federal capital

Figure 8.9 (below right) Mobile health clinic, Zimbabwe

8.3 Measuring development

Before we look at geographical patterns of development we first need to find some way of measuring it. There are several possible measures of development. They include **gross national product** (**GNP**) per person per year, infant mortality, population growth, levels of literacy, housing

EXERCISES

2a What is the difference between economic development and social development?
b Describe the distribution of countries in Figure 8.10 which have HDIs of: • 0.90 and above; • less than 0.50.

3 Study Figure 8.11
a Which countries have a level of social development which is not accurately shown by GNP per person?
b* Using the evidence of Figure 8.11, how useful a measure of human welfare in East and South-east Asia is GNP per capita?

and health care. GNP per person per year is probably the simplest measure (Fig.8.1). It is the total value of goods and services produced by a country (including income from overseas) divided by its population. Unfortunately GNP has several weaknesses. First, it ignores prices and therefore takes no account of the purchasing power of money. Second, GNP per person is only an average measure. It has limited value in a country where a small elite are fabulously wealthy (e.g. Saudi Arabia), but where the majority are poor. Third, it tells us nothing about social welfare: about education, health care and housing. And fourth, it understates income in poor countries where many farmers grow crops for subsistence rather than for cash (see Book 1, Chapter 8).

To overcome these problems the United Nations devised its own measure of human well-being. Known as the human development index (HDI), it combines data on average life expectancy, education and the purchasing power of incomes. Thus the HDI measures social as well as economic progress. The index ranges from 0 to 1; the higher the score the greater the level of development (Fig.8.10).

Figure 8.10 Human development index, 1993

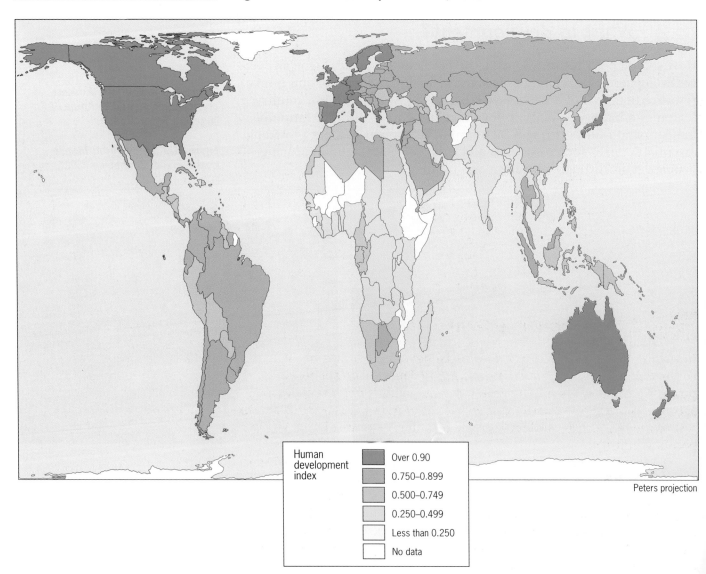

Human development index
- Over 0.90
- 0.750–0.899
- 0.500–0.749
- 0.250–0.499
- Less than 0.250
- No data

Peters projection

Table 8.1 Measures of development in East and South-east Asia

	Population growth (% p.a.)	Urbanisation (%)	HDI
Brunei	2.4	67	0.868
Cambodia	2.8	13	0.337
Indonesia	1.6	31	0.637
Laos	2.8	19	0.420
Malaysia	2.4	51	0.822
Myanmar (Burma)	1.9	25	0.457
Philippines	2.1	49	0.677
Singapore	1.2	100	0.878
Thailand	1.4	19	0.827
Vietnam	2.3	21	0.539
China	1.1	28	0.594
Hong Kong	0.7	100	0.905
Japan	0.3	77	0.983
North Korea	1.8	61	0.733
South Korea	1.0	74	0.882
Mongolia	1.4	55	0.604

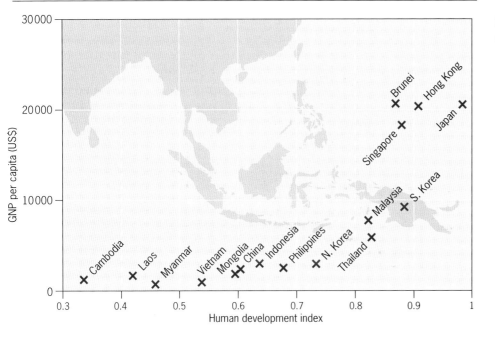

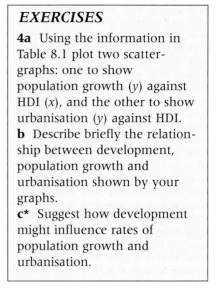

Figure 8.11 GNP and HDI in East and South-east Asia

8.4 Global contrasts in wealth

In the last 200 years economic and social development has allowed countries like the UK, France, the USA and Japan to escape from poverty (see section 4.5). Unfortunately the world's rich countries account for only one quarter of the human population (see Fig.8.1). The rest of the population, little affected by development, live in the world's poorer countries.

The geographical contrasts between rich and poor are clear in Figure 8.1. Apart from Australia and New Zealand, the economically developed world is in the northern hemisphere. It includes North America, Europe, Russia and Japan. The economically developing world, which covers much of the tropics, lies to the south in Africa, Asia and South America. These geographical contrasts are evident when we refer to the rich 'North' and the poor 'South'.

8.5 Global contrasts: water supplies

Water is already a serious issue in many economically developing countries. Lack of safe drinking water is a major health hazard. In 1995, 2 billion people (40 per cent of the world's population) had no access to clean water. Apart from water quality, there is the problem of ever rising demand for water throughout the developing world. Rapid population growth, industrial development, expanding irrigation and the growth of tourism could lead to acute water shortages in the developing world early in the twenty-first century.

CASE STUDY

8.6 Improving water in Moyamba

Moyamba in southern Sierra Leone (Fig.8.12) shows how, at a small scale, water problems can be tackled in developing countries. Moyamba is an isolated rural area with a population of 250 000. Most people are subsistence farmers. Most are deperately poor (Fig.8.14).

Until 1980 few villages had safe drinking water. They relied on streams and pools which became badly polluted during the dry season. Small wonder that water-borne diseases were widespread and people's health was poor.

Figure 8.12 (below left) Sierra Leone and Moyamba

Figure 8.13 (below right) Cross-section of a typical hand-dug well used in Moyamba

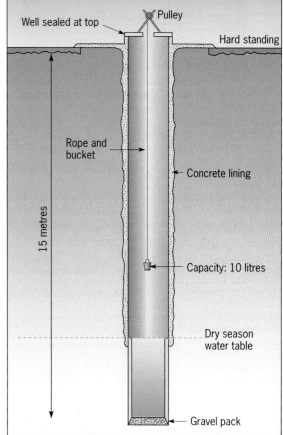

A UK-funded project to sink wells in the region began in 1980. So far, over 200 hand-dug wells have been completed (Fig.8.13). At the outset there was a single aim: to provide people with safe drinking water. This largely failed because without proper sanitation and health education, even well water became polluted. It became obvious that safe drinking water could only be guaranteed if improvements in sanitation also took place. Thus the project was modified to provide pit latrines in addition to wells. This approach proved more successful. There has been a notable improvement in health and a reduction in water-borne diseases such as diarrhoea and hookworm infestation.

The development project at Moyamba is small scale. It uses local labour, local skills and simple technology. It is also cheap and, unlike many larger projects, it directly benefits ordinary people.

Figure 8.14 Rural poverty in Sierra Leone

8.7 Global contrasts: feeding a hungry world

A healthy adult needs to consume at least 2500 kilocalories (Kcals) a day. Many countries in the economically developing world fall well below this level. For example, the average sub-Saharan African consumes only 2050 Kcals a day. This is just three-quarters of the average food intake of someone in the UK. Even more worrying is the fact that average food consumption per person in Africa actually fell by 12 per cent between 1961 and 1995 (Fig.8.15).

Lack of sufficient food, which we call **undernutrition**, eventually leads to death by starvation. More common is **malnutrition**. Malnutrition results from an unbalanced diet. A healthy diet includes carbohydrates (e.g. cereals), protein (e.g. meat), fats and vitamins. Unfortunately, poor people often cannot afford to eat meat and fat. Instead, they survive on monotonous diets of cheap starchy foods such as rice, cassava and sweet potatoes. This is part of the reason why so

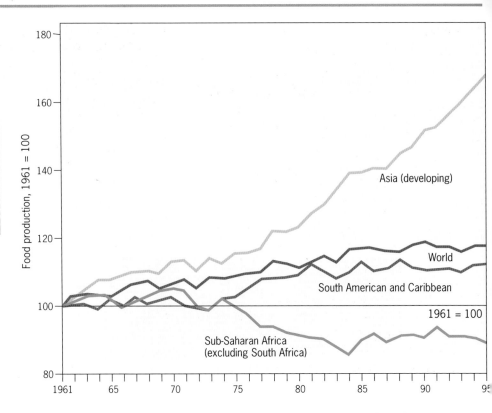

Figure 8.15 (right) Food production in the economically developing world, 1961–95

Figure 8.16 (below) Child suffering from kwashiokor, Somalia

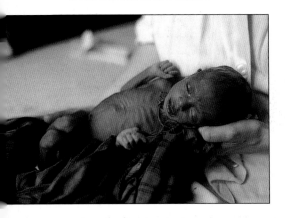

many children in the economically developing world suffer from malnutrition (see Fig.8.4). Malnutrition causes stunted growth, impairs mental development, and in extreme cases results in diseases such as *kwashiokor* and *marasmus* (Fig.8.16).

Famine occurs when food shortages are acute. Although common in Europe before the eighteenth century, today famines are confined to the economically developing world. They take place because millions of people in the economically developing world cannot rely on their food supplies. We say that they have little **food security**. The poor are the most vulnerable. Even when food is available, the poor may starve simply because food prices are too high for them to afford.

In Book 1, Chapter 9, we saw how the **green revolution** has resolved food problems in many parts of the developing world. However, the green revolution is not appropriate to all countries. In the next section we shall see what has been done in one such country – Nepal – to raise food production and improve food security.

CASE STUDY

8.8 Raising food production: Koshi Hills, East Nepal

Nepal is a mountainous country in South Asia, about the size of England. It is most famous for its 8000 m peaks (including Mount Everest), while its poverty is less well known. But in 1994 the average food intake per adult was only 1957 Kcals a day; annual income was just $160; and fewer than one in three adults could read and write.

Poverty

The Koshi Hills is one of the poorest regions in Nepal (Fig.8.17). Here most people depend on farming. Below 2000 m, farmers grow cereal crops on small terraces cut into steep valley sides (Fig.8.18). They use ox-drawn ploughs and hand tools. Above 2000 m only livestock farming is possible.

On the whole, physical conditions are not good for farming. Not only have powerful rivers like the Arun and Tamur and their tributaries carved steep valleys, but between the valleys the land rises to over 3000 m. Meanwhile, rapid population growth has reduced the average farm to less than one hectare in size. Such tiny farms are too small to be self-sufficient. Thus, many farmers also have to work as part-time labourers to survive. Given these conditions, it is not surprising that three out of five families live in absolute poverty.

Changing production

Since the early 1980s attempts have been made to increase food production and improve levels of nutrition in Koshi. New, higher yielding varieties of maize, wheat, rice and soyabean have been introduced, increasing food output and food security for many families (see Book 1, Chapter 9). And as farm incomes have improved, so too have people's health, diets and general well-being.

Outputs of milk and meat have also risen thanks to the introduction of new breeds of cattle, sheep, goats, pigs and better animal health

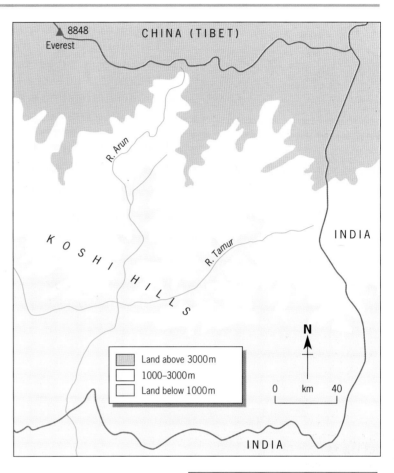

Figure 8.17 Koshi Hills, East Nepal

Figure 8.18 Cultivation terraces in Nepal

EXERCISES

7 Study Figure 8.18.
a Suggest two environmental problems that farmers might face in this area.
b* Why do farmers cultivate such steep slopes?

care. Surplus milk production has made it possible to set up a milk marketing scheme, involving 800 farmers. The scheme supplies milk for urban areas and generates extra money for farmers. The farmers receive cash payments every 15 days, which gives them a regular income.

Reafforestation schemes covering 7000 hectares are also underway in Koshi. Planting trees helps to stabilise steep slopes, protects cultivation terraces, and reduce soil erosion. In addition, it gives local people a **sustainable** source of timber and fuelwood.

8.9 Explaining global contrasts: economic problems

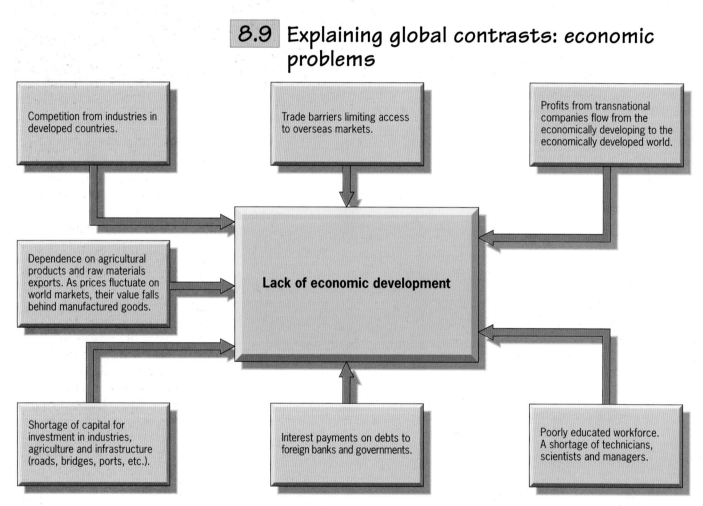

Figure 8.19 Economic obstacles to development

Economic problems act as obstacles to development in poor countries (Fig.8.19). In this section we shall investigate some of these problems and see how they contribute to poverty.

Shortages of capital

Lack of money for investment (capital) is a major barrier to development in many poor countries (Fig.8.19). Capital is essential if these countries are to exploit their natural resources, improve their agriculture, develop new industries or pay for roads, airports, schools and hospitals.

Where will this capital come from? There are two possibilities. If they are fortunate, countries might attract investment from large foreign companies or **transnational corporations** (**TNCs**) like Ford, BP, Unilever, Samsung, Toyota and Volkswagen (Fig.8.20). If not, they will have to borrow money from governments and banks in the economically developed world.

Profits leaking overseas

Although foreign investment creates jobs in economically developing countries, many of the resulting financial benefits 'leak' overseas. For example, if a foreign TNC invests in a country, a large slice of its profits return to its investors, who are located overseas. Moreover, shortages of skilled labour in poor countries often mean that foreign workers get the best paid jobs. Some experts even argue that foreign TNCs hold back development.

Figure 8.20 Honda factory, Manaus, Brazil

Borrowing and debt

In the 1980s many poor countries borrowed huge sums of money from the developed world. A sudden rise in interest rates meant that these countries were unable to pay the interest on their loans. As a result, they fell into ever increasing debt. Today, 32 of the poorest 54 countries in the world have a severe debt problem. Most of these countries are in Africa. Guinea-Bissau in West Africa is typical. Its annual interest payments on its foreign debt are two and a half times the value of its exports! Such crippling debts stifle development. Money which might have gone into hospitals, schools or housing has to be paid instead to the developed world as interest on loans.

EXERCISES

8 Study Figures 8.21–8.22. Nearly all of the leading cocoa producers are countries in the developing world.
a What was • the highest; • the lowest price of cocoa in the period 1984–95?
b Using the evidence of Figure 8.22, what factors appear to influence price?
c* Suggest possible problems that swings in world cocoa prices might cause for the producing countries.
d* What could the cocoa producers do to reduce these swings in world prices?

Figure 8.21 (below left) Changes in world cocoa prices, 1984–95

Figure 8.22 (below right) Changes in world cocoa supply balance, 1984–95

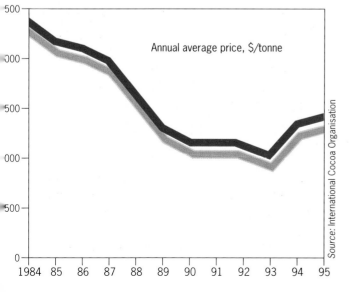

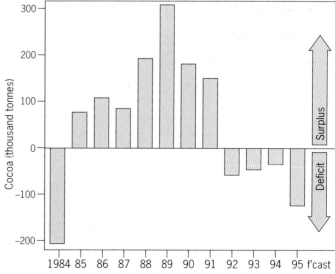

Trade

Most poor countries export **primary products** (e.g. food Fig.8.22, and raw materials) and import manufactured goods. This creates two problems. First, the value of these primary products tends to fluctuate wildly on world markets (Fig.8.21). And second, the prices of primary products have failed to keep up with those of manufactured goods (see Chapter 9). Thus poor countries get less for their exports and have to pay more for their imports (Fig.8.23). Finding markets for exports is also difficult. Rich countries and economic groups like the European Union often protect their own industries from foreign competition by setting barriers to trade, such as import taxes (tariffs) and import limits (quotas).

Skills shortages

It is difficult for poor countries, which lack technology and skills, to compete with rich countries in making manufactured goods. In many economically developing countries fewer than one in three adults can read and write. Yet without skilled workers, scientists, technicians and managers, development has little chance of success (see section 6.3).

Figure 8.23 Unloading containers of manufactured goods at Port Moresby, Papua New Guinea

8.10 Population problems

In economically developed countries population growth is slow: just 0.2 per cent in 1995 (see sections 3.3–3.4). Contrast this with countries in the economically developing world, where population growth is more than 10 times faster (Fig.8.24). In many poor countries population growth is faster than economic growth. Thus, while there are always more mouths to feed, more jobs to provide, more demands for education and health care, there is less money per person to pay for them. The end result is that people get even poorer (Fig.8.25). Burkina Faso in West Africa is a country caught in this poverty trap. Its population growth is nearly 3 per cent a year; half the population is under 15 years; and women have an average of 7 children. And yet only 18 per

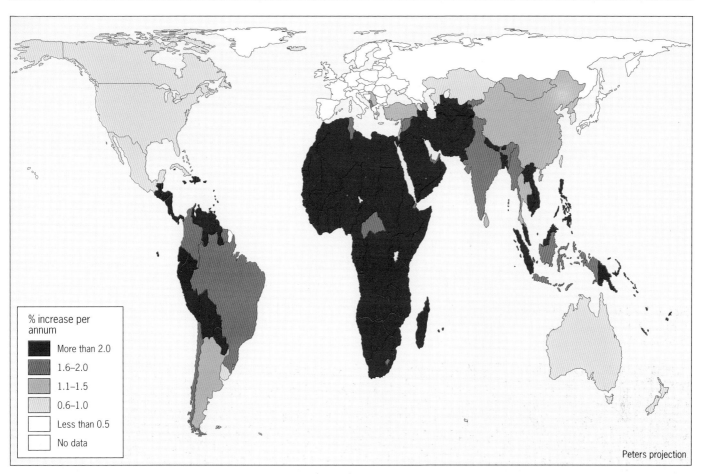

Figure 8.24 Population growth rates, 1995

cent of adults in Burkina Faso are literate and there is only one doctor to every 57 000 people. Unless countries can control their population growth, development will do little to improve the lives of most people.

8.11 Social problems

The rapid and successful development of several **newly industrialising countries (NICs)** in East Asia (e.g. Taiwan and South Korea) is due partly to investment in education. Today, these NICs have workforces which are as highly skilled and educated as those in economically developed countries (Fig.8.26).

The contrast between Asia's NICs and other Asian countries, such as Pakistan, is striking. Pakistan has one of the lowest literacy rates in the world. Only 3 out of 10 boys and 2 out of 10 girls have had even a primary school education. Lack of education reduces the chances of employment and of escaping poverty. In the past, religion has discouraged the education of women and girls. Parents were reluctant to spend money educating daughters who would only leave home when they

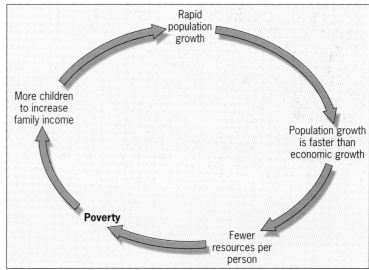

Figure 8.25 The links between rapid population growth and poverty

EXERCISES
9 Study Figure 8.25 and draw a similar diagram to show the possible effects of family planning on poverty.

149

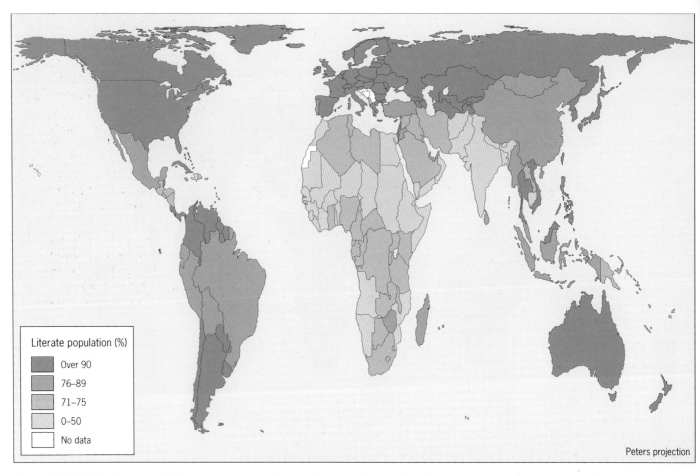

Figure 8.26 Adult literacy, 1995

Figure 8.27 Women at heavy labour in a brickworks, Bengal, India

married. Such attitudes towards women are common in the economically developing world. But with half the workforce made up of women (Fig.8.27), can these countries afford to ignore them any longer?

Not only are women less educated than men, but in many parts of the developing world they have little control of their own lives. Where women have greater independence, social development is often more advanced. In Kerala state in southern India, women have an unusally high status. It is no coincidence that here adult literacy and life expectancy are higher, and infant mortality is lower, than in any other part of India.

8.12 Political problems

Political problems also hold back progress in much of the economically developing world. For example, many governments do not use their income to benefit the people. Smuggling and corruption are all too common. Meanwhile, civil wars destroy essential infrastructure like roads, pipelines and hospitals. Money which might have been used to build schools, houses and factories, goes instead to buying weapons. War also disrupts food production, forces people off the land and creates millions of refugees. Once again, the situation is worst in Africa. In the 1990s there have been civil wars in Somalia, Sudan, Rwanda, Sierra Leone (Fig.8.28), Mozambique and Liberia. Elsewhere in Africa, violent changes of government have occurred. Such political instability makes these countries extremely risky and therefore unattractive places for foreign investment.

Rich pickings but empty coffers in Sierra Leone

Claudia McElroy

FROM his veranda, Chief Abu Mbawa Kongorma views with bitterness the neglected buildings and potholed roads of Sierra Leone's diamond capital, which he says has seen little gain from more than 60 years of mining.

Digging around the town of Koidu, in the diamond-rich Kono district, has turned the land into a moonscape, its dug-up wealth far away on the European diamond market. Despite the civil war which wrecked the country's mining-based economy and killed 15000 people, foreign investors and native miners are still attracted there. 'This area is the promised land in terms of mining... Sierra Leone should be one of the richest countries in the world. Instead it is one of the poorest,' the chief said. So why are state coffers empty

when official export statistics show that in 1995, 213000 carats reached the European market? One reason may be that since rebels launched a guerrilla campaign from Liberia in 1991, much of the east and south cannot be entered by security forces, and so illegal mining and smuggling has spread. It costs an estimated £147 million a year in lost foreign exchange.

Some argue that the war is an excuse. They claim that state authorities have had a direct stake in the trade for 60 years, making themselves rich, not the treasury.

Others blame foreigners for controlling the profits. The South African mining company De Beers dominates the world market, fixing supplies and boosting prices. On a national level, buying is largely

monopolised by about 30 licensed Lebanese dealers and a few unlicensed Guineans. Then there are foreign mining companies with seemingly risky investments.

Branch Energy Ltd of Britain has invested £9 million in six mining and exploration projects since 1995. 'Sierra Leoneans will benefit, principally through the employment opportunities,' the company's head, Alan Patterson, said. 'What we're doing will provide a massive boost to the economy.'

Such confidence may seem surprising because of Sierra Leone's political unrest. Four years of military rule, which saw two coups, ended in March when Ahmed Tejan Kabbah was sworn in as president, after the first democratic election in almost 30 years.

Figure 8.28 Sierra Leone: one of the poorest countries, *The Guardian,* **11.9.96**

EXERCISES

10 In spite of its rich diamond deposits, the UN's HDI league table ranked Sierra Leone 173rd out of 174 countries in 1994. Read Figure 8.28.
a What benefit does Sierra Leone get from its diamond resources?
b State and explain three reasons why Sierra Leone gets so little money from its diamonds.
c* Suggest a plan of action for Sierra Leone, to enable the country to benefit more from its diamond resources.

CASE STUDY

8.13 Environmental problems in the Dominican Republic

The Dominican Republic (Fig.8.29) occupies half of the island of Hispaniola in the Caribbean (the other half belongs to Haiti, see Chapter 6). By the standards of the world's least developed countries, the Dominican Republic is not badly off, but compared to the economically developed world it is poor (Table 8.2).

Spiralling debt

Poverty in the Dominican Republic is partly due to the misuse of the country's natural resources. This goes back a long way – to the sixteenth century when Spanish conquerors first exploited the island's rainforest for timber. More recent deforestation has been caused by sugar cane

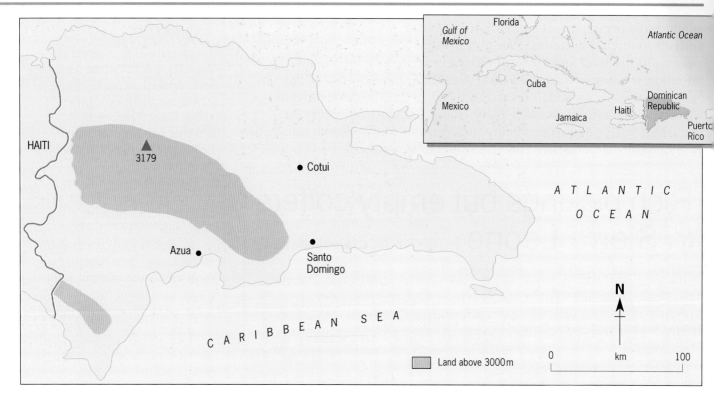

Figure 8.29 The Dominican Republic

Table 8.2 Levels of development in the Dominican Republic and the UK

	Dominican Republic	UK
Population growth (% p.a.)	2.2	0.2
Infant mortality (per 1000)	57	8
Annual income per person ($US)	950	17970
Human development index	0.705	0.916

Figure 8.30 Harvesting cane on a sugar plantation, the Dominican Republic

plantations which have replaced much of the tropical forests (Fig.8.30).

Heavily dependent on sugar cane, disaster hit the Dominican Republic in the early 1980s when world sugar prices slumped. To make matters worse the country's biggest market, the USA, introduced quotas on imports of sugar. This meant that the country could not sell as much sugar as it needed to meet its debt repayments.

Attempts to develop

The government responded by moving away from the old dependence on sugar. It encouraged foreign TNCs to invest in agribusiness (see Book 1, Chapter 9), which is high-tech farming based on chemical fertilisers and pesticides. It also tried to promote tourism (Fig.8.31).

Problems of tourism

Unfortunately, development has proved a disaster both for the environment and people. Tourists have eroded beaches and damaged coral reefs. Large areas of mangroves (habitats for malarial mosquitoes) have been cleared to make the country more attractive to tourists. Apart from degrading the environment, these developments have caused the extinction of hundreds of native species. While tourism has created small areas of prosperity, it has brought few benefits to the rest of the country. In fact, its main impact has been to widen the gap in living standards between rich and poor.

Problems of agribusiness
Agribusiness has brought its own environmental problems. In Azua and Cotui (Fig.8.29) many peasant farmers have lost their land to agribusiness. No longer able to farm the land, these people now work as labourers for the huge agribusiness enterprises. To make matters worse, intensive rice and cattle farming have polluted rivers, lakes and soils. Contaminated drinking water has damaged people's health, while the accumulation of agro-chemicals in soils has made some farmland useless. Meanwhile, to accommodate tourists, golf courses have been built on prime agricultural land. Elsewhere, deforestation has led to soil erosion and has interrupted the water cycle, changing local climates and causing rivers to dry up. Deforestation has also produced shortages of fuelwood. Now the poor have to spend longer, and search even wider, to obtain their only source of fuel.

Figure 8.31 Beach tourist shops, the Dominican Republic

EXERCISES

11a How does the approach to rural development in the Dominican Republic differ from that in Moyamba in Sierra Leone (section 8.6)?
b* Draw a flow diagram to show how the Dominican Republic's trade problems in the 1980s led to environmental degradation.

12* In what way could poverty and lack of development in the economically developing world be blamed on rich countries?

8.14 Diseases and pests

Compared to people living in rich countries, those living in the economically developing world have relatively poor health (Table 8.3). Much of their ill health is due to poverty.

Diseases

Malnutrition, overcrowded living conditions and poor sanitation encourage the spread of diseases (see Figs 8.2–8.5). Poverty also means that individuals cannot afford essential medicines; and governments cannot afford to train enough doctors or build enough hospitals and clinics.

Disease and poor health are not only a sign of a lack of development; they also contribute to it. Malaria for example, affects over 300 million people. People who suffer from malaria are constantly tired. Weakened and lacking energy, they have little strength to work. When malaria strikes young adults who have children to support, it can lead to severe economic effects. River blindness (Fig.8.32) is a disease common in West Africa which has similar effects (Fig.8.33). It often blinds young adults who should be at their most productive time of life.

Figure 8.32 Young man suffering from river blindness (onchoceriasis), Cameroon

153

Other diseases are major killers. Ten million children a year die from measles; diarrhoea kills 5 million; and TB between 2 and 3 million. Most of these deaths could be prevented with vaccination programmes, clean drinking water, and the use of drugs.

Pests

We call animals which eat and destroy crops pests. It is estimated that each year pests, such as locusts, weevils and rats, destroy up to one half of all the world's food crops (Fig.8.34). Most of these losses are in poor countries which cannot afford to protect crops with pesticides or store food securely.

In sub-Saharan Africa, wooded and grass savannas are home to one of the world's greatest pests – the tsetse fly (Fig.8.35). The tsetse fly is a blood-sucking insect which transmits sleeping sickness to people, and a similar disease called nagana to cattle. The problem is so bad that huge areas of tropical Africa cannot support cattle. If the testse fly could be eradicated, cattle farming would be profitable. This would help to raise living standards in what is probably the poorest region in the world. So far, the use of pesticides and drugs has had little success.

Table 8.3 Major diseases in the economically developing world

Disease	Causes	Treatment and control	Number of people affected
Malaria	The most important tropical disease. 300 million people infected. Malarial parasite is spread by mosquitoes (see Fig.6.14).	Spray breeding sites (stagnant water) with insecticides. More difficult to control as insects become drug-resistant.	107 million new cases a year. 1–2 million deaths.
Bilharzia	Parasitical infection. Caused by infected larvae of water snails. Larvae penetrate the skin as people swim or work in irrigated fields. Poor sanitation spreads the larvae.	Very effective drugs exist but often do not reach the people who need them.	200 million cases a year. Around 200 000 deaths.
Sleeping sickness	Parasites spread to humans by tsetse flies which suck blood from infected cattle and wild animals. Causes nagana in domestic cattle.	50 million people in Africa are at risk. Difficult to eliminate tsetse fly. Biological solutions which restrict breeding offer some hope.	25 000 cases a year.
Filariasis	Parasitic disease caused by worms and their larvae. Spread by mosquitoes and other blood sucking insects. One form of the disease causes blindness.	Effective drugs to cure river blindness. Insecticides to destroy insects.	Over 100 million cases a year.
Tuberculosis (TB)	Bacteria spread in the air when infected people cough or sneeze. Highly infectious in overcrowded living conditions.	Risk and death toll is increasing as bacteria become drug resistant. TB is also a growing problem in economically developed countries.	The world's biggest killer of adults. 2–3 million deaths a year.

The bite spreads parasitic worms. They breed under your skin and produce hordes of microscopic worms called microfilariae which infest your body for years. You itch, you get skin problems, you become debilitated.

Then the microfilariae invade your eyes. And you slowly become blind.

It's called River Blindness. You'll find it in a host of fast-flowing rivers in West and Central Africa. And there you will find most of the victims – the million or so who have already lost or are losing their sight and seventeen million who have the symptoms and are at risk of blindness; their sight could be saved – quickly and easily.

Consider what happens if you lose your sight in a poor African country. No disability benefit, no regular medical facilities, little prospect of remedial work.

There is just your family living at the harshest subsistence level. You become a burden on them. You will need to be led from place to place. You can do little to contribute to their welfare.

For this is the particular agony of River Blindness. It takes years to gestate. When blindness strikes, you are likely to be in your thirties or forties. You are likely to be the family breadwinner. Without you, the family will lose their hard-won self-sufficiency and become dependent on the charity of neighbours.

And it is all avoidable.

THE BLACK SIMULIUM FLY

Mectizan: a drug to halt River Blindness. It is a simple-to-take white tablet and it has been thoroughly tested in Africa. It not only prevents blindness but it tackles the painful symptoms as well.

SIGHT SAVERS is committed to distributing Mectizan in Nigeria, Ghana, Mali, Guinea, Uganda and Sierra Leone. We intend to expand the programme to include Cameroon.

If this sounds easy, it isn't. A distribution programme on this scale will strain Sight Savers' resources to the utmost. Then again, you have to allow for the reality of medical work in poor countries. In some of those countries there are

village health workers or committees who we can train to distribute Mectizan. In others we are relying on nurses who go from village to village. We shall be very reliant on local people, village chiefs in particular.

And there are transport problems. The dry flatlands of Mali make a 50cc motor-cycle a reasonable means of travel; in the hilly, forest regions of Guinea, we'll need a tougher 125cc machine. A lot of Mectizan will be distributed by simple bicycle.

And the programme will go on for years. In each community at risk, Mectizan will have to be distributed annually for at least ten years to break the cycle of the disease. Our aim is to ensure that none of today's children will lose their sight through River Blindness.

Sight Savers International
13 Cheap Street, Frome,
Somerset BA11 1BN
Telephone: 01373 452272

Figure 8.33 (left) Advertisement by the charity Sight Savers

Figure 8.34 Locust swarm, Ethiopia

EXERCISES

15 Study Figure 8.35.
a Describe the distribution of cattle in Africa.
b How does the distribution of the tsetse fly affect the distribution of cattle in Africa?
c* Suggest one other factor which appears to influence the distribution of cattle in Africa.
d* Suggest possible reasons why it is especially difficult to control pests in economically developing countries.

Figure 8.35 Distribution of cattle and the tsetse fly in Africa

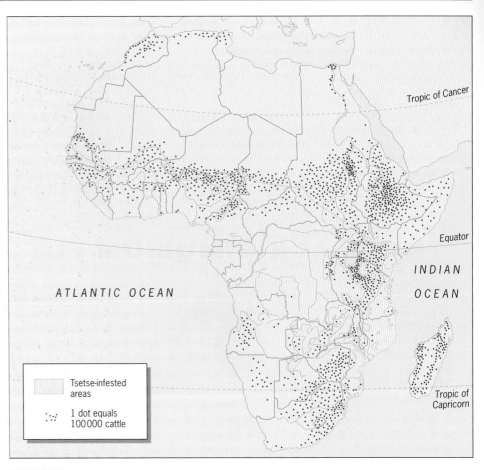

8.15 Regional contrasts in development

Just as there are contrasts in wealth between countries, so *within* countries we find similar differences between rich and poor regions. Such regional contrasts are not, as you might think, found only in the economically developing world. Italy is a rich country, yet its regional contrasts in wealth are as great as any country in the world.

CASE STUDY

8.16 Italy: a divided country

Italy is a country split between the rich, developed North and the poor, backward South (Fig.8.36). People in the North are as prosperous as their neighbours across the Alps in Austria and Switzerland (Fig.8.37). In contrast, in the South, standards of living are much lower – so low that southern Italy could almost be a different country (Fig.8.38). In almost every respect the South is worse off than the North (Table 8.4).

Since 1950, the Italian government (and more recently the EU) has tried to reduce these differences. Huge sums of money have been poured into the South to improve agriculture, build roads and develop new industries, like steel and petrochemicals. But despite all these efforts, the contrasts in wealth between North and South are as strong as ever.

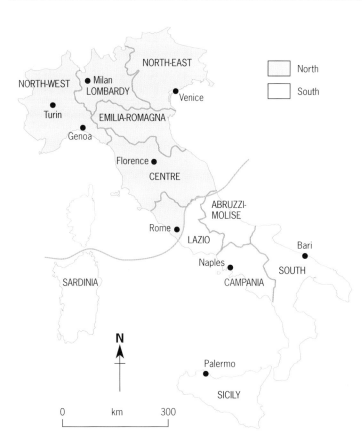

North

South

Figure 8.36 Regions of Italy (above)

Explaining Italy's regional contrasts

The Italian South is on the edge or **periphery** of the
EU. This location is one reason why its development
lags so far behind the North. Other peripheral regions in the EU, such as
the Scottish Highlands, western Ireland and the Greek islands, have
similar problems. Generally these peripheral regions are poorer than
regions at the centre or **core** of the EU. Why?

**Figure 8.37 (top) Productive vine-
yards, Tuscany, northern Italy**

**Figure 8.38 (above) Poor, hilly, dry,
rural landscape in southern Italy**

Table 8.4 Regional contrasts in Italy

	Unemployment (%)	GNP per capita (EU=100)	Infant mortality per 1000	Natural increase (% p.a.)
North-west	8.7	117	9.0	–4.6
Lombardy	6.0	131	6.3	–0.9
North-east	6.1	117	5.6	–1.3
Emilia-Romagna	6.5	126	6.6	–4.3
Centre	7.7	106	7.6	3.5
Lazio	10.7	120	9.7	0.4
Campania	11.1	87	8.8	–0.5
Abruzzo-Molise	22.8	69	9.6	5.7
South	17.1	69	7.7	3.9
Sicily	21.7	71	9.8	3.4
Sardinia	20.1	77	6.3	1.0
Italy	11.3	102	8.0	0

EXERCISES

16a Using the outline of Italy
(Fig.8.36) and the data in Table
8.4, draw choropleth maps to
show the regional pattern of
unemployment, GNP per
person, infant mortality and
natural increase in Italy.
b* Study the maps you have
drawn and summarise the
regional contrasts of development in Italy.

Figure 8.39 provides us with an explanation. Past investment in industry and services in the core has created jobs and a large, skilled workforce. People have migrated to find work in the core and as its population and wealth have grown, an attractive market for industry has developed. Meanwhile, service industries have set up and the infrastructure of motorways, railways, ports and airports has improved. This success has led to more investment, thus allowing the spiral of growth to continue.

Figure 8.39 (right) Virtuous circle of growth in a core region

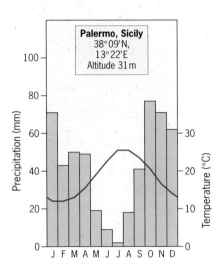

Figure 8.40 (above) Palermo: mean monthly temperature and precipitation

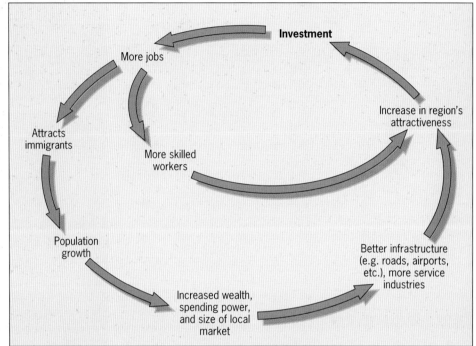

Apart from its location, the South has other disadvantages which have hindered its development. In summer its climate is hot and dry (Fig.8.40). This makes cultivation without irrigation difficult. Then, over the centuries overcultivation and overgrazing have led to land degradation and eroded and exhausted soils. Add to this the region's mountainous relief and it is clear that the odds are stacked against farming. In addition, during the twentieth century poverty has triggered a massive migration away from the South. People, driven by the search for jobs, have flocked to the great northern cities like Milan and Turin, and even further afield to central and northern Europe, and the USA.

8.17 Summary: Contrasts in development

Key ideas	Generalisations and detail
The world is divided into rich and poor countries.	• Rich countries are economically developed. The economically developed world (apart from Australia and New Zealand) is in the northern hemisphere. • Poor (economically developing) countries are in the tropics, in the southern hemisphere. • The developed world is the 'North'. The developing world is the 'South'.
Development includes both economic and social progress.	• Economic development is about realising the physical and human resource potential of a country. It includes investment in economic activities e.g. industry and agriculture. • Social development concerns the provision of services (e.g. health care, sanitation, education, etc.). It is a direct attempt to improve the quality of life and human well-being.
There is no simple measure of development.	• GNP per capita only considers economic development. • The human development index is the best single measure. It takes account of economic and social factors (incomes, life expectancy and education).
There are global contrasts in the provision of food and water supplies.	• There are severe shortages of food in many parts of the economically developing world. Famine, malnutrition and undernutrition affect millions of people, especially the poorest. • Problems of water availability and water quality are considerable in many economically developing countries. Lack of clean water is a major cause of ill health in these countries. • Small-scale projects can help to overcome localised food and water supply problems (e.g. Moyamba, Koshi Hills).
Economic factors are major obstacles to development in many poor countries.	• Economically developing countries suffer from shortages of capital and skilled workers, and the burden of debt owed to the developed world. • Many of the economic benefits of investment by TNCs in poor countries go to economically developed countries. World trade operates against many poor countries which rely on exporting primary products and importing manufactured goods from the developed world.
Rapid population growth hinders development.	• In many economically developing countries population growth is faster than economic growth. As a result, people on average get poorer. • The remedy is birth control and family planning.
Adult illiteracy and the low status of women are barriers to development in many economically developing countries.	• Without an educated and skilled workforce, economic development on a large scale is impossible. In many poor countries barely one third of adults can read and write. For religious and social reasons, the education of women and girls is often ignored. • The economic success of Asia's NICs would not have been possible without enormous spending on education.
Political problems often hold back development.	• Political instability is a problem in many poor countries (especially in Africa). Violent changes of government, civil wars, corruption and money spent on weapons, hinder development. Wars sometimes cause the breakdown of farming, creating famine and millions of refugees.
Environmental problems in the economically developing world contribute to poverty.	• The development of natural resources has often been unsustainable. • Deforestation, agribusiness, the rapid growth of tourism, etc. damage forests, soils, and landscapes (e.g. Dominican Republic). This increases the poverty of local people.
Diseases and pests are serious hazards in many economically developing countries.	• Diseases are widespread in economically developing countries in the tropics. They often reflect poor living conditions, inadequate diets and contaminated water supplies. Some of the most serious diseases are water-borne (e.g. diarrhoea, river blindness). Insect pests such as locusts destroy crops; others like the tsetse fly make cattle farming impossible over large areas.
Contrasts in wealth exist at a regional scale.	• Regional contrasts in wealth exist in both developed and developing countries. Sometimes these contrasts result from differences in resources between regions. Sometimes they result from relative location. • Core regions (e.g. northern Italy) develop a virtuous circle of growth bringing prosperity. • Peripheral regions often suffer from their remoteness. This may limit investment and cause growth to lag behind the core.

9 Trade and aid

Table 9.1 The growth of world trade ($bn), 1950–93

1950	113
1960	232
1970	637
1980	4095
1990	6865
1993	7480

9.1 Introduction

Since 1970 there has been a huge expansion of world trade (Table 9.1). Ideally, such expansion should benefit everyone (Fig.9.1). And in the long run it should help to narrow the gap between rich and poor countries. Unfortunately, not all countries have shared in this rapid growth of trade. In particular, it is the poorest countries which have gained least. Why is this? And what can be done to help these countries? These are questions we shall try to answer in this chapter. But first we need to know a little more about trade.

EXERCISES

1a Draw a line graph to show the growth of world trade from 1950 to 1993 (Table 9.1).
b From your graph try to predict the level of world trade in 2000 and 2010.

Figure 9.1 Trade and prosperity

Top left: Lifting of trade barriers at Heathrow Airport's duty free, London

Top right: South Korea specialises in manufacturing trainers

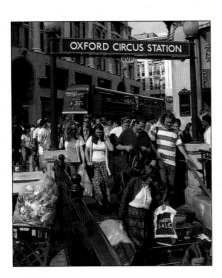

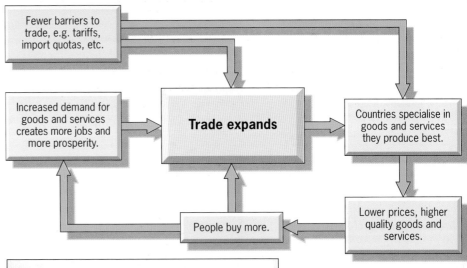

Fewer barriers to trade, e.g. tariffs, import quotas, etc.

Increased demand for goods and services creates more jobs and more prosperity.

Trade expands

Countries specialise in goods and services they produce best.

People buy more.

Lower prices, higher quality goods and services.

Bottom left: Increased deman[d] goods means more shoppers, London

Bottom right: Lower prices re[s] more imports, Nigeria

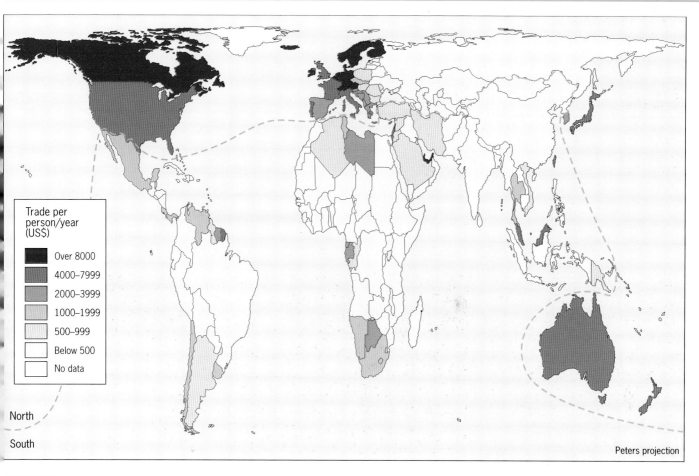

Figure 9.2 Value of trade per person, 1993

9.2 What is international trade?

International trade is the exchange of goods and services between countries. The goods and services that countries sell abroad are **exports**: those bought from other countries are **imports**. The difference in value between a country's exports and imports is known as the **balance of trade** (Table 9.2).

Table 9.2 International trade of three countries

	UK	Sweden	Indonesia
Imports: total value ($bn)	221.6	49.9	27.3
Imports: value per person ($)	3562	4879	148
Exports: total value ($bn)	190.1	56.2	34
Exports: value per person ($)	3135	5699	178
Trade: total value per person ($)	6697	10578	326
Population (millions)	56.3	8.9	198.6

9.3 Influences on international trade

There are many influences on international trade (Fig.9.3). Some influences, such as foreign investment and free trade agreements help to increase the volume of trade. Others, such as tariffs and quotas have the opposite effect. In this section we shall look at some of these influences in more detail.

**Figure 9.3 Influences on
international trade**

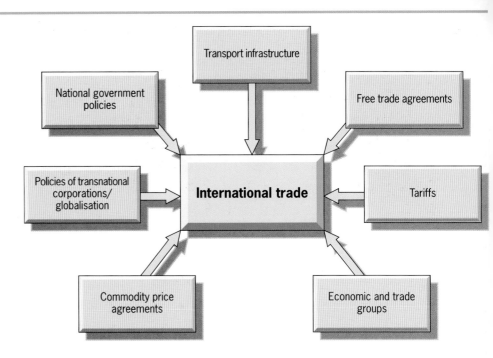

Trade barriers

Tariffs are taxes on imported goods. There are two main reasons why countries use tariffs. First, tariffs make imports more expensive and so protect a country's own industries from competition. And second, tariffs reduce the demand for foreign goods, and so cut imports and strengthen the balance of trade.

Since 1947 the General Agreement on Trade and Tariffs (GATT) has reduced tariffs and promoted **free trade** between countries. This has given world trade an enormous boost. In 1995 the World Trade Organisation (WTO) replaced the GATT. It has 122 member countries. All of them are committed to free trade and further reductions in tariffs.

Yet even the total abolition of tariffs will not automatically lead to free trade. Countries use many other ways of blocking imports. These include imposing fixed limits, i.e. quotas, on specific goods; giving subsidies to home industries; and insisting that imports, e.g. cars, meet strict technical standards.

Trading groups: the European Union

Many countries have formed trading groups to promote trade between themselves (Fig.9.4). The European Union (EU), with its 15 member states, is the largest and best known group (Fig.9.5). Within the EU there is a single market. This means that there are no tariff barriers to the movement of goods and services between member states. People and capital can also move freely within the EU.

As well as being a single market, the EU is also a customs union. All EU states have agreed a common tariff on goods and services imported from outside the EU. Why is this needed? The simple answer is to protect EU industries from foreign competition. Without such protection many industries could go bankrupt and with them tens of thousands of jobs would disappear.

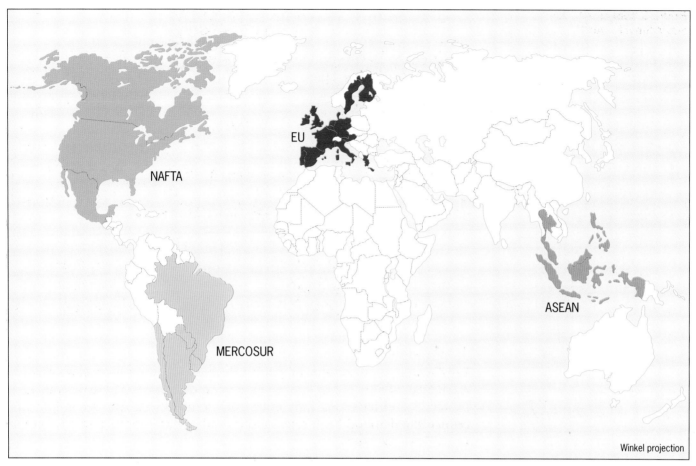

Winkel projection

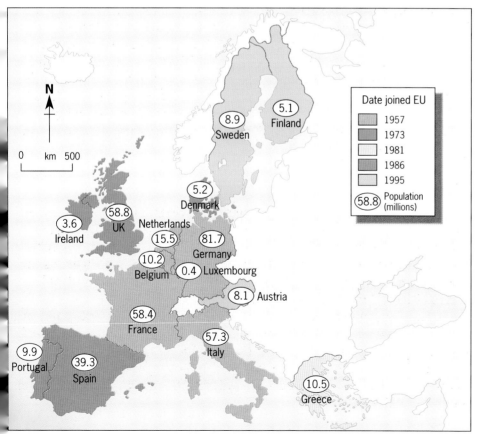

Figure 9.4 (above) Main regional trading groups

Figure 9.5 (left) The European Union

Date joined EU
	1957
	1973
	1981
	1986
	1995

(58.8) Population (millions)

EXERCISES
4 Study Figure 9.5.
a In terms of population, how big is the common market in the EU?
b Draw a bar chart to show how the size of the common market grew between 1957 and 1995. (NB assume that the populations of EU countries have not changed during this period.)
c* Suggest one possible advantage of large markets to industry.

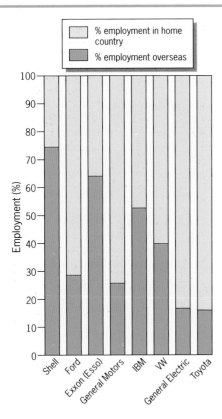

Figure 9.6 Top 8 TNCs: overseas employment

Trading groups: Mercosur and NAFTA

There are several other trade groups which are similiar to the EU, including the North American Free Trade Association (NAFTA) and Mercosur (Common Market of the South) (see Fig.9.4). In 1994 the USA, Canada and Mexico formed NAFTA. Established in 1991, Mercosur includes Brazil, Argentina, Uruguay, Paraguay and Chile (an associate member). Both NAFTA and Mercosur will eventually become free trade zones for member states. Mercosur hopes to go a step further and, like the EU, agree a common tariff on all imports.

Already NAFTA and Mercosur have expanded trade between member states. Because of NAFTA, the USA and Canada have access to the Mexican market of 90 million people. Also, because Mexico's labour costs are only a fraction of those in the USA, the border region of Mexico with the USA has become a magnet for US-owned industries, as well as other **transnational corporations** (**TNCs**) (Fig.9.6). Located on the Mexican side of the border, these firms can easily supply the US market. In return, Mexico gets badly needed investment and thousands of jobs. Of course there are some disadvantages. For example, Mexican maize farmers now have to compete with more efficient growers in the USA. And there are worries that millions of jobs in industry in the USA and Canada might disappear if firms decide to shift to cheaper locations in Mexico.

Globalisation

More and more TNCs are locating their factories worldwide, outside their country of origin. This **globalisation** of industry has a number of advantages for TNCs. They can profit from lower labour costs or cheaper materials; they can expand production and reduce costs (economies of scale); and they have direct access to markets which might otherwise be protected by tariffs and other trade barriers. Because of globalisation, today around 40 per cent of all foreign trade takes place within these TNCs.

EXERCISES

5a List the possible advantages and disadvantages of trading groups like the EU for member states.
b* State and explain the possible disadvantages of such trading groups for non-member states.

6a The economic activities of Shell and Exxon (Esso) differ from the company shown in Figure 9.7. Suggest how.
b Suggest one possible reason why these two TNCs depend so heavily on overseas investment.

Figure 9.7 Branch factory for manufacturing audio equipment on the Mexico–USA border

Most foreign investment by TNCs has gone to countries in the economically developed world. Europe, for example, took 40 per cent of all foreign investment in the early 1990s. None the less, in 1996 the rich countries still invested over $90 billion in the economically developing world. This sort of investment is vital to poor countries. It spreads technology and skills, encourages economic development and provides jobs (Table 9.3).

Thanks to foreign investment, the importance of manufacturing will continue to grow in economically developing countries. Nowhere is this more evident than in South America. In 1995 overseas companies invested $8 billion in Mercosur. Much of this went to the automobile industry. By 1996 Ford, VW, Renault and Fiat all had major car plants in Brazil. Meanwhile, other car companies such as Toyota, Honda and Hyundai were planning to invest in Brazil.

Yet while Brazil has attracted huge foreign investment, other countries, especially in Africa and South Asia, lag far behind. Lack of investment in these countries is one reason why they are the poorest in the world (see section 8.7).

9.4 The pattern of world trade

The rich countries of the northern hemisphere dominate global trade (Fig.9.8). Most of this trade takes place between rich countries. Yet although trade between rich and poor countries is much smaller, it is growing rapidly.

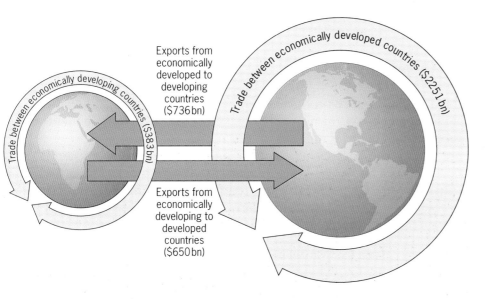

Table 9.3 World shares of global manufacturing (percentage)

	Economically developed countries	Economically developing countries
1970	88	12
1980	83	17
1990	84	16
2000	80	20
2005	71	29

EXERCISES

7 Refer back to sections 8.7 and 8.10 and explain why some countries in the economically developing world are more attractive for foreign investment than others.

Figure 9.8 The pattern of world trade, 1994

Exports from economically developed to developing countries ($736 bn)

Trade between economically developed countries ($2251 bn)

Trade between economically developing countries ($383 bn)

Exports from economically developing to developed countries ($650 bn)

Terms of trade: a fair exchange?

Recent industrial growth in South America, India and the Pacific Rim countries means that today manufactured goods are important exports for many economically developing countries. Even so, many of the world's poorest countries still depend heavily on exports of **primary products**, such as food and raw materials (Fig.9.9). This has three main drawbacks.

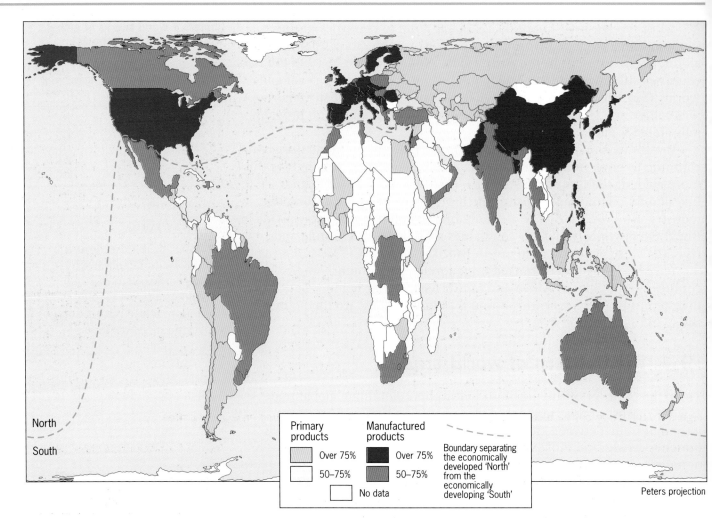

Figure 9.9 World trade: the importance of primary and manufactured goods, 1994

Value added

One problem is that primary products have little 'value added'. Value is added when primary products are processed. This processing mainly takes place in economically developed countries. Thus, the benefits of 'value added' and the millions of jobs it creates, go to the rich consuming countries rather than the poor producers (Table 9.4).

Coffee is a classic example. It is grown as a cash crop in the tropics. Only here can its specific growing requirements be met. These include an absence of frost; no month where the average temperature falls below 11°C; and rainfall within the range of 200–900 mm a year.

EXERCISES

8a Study Table 9.4 then match up each primary product to the appropriate value-added manufactured good.
b* Why do you think that the processing of raw materials occurs mainly in the economically developed world?

Table 9.4 Primary products and value-added goods

Primary products	Value-added goods
bauxite	petroleum
rutile	shoes
cocoa	aluminium
crude oil	chocolate
leather	titanium
rubber	wood veneer
timber	cigarettes
tobacco	tyres

Figure 9.10 Picking coffee beans, Kenya

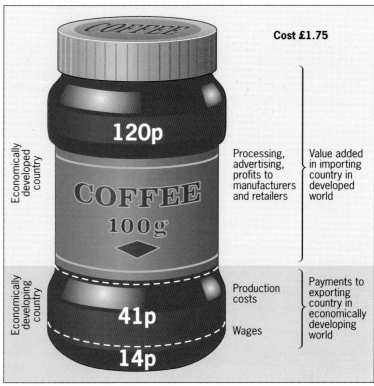

Figure 9.11 Value added on a jar of coffee

Coffee is the second most valuable commodity which enters international trade. Poor countries, like Uganda, Ethiopia and El Salvador, depend on it for half of all their export earnings (Figs 9.10, 9.13 and 9.16). And yet, for every jar of instant coffee sold in the UK, the producers receive less than a third of the price we pay our local supermarket (Fig.9.11). Food processing, food packaging, advertising and retailing (more than two-thirds of the value of the product) are all done in economically developed countries.

World commodity prices
There is another problem for countries which rely heavily on primary products. World prices for these commodities often fluctuate wildly on international markets (Table 9.5, Fig. 9.12). If prices fall, countries get less for their exports. This makes it difficult for them to pay for both imports and the interest on foreign loans.

Cost of imports
Relying on the export of primary products has one other disadvantage. Compared to manufactured goods, the value of primary products has fallen sharply in the last 30 years. For instance, in 1977 a kilo of coffee bought five times more manufactured goods than in 1996. As most imports to poor countries are manufactured goods, we can see how the terms of trade have worked against economically developing countries.

Table 9.5 Coffee price changes, 1975–95

Year	Price (US cents/kg)
1975	158
1976	312
1977	504
1978	341
1979	373
1980	331
1981	254
1982	275
1983	282
1984	311
1985	293
1986	376
1987	237
1988	255
1989	202
1990	157
1991	147
1992	117
1993	136
1994	296
1995	305

Source: International Coffee Organisation

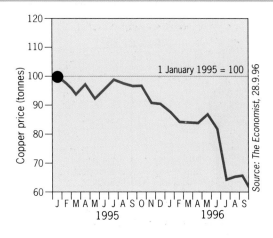

Figure 9.12 (above) Copper prices, January 1995 – September 1996

Source: The Economist, 28.9.96

Figure 9.13 (right) Exports from selected African countries

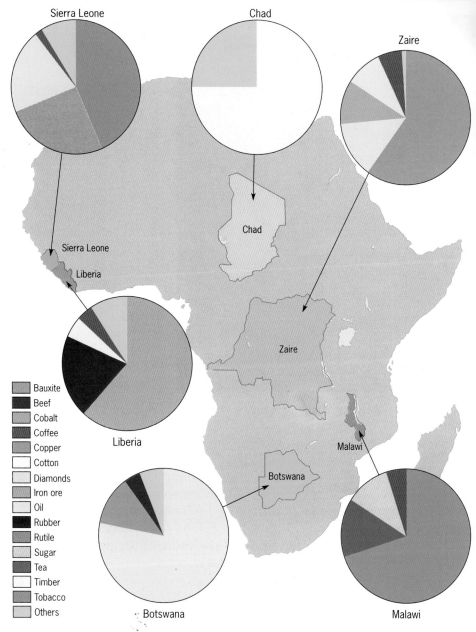

Legend:
- Bauxite
- Beef
- Cobalt
- Coffee
- Copper
- Cotton
- Diamonds
- Iron ore
- Oil
- Rubber
- Rutile
- Sugar
- Tea
- Timber
- Tobacco
- Others

EXERCISES

9a Describe the price changes for copper between January 1995 and September 1996 (Fig.9.12).

b* Suggest two possible effects of these price changes on a country like Zaire (Fig.9.13) which relies heavily on copper exports.

c Plot the changing price of coffee from 1975–95 (Table 9.5) as a line graph.

d Suppose a country's only export was coffee. How many times greater would its export earnings be in the best year, compared to the worst year, in the period 1975–95?

EXERCISES

10a Describe the pattern of exports of the six African countries in Figure 9.13.

b* Explain how this pattern of exports could possibly create disadvantages for these countries.

The exports of the African countries in Figure 9.13 are not typical of all countries in the economically developing world (see Fig.9.9). In fact, manufactured goods account for more than half of the value of exports from economically developing countries. Although low-tech manufactured products such as textiles, clothing and metals feature prominently, high-tech exports are becoming more important. Brazil, for example, has modern export industries which include chemicals, cars, electronic equipment and even aircraft (Table 9.6).

9.5 Foreign aid

For a variety of reasons, including poverty and contrasts in levels of development (see Chapter 8), many countries in the economically developing world depend on aid. The main purpose of this aid is to help reduce inequalities.

Foreign aid is the transfer of money, food, equipment and technical assistance from rich countries to poor countries. The United Nations (UN) recommends that rich countries should give 0.7 per cent of their GNP in foreign aid to poor countries. In fact, few countries achieve this target. Take the UK: although in 1996 it gave foreign aid worth £2 billion, this was only 0.26 per cent of its GNP.

Table 9.6 Brazil's leading exports, 1994 ($bn)

Metal products	6.08
Transport equipment	4.66
Soyabeans	4.14
Machinery	2.88
Chemicals	2.84
Coffee	2.56
Metal ores	2.50

EXERCISES

11a Draw a pie chart to show the information in Table 9.6.
b Which exports in Table 9.6 have: • significant value-added, • little or no value-added?
c* Compare Brazil's exports with those of the six African countries in Figure 9.13.

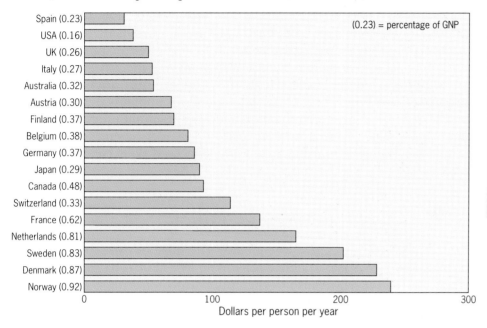

Figure 9.14 Aid given by the richest countries

9.6 Types of foreign aid

Foreign aid often hits the headlines after natural disasters such as famines, earthquakes and floods. In such emergencies governments, charities and international organisations like the World Bank and the Red Cross provide **short-term aid**. Typically, this aid consists of money, medicines, food, blankets, tents and other equipment to help people through the immediate crisis (Fig.9.15).

Other types of aid are **long term**. Such aid is for economic development, such as encouraging industry, agriculture or energy production. Long-term aid may also be for social development, e.g. education, health care, family planning, etc. The purpose of long-term aid is to improve the quality of life of people living in the economically developing world.

EXERCISES

12 Study Figure 9.14.
a Which countries are: • most generous, • least generous in donating aid?
b* Draw a scattergraph of aid given in dollars per person per year and aid given as a percentage of GNP.
c Comment on what your graph shows.

Figure 9.15 Red Cross workers give emergency supplies and medical aid to earthquake survivors, Mexico 1985

Figure 9.16 Advertisement for a non-governmental organisation

Types of long-term aid

Aid given by one country directly to another is **bilateral aid**. The British government's support for improvements in water supply in Sierra Leone and agriculture in Nepal (see Chapter 8) are both examples of bilateral aid.

Multilateral aid is assistance given to poor countries through international bodies such as the UN, the World Bank, and the International Monetary Fund. Each organisation has its own aid programme. Funding comes from economically developed countries.

Finally, charities such as Oxfam, Christian Aid and Save the Children are important sources of aid (Fig.9.16). These are **non-governmental organisations** which rely on private donations and gifts from businesses. Apart from giving emergency aid, their aid programmes are often small scale. There is an emphasis on low cost schemes, based on simple technology and using local knowledge and skills (see Book 1, section 9.2).

9.7 Foreign aid: who benefits?

Why do rich countries give foreign aid? The most obvious answer is for humanitarian reasons: to help people who live in poverty and misery (Fig.9.17). However, this is not the only reason.

Tied aid

It may surprise you to know that 40 per cent of all foreign aid is given for selfish reasons. For example, if the UK gives money to a poor country it may insist that the money is only spent on British goods. This is **tied aid**. Such aid often benefits the donor country, boosting its exports and providing jobs for its workers. Meanwhile, poor countries may be forced to buy goods which they could purchase more cheaply elsewhere (Fig.9.18).

A particular problem with tied aid is that it increases the **dependency** of poor countries in the economically developed world. The argument is that rather than build their own industries and skills, poor countries will simply rely on the developed world instead.

In Chapter 8 we saw that lack of capital is a major obstacle to develoment in many poor countries. Thus, some foreign aid consists of cheap loans. However, strict conditions are often attached to the repayment of loans. If these are not met, a country may be denied financial assistance by the IMF and World Bank in future.

Corruption

If foreign aid does not always benefit poor countries, neither does it always reach the poorest people in the developing world. Misuse of foreign aid in economically developing countries is widespread. All too often, aid finds its way into the pockets of politicians, government officials and the better off. Thus millions of poor people get little benefit from foreign aid.

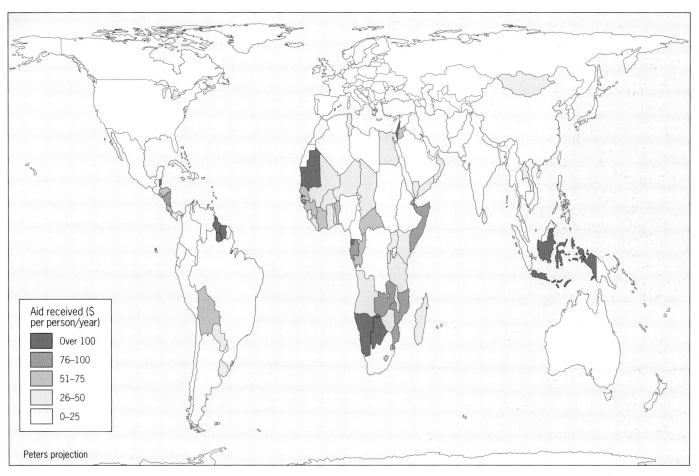

Figure 9.17 (above) Overseas aid: recipient countries

Aid received ($ per person/year)

- Over 100
- 76–100
- 51–75
- 26–50
- 0–25

Peters projection

Figure 9.18 (left) What price development?

9.8 Long-term aid projects

In this section we shall look at two contrasting aid projects funded by the Overseas Development Agency (ODA). The ODA is the government agency in the UK which has responsibility for the country's official aid programme.

EXERCISES

13 Study Figure 9.17 and compare it with Figure 8.10.
a Does foreign aid go to the poorest countries?
b* Suggest possible reasons why some poor countries may be refused foreign aid.

14 Suggest two reasons why the farmer in Figure 9.18 might benefit little from the donation of foreign aid.

9.9 Large-scale aid: Pergau dam, Malaysia

The Pergau dam in Malaysia (Fig.9.19) is the most costly aid project ever funded by the British government (Fig.9.20). Over half of the total cost of £415 million scheme was paid for by the UK.

However, the Pergau project has been highly controversial. There are three reasons for this. First, the electricity produced at Pergau will

Figure 9.19 (above) Location of the Pergau Dam

Figure 9.20 (above right) Pergau Dam under construction, Malaysia, 1993

Figure 9.21 (right) Building the Petronas Twin Towers, Kuala Lumpur, Malaysia, 1996: when completed, the 88-storey towers will be the tallest buildings in the world

not benefit the poorest Malaysians. Most of it will go to Malaysia's booming capital, Kuala Lumpur (Fig.9.21). In recent years, Kuala Lumpur has become a major financial centre for the South-east Asian economy. Its huge office towers reflect its new prosperity and its growing demand for electricity.

Second, Pergau is controversial because it is tied aid. Agreeing to build the dam allowed the British government to secure a huge arms contract to supply military aircraft to Malaysia. This would provide exports and jobs for the UK.

And third, Pergau is controversial because of its harmful environmental effects. Although the reservoir created by the dam has not displaced local people, it has devastated large areas of rainforest. Deforestation has led to erosion as rainwater has stripped away the topsoil. Already, the soil has started to silt up the River Pergau and its tributaries and the reservoir behind the dam.

Other environmental problems have also emerged. The destruction of the rainforest threatens rare animals including the Sumatran rhino and tiger. And roads driven through the region for building electricity pylons have opened up previously inaccessible areas to commercial logging, causing further environmental destruction.

> **EXERCISES**
>
> **15** In 1995 the UK decided to target aid at 20 of the world's poorest countries. Study Table 9.7 and suggest a fourth reason why Pergau is controversial.

Table 9.7 Indicators of poverty in three economically developing countries

	Infant mortality per 1000	Annual income per person/year ($)	Adult literacy (%)
Malaysia	20	3130	82
Malawi	138	220	54
Mali	159	300	27

CASE STUDY

9.10 Small-scale aid: Ghana

Unlike Pergau, most of the aid given by the ODA is for small projects which use modest amounts of money. Typical examples are the small-scale development projects currently being supported by the ODA in Ghana. These projects cost around £18 million a year (Fig.9.22).

Local involvement

Ghana is a poor country in West Africa (Fig.9.22). In the 1970s and 1980s it suffered a steep decline in its trade. Although its economy improved during the 1990s, not everyone has benefited. The ODA's aid programme for Ghana specifically targets the poorest groups in the country and includes health care, education, agriculture and industry. The emphasis is on the involvement of local people. The projects aim to make small but significant improvements in people's quality of life. This so-called 'bottom up' approach, is favoured by charities (see Book 1, Chapter 9). Local people work to improve roads, repair public buildings, dig wells, and so on. The technology used is simple; and the skills needed are those which the people already have.

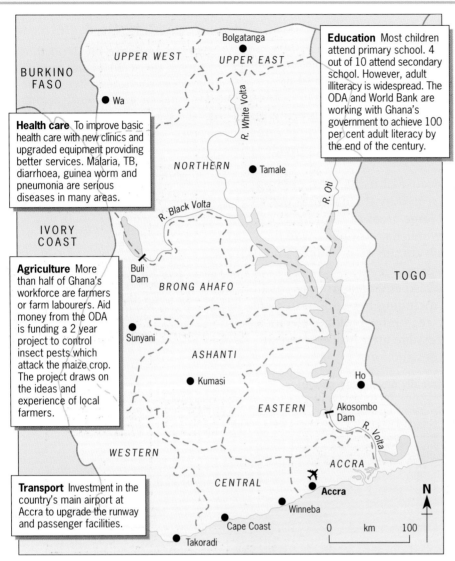

Education Most children attend primary school. 4 out of 10 attend secondary school. However, adult illiteracy is widespread. The ODA and World Bank are working with Ghana's government to achieve 100 per cent adult literacy by the end of the century.

Health care To improve basic health care with new clinics and upgraded equipment providing better services. Malaria, TB, diarrhoea, guinea worm and pneumonia are serious diseases in many areas.

Agriculture More than half of Ghana's workforce are farmers or farm labourers. Aid money from the ODA is funding a 2 year project to control insect pests which attack the maize crop. The project draws on the ideas and experience of local farmers.

Transport Investment in the country's main airport at Accra to upgrade the runway and passenger facilities.

Training

Education is an important part of the Ghanaian aid programme. One scheme sponsored by the ODA aims to provide basic literacy for 15 000 people (Fig.9.23). Foreign aid provides educational experts and local training for teaching staff as well as vehicles, materials and equipment.

The ODA's literacy programme is part of a much larger education project undertaken by the Ghanaian government and sponsored by the World Bank. It aims to raise basic levels of literacy in Ghana from 30 per cent in 1989 to 100 per cent by 1999.

Figure 9.22 (above) The ODA's aid projects in Ghana

Figure 9.23 (right) Literacy lesson in a boys' school, Koko Village, Ghana

EXERCISES

16 Read sections 9.6 to 9.8.
a Make a list of the advantages and disadvantages of foreign aid for: • rich donor countries; • poor recipient countries.
b* Should rich countries give aid to poor countries? What is your opinion? Support your view with carefully reasoned arguments.

9.11 Interdependence

Increasingly, the developed countries of the North and the developing countries of the South depend on each another. We have seen how trade, investment, loans, interest payments, foreign aid and international migration (Chapter 5) link rich and poor together (Fig.9.24). But who benefits from this **interdependence**? And is the relationship a fair, or a one-sided, relationship?

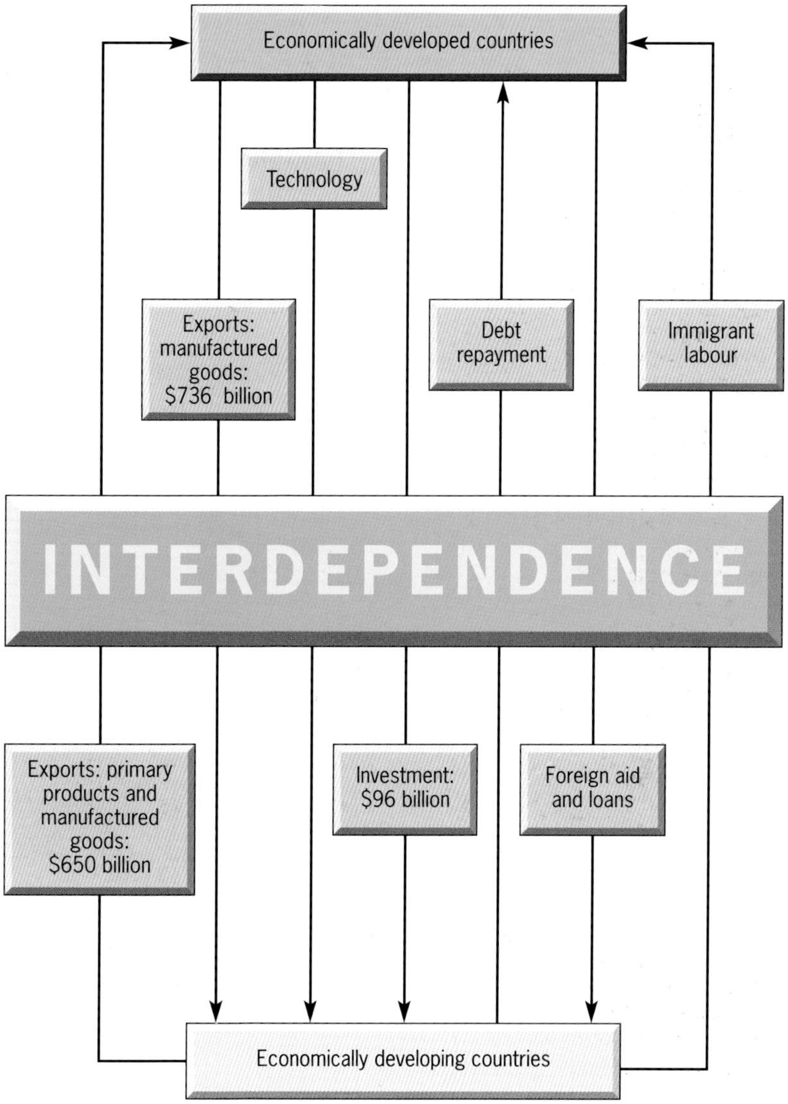

Interdependence and economically developed countries

Let's consider the economically developed countries first. They depend on raw materials for their industries, many of which come from the developing world. These imported materials have become cheaper compared to the manufactured goods they export. Moreover, as we have seen, most of the profit through processing and manufacturing (i.e. value-added) of these materials goes to the rich countries. Further profits flow to the developed world from investments in economically developing countries, and from interest payments on loans. Even foreign aid benefits rich countries: tied aid boosts exports and secures thousands of jobs in economically developed countries.

None the less, interdependence does have some disadvantages for rich countries. As TNCs invest in the developing world, jobs may be lost in rich countries. And competition from new industries in the developing world could destroy many industries in rich countries.

Interdependence and economically developing countries

Interdependence also creates advantages and disadvantages for poor countries. On the plus side, by exporting goods to the developed world, poor countries receive hard currency to pay for imports and loans. Investment by foreign TNCs provides much-needed jobs, improves skills, allows poor countries to exploit their advantage of cheap labour and brings in modern technology. Poor countries also receive foreign aid from rich countries and from the UN, World Bank, International Monetary Fund and other global institutions.

However, interdependence is not always good. The terms of trade often work against poor countries and in the past the exploitation of raw materials by foreign companies has sometimes been at the expense of the environment.

Figure 9.24 Interdependence between the developed and developing worlds

EXERCISES

17* Interdependence suggests that changes in the economically developed world will have knock-on effects in the economically developing world, and vice versa. Suppose there is a downturn in the economies of rich countries. Study Figure 9.24 and suggest what effects this might have on countries in the economically developing world.

175

9 Trade and aid

EXERCISES

18 Select one of the following roles: • a trade minister for the government of an economically developing country; • the chief executive of a TNC which has invested heavily in the economically developing world; • the director of a charity such as Oxfam; • an official for the World Bank which makes cheap loans to poor countries. In your chosen role state whether you believe that the balance of interdependence between rich and poor countries is fair or one-sided. Support your view with detailed arguments.

Figure 9.25 (right) Nigeria and Ogoniland

Figure 9.27 (below) Oil leak destroys a mangrove swamp, Niger Delta, October 1995

Problems of interdependence: Nigeria

For example, in Nigeria massive environmental damage has occurred in Ogoniland in the Niger Delta (Fig.9.25). Oil is so important to Nigeria – it provides 90 per cent of the country's exports – that the government has tolerated massive oil spillages by the oil companies (Figs 9.26–9.27). This has caused appalling damage to fish stocks, agricultural land, palm oil and mangrove trees and water resources, and threatens the well-being of nearly 6 million people.

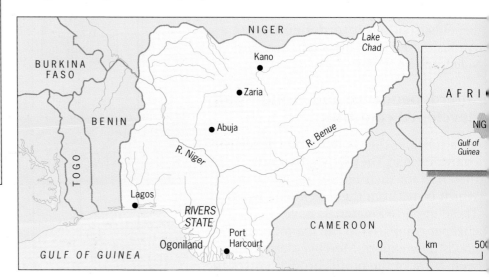

Figure 9.26 (below) Nigerian water source contaminated with oil after a drilling site exploded, mid 1970s: between 1976 and 1991, 2976 oil spills (2.1 million barrels) were reported in the Niger area – an average of 4 spills a week

Problems of interdependence: over-dependency

Finally, foreign aid may encourage dependency. Already some poor countries in Africa depend on foreign aid for one quarter of their income. Tied aid causes poor countries to rely even more on imported goods, rather than establish industries of their own.

176

9.12 Summary: Trade and aid

Key ideas	Generalisations and detail
International trade is the exchange of goods and services between countries.	• Goods and services sold abroad are exports. Goods bought from other countries are imports. • The balance of trade is the difference in value between imports and exports.
The volume of world trade has expanded massively since 1970.	• This growth of trade has not been shared equally between countries. • The economically developed countries dominate world trade. Over 80 per cent of world trade is between these rich countries.
Some factors encourage trade, others discourage it.	• Trade expands when barriers such as tariffs, duties and quotas are removed. The free movement of goods and services between countries is known as 'free trade'.
In the last 50 years there has been a general reduction in barriers to trade.	• Trade barriers, such as tariffs, protect a country's industries from competition. • Since 1947, the GATT has worked to reduce barriers to trade. Its successor, the WTO, is also committed to tariff reduction and the promotion of free trade.
Many countries have formed large trading groups.	• Large trading groups such as the EU, NAFTA and Mercosur aim to remove all internal barriers to trade between member states and create single markets. The EU also has a common tariff on goods and services imported from non-EU states.
Two-fifths of all international trade takes place within large transnational companies (TNCs).	• Overseas investments by TNCs, e.g. Ford, IBM, are a major influence on global trade. • Globalisation of industry means that firms locate production worldwide to take advantage of lower costs (e.g. cheaper labour in economically developing countries).
The terms of trade work against poor countries.	• Most poor countries rely heavily on exports of primary products (food and raw materials), and import manufactured goods. This pattern of trade has several disadvantages: • primary products have little 'value added'; • prices for primary products fluctuate wildly; • the value of primary products, compared to manufactured goods, has fallen sharply in the last 25 years.
Foreign aid is the transfer of money, food, equipment and technical assistance from rich to poor countries.	• Rich countries normally give between 0.2 and 1.2 per cent of their GNP in foreign aid. • Few rich countries give the UN's recommendation of 0.7 per cent.
There are several different types of foreign aid.	• Bilateral aid is given directly from one country to another. • Multilateral aid is given through an international organisation, e.g. UN or World Bank. • Non-governmental organisations are charities which give aid from private donations. • Foreign aid may be short term (providing immediate disaster relief) or long term. • Long-term aid aims to promote economic development (encourage industry, agriculture, energy production, etc.) and social development (education, health care, family planning, etc.).
Foreign aid does not always benefit the most needy.	• Political and economic factors (e.g. non-democratic governments, failure to pay debts) may mean that some of the poorest countries do not receive significant foreign aid. • Corruption and misuse of aid in economically developing countries sometimes means that aid does not reach its intended target, i.e. the poorest people. • Tied aid (e.g. Pergau dam) may benefit donor countries more than recipients.
There is increasing interdependence between the rich developed North, and the poor developing South.	• Economically developed and economically developing countries depend on each other for trade. There are important flows of investment capital from rich to poor countries. • Loans to the economically developing world result in flows of money through interest payments in the opposite direction. • International migration from poor to rich countries and foreign aid also strengthen global interdependence. • Interdependence has both advantages and disadvantages for economically developed and economically developing countries.

Revision section: chapter summaries from Book 1

Book 1, Chapter 1 summary | Tectonic activity

The earth's interior is made up of several concentric layers.	• The outermost layer is the crust. This thin rocky layer includes oceanic and continental crust. • The lithosphere. • The mantle, which accounts for most of the Earth's mass. • The core. • Density and temperature increase with depth in the Earth's interior.
The Earth's crust and lithosphere are broken into large fragments or plates.	• There are seven major plates and a dozen or so minor ones. • The plates are continually moving. This movement occurs along the plate margins and is responsible for most earthquakes and volcanic activity, and a wide range of landforms (e.g. fold mountains, ocean trenches, rift valleys etc.).
Important tectonic processes occur at plate margins.	• There are three types of plate margin: constructive, destructive and conservative. • New oceanic crust is formed by sea-floor spreading at constructive margins. • Old oceanic crust is destroyed at destructive plate margins. • Crust is neither formed nor destroyed at conservative margins. • The movement of plates (plate tectonics) explains continental drift and a variety of tectonic processes and landforms.
Earthquakes are the sudden release of energy from within the Earth in the form of seismic waves.	• Earthquakes result from friction between, and stretching and compression of, rocks within the crust and lithosphere. • Most earthquakes occur close to plate margins. • The energy released in earthquakes is measured on the Richter scale. The damage caused by earthquakes is measured on the Mercalli scale.
Earthquakes are major natural hazards.	• Earthquakes cause major loss of life, injury and damage to property each year. • Death and injury are caused not only by collapsed buildings, but also by fire and disease. • The human impact of earthquakes is often greater in economically developing than in economically developed countries. • In many countries which are vulnerable to earthquakes, earthquake-proof buildings help to minimise loss of life and damage to property.
Volcanoes are points of weakness in the crust where molten rock from the mantle reaches the Earth's surface.	• Most volcanoes (like earthquakes) are found at plate margins. • The shape of volcanoes and the violence of eruptions depend on the type of magma and the amount of steam present.
There are several types of volcano	• Composite cones, with alternating layers of ash and lava. • Shield volcanoes with wide bases and low-angled slopes. • Lava domes. • Fissures which lead to the formation of lava plateaus.
Volcanoes are major natural hazards.	• Eruptions may produce: lava flows, pyroclastic flows and avalanches, ash falls, lahars, nuées ardentes etc. • Eruptions can cause huge losses of life, injury and damage to property. • Economically developing countries are often hit hardest by volcanic eruptions.
Volcanoes can be used as important resources	• Volcanoes provide: fertile soils which allow intensive culivation e.g. Java; geothermal energy e.g. Iceland; resources for recreation and tourism.

Book 1, Chapter 2 summary   Rocks and landscapes

Rocks are made from a mixture of minerals.	• Granite is made up of quartz, feldspar and mica; limestone of calcium carbonate.
There are three main types of rock: igneous, sedimentary and metamorphic.	• Igneous rocks such as granite and basalt are formed from molten rock or magma. • Sedimentary rocks result either from the breakdown of pre-existing rocks (e.g. sandstone) or from the build up of plant and animal remains on the sea floor (e.g. limestone). • Metamorphic rocks (e.g. slate and marble) have been altered by great heat and/or pressure.
Rocks have a structure.	• Rocks contain lines of weakness such as joints and bedding planes. Sedimentary rocks were deposited in layers or strata.
Rocks are changed by the process of weathering.	• Physical weathering by frost or the sun breaks down rocks into smaller fragments. • Chemical weathering destroys rocks by altering their mineral composition.
Some rocks produce distinctive landscapes.	• Granite often produces upland landscapes (e.g. Cairngorm plateau) with features such as tors, blockfields and screes. Land use is mainly restricted to rough grazing and recreation. • Minor igneous intrusions, such as sills and dykes, form important local features such as vertical scars and waterfalls. • Limestone produces upland landscapes known as karst. They include pavements, scars, dry valleys, shake holes, caves and caverns. Soils are thin and not suitable for farming, though recreation is often important. • Chalk is associated with gentle uplands or escarpments. These consist of a steep scarp slope and a gentle dip slope. There is little surface drainage today. • Clay gives rise to gentle lowland landscapes of great value to agriculture.
Rocks have great economic value.	• Hard rocks such as dolerite and granite may be used as roadstone. Clay baked into bricks is a valuable building material, and so is sandstone. Limestone is a vital raw material used in the chemical, steel and agricultural industries. Weathered granite forms china clay which is used for pottery manufacture.
Rock structure and scenery is influenced by folding and faulting.	• Pressure caused by plate movements produces simple upfolds or anticlines (e.g. the Weald) and downfolds or synclines (e.g. the London Basin), as well as major fold mountain ranges, such as the Himalayas. When rocks fracture instead of folding, they form rift valleys (e.g. Jordan valley) and fault scarps.

Book 1, Chapter 3 summary   Weather and climate

Weather is the day-to-day state of the atmosphere.	• Weather in the British Isles and north-west Europe is very variable. In other parts of the world (e.g. around the equator) the weather is very constant.
Climate is the long-term (seasonal) pattern of weather.	• The main feature of climate is seasonal change in temperature and precipitation. Outside the tropics, climates have a warm and cold season. Within the tropics seasonal differences in precipitation (wet and dry seasons) are more significant.
Weather has an important impact on human activities.	• The disruptive effects of snow, ice and fog on transport movements. The effect on agriculture and water supply of summer droughts. Heavy precipitation and flooding from rivers in winter e.g. the floods in The Netherlands in January 1995.
At the global scale there are broad climate regions corresponding with belts of latitude.	• Latitude is the main influence on temperature. It determines the sun's angle in the sky and the amounts of solar radiation received by a place. From the equator to the poles climate changes from equatorial, to tropical continental, hot desert, Mediterranean, cool continental/maritime, cold continental, and polar.

The British Isles have a mild, damp climate.	• The main influences on climate in the British Isles are: latitude, distance from the ocean, the North Atlantic Drift, the prevailing westerlies, altitude and aspect.
The climate of the British Isles has significant regional differences.	• The west is milder and wetter than the east; the south is warmer than the north. Highland Britain is both wetter and colder than Lowland Britain.
Precipitation – the moisture which falls from clouds.	• Precipitation includes rain, drizzle, snow, sleet and hail.
Precipitation occurs in three situations: when air is forced to cross mountains; in depressions along fronts; when air is heated and rises by convection.	• Precipitation in mountainous areas is called relief or orographic precipitation. It gives high precipitation in British uplands. Frontal precipitation occurs in depressions when air is forced to rise at warm and cold fronts. Most precipitation in the British Isles is frontal. Convectional precipitation follows intense heating of the ground by the sun. It causes showers and thunderstorms and is particularly important in the tropics.
Weather charts provide a daily summary.	• Weather charts summarize temperature, precipitation, cloud cover, wind direction/speed, pressure etc. These charts are essential for making forecasts. They are up-dated every six hours. The main features on these charts are isobars and fronts.
Depressions and anticyclones dominate Atlantic weather charts.	• Depressions are mid-latitude storms, bringing mild, wet, cloudy conditions to north-west Europe. • Anticyclones are areas of high pressure, bringing usually dry, settled weather. Temperatures are often extreme (cold in winter, warm in summer) with very variable amounts of sunshine.
Weather forecasters rely increasingly on satellite images.	• Both visible and infra-red images are used. They provide information on cloud patterns and temperature.
Tropical cyclones are violent storms which form over warm oceans.	• Tropical cyclones bring very strong winds and heavy rain. Every year they cause immense loss of life and damage to property in the tropics and sub-tropics.
Tropical cyclones hit poorer countries hardest.	• Hurricane Andrew (Florida 1992) was responsible for 22 deaths. The less powerful cyclone which struck Bangladesh in 1991 killed 125 000 people. Poverty, lack of early warning, lack of shelters and remoteness mean greater destruction in economically developing countries.
Climatic hazards can also have a severe impact on economically developed countries.	• The Australian drought and bush fires of 1993–4 devasted farming, forests, wildlife and many settlements in eastern Australia.

Book 1, Chapter 4 summary   Ecosystems

Ecosystems comprise plants, animals, decomposers and the physical environment.	• The living and non-living parts of ecosystems are linked together by a complex web of relationships. • Ecosystems are powered by sunlight. They have flows of nutrients. • Sunlight is trapped by plant leaves and converted to sugar and starch by photosynthesis. • Energy 'flows' through ecosystems along food chains and food webs.
Ecosystems vary in scale from local to global.	• Moorland is an example of a local ecosystem. The tropical rainforest, temperate deciduous forest and northern coniferous forest are global ecosystems.
The tropical rainforest is the most productive and most diverse ecosystem.	• The tropical rainforest is found in lowland areas within 10 degrees of the Equator and contains 90 per cent of all living species. • The rainforest climate is warm and humid. These conditions are ideal for plant growth.
The rainforest trees are adapted to the equatorial climate.	• Trees are evergreen (they don't lose their leaves once a year). Some trees have leathery leaves with driptips) and buttress roots.

Rainforest soils have little fertility.	• Forest soils are acidic and contain few nutrients. • The forest is sustained by the rapid cycling of nutrients. • Permanent agriculture is not sustainable in the rainforest.
Exploitation of forest resources is rapidly destroying the rainforest.	• Deforestation is caused by agriculture, settlement, road building, mineral extraction, logging and HEP projects. • Most logging in the rainforest is not sustainable.
There are arguments for and against the destruction of the rainforest.	• Arguments centre on the conflict between environmentalists who want to conserve the rainforest and economists who want to develop its resources.
The temperate deciduous forest once covered most of Europe.	• The deciduous forest in Europe has been cleared for agriculture and settlement over the last 3000 years.
There are limits to plant growth in the temperate deciduous forest.	• Low winter temperatures reduce the length of the growing season to 8 or 9 months. • The temperate deciduous forest has lower productivity and diversity than the rainforest. • Trees are deciduous and broad leaved. Their leaves are shed in order to survive the winter.
Temperate deciduous forest soils favour agriculture	• The brown forest soils of the former deciduous forest are widely cultivated. • Brown forest soils are only slightly acid and have a rich store of nutrients.
There are attempts to re-establish the temperate deciduous forest in lowland Britain.	• A national forest is planned for the English Midlands, together with several smaller community forests.
The coniferous forest is found between the temperate deciduous forest and the Arctic.	• Climatic conditions set severe limits on plant growth in the coniferous forest. • Productivity and biodiversity in this type of forest are low.
Coniferous trees are adapted to the severe continental climate.	• Trees are evergreen and have needle-shaped leaves. • Trees have conical shapes.
The coniferous forest is the world's main source of softwood and pulp.	• Canada, Sweden, Finland, Norway and Russia are the leading exporters of softwood timber and pulp.
Coniferous forest once covered the Highlands of Scotland.	• Attempts are being made to re-establish the ancient Caledonian forest in Scotland using seed from the trees in the remaining fragment of the original forest.

Book 1, Chapter 5 summary — Settlement patterns

Settlements can be divided into rural and urban types.	• We recognise farms, hamlets and villages as rural: towns and cities as urban. However, there is no clear division between rural and urban types. Population size, employment in non-rural activities, population density and function are all used to distinguish urban from rural settlements.
Rural settlement patterns may be nucleated or dispersed.	• Nucleated patterns are dominated by villages. They are often associated with localised resources e.g. water, and a communal system of agriculture e.g. open field agriculture in medieval Europe. • Dispersed patterns consist of scattered isolated farms and hamlets. They are associated with pastoral farming, poor resources for farming, and a tradition of individuality. • In Britain nucleated patterns are more common in the Lowland Zone; dispersed patterns are typical of the Highland Zone.

Rural settlement may have uniform, random or clustered distributions.	• Clustered distributions are most common. They result primarily from the influence of physical factors such as relief, climate, soils, water supply etc. These factors can either attract or repel settlement. • Uniform distributions often indicate an even spread of resources e.g. on a lowland plain.
The characteristics of site, situation, shape and function are important features of individual settlements.	• Site refers to the land on which a settlement is built. In the past sites were chosen to provide resources (e.g. water, soil etc.) which would satisfy the basic needs of farming communities. • Situation is the location of a settlement in relation to the surrounding region. • Settlement shape is influenced by both physical factors (e.g. relief, drainage) and human factors (e.g. roads, planning). • Settlements have a variety of functions which increase with settlement size. The most important functions are residential, industrial and commercial.
Large settlements are central places or service centres.	• Settlements form hierarchies based on their importance as central places. Large settlements have many functions and serve large trade areas. They support high order functions (comparison goods/services, theatres, hospitals etc.) which require high threshold populations and have a large range.
Central place hierarchies in rural areas are undergoing rapid change.	• Car ownership (giving greater mobility) and new retail formats (e.g. edge-of-town super-stores) are responsible for the decline of retailing in many market towns. Smaller places, such as villages, are losing shops (also schools, GPs etc.) to larger centres. • There is a general decline of services in rural areas in the British Isles. Mobile services in rural areas are one response to this problem.

Book 1, Chapter 6 summary Urbanisation and urban structure

Cities first appeared around 5500 years ago	• The first cities were in the Middle East and Egypt. They were supported by food surpluses from irrigation agriculture in fertile river valleys.
Urbanisation is an increase in the proportion of people living in towns and cities.	• Urbanisation has increased in the last 200 years. By AD 2000 half the world's population will live in urban areas. • Rapid urbanisation occurred in Europe and North America in the nineteenth century. • Today, urbanisation is concentrated in the economically developing world.
Today, urbanisation in the economically developing world is leading to the growth of mega cities.	• Mega cities have populations of 5 million and above. Many of these cities are primate cities and dominate industry, commerce and investment, in their respective countries.
Most urban dwellers live in the economically developing world	• Two out of three urban dwellers live in the economically developing world. Most of them are poor.
Urbanisation results from natural population increase and rural–urban migration.	• Rural–urban migration is the principal cause of urbanisation. People in the countryside in the economically developing world move to towns and cities because they think that living standards are better there.
Counter-urbanisation is an important trend in the economically developed world.	• In many economically developed countries the number of people living in conurbations and large cities is falling. Better-off people are moving out to the commuter belt and retiring to environmentally attractive areas. A few are moving to remoter rural areas.
Land use patterns in cities are known as urban structure.	• Most cities have a central business district surrounded by distinctive zones, sectors and areas. There are clear differences in urban structure between cities in the economically developed and economically developing worlds.

In the economically developed world, population density generally declines with distance from the centre to the edge of the city.	• Few people live in the CBD. Densities usually peak in the inner city, and then fall steadily towards the edge of the city. • Urban renewal and gentrification have led to an increase in the population of some central areas of cities.
Different social, economic and ethnic groups locate in different parts of the city.	• Different groups become segregated according to income and ethnicity. High income groups are able to choose areas with most advantages. Low income groups have little choice and often suffer many disadvantages. Ethnic minorities may cluster together out of choice.

Book 1, Chapter 7 summary Urban problems and planning

Cities in both the developed and developing worlds face a number of urgent problems.	The main urban problems are: • housing (shortages and sub-standard housing) • poverty • congestion and environmental pollution • urban sprawl The scale and seriousness of these problems is greater in the economically developing world.
Planners have tackled the inner city problems of poverty, crime, unemployment and urban decay in the economically developed world with a variety of measures.	Planning responses include: • Urban renewal involving demolition of slums and the building of high-rise flats e.g. Hulme in Manchester and Sarcelles in Paris • urban improvement • enterprise zones and urban development corporations.
Urbanisation and the increasing number of households in the economically developed world has led to urban sprawl.	• In the UK green belts have been used to curb urban sprawl. • Green wedges and corridors of growth have been preferred in some other European countries such as Denmark, France and the Netherlands,
New towns have been developed to accommodate rising urban populations and increasing numbers of households in the economically developed world.	• In the UK new towns have been developed around major conurbations and beyond the green belt. In South-east England a total of eleven towns have been built since 1945. • Paris has five new towns located in the city's twin axes of development.
Congestion in the central areas of cities in the economically developed world has led to the decentralisation of economic activities.	• New towns have assisted decentralisation. Shopping centres, industrial estates and office parks (e.g. La Défense in Paris) have been developed outside the CBD or at edge-of-town locations in the last 30 years.
Air pollution from traffic is a serious hazard in the urban environment in all large cities.	• 50 years ago air pollution was caused by burning coal leading to winter smog. This is still a problem in poorer countries such as China. • In the economically developed world air pollution is mainly caused by car exhausts. The result is photo-chemical smog and high concentrations of ozone. Restrictions on the use of private cars in cities and new public transport schemes (e.g. rapid transit, trams, etc.) aim to reduce both pollution and congestion.
Urban problems in the economically developing world concern the very survival of city dwellers.	• Rural-urban migration caused massive expansion of cities in the economically developing world since 1950. City authorities do not have the resources to solve housing, employment and environmental problems. Most people rely on self-help. This is evident in the growth of (a) huge shanty towns and (b) informal employment based on small-scale services and businesses. Environmental concern has little priority at the moment in most cities.

Book 1, Chapter 8 summary   Agricultural systems

Agriculture is an important economic activity.	• Around 40 per cent of the world's economically active population works in agriculture. • 95 per cent of the agricultural workforce is in the economically developing world. • Agriculture is also the biggest user of land: 37 per cent of the world's land area is used for agriculture.
Agriculture is different from other economic activities.	• Agriculture is heavily dependent on the physical environment (especially climate). Farmers have limited control over climate. Agriculture also depends on the biological cycles of crops and animals.
Farms are both ecological and economic systems.	• Farms are systems, with inputs, outputs and food chains. • Outputs comprise crops and livestock products. • The main inputs are sunlight, precipitation, soil nutrients, agro-chemicals, labour, capital (machinery etc.).
Agriculture is just one link in a much larger integrated food system/chain.	• Food systems are chains of activities, from agricultural suppliers to supermarkets. • Farms are the production side of the food system, which includes industries supplying the farm such as fertiliser and agricultural machinery makers, and purchasers of farm products such as food processors and retailers.
Types of agricultural enterprise are defined according to several different criteria.	• The dominant enterprise – crops or livestock – defines agriculture. • Intensity of farming is determined by the level of inputs and outputs per hectare. • Commercial farming is a profit-making form of agriculture and non-commercial is a subsistence form.
Climate is the major influence on agriculture at global and national scales.	• Climate determines the broad limits of what a farmer can grow. At the global scale insufficient warmth and moisture explains the absence of farming in many high-latitude, hot desert and mountainous areas. • In the UK the contrast between the arable east and pastoral west is largely related to climate.
Traditional agricultural systems are sustainable but under threat.	• Shifting agriculture and nomadic herding are well adapted to harsh environments and are sustainable systems, i.e. they can be practised without long term-damage to the environment. However, both systems are under threat from population growth, habitat destruction, government policies and natural hazards, such as drought.
Modern farming in much of the economically developed world is agribusiness.	• Large-scale farming, based on scientific and business principles is known as agribusiness. Agribusiness is capital intensive, employs expert farm managers and is geared to contract farming. In addition to local climatic and soil conditions, crops grown or animals reared are influenced by local market opportunities and government policies.
Farming in upland areas is strongly limited by the physical environment.	• Climate, soils and relief place strict limits on farmers' choice of enterprise in the uplands. • Farming in highland Britain is extensive and livestock based. Without assistance from the Common Agricultural Policy most upland farms would not be profitable.

Book 1, Chapter 9 summary   Agriculture: problems and change

There are both high- and low-tech approaches to increasing agricultural production in economically less developed countries.	• In Adami Tulu a low-tech aid project designed to increase food production and improve the environment has been successful. • The green revolution is a high-tech approach to increasing food production. It has increased food output significantly in the economically developing world. However, many small farmers, and many areas in the economically developing world have not benefited.
Low-tech improvements in agriculture in the economically developing world are likely to be more successful than high-tech ones.	• Low-tech improvements are affordable to poor peasant farmers. The use of simple technology allows the skills of local people to be used. • High-tech improvements are expensive and tend to benefit the rich more than the poor.
There are chronic shortages of food in many of the poorest economically developing countries.	• Food shortages stem from drought, rapid population growth, civil wars, etc. In times of famine many poor countries have to rely on food aid from the economically developed world.
Population growth and agriculture have contributed to environmental degradation in the economically developing world.	• Rapid population growth has meant extending and intensifying agriculture to increase food production. This has put the environment under pressure in many parts of the economically developing world. The result is overcultivation, overgrazing, deforestation, soil erosion, etc.
The Common Agriculture Policy has caused economic and environmental problems in the EU.	• The CAP has encouraged the intensification and extension of farming. The result has been huge food surpluses and environmental degradation (destruction of habitats, pollution, soil erosion, etc.). • In the 1980s and 1990s the CAP introduced measures to reduce surpluses (e.g. set-aside) and improve the environment (ESAs, woodland and hedgerow planting, nitrate-sensitive areas etc.).
Soil erosion invariably accompanies cultivation.	• Soil erosion is widespread in the UK and especially in the arable areas of eastern England. Wind and rain are responsible for most soil erosion. • Soil erosion not only results in the loss of topsoil, it increases the costs of cultivation and reduces crop yields.
There is a range of conservation measures which can significantly reduce rates of soil erosion.	• Wind erosion can be lessened by planting shelter belts. • Strip cropping, the growing of cover crops and leaving crop residues in the fields reduce both wind and water erosion. Contour ploughing helps to conserve soils on hill slopes. • Keeping soils fertile with the use of manure makes soil erosion less likely.

Book 1, Chapter 10 summary   Industrial activity and location

Economic activity can be divided into three sectors: primary, secondary and tertiary.	• Primary activities such as agriculture and mining produce food and raw materials. Secondary activities manufacture goods e.g. iron and steel, motor vehicles. Tertiary activities provide services e.g. transport, tourism, finance, etc.
The importance of manufacturing industry varies in time.	• Manufacturing industry in the economically developed world has passed through a cycle in the last 200 years. The percentage of people working in manufacturing was low in the pre-industrial period. It reached its height in the industrial revolution. Today, in the post-industrial period, manufacturing employs between one-fifth and one-quarter of the working population.
The importance of manufacturing varies in different countries.	• Manufacturing is least important in the poorest countries of the economically developing world. In some newly industrialising countries (e.g. Taiwan, South Korea) manufacturing employs between a quarter and one-third of the working population but less than one-fifth of the working population in some of the world's richest countries (e.g. USA).

The location of some industries has been influenced by sources of energy and raw materials.	• Heavy industries, using large amounts of energy and raw materials often locate close to sources of energy or raw materials to reduce transport costs e.g. iron and steel.
The location of some manufacturing industries is explained by industrial inertia.	• Although the initial advantages of a location may have disappeared (e.g. local raw materials may be no longer used) some industries remain where they first started e.g. pottery. Inertia often keeps an industry in its original location because of the difficulty of moving.
New reasons for retaining the location of an industry often replace the original ones.	• Acquired advantages, such as skilled labour and linkages with nearby firms, may explain the survival of an industry in a region (e.g. pottery at Stoke-on-Trent), even though the initial advantages of the location have long since disappeared.
Changes in technology and the source of materials may change an industry's location.	• In the UK, over the last 200 years, the iron and steel industry has shifted from locations on coalfields and iron orefields to coastal sites. These moves reflect increasing reliance on overseas materials.
Some industries are only successful if they operate on a large scale.	• In the iron and steel and motor vehicles industries large firms can lower their costs because of economies of scale. To achieve these economies an industry may need a very large site and/or a huge, global market for its products.
Estuaries are often attractive industrial locations.	• Estuaries provide large areas of flat, reclaimed land for heavy, space-using industries like steel and oil refining. They also give access to imported raw materials and energy.
Some industries are dominated by transnational corporations.	• Transnational corporations (TNCs) are large international firms with factories in many different countries. Car making and high-tech industries are dominated by TNCs.
Some manufacturing industries are footloose.	• Footloose industries are those like high-tech industries which are not strongly influenced by traditional locational factors i.e. transport, materials, energy. However, footloose industries do not simply locate anywhere. In the UK they are highly concentrated in the South-east.
Governments influence the location of manufacturing.	• Governments give grants to foreign firms to encourage them to invest. In less prosperous regions grants are available to attract industry which will provide jobs.
In economically developing countries cottage industries are important.	• Cottage industries are based in the countryside. They are usually small-scale, labour-intensive, industries and rely on simple technology.
Appropriate technology is the basis for industrial development in many economically developing contries.	• Appropriate technology aims to benefit the people of economically developing countries, by using their skills and encouraging them to find their own solutions e.g. stove making in western Kenya. Large-scale, capital-intensive industrial development often failed to benefit the people.

Book 1, Chapter 11 summary Industrial change

Industrial activity is increasingly organised on a global scale.	• Rapid industrial development is occurring in parts of the economically developing world such as the Asian Pacific Rim. TNCs are investing in production worldwide. A global market offers TNCs higher output and lower costs. Global operations also allow TNCs to overcome trade restrictions.
South Korea is a newly industrialising country.	• South Korea has few natural resources for industry. However, it has undergone rapid industrialisation since 1970. Its development has been based on a few very large companies (*chaebols*) e.g. Samsung. In the 1990s these companies started to invest heavily overseas.
Old industrial regions have been hit hard by deindustrialisation.	• Basic industries such as steel, shipbuilding and coal mining declined steeply in regions like central Scotland, South Wales and North-east England, during the 1970s and early 1980s. The result was high rates of unemployment and widespread dereliction.

Reindustrialisation has transformed many old industrial regions.	• Since the mid-1980s there has been massive investment by foreign companies in several old industrial regions in the UK. This investment, encouraged by government grants, has made central Scotland, South Wales and the North-east leading centres of the electronics industry in the EU.
Areas in the UK worst affected by deindustrialisation have been given special status.	• The government has created Urban Development Corporations (UDCs) and Enterprise Zones (EZs) in inner-city and riverside locations. By improving the environment and offering tax breaks, they aim to attract manufacturing and services to run-down industrial areas.
There has been an urban–rural shift of manufacturing industry in economically developed countries.	• Since 1970 manufacturing has declined in conurbations and large cities. New factories have preferred to locate in small towns and rural areas. Lack of space and obsolete factory buildings in large urban areas largely explain this change. Some remote rural areas such as Mid-Wales and the Highlands and Islands of Scotland have benefited from this urban-rural shift. The growth of industry in these areas has been helped by special government agencies and grants.
Port functions and industries have undergone major locational change.	• Revolutions in cargo handling – bulk carriers for oil, coal, ore, grain, etc., and containers for manufactured goods – have been responsible for a rapid downstream shift in port activities since 1960. Bulk cargoes and containers are transported in very large ships which need deep water. These cargoes also require large areas of land for storage. Deep water and space are most available near river mouths e.g. Europoort, near Rotterdam.
In economically developed countries retailing has grown in the suburbs at the expense of the CBD.	• Food superstores, retail parks and regional shopping centres have appeared in the suburbs of many British cities since 1980. Retailers have located in the suburbs to be nearer the better-off consumers, to obtain the space needed for large stores and parking, and to benefit from less congestion and lower land prices.
The growth of suburban retailing threatens town/city centres.	• Shopping centres in the suburbs compete with retailing in the town/city centre. Smaller town centres such as Dudley have suffered many shop closures. Well known high street retailers have been replaced by second-hand shops and discount stores in the town centre.
Many office activities have moved out-of-centre in British cities.	• Offices have moved out-of-centre to purpose-built office parks in the suburbs. High rents and lack of space for new buildings have forced many financial services in the City of London to relocate in London's Docklands (e.g, in Canary Wharf).

Glossary

This glossary contains definitions of technical words, which appear in the book in bold, in the context in which they are used.

abrasion Erosion caused by the scouring action of rock fragments carried by rivers, glaciers, waves and the wind.

accumulation zone That upper part of a glacier where the annual supply of snow and ice exceeds annual melting.

alluvium Rock particles (clay, silt, sand and gravel) deposited by a river.

aquifer An underground layer of water-bearing rock.

arête A knife-edged ridge formed by glacial erosion and freeze-thaw weathering in glaciated uplands.

backwash The return of water from the beach to the sea, following the wave swash.

balance of trade The difference in value between a country's exports and imports.

barrier beach A long narrow beach which extends across a bay. Often the beach creates a lagoon on its landward side.

bayhead beach A crescent shaped beach at the head of a cove or bay.

bilateral aid Aid given directly by a rich country to a poor country.

biofuels Fuels such as timber and biogas (e.g.methane) derived from living organisms. Biofuels are renewable forms of energy.

blowhole A vertical shaft connecting a sea cave to the cliff top.

bluff Slopes which rise steeply from a river's flood plain. They mark the sides of a river's valley in its middle course.

catchment See drainage basin.

cliffs Steep, almost vertical slopes of solid rock. They are common along coastlines and in glaciated uplands.

constructive waves Low, gentle waves which cause a net transport of sand and shingle on-shore. These waves build-up steep beaches.

core Prosperous, centrally located regions, e.g. South-east England and the Paris Basin within the EU.

corrie A semi-circular, amphitheatre-like hollow in glaciated uplands. Corries form by glacial erosion and freeze-thaw weathering.

counter-urbanisation The net movement of population from urban to rural areas. It has been the dominant migration movement within the 1960s.

crevasse A deep crack or fissure on the surface of an ice sheet or valley glacier.

crude birth rate The number of live births per 1000 people per year.

crude death rate The number of deaths per 1000 people per year.

delta A river mouth choked with sediment causing the main channel to split into hundreds of smaller branching channels of distributaries.

demographic transition The demographic change over a period of one to two centuries from high birth and deaths rates, to low birth and death rates.

dendritic A pattern of river channels in a drainage basin which resemble the branches of a tree.

dependency The economic and technological reliance of poor countries on rich countries.

depopulation An absolute decrease of population in an area. Its main cause is heavy out-migration.

deposit/deposition The process by which transported sediments are laid down by rivers, glaciers, waves and the wind.

destructive wave Waves which remove sand and shingle from beaches and transport them offshore. They create flat beaches.

discharge The volume of water flowing down a river channel in a given time (usually measured in cubic metres per second).

distributaries Finger-like river channels which branch away from the main channel in a delta.

drainage basin The area of land drained by a river and its tributaries. Also known as a river basin or catchment.

eco-tourism An alternative to mass tourism. It aims to be sustainable, i.e. it causes no long-term damage to the environment.

emigration The migration of people out of a country.

erode/erosion The wearing away of the land surface by rivers, glaciers, waves and the wind.

estuary A broad, shallow, funnel-shaped river mouth.

evaporation The change in state of water from liquid to gas.

exports Goods and services produced by a country and sold to other countries.

famine Acute food shortages within a country/region or among an economic/social group.

fjord A glacial trough (U-shaped valley) which has been flooded by the sea.

flood plain The wide, flat floor of a river valley. It consists of sediments (alluvium) deposited by the river.

food security When people have certain access to enough food to live a healthy life.

fossil fuels Non-renewable forms of energy such as oil, coal, natural gas and peat.

free trade The movement of goods and services between countries without restrictions such as tariffs and quotas.

glacial trough A valley with a U-shaped cross-section carved by a valley glacier or ice sheet.

globalisation The worldwide location of production by large companies in order to serve global markets and reduce costs.

green revolution The successful introduction of high yielding varieties of rice and wheat into economically developing countries.

gross national product The total value of goods and services produced by a country both at home and overseas.

groundwater Water stored in porous rocks underground.

hanging valley A tributary valley to a larger, overdeepened glacial trough. Where the two valleys meet, the tributary valley may 'hang' several hundred metres above the main valley.

headland A promontory between two bays. It often consists of relatively resistant rock.

honeypot A popular attraction in an area of tourism (e.g. Windermere in the Lake District).

hydrograph A graph which shows changes in river flow over time (e.g. per hour, per month, per year).

immigration The movement of international migrants into a country.

imports Goods and services bought by a country from other countries.

incised meander A gorge-like meander formed by river rejuvenation.

interception When precipitation is trapped by the leaves, branches and stems of plants, preventing it from reaching the ground.

interdependence The interrelationships of trade, aid, investment, migration, etc., which exist between the economically developed and economically developing world.

interglacial A warmer spell between ice ages, lasting around 10 000 years.

interlocking spurs Areas of higher ground which project into V-shaped river valleys. They occur on alternate sides of a valley and result from rapid downcutting by upland streams/rivers.

isostatic change Vertical movements of the continents relative to sea-level. Often caused by the formation and melting of ice sheets during ice ages and interglacials.

landforms Natural features such as mountains, valleys, cliffs, etc. formed by weathering, erosion, deposition, landslides, tectonic forces, etc.

lateral erosion Erosion by a river on the outside of a meandering channel. It eventually leads to the widening of the valley and the formation of the flood plain.

lateral moraine A narrow linear band of rock debris which runs along the margins of a valley glacier.

leisure Free time which we can spent on a non-work activity.

long profile The cross-sectional shape of a river's course from source to mouth.

long-term aid Aid given to support development projects such as improvements in education, farming, water supply, etc.

longshore drift The movement of sediment by wave action and currents along a coastline. It produces landforms such as spits and bars.

malnutrition Ill health caused by an unbalanced diet – most often a lack of protein.

mass tourism Tourism which caters for very large numbers of visitors and often has a damaging effect on the natural environment.

medial moraine A narrow, linear band of rock debris which runs down the centre of a valley glacier. It forms from the merging of two lateral moraines.

meltwater deposits Sand and gravel deposits (forming landforms such as eskers and kames) left by streams and rivers which flow within and from ice sheets and glaciers.

migration The movement of people from one place to another to settle permanently.

mouth The place where a river reaches the sea.

mud flats Areas of mud deposited by tidal currents and exposed at low tide. They are common in estuaries.

multilateral aid Aid given to poor countries through the World Bank, IMF, UN etc..

natural arch A rock bridge formed by wave erosion on the coast. It is a stage in cliff destruction by erosion and weathering.

natural increase A growth of population caused by an excess of births over deaths.

net migrational gain Where more people move into an area than move out.

net migrational loss Where more people move out of an area than move in.

newly industrialising country (NIC) A country which has undergone rapid and successful industrialisation in the last 30 years, e.g. South Korea, Taiwan.

non-governmental organisation (NGO) Independent organisations, such as charities (e.g. Oxfam), which give aid to economically developing countries.

non-renewable resource Resources such as fossil fuels and soils. Once used, these resources cannot be replaced.

notch A groove at the base of a coastal cliff eroded by wave action. It creates an overhang and eventually leads to cliff collapse.

ox-bow lake A meander which has been cut off from the main river channel and abandoned.

periphery Areas which are geographically remote from a core region. The periphery is noticeably less prosperous than the core.

point bar Sand and gravel deposited by a river on the inside of a meandering channel.

polders Areas of wetland close to sea level which have been drained and reclaimed for agriculture and other land uses.

population pyramid A type of bar chart which shows the distribution of a population by age group and sex.

pot holes Holes eroded in the solid rock of a river channel. They are drilled by pebbles caught in eddies in the river.

primary fuels Fuels burned to generate energy directly, e.g. gas burned by a cooker, wood burned on an open fire.

primary product A raw material or foodstuff (usually for export) which has not been processed in any way e.g. iron ore, cocoa, etc.

pull factors The factors which attract migrants to a particular place e.g. better job prospects, better educational opportunities, etc.

push factors The disadvantages within an area which force people to move out e.g. low wages, unemployment, wars.

pyramidal peak A sharp peak formed by the intersection of three corries.

quarrying A type of erosion where a glacier freezes onto rocks, and as it moves forward removes (or plucks) them along rock joints.

raised beach An ancient beach which today lies several metres above sea level. Raised beaches usually form by uplift of the coast following the melting of ice sheets (see isostatic change).

refugee A person forced to leave an area and made homeless following a disaster such as war, famine, earthquake, etc.

rejuvenation The renewed erosional activity of a river. It results either from an uplift of land or a fall in sea level (see incised meander).

rejuvenation terraces Matching benches on opposite sides of flood plains. They are the remains of an earlier flood plain removed through renewed erosion (rejuvenation) by a river.

renewable resource A resource which is either inexhaustible (e.g. solar energy) or follows a biological cycle (e.g. timber) or physical cycle (HEP) of continuous renewal.

ria An incised river valley and its tributaries flooded by the sea.

ribbon lakes Long, narrow lakes which occupy rock basins in U-shaped valleys in glaciated uplands.

river's regime The pattern of seasonal change in a river's flow over a year. The regime is influenced by precipitation, evaporation, transpiration, geology, etc.

roches moutonnées Isolated outcrops of rock eroded by glaciers and ice sheets. In cross-section, they have a characteristic gentle, smooth slope and a steep rugged one.

rural-urban migration The movement of people from the countryside to live permanently in towns and cities.

salt marshes Vegetated mudflats on lowland coastlines which are only flooded at the highest tides.

secondary energy Energy (i.e. electricity) manufactured by burning primary fuels such as coal, oil, gas and uranium.

sediment load Rock particles, ranging in size from boulders to clay, which are transported by a river.

shore (wave-cut) platform A rocky coastal platform covered at high tide and extending for some distance in front of cliffs.

short-term aid Aid given to help poor countries experiencing a crisis or emergency, e.g. famine.

snowline The altitude where permanent snow begins in mountainous regions.

source The place where a river starts e.g. a spring, a boggy area of moorland, etc.

spit A long, narrow beach which is only joined to the land at one end.

stack A steep-sided rocky islet located off-shore from coastal cliffs. Stacks are the remains of old cliffs and natural arches.

sustainable When any economic activity (e.g. farming, tourism, etc.) can continue indefinitely without causing permanent harm to the environment (e.g. soils, water, landscapes, etc.).

swash The movement of water up a beach following the breaking of a wave.

terminal moraine A prominent ridge of debris dumped at the end of a glacier or ice sheet, and formed of boulders, sand, gravel and clay.

tied aid Aid given to poor countries but with certain conditions attached (e.g. money must be spent on exports from the donor country).

till An unsorted mixture of boulders, gravel, sand and clay deposited by glaciers and ice sheets. Also known as moraine.

till plain An extensive lowland plastered with a thick layer of till e.g. Holderness in East Yorkshire.

tombolo A type of beach joining an island with the mainland e.g. Chesil Beach.

transnational corporations Very large firms, such as IBM, Samsung and Shell, which have production facilities in many different countries.

transpiration Water produced by plants and evaporated into the atmosphere.

transport Rock particles (whether solid or in solution) carried by the agents of erosion – rivers, glaciers, waves and wind.

truncated spur A spur in a U-shaped valley which has been sliced-off by glacial erosion.

undernutrition Insufficient food to maintain body weight and good health. Prolonged undernutrition leads to death by starvation.

unsustainable Economic activity which damages the environment, degrades natural resources and which cannot continue in the long term.

urbanisation An increase in the proportion of a population living in towns and cities.

V-shaped valleys Narrow, steep-sided valleys typically found in upland areas. They owe their shape to rapid vertical erosion by streams and rivers.

water cycle The continuous movement of water (as liquid water, ice and water vapour) between the oceans, continents and atmosphere.

watershed The boundary separating two drainage basins.

weathering The chemical and physical breakdown of rocks by the action of moisture, heat and cold.

Index

Published by Collins Educational
77–85 Fulham Palace Road, London W6 8JB
An imprint of HarperCollins*Publishers*

© Sue Shaw and Michael Raw First published 1997
Reprinted 1998.

ISBN 0 00 326693 1

British Library Cataloguing in Publication Data
A catalogue record for this book is available from the British Library

Edited by Anne Montefiore

Design by Christie Archer

Cover design by Jerry Fowler

Illustrations by Barking Dog Art, Joan Corlass, Jerry Fowler, Jeremy Gower, Hardlines,
Cartoons by Oliver Raw, Richardson Studio

Picture research by Diana Morris

Production by Sue Cashin

Printed and Bound by Printing Express Ltd., Hong Kong.

Dedications

SS: to Tom and Simon
MDR: to Edward and Oliver

The authors and Publisher would like to thank the following for their help in supplying information for this book:

Mike Knowles, NRA, Warrington; Chris Pringle, Northumbrian Water (Chapter 1); Mr Howard Brindley, Highland Regional Council Planning Dept; Scottish Natural Heritage, NE Region, Aviemore (Chapter 2); B Williams, Humberside County Council Technical Services Department; CM Stapleton and Prof. JS Pethick (1994), *Humber Estuary and Coast* (Chapter 3); Sophia Henderson, Population Concern; H Thelander, Statistics Sweden; David Hands, Teesdale District Council (Chapters 3 & 4); Gillian Bulman, Educational Consultant, Drax Power Station; John Howe, Northumberland County Council; R J Budge Mining plc, Doncaster; Renewable Energy Systems Ltd, Hemel Hempstead (Chapter 6); Jan Castle, Galapagos Trust, Bristol; Ian Shaw, Lake District National Park; Tourism Department, Blackpool District Council (Chapter 7); Overseas Development Agency (Chapters 8 & 9).

Acknowledgements

Every effort has been made to contact the holders of copyright material, but if any have been inadvertently overlooked, the publishers will be pleased to make the necessary arrangements at the first opportunity.

Aerofilms: 50, 52, 107bl, 121. Airfotos: 12t, 21. Associated Press: 172b Mike Fiala. Aviemore Photographic: 37b, 39bl, 39br. Cambridge Committee for Aerial Photography: © Crown 28. Christies Colour Library, London: 70. Bruce Coleman Ltd: 25cr, 25br. James Davis Travel Photography: 118br, 130t, 130c, 130b, 134c, 135. Eye Ubiquitous: 4c, 25bl, 45 R Kreutzman, 94t, 101l Paul Thompson, 138tr & 145 David Cummings. Geoscience Features: 34t, 43br, 65tr. Robert Harding Picture Library: 160tl, 160tr, 160bl, W Maughan, 160br, 164 R Frerck. Highlands Photo Library: 54t. Hulton Getty Picture Collection: 120tc, 120tr. Hutchison Library: 73, 74, 83bl, 93, 95tr, 95c, 152. Images Colour Library: 4cl. Mansell Collection: 27bl, 120tl. Mountain Camera: 27br John Cleare. Ordnance Survey © Crown: 9, 10t, 12b, 29, 49. Panos Pictures: 79, 139r, 143, 144. Popperfoto: 90 Chadi Matar/Reuters. Michael Raw: 8tl, 8c, 10b, 11b, 17b, 25t, 30t, 30bl, 30br, 32bl, 33b, 34br, 38tr, 38cl, 38cr, 43t, 46t, 46c, 46b, 46bc, 46br, 48c, 48bl, 48br, 59, 85, 86, 87c, 87br, 118tl, 118tc, 120c, 120bl, 120br, 125tl, 125tr, 126, 127, 128. Renewable Energy Ltd: 114. Rex Features: 88, 176bl Sipa/Olivier Thibaud. Sue Shaw: 42, 87c, 87br. Frank Spooner Pictures: 169 Gamma/R Gaillarde. Still Pictures: 4cr, 4b Peter Frismuth, 43bl, 57, 64, 65tc, 65b, 66, 68, 77, 82tl, 97, 101r Mark Edwards, 102 Jonathon Kaplan, 104 DAvid Hoffman, 107tl, 107cr Dickinson, 110 Mark Edwards, 113c Hellier Mason, 116 Herbert Giradet, 118bl Adrian Arbib, 132t, 132c, 134b Roland Seitre, 138br Jorgen Schytte, 138tl Mark Edwards, 147 John Maier, 153b Mark Edwards, 172t Jonathon Kaplan, 174 Jorgen Schytte, 176br Detef Prypke. Trip: 83br B Gabsby, 138bl R Pavers, 148cc, 150, 153t Helene Rogers, 157b Bartos. Woodfall Wild Images: 20, 43c, 54b, 95tl, 107tr Peter Wilson, 113tr & 115 David Woodfall. Zefa: 4tl, 14t, 25cl, 33t, 38bl, 38br, 67, 82tl, 94b, 99, 107br, 118tr, 139l, 155, 157t, 167.

t = top, b = bottom, c = centre, l = left, r = right

Longman

Physics

11-14

Jennifer Clifford and Gary Philpott

Contents

Contents

Contents

How to use

Introduction: Each chapter starts with a question. The question should help you to think about what you are going to study. You should be able to answer this question by the time you finish the chapter.

Section

3 Space

3.1 The universe

Where did the universe begin? What is a comet? Are there such things as shooting stars?

! The Milky Way is more than 14 billion years old.

Figure 1.1 *This computer artwork shows how a galaxy may have formed after the 'Big Bang'*

It is possible that all matter started as a tiny, dense, hot mass, which exploded and is gradually expanding. This explosion is called the '**big bang**'. Readings from the Hubble telescope gave us the first indication that the universe is expanding. If an object is moving away from us, its light is distorted giving a redder colouring. This is called the red shift. Hubble realised that galaxies furthest away from us have the biggest red shift and so are moving fastest.

It could have started from the collapse of a previous **universe**. Perhaps in hundreds of billions of years time our universe will collapse and a new one begin. Millions of years ago, clouds of matter (any substance with mass) came together to form galaxies and within each **galaxy** stars began to form. There are millions of galaxies and each contains millions of stars.

The Milky Way is our galaxy and the Sun is on the edge of this galaxy. The Sun is one of millions of stars which make up the Milky Way.

Most of the stars you can see in the sky are part of the Milky Way galaxy. When you look at the stars you are looking into history, because light from them takes hundreds, or even thousands, of years to reach the Earth. The light from a star reaching Earth tonight could have left

Figure 1.2 *The Milky Way*

62

Light and sound

Summary

○ Light is reflected from a surface.
○ The angle of incidence equals the angle
○ The image in a mirror is back to front (la
○ The image in a mirror is the same size a
○ Smooth surfaces reflect more regularly t
○ A periscope will reflect light and let you

Questions

1 Copy and complete the following sentences. The image in a mirror does not exist. It is _____. The image in a mirror is the sa shape, size and _____ as the object. Th angle of _____ equals the angle of _____. A line drawn at 90° to a mirror called a _____. A rough surfaces gives _____ reflection. [T

2 Ben is towing a caravan and finds that he cann the road behind him. Draw a way to help him u mirrors. He cannot use mirrors any bigger than wing mirrors. [T

3 A beam of white light shines onto a sheet of w paper. An identical beam of light shines onto a mirror. Describe how the scattering by paper an reflection by a mirror are different from each o [T

4 a) Work out the angle of reflection shown in Figure 2.6.
   b) What is the total angle turned by the light. [T

Key words: Important scientific words are in bold the first time that they appear in a section. You will also find a glossary at the back of the book. The glossary has a definition of each of these words.

vi

Summary boxes: Each chapter ends with a summary which will help you to draw together what you have just read. They will also help you revise.

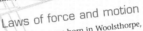

2.6

n sits in an optician's chair and looks at the
rt in a mirror in front of him. He needs to be
e to read the letters. They are all capital letters
Sam is seeing them in a mirror. Why will
ne letters look incorrect? [2]
te down **two** capital letters which will not be
ected. [2]
[Total 4]

veway at Dina's house leads out onto a blind
She needs some help to see cars on the road
he leaves the driveway in her car. Using one
mirrors draw a plan of what she can do.
[Total 3]

Forces and motion

History

Watching and measuring

People have wondered about why things move in particular ways since ancient times. Aristotle (384–322 BC) and other Greek philosophers said that a stone thrown into the air would fall to the ground because the Earth is its natural place to be. Smoke from a fire rises because the air is above the Earth.

Ideas about objects falling were based on observation, or what people could see happening – but had not been tested. It was not until the sixteenth century before scientists did experiments to find out more. We do not know if Galileo (1564–1642) really did drop objects from the leaning tower of Pisa but he certainly designed experiments to work out how things moved. He rolled balls down slopes and measured the times and distances. He found out the equations relating time, distance, speed and acceleration that we use today.

Figure 1

Laws of force and motion

Isaac Newton was born in Woolsthorpe, Lincolnshire on Christmas Day 1642. A well-known story suggests that Newton was sitting in his orchard when an apple fell on his head and this made him think about gravity. Whether it actually happened or not, he realised that the same force governed the motion of the Moon and the motion of a falling apple. Newton developed three fundamental laws about forces that explained Galileo's equations of motion. The unit of force was named the newton. Newton didn't tell anyone about his ideas for a number of years until he published all his work on forces in a book called *Principia*. Meanwhile, other people were thinking about forces, including Robert Hooke.

Robert Hooke was born on the Isle of Wight, England in July 1635. He is most famous for his law of elasticity, which is now known as Hooke's law. Hooke's law is vital in engineering. It allows engineers to understand stress and strain in materials. He was the first person to use balanced springs for watches, and also made improvements to pendulum clocks. In 1678 he worked out a law to describe the motion of the planets but did not fully develop his ideas mathematically. When Isaac Newton used a similar idea in *Principia*, Hooke felt that he was not given sufficient credit and this led to a bitter dispute between the two men.

Figure 2 *Engineers need to understand stress and strain so they can design girders that do not bend.*

114

History and Applications pages: At the end of each section there is a double page that looks at the history of science. Each topic on these pages is linked to part of the work in the section you have just read. There is also a double page that looks at the ways that science can be applied to everyday things.

Question boxes: There are question boxes at the end of each chapter and each section. The questions towards the end of each box may be a little harder, to help you to see how well you have understood the work.

Some questions have an **R** next to them. These are research questions. You will need to use other books or the Internet to write a full answer to these questions.

In the end of section questions some questions have a **P** next to them. These questions can be used to help you plan practical investigations.

Energy

1.1 Introduction to energy

What is energy? Where do we get our energy from and what happens to it? Energy exists in different forms. It can be converted from one form to another. We make use of these changes in everyday life.

Energy

If you do not put petrol in a car, the car does not have the energy that it needs to work. People are the same; if you do not eat then eventually you will run out of the energy you need to work, play, keep warm and stay alive. The unit of energy is the **joule** (J).

Energy is the ability to do work

Figure 1.1 *How energy is used in everyday life.*

Forms of energy

- Energy at work – thermal (heat), electrical, light, sound, kinetic.
- Stored energy – chemical, potential, nuclear.

Energy exists in different forms, as listed above. Radios, hairdryers and washing machines all require **electrical** energy to make them work. Bunsen burners, candles and bonfires all produce **thermal** energy, which is sometimes called **heat** energy.

Petrol stores **chemical** energy and is burnt inside a car's engine to make the car work. Food contains the chemical energy we use inside our bodies to enable us to move and keep warm.

Kinetic energy is the energy that an object has because it is moving. It is sometimes called movement energy.

Potential energy is the stored energy an object has because of its position or shape. This potential energy can be released, usually as kinetic energy. There are two types of potential energy: **gravitational potential** energy and **elastic potential** energy.

A vase on a shelf has **gravitational potential** energy. If the vase is knocked off the shelf its potential energy is released and the vase moves downwards until it smashes on the floor below.

Figure 1.2

A stretched elastic band has **elastic potential** energy (or **strain** energy). When this energy is released the elastic band can be made to fly through the air. Springs also store elastic potential energy when they are squashed or stretched.

Energy transfers

Energy can be changed from one form to another. When this happens it is called an **energy transfer**.

The wax in a candle contains chemical energy. When the candle burns the chemical energy is transferred into thermal energy and light energy.

These energy transfers can be shown using an **energy flow diagram**:

chemical energy → heat energy + light energy

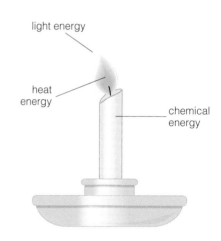

Figure 1.3 *Energy transfers in a burning candle.*

A guitar transfers kinetic energy into sound energy. Plucking a string makes it vibrate and the kinetic energy is changed into sound energy.

kinetic energy → sound energy

Figure 1.4

! A flame is formed when a gas is so hot that it emits light energy.

Figure 1.5

Hairdryers transfer electrical energy into thermal energy and kinetic energy. They also produce unwanted sound energy.

electrical energy → heat energy + kinetic energy + sound energy

Water stored behind a dam has gravitational potential energy. When the water is released, it flows downwards and gains kinetic energy. This energy can then be converted to electrical energy in a **hydroelectric** power station.

potential energy → kinetic energy → electrical energy

A child on a swing is continually converting kinetic energy into gravitational potential energy and back into kinetic energy as the child swings up and down. Eventually the swing stops as friction converts kinetic energy into thermal energy.

potential energy → kinetic energy → thermal energy

Conservation of energy

When energy is transferred, all the energy is changed into other forms of energy. The law of conservation of energy states:

Energy cannot be created or destroyed. It can only be transferred from one form to another.

If the heat and light energy produced by a light bulb were measured and added together they would equal the amount of electrical energy supplied to the bulb.

electrical energy in = thermal energy out + light energy out

Example
For every 100 J of electrical energy supplied to a lamp, 5 J is transferred to light energy and 95 J is transferred to unwanted thermal energy.

This can be shown using a **Sankey diagram** as shown in Figure 1.6. This shows that the lamp is only 5% efficient at doing the job it is designed to do.

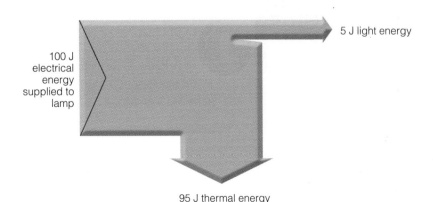

Figure 1.6 *Sankey diagram for a light bulb.*

Energy saving lamps are about 25% efficient. For every 100 J of electrical energy supplied to them, they produce 25 J of light energy.

A modern coal-fired power station is about 30% efficient at producing electricity from the chemical energy contained in the coal. This can be shown using the Sankey diagram shown in Figure 1.8

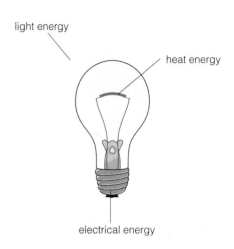

Figure 1.7 *Energy transfers in a lamp.*

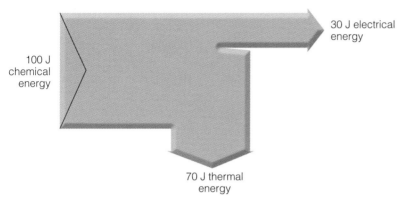

Figure 1.8 *Sankey diagram for a coal-fired power station.*

Energy from the Sun

The Earth would be a very cold planet without the Sun shining on it. The Sun radiates heat and light energy into space and a small fraction of this energy falls onto the Earth. Most of the Earth's energy is provided by the Sun. Without sunlight plants would not grow and animals would not survive.

Where does the energy go?

When the inside of a house is hotter than the outside, thermal energy escapes to the surroundings. Unless the heating system is kept switched on, the house will lose its thermal energy and cool down. Light energy and sound energy will also be lost. This is because light and sound are absorbed by materials inside the house and transferred to thermal energy.

Figure 1.9

The Earth is continually absorbing energy from the Sun but it is also losing energy into space.

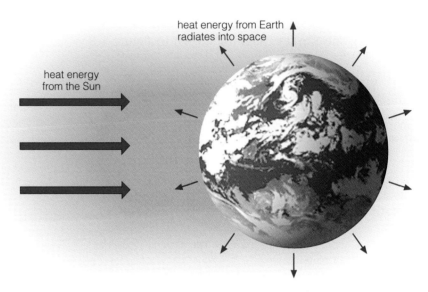

Figure 1.10

Most energy forms are eventually transferred into thermal energy. This thermal energy then radiates out into space. Kinetic energy is often transferred to thermal energy by friction. Substances often absorb other forms of energy and they get hotter as the energy is transferred to their molecules. The extra energy makes the molecules vibrate faster.

Summary

- Energy is the ability to do work.
- The unit of energy is the joule (J).
- Energy exists in different forms – heat, light, sound, electrical, etc.
- Energy cannot be created or destroyed, it can only be transferred from one form to another.
- Most of the Earth's energy comes from the Sun.

Questions

1 Copy and complete the following sentences.
Energy is the ability to do _____. Energy
cannot be _____ or _____, it can
only be transferred from one form to _____.
[Total 4]

2 Which two of the following are units of energy?
newton   joule   Celsius   kilogram   kilojoule
[Total 2]

3 What forms of energy are produced by the following:
a) a burning candle   *[2]*
b) a violin   *[2]*
c) an electric toaster   *[2]*
d) a petrol engine?   *[2]*
[Total 8]

4 Match the two halves of the sentences together.
Write out the correct complete sentence.

a) A lamp transfers...   chemical energy to
                                heat, light, sound
                                and kinetic energy.
                                               [1]

b) A radio transfers...   gravitational
                                potential energy to
                                kinetic energy.   *[1]*

c) Exploding dynamite   electrical energy to
   transfers...   thermal energy and
                                light energy.   *[1]*

d) A falling apple transfers... electrical energy to
                                sound energy.   *[1]*
[Total 4]

5 Look at Figure 1.1 on page 2. List the energy
transfers you can see taking place.   *[Total 6]*

6 Draw energy flow diagrams for the following devices:
a) a candle   *[3]*
b) an electric bell   *[3]*
c) a drum kit   *[2]*
d) an electric kettle   *[2]*
e) a petrol driven lawnmower   *[4]*
f) a nuclear power station.   *[4]*
[Total 18]

7 For every 100 J of energy contained in petrol used by
a car it will transfer 25 J of this energy into kinetic
energy. The remaining energy is wasted as heat. Draw
a Sankey diagram to show the energy transfers
involved.   *[Total 5]*

1.2 Thermal energy

Are heat and temperature the same thing? How does thermal energy flow through solids, liquids and gases? Heat flows through everything. However, some substances are better than others at transferring heat.

Thermal energy and temperature

Temperature is measured in degrees Celsius (°C) and indicates how hot something is. Heat is a form of energy and is measured in joules (J).

The hotter an object is, the more thermal energy it contains, but heat and temperature are not the same thing.

Heating a beaker of water

Heating a small volume of water from room temperature to boiling point will require a certain amount of thermal energy. If more water is heated then more thermal energy is required to raise the temperature of the water by the same amount. The same thing happens when using a kettle to boil water to make cups of tea. Each cup of tea will be at the same temperature but the more cups you make, the more thermal energy you need.

Heating different substances

The atoms that make up any substance move randomly. Heating the substance will make the atoms move faster, increasing the **internal energy** of the substance and causing its temperature to rise.

To heat 1 kg of copper from 20 °C to 21 °C requires 390 J of thermal energy. To raise the temperature of 1 kg of aluminium by the same amount requires 910 J of thermal energy. The amount of thermal energy required to raise 1 kg of a substance by 1 °C is called the **specific heat capacity** of the substance.

Heat transfer by conduction

Thermal energy travels from hot regions to cold regions. If you hold an iron bar in a fire, thermal energy will travel along the bar to your hand and could be rather painful.

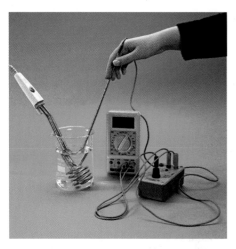

Figure 2.1 *Heating water using electrical energy.*

> **!** It requires 4.2 J of energy to raise the temperature of 1 g of water by 1 °C. This amount of energy is called a calorie.

> **!** Good conductors – copper, iron, aluminium. Good insulators – plastic, wood, fur.

Conductors and insulators

Solids which heat travels through quickly are called good **thermal conductors**. Materials that do not let heat flow through them very well are called **insulators**.

When cooking food in a frying pan we want the heat to pass through the bottom of the pan to the food. Therefore the bottom of the pan is made from a good conductor. We do not want the heat to pass through the handle and burn our hand. The handle is made from a good insulator such as wood or plastic.

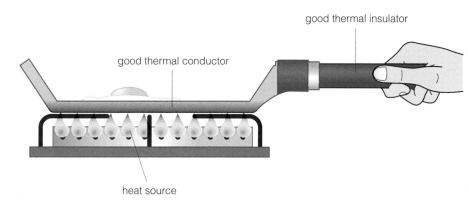

good thermal conductor

good thermal insulator

heat source

Figure 2.2 *A frying pan is a combination of a good conductor and a good insulator.*

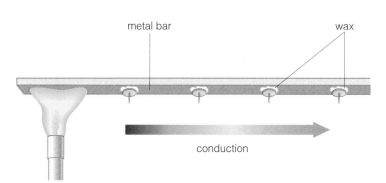

metal bar   wax

conduction

Figure 2.3 *Thermal conduction can be shown by attaching drawing pins to a metal bar with wax. As the heat travels along the bar, the wax melts and the drawing pins fall off one by one.*

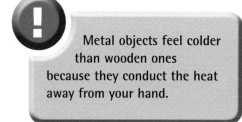

Metal objects feel colder than wooden ones because they conduct the heat away from your hand.

Drinks mats are made from good insulating materials to reduce the rate at which heat is conducted from a hot cup to the surface of a table. Hot water pipes are lagged with foam to reduce heat losses from the pipe.

Keeping warm

When people go outside on a cold day, they wear more clothes than they would on a hot day. The clothes act as an insulator and reduce the rate at which heat is lost to the surroundings. Mountaineers and skiers wear lots of thin layers of clothing rather than one thick layer. Air is then trapped between the layers, keeping the person warmer because trapped air is a good insulator.

Figure 2.4 *A mountaineer wears clothes with good insulating properties.*

Molecular theory of conduction

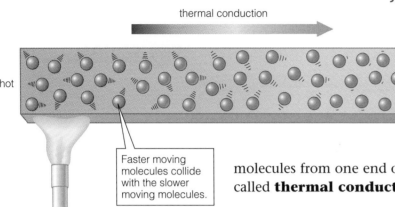

thermal conduction

hot

cold

Faster moving molecules collide with the slower moving molecules.

Figure 2.5 *Molecular model of heat conduction.*

When a solid material is heated the molecules vibrate faster. When the molecules are vibrating they collide with neighbouring molecules. This causes the neighbouring molecules to vibrate faster as well. The thermal energy is passed along the chain of molecules from one end of the material to the other. This process is called **thermal conduction**.

Metals are good thermal conductors because the energy is also passed on by fast moving electrons. The electrons are free to move from place to place and they quickly transfer their thermal energy to other electrons and atoms. Liquids are poor conductors because thermal energy is not easily transferred from one molecule to another. The molecules in a gas are a long way apart and therefore gases are not good conductors of heat. In a vacuum there are no molecules, therefore thermal energy cannot be transferred by thermal conduction.

Heat transfer by convection

Hot fluids rise and transfer thermal energy from one place to another. This process is called **convection**.

The hot air above a burning candle rises and colder air flows in from the sides to replace it. This movement of air is known as a **convection current**. When air is heated, it expands. The same mass of air now occupies a larger volume, making it less dense than the colder air around it. As the warmer air has a lower density, it moves upwards in the same way that bubbles of gas rise to the top of a fizzy drink.

Convection is also the main method of heat transfer in liquids. In both liquids and gases the molecules are free to move and flow from one region to another. Convection cannot take place in solids because the molecules are bonded together, preventing them from flowing.

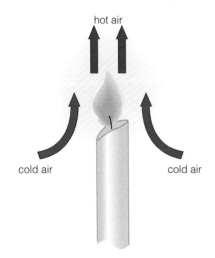

hot air

cold air

cold air

Figure 2.6 *Convection current round a burning candle.*

Convection in the home

Convection currents are very useful for heating rooms. A heater on one side of a room will warm up the air around it. The warm air rises and creates a convection current that transfers thermal energy from one side of the room to the other.

Convection currents are also responsible for cold draughts that can blow across the floor in poorly insulated houses.

Coastal breezes

Convection also causes breezes on the coast on warm days. During the day the land is heated by the Sun more quickly than the sea. This happens because the heat capacity of the water is larger than the heat capacity of the land. Convection causes the air above the land to rise. Cold air blows in from the sea to replace the air that has risen, causing an onshore breeze. At night this is reversed. The land cools more quickly than the sea and convection currents create an offshore breeze.

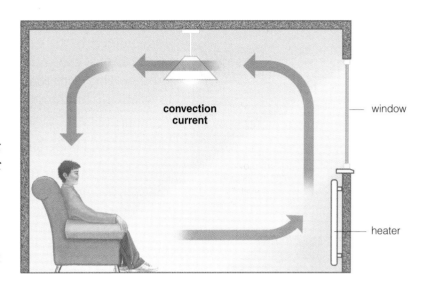

Figure 2.7 *Convection current around a room.*

Figure 2.8 *Coastal breezes caused by convection during the day and at night.*

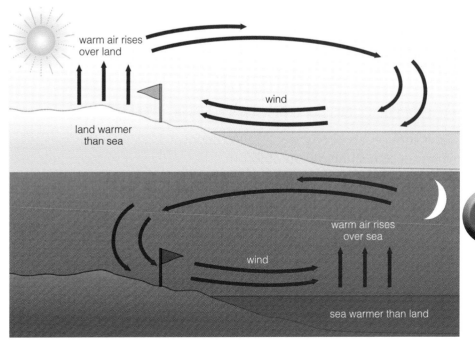

Most sailing boats and windsurfers will sail back to shore before the Sun sets so that they are not forced to sail against an offshore wind.

Windy weather

Temperatures around the world vary enormously, from the very hot Sahara desert to the extremely cold polar regions. The Earth's atmosphere is continually being heated in one region and cooled in another. This leads to large scale convection currents that contribute to weather patterns around the world.

Using convection currents to fly

When the Sun heats the land during the day the hot air that rises above it is called a **thermal**. Thermals can be used to provide the lift for gliders, paragliders and hang gliders.

Coastal areas with cliffs are good for paragliding because when the onshore breeze reaches the cliff, it rises rapidly. This creates a strong upward airflow that provides excellent lift for the paraglider.

Hot air balloons also use convection to keep them in the air. Gas burners underneath the balloon heat the air inside making it less dense than the colder air outside the balloon. If the air inside the balloon is not kept hot, it cools down and the balloon slowly loses height. To come down more quickly the pilot pulls on a rope to release hot air from the top of the balloon.

Figure 2.9 *Making use of convection currents.*

Heat transfer by radiation

Heat is transferred by **radiation** when it travels as an electromagnetic wave, i.e as visible light and infra-red radiation. This is how thermal energy travels across empty space from the Sun to the Earth.

Absorbing and reflecting heat radiation

Silver surfaces are very good at reflecting heat radiation. This means when the Sun shines on an object that has a silvered surface, most of the heat is reflected and very little is absorbed.

White surfaces are also poor absorbers of radiation. Houses in hot countries are often painted white so that they reflect most of the heat radiation during the day, keeping the house cooler inside. Black surfaces are good absorbers of heat radiation. Wearing black clothes on a hot sunny day means that you absorb radiation more quickly than if you wear white clothes. This is why many people in hot countries wear white clothing, particularly if they spend a lot of time out in the sun.

Figure 2.10 *White houses in a hot climate.*

Emitting heat radiation

When an object is hotter it emits more heat radiation from its surfaces. A black object is much better at emitting radiation than a silver object. Saucepans and metal kettles often have shiny outside surfaces to reduce heat losses by radiation. Central heating radiators are usually painted white but they radiate heat better when they are painted black.

Heat transfer by evaporation

A puddle on the pavement will disappear even though the temperature of the water has not reached boiling point, 100 °C. When liquid water turns into water vapour, it is called **evaporation**. When a beaker of water is heated to boiling point, water throughout the beaker turns into gas and bubbles of steam rise through the liquid water. If the water in a beaker is at a temperature lower than 100 °C, it does not boil but water will still evaporate from the surface, until eventually there is no water left in the beaker.

Evaporation is a surface effect, whereas boiling occurs throughout the liquid.

Molecular explanation of evaporation

Molecules in a liquid are close together and move around randomly. Some molecules will be moving faster than others. When fast moving molecules reach the surface they escape from the liquid and form a vapour. Some of these molecules travel back into the liquid but others escape completely. In this way the liquid slowly loses molecules to the surroundings and the liquid evaporates.

Heating the liquid increases the average molecular speed and means that more molecules are likely to escape. Therefore the rate of evaporation increases.

The higher energy molecules are the ones most likely to escape, leaving behind the slower moving molecules. As the molecules with the higher energy have escaped, the temperature of the liquid decreases.

Wet skin on a windy day

When your body is wet or you are wearing wet clothes, your body heats this water. Thermal energy from your body is being transferred to the water, making the water molecules evaporate faster. In this way

Figure 2.11 *A black coffee pot will emit more heat radiation than a silver one.*

!
Central heating radiators transfer the majority of the heat to a room by convection and not by radiation. Air close to the radiator is heated and this creates convection currents.

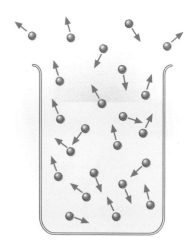

Figure 2.12 *Molecules escaping from the surface of a liquid.*

thermal energy is being transferred from your body to the surroundings, making you feel cold.

Drying yourself with a towel when you first get out of a bath or swimming pool reduces the amount of water on your skin and therefore you lose less heat by evaporation.

If the wind is blowing you lose more heat from your body and you feel colder. This happens in the same way as when a saucer of water evaporates. On a windy day the molecules are more likely to escape from the liquid because they are swept away by the wind blowing over its surface.

Figure 2.13

You can demonstrate this effect by dabbing a drop of water onto the back of your hand and then blowing across it.

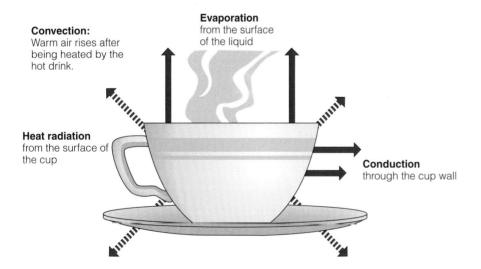

Figure 2.14 *Wind blowing molecules away from the surface of a liquid.*

Convection:
Warm air rises after being heated by the hot drink.

Evaporation
from the surface of the liquid

Heat radiation
from the surface of the cup

Conduction
through the cup wall

Figure 2.15 *Heat losses from a hot drink.*

Reducing heat losses

Keeping a drink hot

A hot cup of tea or coffee will lose thermal energy by the four methods of heat transfer: conduction, convection, radiation and evaporation.

To keep the drink hot for a long time each of these heat transfer methods needs to be reduced.

Packaging for take-away drinks can be very effective at keeping the drink hot. The cup may be made from a poor conductor such as polystyrene. This reduces heat conduction and also makes the cup easier to hold because the outer surface is not so hot. A plastic lid prevents air above the liquid transferring heat away by convection and also reduces heat loss by evaporation. Polystyrene cups are usually white and therefore they are not good thermal radiators.

Trapping air

Many insulating materials contain trapped air. Like other gases, air is a poor thermal conductor. To be a good insulator the air needs to be trapped, otherwise the air will transfer thermal energy by convection. Woollen jumpers help people keep warm because air is trapped between the fibres. Many of the fabrics used in modern outdoor clothing use trapped air to help reduce heat loss by conduction.

Animals have feathers or fur to trap the air and insulate them from the cold. For example, a polar bear has thick fur (Figure 2.16).

Your body also uses trapped air to help keep you warm on a cold day. When you are cold the tiny hairs on your skin stand up and trap air between them.

Figure 2.16

Reducing thermal energy losses from the home

In colder countries keeping a house warm can use a lot of energy. Not only is this very expensive, it is it is also a waste of the world's valuable energy resources. Using less electricity for lighting, televisions, computers and other electrical appliances can also save a lot of energy in the home.

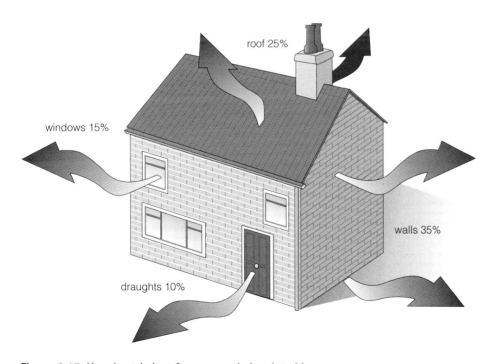

Figure 2.17 *How heat is lost from a poorly insulated house.*

Table 2.1 *How to reduce heat losses from the home.*

Method of heat loss	Notes	Insulation method
Draughts	Convection currents cause draughts. Hot air escapes and is replaced by colder air from outside.	Draught excluders fitted to external doors, windows and the letterbox.
Windows	Two layers of glass trap air between them. This acts as a good insulator.	Double glazing.
Walls	Foam or fibres injected into the cavity between the two outside walls. This traps air for increased insulation.	Cavity wall insulation.
Roof	Insulating materials laid between the ceiling rafters and also on the inside of the roof.	Loft insulation.

Summary

- Temperature is a measure of how hot an object is and is measured in degrees Celsius (°C).
- Heat is a form of energy and is measured in joules (J).
- Thermal energy is transferred by four main methods – conduction, convection, radiation and evaporation.
- Conduction is the main method of heat transfer in solids.
- Convection is the main method of heat transfer in liquids and gases.
- Thermal energy can transfer across a vacuum by radiation but not by conduction and convection.
- Evaporation takes place at the surface of a liquid.
- Insulators are used to reduce the rate of thermal energy transfer.

Questions

1 Heat can be transferred by conduction, _____, radiation and _____. A good thermal _____ is a substance through which _____ travels quickly. An _____ does not let heat flow through it well. When heat is transferred by convection, _____ _____ rise. Thermal energy travels from the Sun to the Earth by _____.
Wet skin will dry quicker by evaporation on a _____, _____ day. *[Total 5]*

2 Which one of the following statements best describes:
a) conduction *[1]*
b) convection *[1]*
c) radiation *[1]*
d) evaporation? *[1]*
i) The transfer of thermal energy by electromagnetic waves that can pass through empty space.
ii) Collisions between molecules transfer energy through solid materials.
iii) Higher energy molecules escape from the surface of a liquid.
iv) Hot fluids rise through the cooler and denser fluid surrounding them. *[Total 4]*

3 Sort the following materials into good thermal conductors and good thermal insulators.
feathers   copper   aluminium   polythene
iron   tin   fur   wood   *[Total 8]*

4 In hot countries, the air conditioning units are often positioned close to the ceiling. Why is this?
[Total 3]

5 a) Which heat transfer method is responsible for cold draughts in poorly insulated houses? *[1]*
b) How can these cold draughts be prevented? *[3]*
[Total 4]

6 Table 2.2 shows the insulation costs and annual energy bill savings for a three bedroom semi-detached house built in the 1930s.

Insulation method	Cost of installation (£)	Saving each year (£)
Fitting double glazing	4000	450
Fitting loft insulation	140	120
Injecting cavity wall insulation	500	100
Fitting jacket to hot water tank	10	30

a) Draw two bar charts to display the cost of insulation and the annual saving for each method of insulation. *[8]*
b) Which method saves the most money each year? *[1]*
c) Which energy saving method costs most to fit? *[1]*
d) How long will it take for double glazing to pay for itself? *[1]*
e) Which method has the shortest payback time? *[1]*
[Total 12]

7 Explain the difference between heat and temperature. *[Total 4]*

8 250 ml of water is heated from 20 °C to 100 °C to make a cup of tea. This requires 84 kJ of thermal energy.
a) To what temperature would 42 kJ of energy heat the 250 ml of water? *[2]*
b) How much thermal energy would be required to make four mugs of tea? *[3]*
c) If 25% of the thermal energy produced by the kettle is lost to the surroundings, how much electrical energy will be transferred to heat energy when making four mugs of tea? *[4]*
[Total 9]

17

1.3 Energy resources

Where will we get our energy from in one hundred years time? Which energy resources rely upon the Sun? Most of our energy comes from fossil fuels. These will run out and we will have to use other sources of energy.

Renewable and non-renewable energy resources

Many of the world's energy resources are not replaceable. These are called **non-renewable** energy resources. Fossil fuels such as coal and oil are good examples of non-renewable energy resources. They have taken millions of years to form and there is a limited supply that will eventually run out.

Other energy resources are continuous. These are called **renewable** energy resources. Solar energy is continuously reaching the Earth from the Sun. No matter how much of this solar energy is used one day, it will be replaced by more the next day, until the Sun eventually dies in about 6 billion years time.

The difference between renewable energy resources and non-renewable energy resources is therefore the time it takes for them to be replaced. Non-renewable resources like fossil fuels would take millions of years to be replaced. Renewable energy resources are replaced in a relatively short period of time.

Generating electricity is the main use for most of these energy resources. Therefore to make the world's non-renewable energy resources last longer we need to use more renewable energy resources and use electricity more efficiently.

Renewable	Non-renewable
solar	coal
wave	nuclear
tidal	oil
wind	gas
hydroelectric	
geothermal	
biomass	

Table 3.1 *Renewable and non-renewable energy resources.*

Fossil fuels

Coal, oil and natural gas are all **fossil fuels**. They have been formed over millions of years from the fossilized remains of trees, plants and sea creatures. The formation of fossil fuels is indirectly dependent on the Sun because the plants and animals could not have lived without the Sun's energy.

Coal can be burnt on open fires and in central heating boilers to heat people's homes directly. However most of the coal mined in the United Kingdom is burnt at power stations to generate electricity. The two main disadvantages of using coal to generate electricity are that when it burns it produces carbon dioxide and sulphur dioxide. Sulphur dioxide emissions can produce acid rain. Carbon dioxide emissions contribute to the greenhouse effect that is thought to be responsible for global warming.

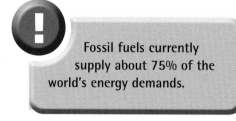

! Fossil fuels currently supply about 75% of the world's energy demands.

Natural gas is used for heating in homes and factories. Natural gas is mostly made of methane gas but it does contain other gases such as ethane and propane. Natural gas is also burnt in power stations to generate electricity and, like coal, produces carbon dioxide. When burning natural gas it is important to supply it with enough oxygen so that complete combustion takes place. If there is not enough oxygen the gas burns with a yellow flame, producing carbon monoxide and soot (carbon). Domestic gas appliances should be serviced regularly. If they are not, they may release poisonous carbon monoxide gas into the room.

Figure 3.1 *Coal-fired power station.*

Nuclear energy

Nuclear **fission** is used in power stations to generate electricity. Uranium-235 is the fuel that is used. A uranium atom breaks up and releases energy when a relatively slow moving **neutron** hits it. The atom also releases more neutrons. These hit other uranium atoms that also break up. This is called a **chain reaction**.

The power station would explode if this reaction were allowed to take place too quickly. To control the reaction boron rods are used. The boron absorbs some of the neutrons released in the reaction. If the boron rods are lowered into the reactor, there are fewer neutrons available to cause fission and the reaction slows down. To speed the reaction up, the boron rods are raised.

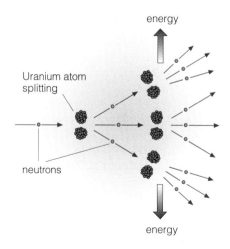

Figure 3.2 *Nuclear fission chain reaction.*

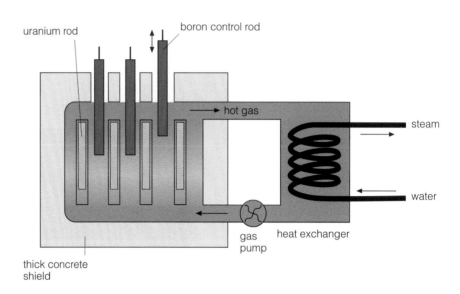

uranium rod

boron control rod

hot gas

steam

water

gas pump

heat exchanger

thick concrete shield

Figure 3.3 *A nuclear reactor.*

Some of the advantages of nuclear power are:

- a lot of energy is released from a small mass of uranium.
- supplies of uranium will last for a long time.
- nuclear fission does not release carbon dioxide.

However, some people are concerned about nuclear power because:

- a nuclear accident can cause a major international disaster.
- the waste produced stays radioactive for thousands of years.
- nuclear energy technology can also be used to make nuclear weapons.

Some countries are now planning to close down their nuclear power stations and are looking for other energy resources to meet their energy needs.

Solar energy

Solar energy comes directly from the Sun. Light and thermal energy travel across space as electromagnetic waves. Without solar energy life on Earth could not exist. Green plants are well adapted to capture this energy and store it as chemical energy in their leaves.

For solar energy to supply a significant proportion of the world's energy requirements, it will need to be converted into other useful forms of energy on a large scale.

There are over 400 nuclear reactors throughout the world. France obtains 60% of its electrical energy from nuclear power stations.

In the Mojave Desert in southern California, 600 000 computer controlled curved mirrors are used to produce steam for generating electricity.

Photocells like those used to power satellites and to power calculators, convert light energy directly into electrical energy. Photocells are relatively expensive and a lot of them are needed to produce quite small amounts of electricity.

In hot countries solar energy is used to heat water directly. Water is pumped through **solar panels** on the roof of the building. The water is heated by the sunlight and then stored in a hot water tank. The main problem is that the water cannot be heated at night. Once the tank of hot water has been used, it cannot be replaced using solar energy until the next day.

Figure 3.4 *Solar panels to heat domestic hot water.*

Wind energy

When the wind blows it is a valuable energy resource, driving wind turbines that generate electricity. To generate sufficient amounts of electricity, wind turbines are grouped together on wind farms. These wind farms need to be in a place where there are often strong winds. Suitable sites are often on the coast or in hilly regions.

Figure 3.5 *A wind farm in Wales.*

> **!** In 1996 Kenichi Horie crossed the Pacific Ocean in a solar powered boat. It took 148 days to complete the 16 000 km journey.

Electrical wind generators do produce low level noise pollution but the main problem is that they can spoil the appearance of scenic areas.

Wave energy

Surfers use wave energy for fun. Wave energy can also be captured and used to generate electricity. One of the early devices used to capture this energy is called a floating duck. The duck generates electricity as it moves up and down in the waves. Throwing a stone into a pond can form waves but waves at sea are caused by the wind stirring up the surface of the water.

> **!** Windmills originated in Persia around 640 BC. They were not used in Europe until the 11th century AD.

Just like wind energy, we cannot rely on there being sufficient energy available when it is needed. To generate enough energy, a large area of sea needs to be used in a location that frequently has large waves.

Tidal energy

As the Earth rotates, the Moon's gravitational field causes the world's oceans to rise and fall twice a day. The best places for capturing this **tidal energy** are in large river estuaries where the water can be used to drive turbines as it flows out of the estuary after a high tide. Although the heights of tides do vary they are still very reliable: high and low tides will always occur twice a day.

Finding suitable locations can be difficult. A barrage needs to be built across the estuary to hold the water in place before releasing it through turbines in a controlled manner. These barrages form an obstruction to the movement of boats and fish. The large area of water trapped above the barrage causes flooding and changes the habitat of the wildlife there.

> There are only two rivers in the UK which are suitable for tidal energy: the River Severn and the River Mersey.

Hydroelectric energy

Figure 3.6 shows the energy transfers in a hydroelectric power station. Water flowing in rivers can be used to generate electricity. Usually a dam needs to be built across a valley to save the water until it is needed. Hydroelectricity can only be used where there is a good rainfall.

As with tidal energy, the large area of water trapped behind the dam causes flooding and changes the habitat of wildlife. In addition some houses may be flooded and the people will have to move.

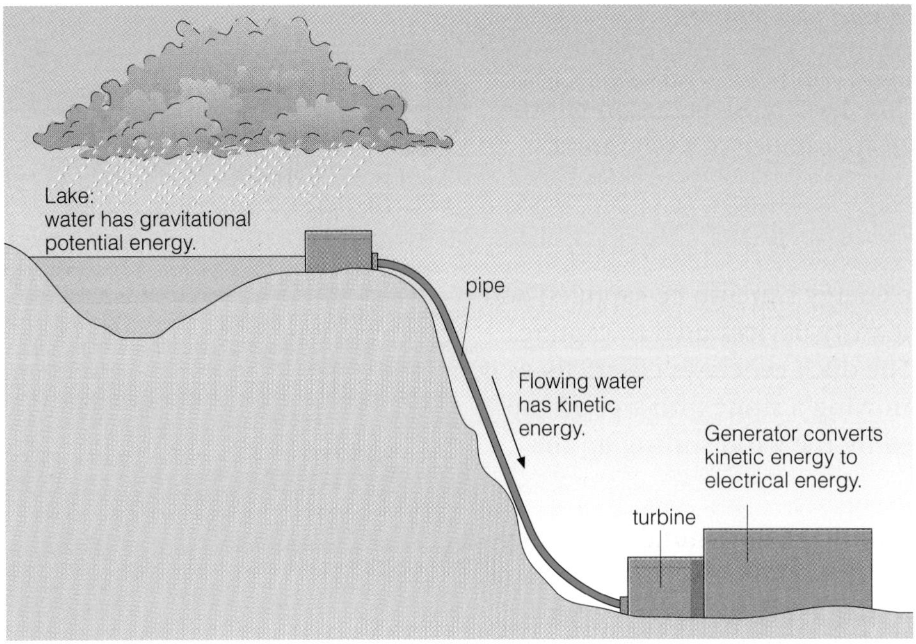

Geothermal energy

The eruption of a volcano gives an indication of how much thermal energy there is underneath the Earth's crust. In places such as Iceland, which is close to a gap between the Earth's tectonic plates, geysers may release this energy less violently.

At 5 km below the Earth's surface the rocks are at a temperature of about 185 °C. Cold water can be pumped down through these hot rocks to produce hot water. The

Figure 3.6 *A hydroelectric power station.*

Lake: water has gravitational potential energy.

pipe

Flowing water has kinetic energy.

Generator converts kinetic energy to electrical energy.

turbine

hot water can be used for local heating systems or steam that can be used to generate electricity.

Geothermal energy is available day after day and will not run out while humans are living on the Earth. It is therefore a renewable energy resource, but it does not depend upon the Sun as its original source of energy.

Biomass

Biomass refers to the chemical energy stored in plant and vegetable matter. The energy stored in this biological matter can be released in a variety of ways including burning wood, fermentation to produce methane gas and burning dung.

Sewage, dung, rotting food and vegetable matter are fermented to produce methane gas that can then be burnt. Methane gas produced this way is called **biogas**. Fermentation can also be used to produce alcohol from sugar cane. In Brazil the alcohol is mixed with petrol to power cars that have been adapted to use this fuel.

In locations where other energy resources are not available animal dung is collected and dried. The dried dung is then made into cakes that are burnt to cook food or to provide heating at night.

Wood is also a form of biomass that can be used to generate electricity. Once a tree is chopped down it can take a very long time for a new one to grow. Wood was therefore previously regarded as a non-renewable energy resource. Wood is now considered to be a renewable energy resource, because quick growing trees have been planted and some forests are now managed carefully.

In a managed forest, when the trees in one area of a forest are cut down, new ones are planted straight away. By controlling how many trees are cut down each year, the new trees have time to grow sufficiently before that area of the forest needs to be used again.

Reducing the use of electrical energy

Electrical energy is a very convenient form of energy. It can be easily supplied to where it is needed and can be transferred into other useful forms of energy. As more countries become more developed, and people have higher living standards, the demand for electricity grows. Reducing the use of electrical energy will make a significant contribution to conserving the world's energy resources and also help reduce the emission of greenhouse gases.

Figure 3.7 *A geyser in Iceland.*

! Geothermal energy is used in over 20 countries around the world to generate electricity and to provide hot water for homes.

! The first cow dung fuelled power station was built in the UK at Holsworthy, Devon.

Ways of saving electrical energy at home

Table 3.2 shows how electrical energy can be saved in the home.

Table 3.2 *Saving electrical energy in the home.*

Device		How it saves electrical energy
Off switch		The simplest way to save electricity is to turn electrical equipment off when it is not being used.
Energy saving light bulbs		Energy saving bulbs are about four times more efficient than conventional filament bulbs.
Jug kettle		Jug kettles can be used to heat small volumes of water so that heating unwanted water does not waste energy.
Timers		Timers can be used to turn electrical equipment on only at the times when it is required.
Electric toaster		Uses less electrical energy to cook toast than a grill on a cooker.

Summary

- Energy resources are divided into two main groups: renewable energy resources and non-renewable energy resources.
- Renewable energy resources are continuously available and will not run out while humans are living on Earth.
- There is only a limited supply of non-renewable energy resources. They cannot be replaced during the expected existence of humans on Earth.
- To preserve the Earth's valuable energy resources we need to use energy more efficiently and use as many renewable energy resources as possible.

Questions

1 _____ _____ are non-renewable energy resources. Solar power and biomass are examples of _____ energy resources. We need to _____ our use of energy to help reduce the emission of _____ gases and _____ the world's energy resources.

[Total 3]

2 a) Explain the difference between renewable and non-renewable energy resources. [2]
b) Give three examples of each. [6]

[Total 8]

3 Explain how each of the following energy resources is dependent on the Sun:
a) coal [2]
b) wind energy [2]
c) wave energy. [2]

[Total 6]

4 What are the disadvantages of using solar energy in the United Kingdom? [Total 3]

5 Explain the advantages and the disadvantages of using wave energy to generate electricity.

[Total 3]

6 When Sarah was on holiday at a small hotel in Greece, she liked to get back to her room slightly early and have a shower before most of the other guests returned from the beach. Why might this be? [Total 2]

7 A group of 30 people are going to set up a community on a small island off the coast of Scotland. They wish to become totally independent of the mainland within one year.
a) List the possible energy resources that they may wish to use. [3]
b) Write a letter to the community's 'energy resource working group'. Include advice on the energy resources that they should use, giving reasons for your recommendations. [6]

[Total 9]

History

Uses of energy through history

- **85 BC** Oldest reference to a water mill. Referred to in a poem by an early Greek writer.
- **1742** Invention of the centigrade temperature scale by the Swedish astronomer Anders Celsius. This is now referred to as the Celsius scale.
- **1783** First untethered balloon flight by Jean Pilatre de Rozier and the Marquis d'Arlandes. They were in the air above Paris for 22.5 min and covered almost 10 km.
- **1830s** Michael Faraday discovered a means to convert mechanical energy into electrical energy on a large scale.
- **1835** James Prescott Joule published a paper referring to 'Joule's law', forming the basis for the law of conservation of energy.
- **1876** German engineer Nikolaus August Otto is generally credited with having built the first practical internal combustion engine.
- **1892** Sir James Dewar conceived the idea of using a vacuum jacketed vessel to store low temperature liquid gases. Seven years later he managed to solidify hydrogen gas.
- **1904** Geothermal energy first used to generate electricity at Larderello, Italy.
- **1939** The discovery of nuclear fission was announced.
- **1942** First nuclear reactor built by a team led by Enrico Fermi in a squash court under the Stag Field Stadium, University of Chicago, USA.
- **1945** On 6 August an atomic bomb code named *Little Boy* was dropped on the Japenese city of Hiroshima. It killed around 155 000 people. A second atomic bomb was dropped on Nagasaki three days later and World War II ended later that month with Japan's surrender.
- **1974** First European hang gliding championships held.
- **1998** The first cow dung fuelled power station was built in Holsworthy, Devon, UK.

Figure 1 *Michael Faraday (1791–1867).*

Figure 2 *A nuclear explosion.*

James Prescott Joule

The unit of energy or work in the international system (SI) of units, the joule, is named after the English physicist James Prescott Joule. He was born in Salford, Lancashire on Christmas Eve, 1818. His work on the conversion of mechanical energy into thermal energy formed the first law of thermodynamics and verified the law of conservation of energy.

Joule also carried out investigations into the conversion of electrical energy into thermal energy by an electric current flowing through a wire. The mathematical relationship linking the energy converted each second to the resistance of the wire and the current flowing through it is now called Joule's law. Joule died at the age of 70 in October 1889.

Enrico Fermi

Enrico Fermi was born in Rome in September 1901 and is best known for being the first person to achieve a controlled nuclear reaction.

His work on bombarding elements with slow moving neutrons led to him being awarded the Nobel Prize in physics in 1938. At the time of this award Mussolini's fascist government was in power in Italy and the outbreak of World War II was only a year away. Fermi gained permission from the government to travel to Sweden to collect the award. His wife was Jewish and to avoid political harassment, Fermi and his family did not return to Italy but emigrated to the United States instead.

Enrico Fermi died from cancer at the age of 53. The Fermi National Accelerator Laboratory in Illinois (Fermilab) was named after him and an annual award given to people who have contributed the most to the study of atomic energy honours his memory.

Figure 3 *Enrico Fermi (1901–1954).*

Questions

1 What did the Swedish astonomer Anders Celsius invent and what does it do? *[Total 2]*

2 a) What happened in 1942? *[1]*
   b) Where did it happen? *[1]*
   c) Who led the team? *[1]*
   [Total 3]

3 Explain what Joule's law is. *[Total 2]*

4 What does the unit named after James Prescott Joule measure? *[Total 1]*

5 What is Nikolaus August Otto credited with and when? *[Total 2]*

6 What did Michael Faraday's discovery in the 1830s lead to? *[Total 2]*

Applications

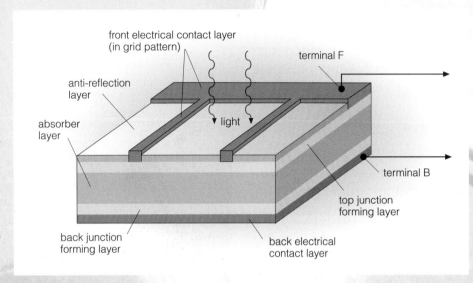

front electrical contact layer
(in grid pattern)

terminal F

anti-reflection
layer

light

absorber
layer

terminal B

top junction
forming layer

back junction
forming layer

back electrical
contact layer

Figure 1 *A commonly used solar-cell structure.*

Solar cells

Solar cells can be used on satellites, solar powered cars and calculators. Light enters the device through a layer of material called the anti-reflection layer. This traps the light inside the solar cell. Three energy conversion layers below convert the light energy into electrical energy. Solar cells can be used where there is no mains electricity supply, for example in a remote telephone box.

Vacuum flask

Vacuum flasks are mainly used to keep liquids like tea and coffee hot. They can also be used to keep a cold liquid cool. The features that reduce heat transfer from a hot liquid inside the flask will also reduce heat flow in the other direction, slowing down how quickly thermal energy will transfer from the surroundings to the cold liquid inside the flask.

Figure 2 *A solar-powered telephone box.*

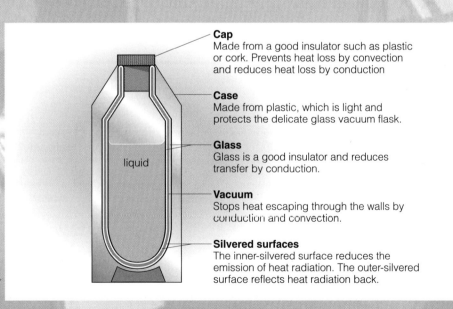

Cap
Made from a good insulator such as plastic or cork. Prevents heat loss by convection and reduces heat loss by conduction

Case
Made from plastic, which is light and protects the delicate glass vacuum flask.

Glass
Glass is a good insulator and reduces transfer by conduction.

liquid

Vacuum
Stops heat escaping through the walls by conduction and convection.

Silvered surfaces
The inner-silvered surface reduces the emission of heat radiation. The outer-silvered surface reflects heat radiation back.

Figure 3 *A vacuum flask.*

INTEGER House

The INTEGER House, near Watford, was built by INTEGER Ltd to show how a house can
- be energy efficient
- make use of renewable energy resources.

The house is energy efficient because
- many of the windows are small and double-glazed
- the walls are made of wood, which is a good insulator
- the house has earth banks on the north side of the house to reduce heat losses
- the north-facing part of the roof is covered in earth and a slow growing plant called sedum.

Figure 4 *The INTEGER House*

It uses renewable energy sources as follows:
- A wind turbine in the garden produces a small amount of electricity.
- Solar cells on the south facing part of the roof produce electricity.
- A solar panel on the roof heats water.
- The conservatory helps the house to absorb heat from the Sun.

Questions

1 a) Describe the energy transfers that take place in a solar cell. [2]

b) Boats that use solar cells as a source of electrical energy also need large batteries to back them up. Explain why satellites do not need large batteries to back up the solar cells that they use. [3]

c) Can you think of any other places where solar cells would be used? [2]

[Total 7]

2 How are the following methods of heat loss reduced in a vacuum flask
a) conduction [2]
b) convection [2]
c) radiation? [2]

[Total 6]

3 Why would you not put solar cells on the north facing part of the roof of the INTEGER House? [Total 2]

4 Why are the walls of the INTEGER House made of wood? [Total 1]

5 How do the small windows help to reduce heat losses? [Total 2]

Questions

1 Write down the names of five things in your home that transfer energy from one form to another. Next to each one write down the energy transfers that take place. *[Total 5]*

2 a) Copy and complete the diagram of a moving car shown in Figure 1. *[8]*

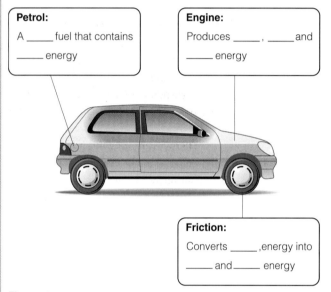

Petrol:
A _____ fuel that contains _____ energy

Engine:
Produces _____, _____ and _____ energy

Friction:
Converts _____, energy into _____ and _____ energy

Figure 1

b) Draw a flow diagram to show the energy changes taking place when a car is travelling up a hill. *[4]*
[Total 12]

3 What is meant by the law of conservation of energy? *[Total 2]*

4 An electric motor is 20% efficient at transferring electrical energy into kinetic energy. 75% of the electrical energy supplied to the motor is transferred to thermal energy and the rest is transferred to sound energy. Copy and complete the Sankey diagram for this electric motor. *[Total 3]*

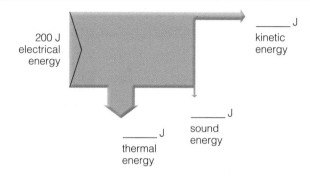

200 J electrical energy

_____ J kinetic energy

_____ J thermal energy

_____ J sound energy

Figure 2

5 Owen eats a medium sized bar of chocolate that contains 1000 kJ of chemical energy. When climbing 1 m up a ladder Owen will convert 500 J of chemical energy into potential energy.
How high up the ladder would Owen have to climb to use up all the energy in the chocolate bar? Ignore the energy the boy would convert to thermal energy and remember 1 kJ = 1000 J *[Total 3]*

6 What would happen to the Earth if it continually absorbed more energy from the Sun than it lost into space? *[Total 1]*

7 To hammer a horseshoe into shape a blacksmith heats it until it is red hot. The blacksmith then plunges it into cold water.
a) What happens to the temperature of the horseshoe and the temperature of the water? *[2]*
b) How have these changes in temperature taken place? *[2]*
[Total 4]

8 Explain the following terms:
a) heat conduction *[3]*
b) convection *[3]*
c) heat radiation. *[3]*
[Total 9]

9 Use your understanding of molecules to explain the difference between a saucepan of water boiling dry on a stove and a puddle on the pavement evaporating. *[Total 4]*

10 Hajar carried out an investigation to compare the rate of heat loss from two different kinds of take-away cup. She poured very hot water into each of them and recorded the temperature every five minutes. The results are shown in Table 1.

Table 1 *Temperatures of water in different cups.*

Time (min)	0	5	10	15	20	25	30
Polystyrene cup with lid (°C)	84	67	54	43	34	28	22
Paper cup without lid (°C)	96	72	54	41	37	23	17

a) Plot the two sets of data on one graph. *[6]*
b) Write a conclusion for Hajar's experiment. *[3]*
c) Explain what you think Hajar may have done wrong and suggest how she could improve her experiment. *[3]*
[Total 12]

11 Table 2 shows the consumption of energy resources in different regions around the world. The figures are in millions of tonnes of oil equivalent.

Table 2

Region	Oil	Gas	Coal	Hydroelectric	Nuclear
North America	864	586	520	51	188
Latin America	250	79	21	35	3
Europe	648	260	262	39	204
Middle East	173	82	5	2	0
Africa	99	36	77	7	2
Asia and Australasia	755	157	882	40	91

Source: Understanding Energy (Anglia Multimedia, 1997)

a) Which region uses the most oil? *[1]*
b) Which region uses more fossil fuels than any other region? *[1]*
c) Suggest why the Middle East only uses a small amount of hydroelectric energy. *[2]*
d) Draw a bar chart to show energy consumption within Europe. *[6]*
[Total 10]

12 A bicycle can be powered by solar energy by using solar cells to charge batteries. When the batteries are fully charged they can then be used to power a motor on the front wheel.
a) What energy transfers are taking place when the batteries are being charged? *[2]*
b) Describe the energy transfers taking place when the motor is being used. Include wasted energy transfers in your answer. *[4]*
[Total 6]

13 P Plan an investigation to compare the heat loss from a polystyrene cup with and without a lid to that from a ceramic mug.

14 R Carry out an electrical energy survey at home.
a) What methods of saving electrical energy do you and your family already use?
b) How could you reduce the amount of electrical energy that your family uses?

15 R Write an article for a local newspaper explaining the advantages and the disadvantages of building a wind farm in your area. Include possible locations where a wind farm may be built.

Light and sound

2.1 Light

Why can you hear your friends if they are standing round a corner but you cannot see them? What form of energy enables you to read this page? Light enables us to see but you cannot see something unless light is shining on it.

Light

Light is the form of energy which enables us to see objects, as our eyes are sensitive to it. It is part of the **electromagnetic spectrum** and travels at a speed of 300 000 000 m/s (see Section 4, chapter 1 for a definition of speed).

> **!** Light from the Sun takes 8 minutes to reach the Earth. If you travelled in a car at over 160 km/hr it would take you more than a hundred years to cover the same distance.

Sound is very slow compared with light. It travels at only 330 m/s. If you are watching a race you can see the smoke from the starting pistol before you hear the sound. Thunder and lightning happen at the same time. You see the lightning before you hear the thunder. This is because sound travels so much slower than light. You can roughly estimate how far away a thunderstorm is by counting the number of seconds between the lightning flash and the thunder. The larger the number you count the further away the storm is. The storm will be 1 km away for every three seconds that you count.

Light is an energy wave. This type of wave is called a **transverse wave** and all the forms of energy in the electromagnetic spectrum travel this way.

> **!** Lightning flashes can be 30 km long.

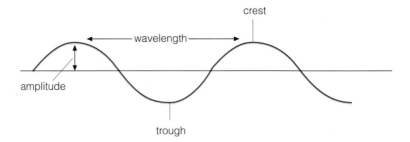

Figure 1.1 *A transverse wave.*

Luminous and illuminated

Imagine being in a very dark cave. It is impossible to see anything unless you strike a match or turn on a torch. The match and the torch give off their own light: they are called **luminous** objects. Your computer screen or a burning candle are also luminous objects. The light from these will hit other things around you and bounce into your eyes. This light will illuminate these things and you will be able to see them. Some source of light is illuminating the page you are reading.

The stars are luminous but the planets and the moon are **illuminated** by light from our star, the sun. Moonlight is really light reflected from the Sun. Jupiter and Venus can be seen at night because they are illuminated by the Sun and reflect the light.

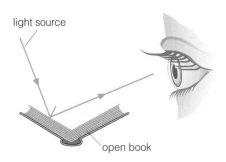

light source

open book

Figure 1.2 *The light is hitting the object and reflecting into the eye.*

Rectilinear propagation

A car headlight will not light the road round a corner. This is because light travels in straight lines. We call this **rectilinear propagation**. In Figure 1.3 you can see the light travelling out from behind the trees. Can you think of any other way to show that light travels in straight lines?

Shadows

You cannot see through a brick wall. This is because the brick will not allow light to go through it. It is **opaque** to light. Windows will allow light to go through them: they are **transparent**. A frosted bathroom window will let some light through. It is **translucent**.

Figure 1.3 *Light travels in straight lines.*

The shadow of the palm tree on this beach is fuzzy, because the top of the tree is several metres above the sand. If you were to hold your hand out just above the sand, the shadow of your hand would be clear and sharp.

Figure 1.4 *The tree is blocking the light and casting a shadow onto the sand.*

Figure 1.5a) shows a clear dark shadow is being cast on the screen. This is because the object is stopping all the light and only light round the edge is hitting the screen. This type of shadow is an **umbra**.

If the light source is large in comparison with the object, some of the light around the edges is getting through and the shadow is no longer clear and sharp. The grey fuzzy shadow is called the **penumbra**.

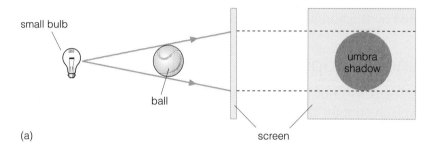

(a)

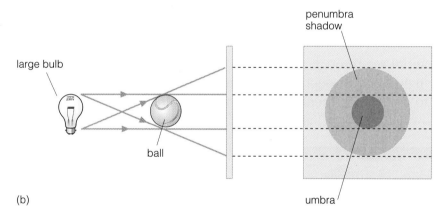

(b)

Figure 1.5 *The formation of an a) umbra and b) penumbra.*

Summary

- Light is part of the electromagnetic spectrum.
- A luminous object gives off its own light.
- An object that reflects light is visible when illuminated.
- Light travels in straight lines.
- Light travels very much faster (300 000 000 m/s) than sound (330 m/s).
- Light is reflected off objects into our eyes.
- Opaque objects can block light and cast shadows.

Questions

1 Copy and complete the following sentences.
Light is a form of _____. A wooden door
will not let light through as it is _____. A
glass window is _____ because it will let
light through. You can see the Moon at night
because light from the Sun _____ from it.
[Total 2]

2 a) Which of the following sentences are correct? *[3]*
   i) You can see the light from a firework before
      you hear the sound.
   ii) The Moon is illuminated.
   iii) Light can travel round corners.
   iv) A fuzzy grey shadow is called a penumbra.
   v) Tracing paper is transparent.
   b) For each statement that is incorrect, say what is
      wrong. Rewrite the statement to make it correct.
      [2]
      [Total 5]

3 Why do you always see lightning before you hear the
thunder? *[Total 2]*

4 Your friends are standing round a corner. Why are
they not visible? *[Total 2]*

5 Sally is walking towards a spotlight on the wall of
her house. She is casting a shadow across the garden.
What will happen to the shadow as she moves
towards the house? *[Total 2]*

6 a) You could use sunlight and a mirror to send
      messages. How could you do this? *[2]*
   b) Can you think of any other object that would
      work using sunlight? *[1]*
      [Total 3]

7 Light travels faster than sound. Describe how you
could show this to a friend. *[Total 2]*

8 a) Light travels at 300 000 km/s. It takes light
      8.33 min to reach Earth from the Sun. Work out
      how far away the Sun is. *[2]*
   b) The reflected light from the Moon takes only 1.3 s
      to reach Earth. How far is the Moon from the
      Earth? *[2]*
      [Total 4]

2.2 Reflection

Why can you see your face in a mirror but not in a wall? How can we make light go round corners? This page is reflecting light into your eyes. It is not shiny because not all the light is reaching your eyes. If you had a mirror on the table next to the book, the mirror would look much shinier.

Reflection

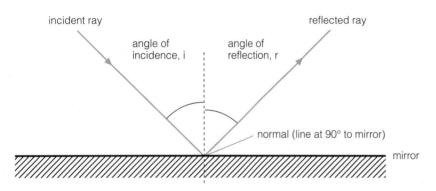

Figure 2.1 shows how light is reflected into your eyes from a mirror.

A line can be drawn at right angles to the mirror where the ray hits the mirror – it is called the **normal**. The light going towards the mirror is the **incident ray**. The angle between the normal and the incident ray is called the **angle of incidence**. The light coming away from the mirror is the **reflected** ray. The angle between the normal and the reflected ray is called the **angle of reflection**. The two angles are equal to each other.

Figure 2.1 *Reflection of light from a smooth surface*

> **The angle of incidence is equal to the angle of reflection**

Rough and smooth surfaces

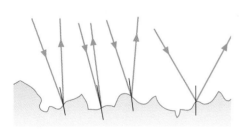

The page you are reading does not shine because it has a very rough surface when magnified. The light hitting the page is scattered and only some light enters your eyes. This is called **diffuse reflection**. Many surfaces are rough which is why they look dull even in bright light.

A mirror is much smoother and will reflect light in a regular way so that much more light will enter your eyes. This is called **regular reflection**. When you look into a mirror, all the light is reflected so you get an **image** of your face.

Figure 2.2 *The reflection of light from a rough surface.*

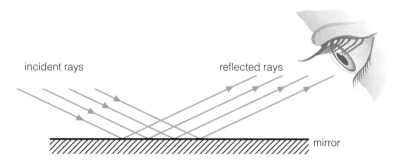

Virtual reality is like your image in a mirror. It does not exist, it only appears to be real.

Figure 2.3 *The regular reflection of light.*

A wall is rough so most of the light never reaches your eyes and cannot form an image. Images can be seen in many places, for example, in still water or polished metal.

Reflection in a mirror

When you see a reflection of yourself in a plane mirror you expect the reflection to be the same size and colour as you. What is different is that the image is back to front or **laterally inverted**. Some images like the ones in a cinema can be projected onto a screen. They are **real** images. Your image in the mirror only seems to be there, but you could not produce it on a screen. It is a **virtual** image.

Seeing round corners

Light travels in straight lines so you cannot see round corners unless you use mirrors to help. Figure 2.5 shows a **periscope**. If the light hits the first mirror at an angle of 45° then the angle of reflection will also be 45°. The ray of light will have been turned through 90°. When the light hits the second mirror, it is reflected back through 90°. The periscope can be used to see round corners or over an object blocking your view.

Figure 2.4 *You do not really exist behind the mirror. Your reflection is virtual.*

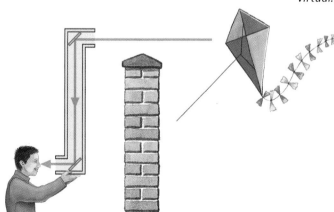

Figure 2.5 *The arrangement of mirrors in a periscope which enables us to see round corners.*

Summary

- Light is reflected from a surface.
- The angle of incidence equals the angle of reflection.
- The image in a mirror is back to front (laterally inverted).
- The image in a mirror is the same size and colour as the object.
- Smooth surfaces reflect more regularly than rougher surfaces.
- A periscope will reflect light and let you see round corners.

Questions

1 Copy and complete the following sentences.
The image in a mirror does not exist. It is
_____. The image in a mirror is the same
shape, size and _____ as the object. The
angle of _____ equals the angle of
_____. A line drawn at 90° to a mirror is
called a _____. A rough surfaces gives
_____ reflection. *[Total 3]*

2 Ben is towing a caravan and finds that he cannot see
the road behind him. Draw a way to help him using
mirrors. He cannot use mirrors any bigger than his
wing mirrors. *[Total 4]*

3 A beam of white light shines onto a sheet of white
paper. An identical beam of light shines onto a
mirror. Describe how the scattering by paper and the
reflection by a mirror are different from each other.
[Total 4]

4 a) Work out the angle of reflection shown in
Figure 2.6. *[1]*
b) What is the total angle turned by the light. *[1]*
[Total 2]

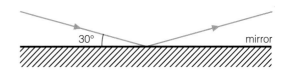

Figure 2.6

5 a) Sam sits in an optician's chair and looks at the
chart in a mirror in front of him. He needs to be
able to read the letters. They are all capital letters
and Sam is seeing them in a mirror. Why will
some letters look incorrect? *[2]*
b) Write down **two** capital letters which will not be
affected. *[2]*
[Total 4]

6 The driveway at Dina's house leads out onto a blind
corner. She needs some help to see cars on the road
when she leaves the driveway in her car. Using one
or two mirrors draw a plan of what she can do.
[Total 3]

2.3 Refraction

Why does a swimming pool never look as deep as it is? Why does a straw in a glass of water always look bent? What makes a diamond sparkle? Light changes direction as it goes from air into glass or water. This principle has many applications.

Light travels in air at a speed of 300 000 000 m/s but if the light goes into a substance or **medium** which is optically denser than air it slows down. The light seems to bend. This is called **refraction**.

The ray of light hitting the glass is the **incident ray**. The angle between the normal and the incident ray forms the angle of incidence. The light entering the glass is the **refracted ray**. The

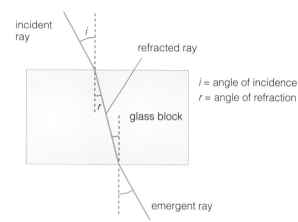

i = angle of incidence
r = angle of refraction

Figure 3.1 *How light bends as it travels from air to glass.*

angle of incidence is larger than the angle of refraction as the ray of light bends towards the normal. The light is slowing down because glass is optically denser than air. When the light leaves the glass the angle of incidence is now smaller than the angle of refraction as the ray of light bends away from the normal. The light is speeding up because air is optically less dense than glass.

When light travels from a less to a more optically dense medium it refracts *towards* the normal. When light travels from a more to a less dense medium it refracts *away* from the normal.

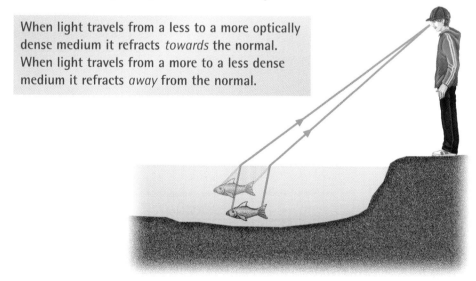

Figure 3.2 *The fish is not really where the person sees it because the water refracts the light.*

Can you explain why this ruler appears to bend in the water? What trick is being played on our eyes?

Look at Figure 3.2. It only appears that the fish is in a different place and that the ruler is bent. They are optical illusions caused by refraction. The things in the diagrams only appear to happen. Your eyes assume that light travels in straight lines and sees the optical illusions even though your brain knows the truth.

Total internal reflection

Figure 3.3 shows light being refracted in a semi-circular glass block. If the angle of incidence is gradually increased the light will eventually have nowhere to refract to and **total internal reflection** takes place (Figure 3.3b and c). This happens when the light has reached the **critical angle** although some internal reflection will take place before that.

If the incident ray goes through the curved surface it will not refract because it is hitting the surface at 90° and refraction will not occur.

Prisms

Figure 3.4 shows two 45° angle prisms and how they are used in periscopes, and cat's eyes. Precious stones are cut so that the flat surfaces act like prisms and reflect light.

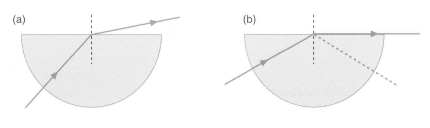
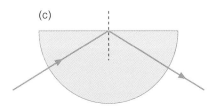

Figure 3.3 *Refraction in a semi-circular glass block: a) angle of incidence is below the critical angle; b) angle of incidence is at the critical angle; c) angle of incidence is greater than the critical angle – total internal reflection takes place.*

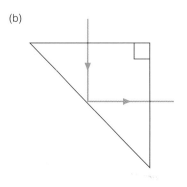
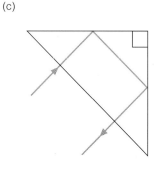

Figure 3.4 *Prisms in use:*
a) precious stone.

b) prism used in a periscope

c) prism used in cat's eyes

If the angle of incidence is greater than the critical angle for glass then total internal reflection takes place. The light can be turned through an angle of 90° or 180°.

Total internal reflection is used in cat's eyes on roads, the cut of precious stones and light guides. Light guides can be made small enough to enter the human body. This enables a doctor to look inside the body to save the patient major surgery. These are called **endoscopes** (see Applications on page 58).

> **!** The halo that you sometimes see around the Moon is caused by moonlight refracting inside tiny ice crystals high in the Earth's atmosphere.

Lenses

Lenses are transparent and can change the direction of light.

The lens in Figure 3.5 is fatter in the middle and will magnify an image. If it is used to produce an image on a screen, the image will be upside down. When the image is sharp and clear we say it is in focus. Your eye lens and the lens in a camera are this shape. It is called a **convex** lens.

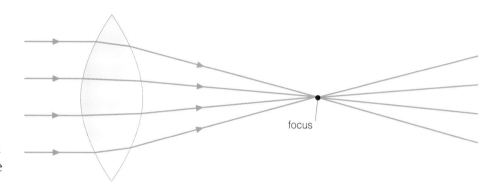

Figure 3.5 *A convex lens.*

The lens in Figure 3.6 is thinner in the middle and gives a small, upright image. If you cannot see distant objects and need to wear spectacles the lenses will be like this. It is called a **concave** lens.

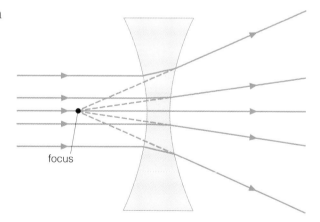

Figure 3.6 *A concave lens.*

Summary

- Light slows down when travelling into a more optically dense medium.
- Light speeds up when entering a less optically dense medium.
- · The bending of light is called refraction.
- Total internal reflection occurs when the angle of incidence reaches the critical angle for the boundary between substances.

Questions

1 Copy and complete the following sentences.
When light travels from air into glass the light will bend. This is called _____. The light will bend _____ the normal. When light goes from water to air it will bend _____ _____ the normal. In special circumstances the light does not bend but bounces back. This is called _____ _____ _____.

[Total 3]

2 Look at Figure 3.7. Can Samantha see the object at the bottom of the swimming pool? Copy the diagram and add the rays of light.   *[Total 2]*

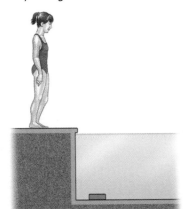

Figure 3.7

3 Imagine that you are a fish underwater. When you look up to the surface of the water you can see the sky and also the bottom of the pool. Try to explain this unusual view. A ray diagram might help.

[Total 3]

4 Tom wants to bend a ray of light round a corner but he does not have a mirror, only a prism shaped piece of glass. Draw a diagram to show how he could bend the light round the corner. Add the ray of light to your diagram.   *[Total 4]*

5 Raj puts a rectangular glass block onto a mirror.
   a) Draw a diagram of this seen from the side.   *[1]*
   b) Put in a ray of light shinning from the left of your diagram through the glass block and onto the mirror.   *[1]*
   c) Put in the reflected and refracted rays.   *[2]*
   [Total 4]

2.4 Colour

How do we get the colours of the rainbow? Why do objects look coloured? How can we change the colour of an object just by using light?

White light is made up of the seven colours of the **spectrum**:

- red
- orange
- yellow
- green
- blue
- indigo
- violet.

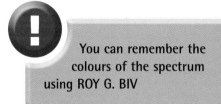

! You can remember the colours of the spectrum using ROY G. BIV

Why do we get all the colours?

With our eyes it is not possible to see the colours in white light. When the light goes into a **prism** each colour is slowed down by a slightly different amount. This means they refract by different amounts and spread out so we can see the colours. Red light travels faster in glass than blue light. Red light does not refract as much.

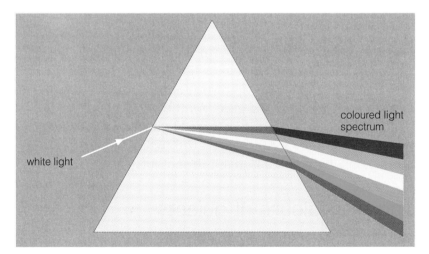

Figure 4.1 *White light can be split into the colours of the spectrum using a prism.*

! When a rainbow forms, water droplets in the air are acting like prisms.

Coloured objects

A banana looks yellow because the pigment in the skin of the banana will only reflect yellow light. All the other colours are absorbed. A piece of charcoal looks black because it will not reflect any of the colours. They are all absorbed. This white paper will reflect all the colours of light. The black letters do not reflect any of the colours.

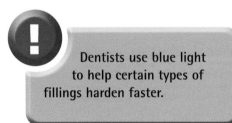

Dentists use blue light to help certain types of fillings harden faster.

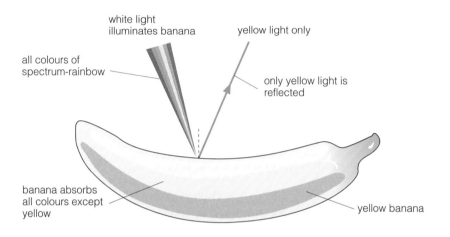

Figure 4.2 *White light is hitting the banana but only yellow is reflected.*

Coloured filters

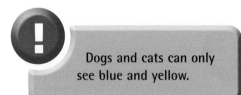

Coloured filters do not add colour to white light. They filter out the colours in the white light leaving the colour we see.

Traffic lights are green, amber and red. An ordinary light bulb is used behind coloured glass. The coloured glass filters out some colours. The red dye in the glass of a red traffic light will only let the red part of the spectrum go through the coloured glass. All the other colours are absorbed. In a disco or at a concert, coloured lights are created using filters that will only allow specific colours through. The blue dye in a filter on a blue stage light will absorb all the colours except blue.

Changing the colours of objects

Dogs and cats can only see blue and yellow.

Why do you think it is so important to have the whitest spotlights possible at a football match?

Sam and Ellen are at a disco. Sam is wearing blue trousers and a yellow top. Ellen is wearing a red top and green trousers. Look at Figure 4.3. In blue light, only Sam's trousers look blue. Sam's top looks black because it will only reflect yellow light and no light is reflected when blue light shines on it. Ellen's clothes also look black. Her trousers only reflect green light and her top only reflects red light. In blue light neither the trousers nor the shirt will reflect any light. What colour would Sam and Ellen's clothes look in red light and green light?

The same thing will happen to football strips. If one team in a football match was playing in a white strip and the other team was playing in a yellow strip, and yellow floodlights were used, there would be some confusion. You would not be able to tell the difference between the two teams as both strips would appear to be the same colour.

Figure 4.3 *Sam and Ellen in white light and blue light.*

Summary

- White light is made up of seven colours.
- Light can be split into its colours using a prism.
- White surfaces reflect all the colours.
- Coloured filters will absorb all the colours except the colour of the dye in them.
- Objects reflect the colour of the pigment they contain.
- If all the colours are absorbed an object looks black.

Questions

1 Copy and complete the following sentences :-
The seven colours of the spectrum are red,
_____, yellow, _____,
_____, indigo and _____. A blue
light shining through a red filter will give
_____. A white shirt with a red light on it
will look _____. In yellow light, black shorts
will look _____. In red light, a blue shirt will
look _____.   *[Total 4]*

2 You see a car accident at night and yellow sodium
lamps illuminate the streets. Why would it be very
difficult for you to tell the police what the colour of
the cars were that were involved in the accident?
                                                    [Total 4]

3 It is a sunny day and you have decided to wear some
blue tinted sunglasses. You go to cross the road but
are unsure if the crossing light is red or green. What
is causing the problem and what might you see?
                                                    [Total 4]

4 a) A stage director is very concerned about the
stage lighting changing the colour of the actors'
clothes. He says that if they all wear white there
will not be a problem when the lights change

colour because the clothes will still look white. Is
he right?   *[2]*
b) What might you suggest and why?   *[2]*
                                                    [Total 4]

5 How is a rainbow formed?   *[Total 3]*

6 a) White light shines into a prism and forms a
spectrum on a screen. What effect, if any, would
you see if a red filter were placed in the path of
the white light?   *[2]*
b) Would it make any difference if the filter were
placed at the other side of the prism near the
screen?   *[1]*
c) The screen is changed to a green one. What might
you see now?   *[2]*
                                                    [Total 5]

7 a) If you are riding your bike at night, it is sensible
to wear clothing with reflective strips. How do
these work?   *[2]*
b) Is white or black clothing a more sensible choice
when riding your bike? Give a reason for your
answer.   *[3]*
                                                    [Total 5]

2.5 Hearing and sound

Can sound travel through anything? What causes a sound to be produced? How can sound be changed? Sound waves are different to light waves – they have different properties.

You have probably produced a sound by stretching an elastic band across your fingers and plucking it. The tighter the elastic band the higher the note produced. If you pluck it really hard the noise is much louder. You can do the same thing with a ruler over the edge of a bench. Try to work out how to make the noise louder or higher.

Sound production

For a sound to be produced something needs to **vibrate** to produce the sound. When you talk air passing over your vocal chords makes them vibrate to give the sound of your voice. When a sound is produced the **molecules** in the air carry the sound from one place to another by squeezing together (**compression**) and moving apart (**rarefaction**). These moving molecules carry the sound energy. If there are no molecules then sound cannot be transmitted. Sound cannot travel through a vacuum but it can travel through gases, liquids and solids.

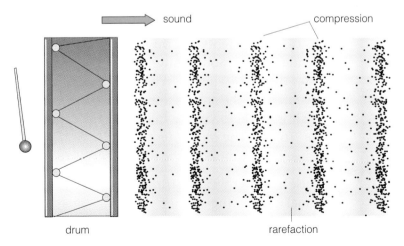

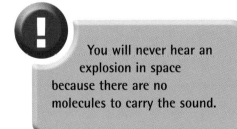

You will never hear an explosion in space because there are no molecules to carry the sound.

Figure 5.1 *Sound waves travel through the air from the drum in a series of compressions and rarefactions.*

The closer together the molecules are, the faster the sound will travel because the molecules do not have to move very far to hit another one. Sound energy will be transmitted more rapidly in water than in air because the molecules in water are much closer together than they are in air.

Looking at a sound wave

Figure 5.2 shows a sound wave as seen on an oscilloscope which is connected to a microphone. The low points are called **troughs**; they represent the rarefaction on a sound wave. The high points are **crests** and these represent the compressions. The distance between two crests or two troughs is called the **wavelength** and is measured in metres. The height of a crest or the depth of a trough is called the **amplitude**. If you were to stand at one end of the wave and count how many waves passed you in one second then you would have measured the **frequency** of the wave. The units of frequency are cycles per second or **hertz (Hz)**.

Figure 5.2 *A sound wave as shown on an oscilloscope.*

Pitch and loudness

The larger the amplitude of the vibrations the louder the sound. The closer together the vibrations, the higher the frequency, and the higher pitched the sound is.

Musical instruments rely on vibration to produce a regular sound. Something in the instrument causes the air to vibrate. With a violin it is the movement of the strings and in wind instruments the air is made to vibrate in a wooden or metal tube. To raise the pitch of a note on a violin you change one or more of the following things:

- use a lighter weight string
- make the string shorter
- put more tension in the string.

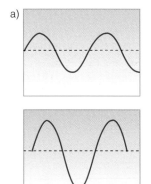
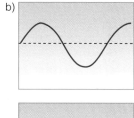
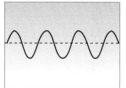

Figure 5.3 *a) Two sounds with the same pitch, but the one at the bottom is louder. b) Two sounds with the same loudness, but the one at the bottom has a higher pitch.*

Detecting sound – the ear

The ear is a very complex organ consisting of three main sections. The main parts of the ear are the **outer ear** which collects the vibrations and directs them to the **middle ear**. In the middle ear the vibrations are picked up by the **eardrum**, which transmits this movement to the small bones called the **hammer**, **anvil** and **stirrup**. These magnify the vibrations and send them to the **inner ear** where the fluid inside the **cochlea** starts to move and stimulates the nerve endings. The nerves carry the information to the brain and you recognise this as a sound.

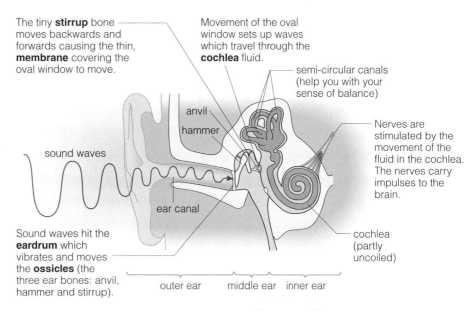

The tiny **stirrup** bone moves backwards and forwards causing the thin, **membrane** covering the oval window to move.

Movement of the oval window sets up waves which travel through the **cochlea** fluid.

semi-circular canals (help you with your sense of balance)

anvil

hammer

sound waves

Nerves are stimulated by the movement of the fluid in the cochlea. The nerves carry impulses to the brain.

ear canal

Sound waves hit the **eardrum** which vibrates and moves the **ossicles** (the three ear bones: anvil, hammer and stirrup).

cochlea (partly uncoiled)

outer ear   middle ear   inner ear

Figure 5.4 *The ear.*

The hearing range for humans is from about 20 Hz to about 20 000 Hz. As you get older you cannot hear sounds at the lower and upper end of the range.

If the vibrations become too loud then they can damage your eardrum. People working with loud noise all day need to protect their ears from too much sound energy. If you stand too close to a loudspeaker at a concert then you can cause temporary deafness. This is because the nerve endings in the cochlea stop working properly for a while. This temporary deafness will wear off after about an hour. If you continue to damage the nerve endings with, say, a personal stereo with the volume too loud, then the deafness will become permanent.

Sometimes the vibration of the sound wave can be so large it will tear or cause a hole in your eardrum. This is called a perforated eardrum and your hearing will be permanently impaired. Noise-induced deafness cannot be cured.

Any sound which is unpleasant to someone is called a **noise**. A noise for one person may be excellent music to someone else!

Sound levels are measured in **decibels (dB)** using a sound meter. Anything above 130 dB will hurt your ears to listen to and could cause permanent damage.

! A dog can hear up to 40 000 Hz, which is twice as high as any human, and a bat can hear up to 100 000 Hz.

! The noise level in a quiet classroom may be about 40 dB. If the teacher leaves the room the noise level may rise to as much as 80 dB.

Summary

- Vibrating molecules carry sound energy.
- Sound needs a substance to carry it.
- Sound travels faster if the molecules of the medium it is travelling through are closer together.
- The higher the amplitude of a sound the louder it is.
- Pitch depends on frequency. High frequency gives high pitch.

Questions

1 Copy and complete the following sentences.
Sound is heard because our _____ vibrates.
Sound can travel through solids _____ and
_____. Sound is measured in _____.
High _____ of vibration makes a
_____ pitched sound. *[Total 3]*

2 a) Which of the following statements are correct? *[3]*
   i) To produce a sound something must vibrate.
   ii) Sound can travel easily through a vacuum.
   iii) You could talk to your friend on the Moon.
   iv) Air carries sound by a system of compressions
       and rarefactions.
   v) Very loud noise can damage your ears.
   b) For each statement that is incorrect, say what is
   wrong. Rewrite the statement to make it correct.
   [2]
   [Total 5]

3 Native Americans could hear horses approaching by
putting their ears to the ground. Can you explain
why this worked? *[Total 2]*

4 When people are working in a noisy factory they
need to protect their hearing. Suggest ways they
could do this. *[Total 3]*

5 Hares can communicate to other hares by stamping
their feet to warn of danger. How do you think this
works? *[Total 2]*

2.6 Reflection of sound

How can echoes help us to 'see' things? Sound reflects off surfaces. Sometimes this can be annoying, but at other times we can make use of echoes.

Echoes

If you stand in an empty room and make a noise the sound seems to bounce off the walls. The sound waves are being reflected in just the same way as light and we call this an **echo**. A room with curtains and carpets does not sound the same because the furnishings will **absorb** some of the sound energy.

Some animals use sound to help them 'see' in the dark or under water. We call this **echolocation**. Bats are very good at using echolocation and they can even catch fast flying insects this way. They emit high-pitched sound waves which bounce of objects. The bat uses the echo to determine where the object is. Human beings have developed machines which use echoes to locate shoals of fish or submarines under water and oil under ground.

Figure 6.1 *A bat using echolocation in a cave.*

Using echoes

How can you locate something at the bottom of the sea or find out how deep the sea is? You can use echoes. Imagine you are looking for a shipwreck at the bottom of the sea. The ship you are on sends out a sound signal and receives the echo 1 s later. Sound travels at 1500 m/s in water. How deep is the wreck at this point?

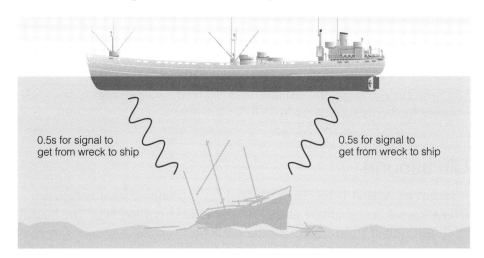

0.5s for signal to get from wreck to ship

0.5s for signal to get from wreck to ship

Figure 6.2

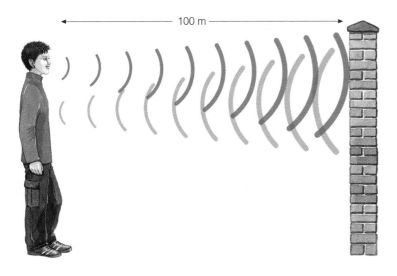

100 m

Working out the speed of sound

It is possible to measure the speed of sound using echoes. To do the experiment stand a measured distance away from a tall building or wall. Try to make the distance more than 50 m. Clap your hands once and listen for an echo. As soon as you hear the echo clap again. Ask your partner to time 10 claps. Remember to clap as soon as you hear the echo.

Figure 6.3 *Experiment to work out the speed of sound.*

Example
Harry and Megan carried out the experiment. Harry stood 100 m from the wall. Megan timed 10 claps over 6 s.

The sound has travelled 100 m × 2 for one journey.
Harry clapped 10 times. Therefore the sound travelled 100 × 2 × 10 in 6 seconds = 2000 m.

To work out the speed, the distance travelled by the sound needs to be divided by the time taken. So in 1s it has travelled 2000 ÷ 6 = 333 m/s.

Ultrasound

A sound wave that is too high pitched for humans to hear is called **ultrasound** and is above about 20 kHz (1 kHz is 1000 Hz). The beams of sound reflect from organs in the body and can be used like X-rays. They do not damage tissue like X-rays do. Ultrasound can be used to look at a fetus in the womb without the risk of harm to the unborn baby. If a narrow beam of sound is used then a detailed image is produced.

Sound at this frequency can also make small particles vibrate and can be used to clean delicate and valuable fabrics, glass, spectacles and even teeth.

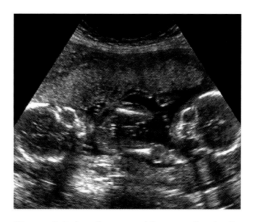

Figure 6.4 *An ultrasound image of twin fetuses.*

Summary

- The reflection of sound is an echo.
- A sound too high to hear with the human ear is called ultrasound.
- Ultrasound can be used to detect objects under the sea, to clean objects and to monitor babies in the womb.

Questions

1 Astronauts who visited the moon put a mirror on its surface. Pulses of light can be used to measure the distance between the Earth and the Moon. Why cannot sound waves be used to do this?   *[Total 2]*

2 If you were on the Moon you would not be able to talk to anyone without using a radio.
a) Can you devise a way to speak to someone?   *[2]*
b) Briefly describe how your idea would work.   *[2]*
[Total 4]

3 Why can't you hear a dog whistle when it is blown?
[Total 2]

4 Using a sound signal, a fisherman finds a shoal of fish under his boat. It took 4 s for the signal to go to the fish and back. If sound travels in water at 1500 m/s how far under the boat are the fish? Show how you worked out the answer.
[Total 3]

5 Your room echoes when you speak. What could you do to your room to try to prevent the echoes?
[Total 3]

History

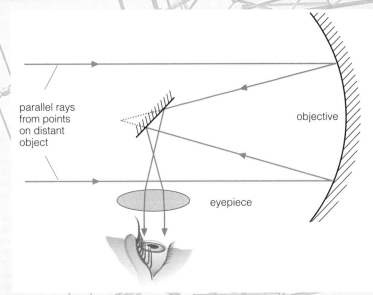

Figure 1 *How a reflecting telescope works.*

Seeing the light

When did we learn how we see? It's not as silly a question as you might think. Many people used to think that, when we look at an object, rays of light travel from our eyes *to* the object. The great Greek philosopher Plato (428–348 BC) said that the eyes gave out fire that allowed us to detect light from objects. Some Superman cartoons give the same idea about his X-ray vision. It was in 1625 that an astronomer, Christopher Scheiner (1573–1650), found out what happens in the eye. He carefully cut away the back of an ox's eye and saw an upside down image formed on the retina.

Looking at the sky

The telescope was probably invented in Holland late in the sixteenth century but it was Galileo Galilei (1564–1642) who turned it into a useful instrument. He ground the lenses of his telescope with care and positioned them in a long tube. He found that when he looked into the sky he could see things that nobody had seen before. He observed that the Moon has mountains, that Jupiter has its own moons, and that the Sun has spots. Other people copied Galileo's designs and their astronomical discoveries helped to convince most people that the Earth and the planets orbit the Sun.

More powerful telescopes need bigger lenses, but big lenses can produce distorted images. Isaac Newton (1642–1727) designed a telescope that used curved mirrors – a reflecting telescope. This kind of telescope

Figure 2 *A photo of Saturn from the Hubble Space Telescope.*

could be made very large without distorting the image and could be used to see very distant objects in space. All the major astronomical telescopes today, including the Hubble Space Telescope, are based on Newton's design. The Hubble Space Telescope was put into orbit by the space shuttle in 1990 and orbits the Earth at a height of 610 km. Since its launch it has taken many pictures of stars, many of which had never been seen before.

Newton and 'Opticks'

Newton led a varied and interesting life. He was a student at Cambridge University, which closed during his time due to the Great Plague. He became a Member of Parliament in 1689 and eventually became the Warden of the Mint in 1696. Queen Anne knighted him in recognition of his services.

Newton spent much of his time working with light. One day in 1666, while working in a darkened room, a beam of light came through a hole in the curtains and shone onto a prism. The light split into the colours of the spectrum. Many people had seen the spectrum before in rainbows and pieces of glass, but Newton went a step further. He used another prism to combine the colours again into white light. This was significant because it proved that the colours were part of white light and were not added by the prism. Newton decided that white light was made of the colours of the spectrum. The reason he said there are seven colours was because of his interest in magic, where seven is a special number (there were seven astronomical objects, and seven metals known in Newton's time and there are seven notes in the musical scale). Newton was also very interested in refraction and the effect of bending light. He wanted to find out how refraction affected what we saw and would experiment by pushing a bodkin (a blunt thick needle) into the side of his eyeball to change its shape, to see if it affected his vision.

Newton wrote about all his work on light in a book called *Opticks*. He had decided that light is a stream of particles that bounce off objects and travel through transparent materials. Not everybody agreed with him. Robert Hooke (1635–1703) in London and Christiaan Huygens (1629–1695) in Holland thought that light was a wave. They argued with Newton about the properties of light. Newton was a very powerful person and didn't like competition. After Hooke and Huygens died he made sure that his theory was the one that everyone accepted.

Figure 3 *Isaac Newton.*

There was one test of the two theories. Newton predicted that light would travel faster in glass and water than in the air. The wave theory predicted that it would be slower in glass and water. As light travels extremely fast it wasn't until 1850 that the argument was settled. The French scientist Jean Foucault (1819–1868) measured the speed of light in air and water and found that it was faster in air. Newton had been wrong.

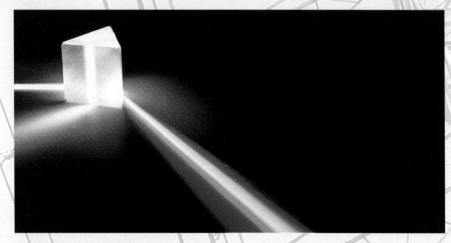

Figure 4 *A prism splitting light into its colours.*

Seeing small

In the sixteenth century it was discovered that if two convex lenses were put together in a particular way then, as well as making distant objects seem close, they would greatly magnify small objects. Robert Hooke built some very good microscopes and recorded his observations of many things. Looking through his microscope he saw square boxes in plants and named them cells.

Optical microscopes can magnify up to 2 000 times but unless the two lenses are made of very special glass the image can be blurred. Anton van Leeuwenhoek (1632–1723) got round this problem by using just one tiny but extremely clear lens. This enabled bacteria to be seen for the very first time. He observed that in a single drop of water there might be over a million little 'animalcules' as he called them. He also studied sperm cells for the first time. This was important because until this point in time it had been thought that life spontaneously generated itself – no one knew why sex cells were significant.

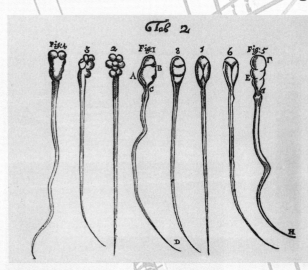

Figure 5 *Etching of sperm as seen by Leeuwenhoek.*

Using sound

The First World War was the first time submarines threatened shipping. It seemed that submarines could travel under water undetected but the French scientist Paul Langevin (1872–1946) had an idea.

Langevin studied with Pierre Curie (1859–1906). Pierre Curie had discovered a way of generating ultrasound. Langevin realised that ultrasound could travel in a beam through water and be reflected off submerged objects. If the echoes could be detected then the position of the objects could be found. His invention, 'sonar' or echolocation came too late to help in the First World War but became very important in the Second World War when German U-boats attempted to destroy convoys of ships.

Figure 6 *A First World War submarine.*

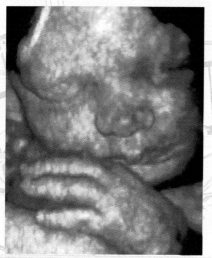

Figure 7

Today, pregnant women have ultrasound scans to get a picture of their unborn babies. It was a Scottish doctor, Ian Donald (1910–1987) who started scanning foetuses in the womb. In 1939, he joined the RAF and soon became fascinated by gadgets. In the 1950s, he combined his medical knowledge with his technical skills to develop ultrasonic scanning and carried out the first scans on women in Glasgow.

Questions

1 Why is the image upside down on the retina? Draw a sketch to help you explain your answer. *[Total 3]*

2 a) Describe what you see happening to a ray of light when it passes from air into glass. *[2]*
b) If Newton had been correct what would you expect to see? *[2]*
[Total 4]

3 a) What ideas did Newton and Huygens have about light? *[2]*
b) Why did Newton win the argument? *[2]*
c) What evidence was needed that would have proved Huygens correct? *[2]*
d) Why wasn't this evidence available? *[2]*
[Total 8]

4 a) How many colours can you see in the spectrum on page 56? *[1]*
b) Why do textbooks say that there are seven colours? *[2]*
[Total 3]

Applications

Lasers

Theodore Maiman made the first laser, using artificial ruby, in 1960. Laser is an acronym and comes from Light Amplification by Stimulated Emission of Radiation. The first lasers were very large, but have now become much smaller. Many uses have been developed for lasers including drilling, cutting, surgery and communications.

A laser beam is a concentrated and focussed beam of light and is a single colour. The first ruby laser produced red light, but many different colours can now be produced by lasers as well as infra-red and ultraviolet radiation. The power of a laser beam can vary from very low, such as the ones used in scanners at shop checkouts, to very high power ones which are used for cutting and drilling.

Figure 1 *Cutting metal with a laser.*

CDs and CD-ROMs

A laser is used to record the information on a CD by burning a series of small holes into the reflective layer of the CD. A lower power laser then reads the information by the reflections of the laser from the holes in the CD. This information is then converted into music in a CD player, or, for example, instructions and graphics for a computer game. The laser beam is produced by a semiconductor and is infra-red radiation.

Optical fibres

Optical fibres can be made very fine, finer than a human hair, and very long. They can be used to send digital messages and are used instead of copper wires in telephone systems because they can carry more information and are less susceptible to interference. Lasers are used as the source of light in optical telephone systems.

You might think that as the fibre is made of glass, quite a lot of the light will leak out of the fibre. As the light enters the end of the fibre at an angle greater than the critical angle, it bounces off the sides of the fibre by total internal reflection. So very little light leaks out of the sides of the fibre.

Doctors can use optical fibres to look inside patients' bodies without having to do expensive and possibly dangerous surgery. Figure 3 shows a piece of equipment called an endoscope which consists of a group of optical fibres bound together. These fibres can carry light to the organ being examined and carry pictures back to the surgeon. The surgeon can then decide what the problem is and what the next step will be.

If a small growth needs removing or an ulcer needs sealing then a laser beam can be sent down the optical fibre to do this job. Sometimes the bundle of fibres will also have miniature tools in it, such as a scalpel for making cuts.

Vets will also use an endoscope on animals in the same way as a doctor would use one on people. If you want to look anywhere that is difficult to see into then an optical fibre can be used.

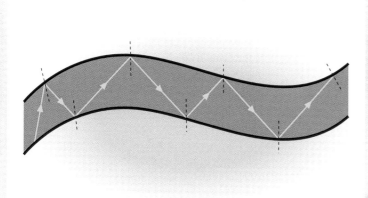

Figure 2 *How light travels inside an optical fibre.*

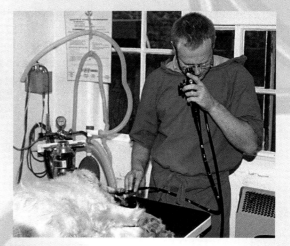

Figure 3 *Using an endoscope.*

Questions

1 What does the word 'laser' stand for? *[Total 1]*

2 What are the main characteristics of a laser beam *[Total 3]*

3 What type of laser is used in a CD player? *[Total 1]*

4 Why do you think it is dangerous to shine a laser beam into someone's eye? *[Total 2]*

5 How does light travel down an optical fibre? *[Total 2]*

6 What is an endoscope? *[Total 2]*

Questions

1 You want to know the time and you look through the window at a clock. The hands are pointing to 3.15. This does not seem right to you and then you realise you were looking at a reflection of the clock in a mirror. What is the real time? *[Total 2]*

2 a) A director was concerned about the effect of coloured lights on his stage set. He had some green trees on stage and for one scene he wanted them to appear black. What colour lights must he use? *[2]*

b) He also wanted a background that would change colour with the light, what colour should this be and why? *[2]*
[Total 4]

3 The time keeper for a 100 m race is standing at the finish line. The starting pistol is fired. How long will it take the sound to reach the timekeeper. (The speed of sound in air is 330 m/s.) *[Total 3]*

4 a) Kyle was watching a football match and his team were wearing yellow shirts with a white collar and red stripes. The floodlights were turned on but someone had changed the bulbs and the light was red. What effect would this have on the colour of the football strip? *[2]*

b) The opposing team were wearing white shirts and black shorts. How did the appearance of their strip change? *[2]*

c) Why is it important to have daylight bulbs in the floodlights? *[2]*
[Total 6]

5 Ben was watching a storm from his house and using his watch he found that there were five seconds between seeing a flash of light and hearing the thunder.

a) Why did Ben see the lightning before hearing the thunder? *[1]*

b) How far away is the storm? (The speed of sound in air is 330 m/s) *[2]*

c) The storm came closer to the house.
   i) What difference if any would Ben notice in the amplitude of the sound wave?
   ii) What would happen to the gap between seeing the lightning flash and hearing the thunder? *[4]*
[Total 7]

6 a) A sound wave in a fresh water lake takes 4 s to return to the surface of the lake. How deep is the lake at that point? *[2]*

b) If the same readings were taken in the sea would you expect the sea to be slightly more or less deep? (The speed of sound in fresh water is 1400 m/s; the speed of sound in salt water is 1500 m/s.) *[2]*
[Total 4]

7 A student collected some data about hearing ranges from different age groups. There were 100 people in each group.
In the under 10 year age group 80% of the people tested could hear the complete range from 20 Hz to 20 000 Hz. 10% of the remaining sample could not hear the low notes. The rest could not hear the high notes.
In the 10 to 40 year age group 40% of the people tested could hear all the range. From the remaining sample 20 people could not hear the high notes and the rest could not hear the low notes.
In the over 40 year age group only 10 people could hear all the range. 80% of the rest could not hear the high or low notes.

a) Sort out the data so that it is easier to use. You can use charts tables or graphs. *[2]*

b) Write a short paragraph linking hearing range to age. *[2]*

c) Suggest ways in which you could make the results more reliable. *[2]*

[Total 6]

8 Letitia has dropped a coin behind her wardrobe. It is on the floor at the back in a very dark corner. She can reach it but she cannot see it. In her room she has a ceiling light and a mirror. Draw a plan of how she could use these to see the coin. *[Total 4]*

9 a) Ultrasound can be used to clean antique fabrics and delicate artefacts. What are the advantages of using ultrasound instead of water? *[2]*

b) Ultrasound can also be used for cleaning teeth. What are the advantages here? *[2]*

[Total 4]

10 The bubbles of air rising from a fish are round in shape. Copy and complete the ray diagram (Figure 1) to show what happens to the light rays going through a bubble. *[Total 3]*

11 P Find out how different coloured writing can affect a person's ability to read words.

12 P Your classroom needs soundproofing. Investigate the best way to do this.

13 R Our sky looks blue and sunsets are reddish. What causes this phenomena? Can you explain it in terms of white light and the spectrum?

14 R How do rock musicians protect their ears from noise-related damage?

15 R Musical instruments produce sound in different ways. Find out how a flute, sitar and piano produce their sounds.

16 R When a pregnant woman is given an ultrasound scan a narrow beam is used. Find out why this is better than a wide beam.

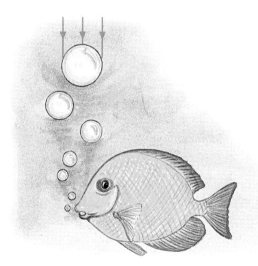

Figure 1

Section

3 Space

3.1 The universe

Where did the universe begin? What is a comet? Are there such things as shooting stars?

Figure 1.1 *This computer artwork shows how a galaxy may have formed after the 'Big Bang'*

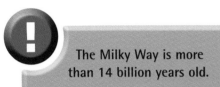

The Milky Way is more than 14 billion years old.

It is possible that all matter started as a tiny, dense, hot mass, which exploded and is gradually expanding. This explosion is called the '**big bang**'. Readings from the Hubble telescope gave us the first indication that the universe is expanding. If an object is moving away from us, its light is distorted giving a redder colouring. This is called the red shift. Hubble realised that galaxies furthest away from us have the biggest red shift and so are moving fastest.

It could have started from the collapse of a previous **universe**. Perhaps in hundreds of billions of years time our universe will collapse and a new one begin. Millions of years ago, clouds of matter (any substance with mass) came together to form galaxies and within each **galaxy** stars began to form. There are millions of galaxies and each contains millions of stars.

The Milky Way is our galaxy and the Sun is on the edge of this galaxy. The Sun is one of millions of stars which make up the Milky Way.

Most of the stars you can see in the sky are part of the Milky Way galaxy. When you look at the stars you are looking into history, because light from them takes hundreds, or even thousands, of years to reach the Earth. The light from a star reaching Earth tonight could have left

Figure 1.2 *The Milky Way*

the star before dinosaurs were on Earth. This is because light travelling at 300 000 000 m/s takes this long to cover such vast distances.

Our knowledge of space originally came from observing the sky with the naked eye. Telescopes were first used to look at the planets and the stars in the 17th century. As time passed bigger and better telescopes were developed. These gave people a more detailed view of space. However, dust and water vapour in the Earth's atmosphere make it difficult to see details of the planets, or to observe distant, faint stars. Modern telescopes are built on mountain tops, so they are above the clouds. The best views of space are obtained from the Hubble Space Telescope, which orbits the Earth in space.

We have obtained more information about the planets in our solar system by sending unmanned probes to the planets. Space probes have flown close to all the planets except Pluto, and some have landed on Venus and Mars. In 1990 Voyager 1 photographed the solar system from the edge of the system. Since then we have sent probes to land on different planets. The probe Ulysses went close to Jupiter in 1992. Galileo has sent pictures back to Earth of the asteroid Ida. More recently, in 1997, Pathfinder was sent to drop a lander on Mars. The spacecraft Cassini will put the lander, Huygens, on Saturn's moon Titan to explore its surface.

The Sun

The Sun is a star. If you were standing a long way out in space and looking at the Sun it would be a small, not very bright, star.

The Sun does not burn like a fire. Inside the Sun hydrogen atoms join together to produce helium atoms. This is called **nuclear fusion**. When this reaction happens a lot of energy is released. This is the energy that gives the Earth heat and light. The Sun is a middle-aged star; it is half-way through its life. There is enough hydrogen left to give out energy for another 4000 million years.

Eventually the Sun, like other small stars, will collapse in on itself and become a **white dwarf**. When stars much bigger than the Sun collapse they create a large gravitational pull. Nothing, not even light, can escape from the pull of the gravitational field. This is called a **black hole**.

The Sun and the **planets** were formed from a swirling cloud of dust and gas. Part of the cloud formed the Sun, and other small clumps of matter joined together to form the planets. The Sun is the centre of

Figure 1.3 *The solar system.*

> ! To remember the order of the planets, use this phrase. <u>M</u>y <u>V</u>ery <u>E</u>asy <u>M</u>ethod <u>J</u>ust <u>S</u>peeds <u>U</u>p <u>N</u>aming <u>P</u>lanets. Or you could make up one of your own.

our **solar system** with nine planets in orbit around it. The planets are held in their orbits by the Sun's gravity. Planets do not give off light like the Sun. The planets can be seen because they are illuminated by the Sun and reflect the Sun's light. The orbits of the planets are **elliptical** (oval).

The planets

Mercury

Mercury is the closest planet to the Sun and is very hot. It has a surface temperature of 350 °C on the daylight side and –180 °C on the night side. Mercury has the shortest year because it is the closest planet to the Sun. Mercury is covered in craters and has no atmosphere.

Figure 1.4

Figure 1.5

Venus

Venus is the hottest planet because the carbon dioxide atmosphere creates a greenhouse effect and helps to hold in heat energy. Clouds of sulphuric acid surround Venus. This makes it very difficult to land a spacecraft on it.

Figure 1.6

Earth

Earth is the only planet which can support our life form because the temperature on the Earth's surface is not too hot or cold. It has liquid water on the surface and clouds of water vapour swirling round it.

Mars

Mars is a rocky mountainous planet that looks red and is often called the red planet. The very thin atmosphere is mainly carbon dioxide. A space probe has been landed on Mars to sample the surface. It is possible that there may once have been liquid water on Mars.

Figure 1.7

> The largest asteroid in the asteroid belt is about 1000 km across.

Asteroid belt

Between Mars and Jupiter is a belt of broken rock called the **asteroid belt**. Many of the rocks are too small to be seen from the Earth so we do not know how many there are. Some asteroids have orbits that take them close to the Earth, but there is only a very small chance a large asteroid will collide with Earth.

Beyond the asteroid belt are the large gaseous planets.

Figure 1.8

Jupiter

Jupiter is the largest planet in our solar system. It is almost twice as large as all the other planets put together. The planet is made up mainly of hydrogen and helium. There is a huge hurricane-like 'storm' called the red spot. The storm is almost three times the size of Earth. Jupiter has a ring around it made of rock and ice crystals. The largest of Jupiter's moons, Ganymede, is rocky and about half the size of the Earth.

Saturn

Saturn, like Jupiter, is made mainly of hydrogen and helium. It has a large set of rings around it made of rock and ice crystals. Saturn is the least dense of all the planets.

Figure 1.9

Figure 1.10

Uranus

Uranus was discovered in 1781 by William Herschel. Little was known about the planet until 1986 when Voyager 2 passed close to it. It has many rings made from rock and ice. Although it is smaller than Saturn and Jupiter, it is still sixty times as large as Earth. It has an atmosphere of hydrogen, helium and methane.

Neptune

Neptune was not discovered until 1846 because it is so far away from the Earth and difficult to see with telescopes. Neptune has rings and a blue methane atmosphere. Neptune has the fiercest winds in the solar system. It has large dark spots and fast moving white clouds. Voyager Scientists called one large white cloud Scooter because it 'scoots' round the planet.

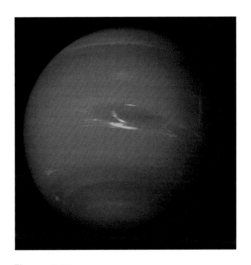

Figure 1.11

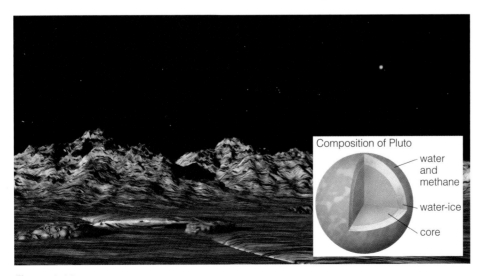

Composition of Pluto

water and methane

water-ice

core

Figure 1.12

Pluto

Pluto was not discovered until 1930. Pluto is a very small planet, smaller than the moon. It has still not been possible to send a probe as far as Pluto. The planet is probably rocky and covered in ice. Pluto's orbit crosses the orbit of Neptune, so it is not always the most distant planet from the Sun!

Data on the planets are shown in Table 1.1.

Table 1.1

Planet	Temperature (°C)	Time to spin once	Time to orbit Sun (Earth days)
Mercury	350 to –170	58.6 days	88 days
Venus	465	243 days	225 days
Earth	15	24 hr	365.25 days
Mars	–23	24 hr 37 min	687 days
Jupiter	–150	9 hr 50 min	11.9 years
Saturn	–180	10 hr 14 min	29.5 years
Uranus	–210	17hr 14 min	84 years
Neptune	–220	17hr 6 min	165 years
Pluto	–230	6 days 9 hr	248 years

Planet	Surface gravity relative to Earth	Density (kg/m³)	Mass relative to Earth*	Moons
Mercury	0.38	5400	0.06	0
Venus	0.90	5200	0.82	0
Earth	1	5500	1	1
Mars	0.38	3900	0.11	2
Jupiter	2.7	1300	318	16
Saturn	1.2	700	94	20+
Uranus	0.93	1300	14.5	15
Neptune	1.2	1800	17.2	8
Pluto	0.03	2000	0.002	1

*Mass of Earth = 5.9 thousand billion billion tonnes

Meteors and comets

Meteors

Meteors are thought to be pieces of asteroids or comets, and are not normally visible in the sky. At certain times in the year the Earth passes through the debris left by comets, and meteor showers can be seen. If they enter the Earth's atmosphere the heat energy produced by friction with the atmosphere makes them glow. They are called **shooting stars**. Some shooting stars could be debris from spacecraft. This debris burns up in the Earth's atmosphere. Any **meteor** that is large enough to travel through the atmosphere and hit the Earth is called a **meteorite**. There is no record of anyone being killed by a meteorite. However, meteorites have hit the Earth and made huge craters.

Figure 1.13 *Meteor crater, Arizona.*

The craters made on Earth by meteorite impacts are very similar to the ones on the Moon. The Moon has no atmosphere to destroy the craters, so they main remain visible on the Moon for a long time. Some meteors are metallic, some are made of stone and a few are crumbly rock.

From January 2001 the International Space Station can be seen in the sky because the large solar panels reflect the Sun's light.

Comets

Comets are lumps of ice and dust orbiting the Sun in very elongated orbits. Comets were formed at the same time as our solar system.

As the comet gets closer to the Sun its surface starts to melt and gives off clouds of dust and gas. The tail of a comet is this dust and gas lit up by the Sun. The tail always faces away from the Sun. As the comet travels further away from the Sun it re-freezes and the tail gets shorter.

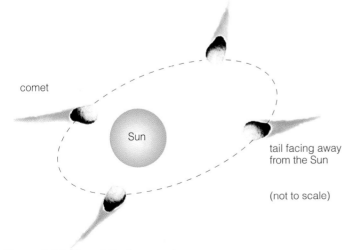

comet

Sun

tail facing away from the Sun

(not to scale)

Figure 1.14 *The orbit of a comet.*

Comets are usually named after the people who discovered them. Halley's comet was named after Edmund Halley, an English scientist. It was first seen in China in 240BC, but it was Halley who first noticed that it returned regularly. The comet returns close to the Earth every 76 years and was last seen in 1986.

Summary

- The Sun is one star out of millions in the Milky Way galaxy.
- The Sun is the centre of the solar system.
- Nuclear fusion provides the Sun's energy.
- The solar system is made up of the Sun, nine orbiting planets, comets and asteroids.
- Only Earth has an atmosphere that will support our life form.
- Meteors are small pieces of rock that sometimes fall to Earth.

Questions

1 Copy and complete these sentences.
There are _____ planets in the solar system. These planets are held in orbit around the _____ by the Sun's _____. The hottest planet is _____, because the gases in its atmosphere cause a _____ effect. The largest planet is _____. The planet nearest to the Sun is _____. Four planets have rings, these are Jupiter, Saturn, _____ and _____. A planet does not travel in a circular orbit around the Sun but in an _____.
[Total 5]

2 'My Very Easy Method Just Speeds Up Naming Planets' is one way of remembering the order of the planets from the Sun. Work out a sentence of your own to help you remember this order. *[Total 2]*

3 a) Explain the difference between an asteroid and a comet. *[2]*
 b) Where is the asteroid belt found? *[1]*
[Total 3]

4 Choose one of the planets in the solar system. Write an advertisement or travel brochure to encourage people to visit the planet. Try to include information about temperature, day length, atmosphere and gravity. *[Total 4]*

5 Planets do not give off their own light and yet we can see them. Explain why. *[Total 2]*

6 How is a planet's distance from the Sun related to the length of its year? *[Total 3]*

3.2 Earth

What causes day and night? Does the Moon have any effect on the Earth? There are parts of the Earth where it is dark for 24 hours or more. This is caused by seasonal changes and depends on where you are on the Earth.

The Earth spins on its axis and takes 24 hours to complete one rotation. This gives us our days and nights.

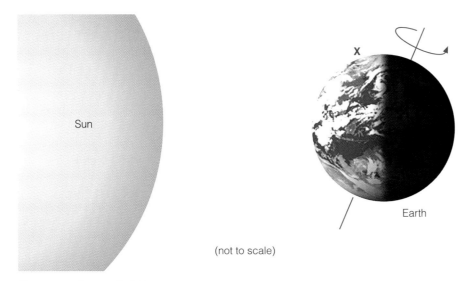

Sun

Earth

(not to scale)

Figure 2.1 *Day and night.*

As the Earth spins, to someone standing at point X on Figure 2.1, the Sun appears to move across the sky. However, it is really the Earth that is moving, not the Sun. Twenty-four hours later point X will be back where it started. We say that the Sun rises in the East and sets in the West. This is because of the way the Earth rotates. To a person at point X, as the Earth spins the Sun appears on the eastern horizon. The person moves past the Sun until the Sun goes behind the western horizon. The same thing appears to happen with the stars – as the Earth rotates they seem to move across the sky.

Day and night

When point X on Figure 2.1 is pointing towards the Sun the area will be in daylight. As the Earth rotates this area will gradually change to darkness or night time. It takes 24 hours for the Earth to make one revolution, but day time and night time are not each 12 hours long unless you are on the Equator. The length of day and night depend on where you live on the Earth, and what time of year it is.

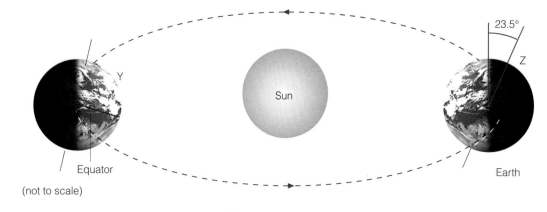

(not to scale)

Figure 2.2 *The Earth's orbit around the Sun.*

The Earth's axis is tilted at an angle of 23.5°, which means that day length and seasons change, according to where the Earth is in its orbit around the Sun.

When the Earth is at position Y on Figure 2.2, the northern hemisphere is pointing towards the Sun. It is summer here. As the Earth rotates, the southern hemisphere will spend more time in darkness. It is winter here. This would mean colder days and longer nights. As you get further away from the Equator the difference between day and night length gets bigger. Countries near the poles spend several months of the year in almost total darkness and several months in continuous daylight.

Six months later the Earth has travelled half way round the Sun (position Z on Figure 2.2). Now it is winter in the northern hemisphere and here the days will be very short. At the Equator the days and nights remain at twelve hours each, as they do all year round.

The Equator is the hottest part of the world because the Sun's energy is more concentrated here. The same energy reaches all parts of the Earth. Because the Earth is curved the energy is less concentrated as

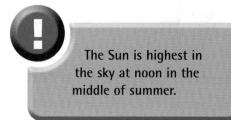

The Sun is highest in the sky at noon in the middle of summer.

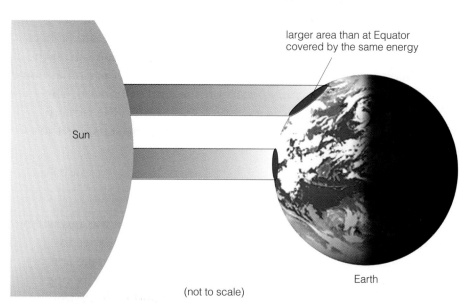

larger area than at Equator covered by the same energy

(not to scale)

Figure 2.3 *Concentration of sunlight.*

you move away from the Equator, as it is spread over a larger area. This also contributes to seasonal temperature variations.

It takes the Earth $365\frac{1}{4}$ days to orbit the Sun. It is not possible to have one-quarter of a day so every four years these are added together to give an extra day at the end of February which is called a **leap day**. When there is a leap day in the year, the year is a called a **leap year**.

The Moon

The Moon is a **natural satellite** orbiting the Earth. It takes about 28 days or one 'moonth' to go around the Earth. The Moon rotates much more slowly than the Earth. It completes one rotation in the time it takes to orbit the Earth once. This means that the same side of the moon always faces the Earth.

The gravitational pull of the Moon on the Earth causes the tides.

Phases of the moon

The Moon is illuminated by the Sun and reflects the light of the Sun towards the Earth. When the Moon is between the Sun and the Earth the side of the Moon lit by the Sun cannot be seen from Earth. It is a new moon. As the Moon orbits the Earth more of the lit side of the Moon becomes visible. The Moon can be seen as a crescent moon, half moon and eventually a full moon as the sunlit side faces Earth. The process reverses as the moon continues to orbit the Earth. After about 28 days the lit side of the moon is invisible again. It is back to a new moon.

Eclipse of the moon

Sometimes the Moon goes through the Earth's shadow. The Moon is not invisible because a small amount of diffused light will reach it. A **lunar eclipse** does not happen every month because the orbit of the Moon is tilted compared with the orbit of the Earth. This means that the Moon does not go through the Earth's shadow every month.

> ! The word lunatic (moonstruck) meant a person affected by the moon.

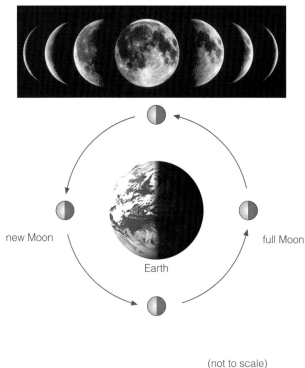

(not to scale)

Figure 2.4 *Phases of the moon.*

> ! Until spacecraft orbited the Moon, no-one had seen what the back of the moon looked like as it cannot be seen from the Earth.

73

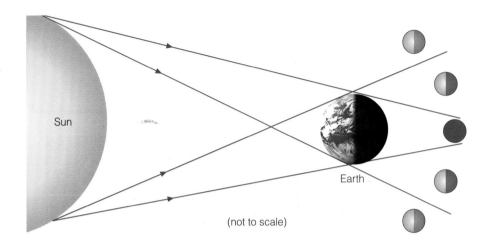

Figure 2.5 *Eclipse of the moon.*

Eclipse of the Sun

An eclipse of the Sun is a rare event in the UK, and happens when the Moon is between the Sun and the Earth and blocks the Sun's rays. The Earth is rotating and the Moon is orbiting the Earth so a **solar eclipse** does not last for very long. However, there are usually two eclipses of the Sun each year which you can see from somewhere on the Earth.

At position A on Figure 2.6, there will be a total eclipse, with the Sun completely blocked out by the Moon. If you are standing at one of the positions marked B you will see a partial eclipse, where only part of the Sun is blocked out. No eclipse at all will be visible at other places on the Earth.

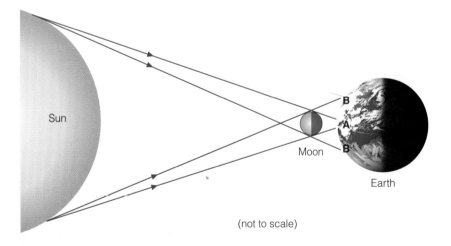

Figure 2.6 *An eclipse of the Sun.*

Figure 2.7 *The Sun in total eclipse.*

Summary

- The Earth spins once on its axis every 24 hours.
- The Earth's axis is tilted at an angle of 23.5°.
- One year is 365 $\frac{1}{4}$ days, which is the time it takes the Earth to orbit the Sun.
- The Moon is the only natural satellite of Earth.
- The same side of the Moon always faces Earth.
- An eclipse of the Moon happens when the Moon goes into the Earth's shadow.
- An eclipse of the Sun occurs when the Moon casts a shadow over part of the Earth.

Questions

1 Copy and complete the following sentences.
In summer the Sun appears _____ in the sky in the middle of the day. When the northern hemisphere is tilted towards the Sun it will be _____ time. There the days will be _____ and the nights _____. The Earth takes _____ hours to spin once and _____ days to orbit the Sun. *[Total 3]*

2 a) Which of the following sentences are correct? *[2]*
  i) The Moon is an artificial satellite.
  ii) The same side of the Moon always faces the Earth.
  iii) An eclipse of the Sun is caused by the shadow of the Earth.
  iv) There are times when the lit side of the Moon faces away from Earth.
  v) An eclipse of the Moon happens more often than an eclipse of the Sun.
 b) For each statement that is incorrect, say what is wrong. Rewrite the statement to make it correct. *[3]*
  [Total 5]

3 Copy Figure 2.8.
 a) Put a cross where it will be summer on Earth. *[1]*
 b) Shade the part of the Earth where it is night. *[1]*
 c) Draw the Earth six months later. *[1]*
 d) Draw the Earth when it is spring in the Northern Hemisphere. *[1]*
 e) At A there is an eclipse of the Sun. Draw the moon on the diagram. *[1]*
  [Total 5]

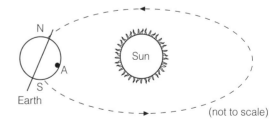

Figure 2.8

4 Explain why is it not correct to say that the Sun rises in the east and sets in the west. *[Total 2]*

3.3 Gravity

Why do you weigh more on the Earth than you do on the Moon? Why do satellites not fall down to Earth? We have all gained some understanding of gravity by learning from everyday experiences. Even horses have some understanding of gravity and will refuse to jump a fence that is too high. A cat also knows something about gravity and will not jump from a high place.

Weight and gravity

An apple hanging from a branch has mass and, due to gravity, there is a downward force on it called **weight**. It may become detached from the branch and fall towards the ground.

We tend to think of objects as falling downwards but objects on the other side of the Earth fall in the opposite direction. By saying that objects fall downwards we are really saying that they fall towards the centre of the Earth.

Both the Earth and the apple have mass. **Gravity** causes a force of attraction between the two masses. You can find out more about weight and forces at the start of Section 4, chapter 3.

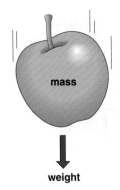

mass

weight

The Earth's gravitational field attracts the apple towards the centre of the Earth.

Earth

Figure 3.1

On Earth a 1 kg mass weighs 10 N

Two people standing close to each other both have mass and these two masses will be attracted towards each other by a gravitational force. This attraction will not be noticeable because the mass of a person is insignificant compared to the mass of a planet like the Earth.

Any two particles of matter are attracted to each other. The greater the two masses, the greater the gravitational pull will be. Look at Figure 3.2.

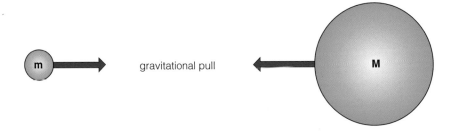

m   gravitational pull   M

Figure 3.2 *Gravitational force between two masses.*

There is the same gravitation pull on both masses but this will have less effect on the larger mass. For example, a bird flying through the air will be pulled towards the Earth. The Earth will also be pulled towards the bird but, because the Earth has a much greater mass, this will not be noticeable.

Gravity on different planets

On the surface of the Earth a 1.0 kg mass will experience a gravitational force of 10 N and is said to weigh 10 N.

The mass of the Moon is much smaller than the mass of the Earth and therefore the pull of gravity is less. A 1.0 kg mass on the surface of the Moon will weigh about 1.7 N while on the more massive planet of Jupiter it will weigh about 27 N.

A person visiting different planets would have the same mass on each planet but would weigh different amounts according to the planet's gravitational field.

Planets with a stronger gravitational field exert more force on falling objects and therefore objects will accelerate towards the ground at a faster rate.

Travelling away from Earth

As you get further away from the Earth, the influence of gravity decreases. To travel away from the Earth, a rocket needs a force to push against the Earth's gravity.

Rockets like the Space Shuttle have a very large mass. Most of this mass is made up of the fuel storage tanks and the fuel inside them. The fuel is needed to propel the rocket upwards.

At first the rocket accelerates very slowly but as it travels away from the Earth two things happen to help it accelerate faster.

- The gravitational field strength due to the Earth decreases and there is less gravitational force to accelerate against.
- The mass of the rocket decreases as fuel is burnt and fuel tanks are discarded.

Once a spacecraft is in orbit, only short bursts of rocket propulsion are needed to change its speed or direction.

! NASA used the Moon's gravitational field to help change the direction of Apollo 13 and get it safely back to Earth.

Figure 3.3 *Space Shuttle during launch.*

! Astronauts have said that due to the slow initial acceleration they do not feel the Space Shuttle take off. They only know that it has by looking at their instruments.

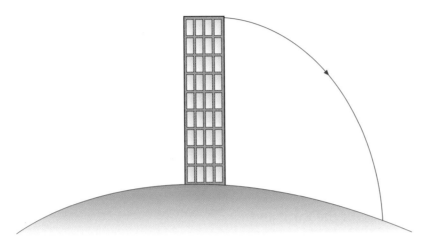

Figure 3.4 *Throwing a stone from a tall building.*

Satellites

Many people believe that satellites orbiting the Earth have escaped from its gravitational field. In fact it is the gravitational force that keeps the satellite in orbit and stops it flying off into space.

It is useful to think about throwing a stone from a very tall building: the stone would follow a curved path until it hit the ground. Figure 3.4 also reminds us that the surface of the Earth is curved.

Now think about firing the stone from a cannon at the top of a tower that was so tall it reached beyond the Earth's atmosphere. If the stone is fired at the right speed it will follow a circular path around the Earth. It is in orbit.

The satellite would continue to travel in a straight line if a force was not acting upon it. The gravitational force from the Earth changes its direction so that it is constantly turning towards the Earth, causing it to follow a circular orbit.

This is very similar to whirling a mass on a string around your head. The force from the string makes the mass go round in a circle. Without this force the mass would fly off and travel in a straight line.

Satellites orbit above the Earth's atmosphere where there is no air resistance to slow them down. At greater heights the gravitational force on a satellite is less and therefore it does not change direction so quickly. The satellite follows a longer path and takes longer to orbit the Earth.

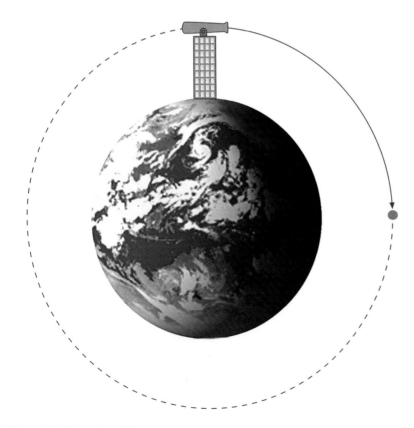

Figure 3.5 *Stone in orbit.*

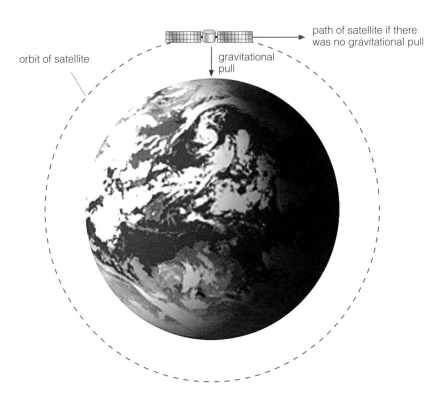

orbit of satellite

path of satellite if there
was no gravitational pull

gravitational
pull

Figure 3.6 *As a satellite orbits the Earth, the surface of the Earth falls away as fast
as the satellite falls towards it.*

Geostationary orbit

The time it takes an **artificial satellite** to orbit the Earth can be
controlled by choosing the height of its orbit.

Communication satellites such as the ones used for satellite television
are in an orbit that takes 24 hours to complete. They are also positioned
over the equator, meaning that they are always above the same point on
the Earth as the Earth rotates. This is called a **geostationary** orbit.

If a geostationary orbit were not used people would need to keep
changing the direction in which their satellite dishes were pointing.

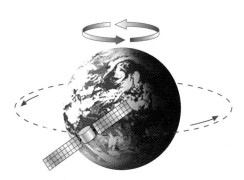

Figure 3.7 *Geostationary orbit.*

The Moon's orbit

The Moon is a lot closer to the Earth than it is to the Sun and it orbits the Earth due to the strong influence of the Earth's gravitational field.

There are a number of theories about how the Moon became a **natural satellite** in orbit around the Earth. Most scientists think that over 4 billion years ago a very large rock about the size of Mars collided with the Earth. This impact blasted fragments of the Earth into orbit and these fragments then combined to form the Moon.

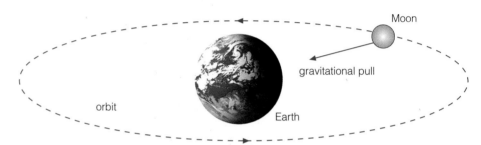

Figure 3.8 *The Moon orbiting the Earth.*

> Gravity also pulls the Earth towards the Moon. This has less affect on the Earth because its mass is 81 times greater than the mass of the Moon, but it is this pull that causes the tides.

Without the pull from the Earth's gravitational field, the Moon would travel in a straight line and continue out into space.

The average radius of the Moon's orbit is 384 000 km and it takes just under 28 days for the Moon to complete one orbit of the Earth.

Orbiting planets

The planets orbit the Sun in the same way as satellites and the Moon orbit the Earth.

The large gravitational field strength of the Sun provides the forces that keep the planets in their orbits. Planets that are further from the Sun have smaller gravitational pulls acting on them and therefore they take longer to complete one orbit.

> The Moon that orbits the Earth is spelt with a capital M. A moon that orbits another planet is spelt with a small m.

Ganymede is one of the 16 known moons that orbit the planet Jupiter. Although it is bigger than the planet Mercury it is called a satellite because it orbits a planet and not the Sun.

Summary

- Gravity is the attraction between masses.
- Weight = mass × gravitational field strength.
- The Earth's gravitational field strength = 10 N/kg.
- On Earth, weight (N) = mass (kg) × 10 (N/kg).
- Larger masses have stronger gravitational fields.
- A planet's gravitational field strength decreases with distance from the planet.
- Masses on the surface of the Earth are pulled towards the centre of the Earth.
- The force acting on a mass due to the Earth's gravitational field is called weight.
- Satellites are kept in orbit by the Earth's gravitational pull.
- The Moon is a natural satellite.

Questions

1 The name of the gravitational force acting on a mass on the surface of the Earth is _____. Larger masses have _____ gravitational fields. If the _____ field is stronger on a planet, objects will accelerate towards the ground at a _____ rate. *[Total 2]*

2 Explain why it would require less fuel to launch a rocket from the Moon than it would from the Earth. *[Total 3]*

3 Table 3.1 shows the weight of a 1.0 kg mass and the weight of a 50.0 kg mass on different planets.
a) Copy and complete Table 3.1. *[6]*

b) On which one of these five planets would a falling object have the greatest downward acceleration? *[1]*
[Total 7]

Table 3.1

Planet	Gravitational field strength (N/kg)	Weight of a 1.0 kg mass (N)	Weight of a 50.0 kg mass (N)
Earth	10	10	500
Mercury	4	4	
Jupiter	26		1300
Neptune		12	
Uranus	11		

4 a) What force keeps a satellite in orbit around the Earth? *[1]*
b) Why is it important for satellites to be outside the Earth's atmosphere? *[3]*
[Total 4]

5 Planets closer to the Sun take less time to orbit than those further away. Why is this? *[Total 3]*

History

In the past the only information people had about the world came from what they could see. The Earth looked flat and so people thought that you could fall off the end of the Earth. The Greeks were the first people to realise this was not true. They measured the height of the Sun at two places a known distance apart and worked out the circumference of the Earth. But they thought that the Earth was motionless in space and that the Sun, Moon, planets and the stars all circled around the Earth.

Ptolemy was an Egyptian astronomer who lived in Alexandria, a town founded by the Greeks. He said that the planets went round in small circles called epicycles, while travelling with the Sun and Moon around the Earth. He thought that the stars were points of light fixed on a sphere around the system. The planets were named after Roman gods.

Astronomers observed the planets and were able to use Ptolemy's idea to predict where the planets would be, but the predictions were not always accurate.

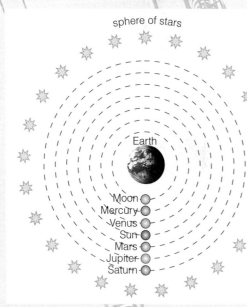

Figure 1 *Ptolemy's universe.*

A new system

In 1543 Nicolas Copernicus (1473–1543) put forward the view that the Sun was the centre of the solar system and all the planets moved in circles around it. He didn't observe the planets himself, but thought his idea would help astronomers to make more accurate predictions of where the planets would appear in the sky. The Church had adopted Ptolemy's theory, along with other Greek ideas, as being the work of God. God must have put Man on Earth, at the centre of the Universe, and everything above the Earth must be perfect and unchanging. The Church dealt severely with people who had different ideas so Copernicus did not publish his ideas until he was dying.

Tycho Brahe (1546–1601) was a Danish astronomer who made accurate observations of the planets. His observations were made with the naked eye, because telescopes had not been invented. He observed a supernova (an exploding star), which showed that the stars were not permanent and fixed, as the Church thought. But he didn't agree with Copernicus and in his plan of the heavens.

Galileo Galilei (1564–1642) was the first person to use the telescope scientifically. He was the first to discover that other planets had moons and he saw that Venus went through changes like the phases of the

Figure 2 *Galileo at work.*

Moon. His observations supported the ideas of Copernicus. Galileo was a respected and well-known lecturer in Florence and he had friends who were high up in the Roman Catholic Church. In 1616, the Church banned Copernicus's book and Galileo was told to stop teaching his ideas about a Sun-centred system.

For a few years Galileo kept quiet but then an old friend became Pope. Galileo was given permission to write a book describing the two views of the Universe. Galileo published his book in 1632 but he had made a mistake. He completely demolished the old ideas and gave all the best arguments to Copernicus. The Pope was furious. He had Galileo arrested, tried for heresy and banned his book. As Galileo was already old he was not tortured or put to death and some friends managed to get his sentence reduced to house arrest. He lived for another ten years writing about his other scientific work. It wasn't until 1992, 350 years later, that the Vatican forgave him for his views.

At the same time that Galileo was studying the sky, Johannes Kepler (1571–1630) was writing three laws describing the ways the planets moved around the Sun. In 1598, he joined Tycho Brahe in Prague. Brahe's observations were accurate enough to help Kepler prove that the planets orbit the Sun. One of the main things he said was that a planet's orbit is elliptical. Kepler's laws are the basis behind our modern understanding of the Solar System.

Recent discoveries of more moons of Jupiter and Saturn have been made by NASA space probes. They were launched in the 1970s to fly past the planets. Their pictures and data have given astronomers more information than could ever be seen by a telescope. The flight paths of the probes proved once again the accuracy of Newton's law of gravitation. Other space probes have also visited Jupiter and Saturn.

Figure 3 *Johannes Kepler.*

Figure 4 *Astronomers have recently discovered planets orbiting other stars. The cannot see the planets directly, but they can detect the slight wobble that the planet's gravity causes in its star.*

Questions

1 How does Ptolemy's view of the known Universe differ from our present view? *[Total 5]*

2 If you watch a ship sail away to the horizon it does not get smaller and smaller, and then disappear – instead it starts to sink below the horizon. How does this information help to explain that the Earth is round and not flat. *[Total 3]*

3 Why do you think the Roman Catholic Church was reluctant to accept Galileo's observations and ideas? *[Total 2]*

4 Why do you think that astronomers cannot see planets around other stars? *[Total 2]*

Applications

Satellites

The first satellite to be put into orbit around the Earth was Sputnik 1, which was launched by Russia in 1957. It was only 58 cm across and orbited the Earth once every 96 minutes. After 57 days in orbit, Sputnik burnt up as it re-entered the Earth's atmosphere.

Since then well over 5000 satellites have been launched into orbit around the Earth. Space around the Earth is becoming polluted as many of these satellites are no longer working.

There are various types of satellites which have jobs such as:
- communications
- monitoring weather patterns
- surveying and position finding
- space telescopes.

Figure 1 *Sputnik 1.*

Polar orbits

A polar orbit is used to collect detailed information from around the world, as the satellite's orbit takes it over the North and South Poles as the Earth rotates beneath it. This has the advantage of covering the whole world every day, but the coverage of any one region is not continuous. This also makes transmitting data back to Earth more difficult. The satellite needs to store the data collected and only transmit it to Earth when it is passing over the region where the receiver dish is located.

Weather satellites

Weather satellites are used to study the Earth's weather systems, providing up-to-date information and helping to forecast the weather around the world. To study the weather in only one region a geostationary satellite can be used. It is positioned above the Equator and collects data from the region below. A satellite in geostationary orbit can see one-third of the Earth's surface. If more detailed information is required, a satellite in a polar orbit is used.

Figure 2 *Polar orbit.*

Remote surveying and position finding

To take detailed pictures of the Earth's surface, satellites in polar orbits are used as a very high level of detail can be obtained. Spy satellites are in polar orbit.

If you want to find where you are, you can use the Global Positioning System (GPS). This uses over 20 satellites in polar orbits. At any one time, a point on the Earth's surface should be within range of three or four satellites. The positions of these satellites are known very accurately as they are tracked from a ground station. In turn, your position can be worked out to within 10 m when the conditions are right.

Communications satellites

Communications satellites are used to carry telephone calls from one side of the Earth to the other and to broadcast television over a large area. These satellites are usually in geostationary orbit. One satellite in geostationary orbit can see one-third of the Earth's surface.

Figure 3 *A satellite image of Scotland.*

Space Shuttle and International Space Station

The Space Shuttle usually goes into a low-level orbit, up to 480 km above the Earth's surface. The International Space Station is also in this type of orbit. The Space Shuttle will carry new parts of the station into orbit. In these low-level orbits, there is a very small amount of friction from the very thin upper atmosphere. Even though it is very small, it is enough to slow down the satellite so that it will eventually fall back to Earth. The Russian Mir space station fell into the southern Indian Ocean in 2000.

Hubble Space Telescope

The Hubble Space Telescope is in orbit 600 km above the Earth. By being above the Earth's atmosphere, it can take much clearer photographs of objects in the universe. One camera can take high resolution images which are ten times better than the largest telescope on Earth, even though the Hubble Space Telescope is considerably smaller. The faint object camera can detect objects 50 times fainter than anything that can be picked up by a ground-based telescope.

Figure 4 *Hubble Space Telescope being maintained by astronauts from the Space Shuttle*

Questions

1 Draw diagrams to show
a) a geostationary orbit [2]
b) a polar orbit [2]
c) a low-level orbit. [2]
[Total 6]

2 Explain why a polar orbit is not suitable for satellite television. [Total 3]

3 What sort of orbit would you use to obtain detailed pictures of the Earth's surface? [Total 1]

4 What advantages does a weather satellite in geostationary orbit have over a weather satellite in polar orbit? [Total 2]

Questions

1 Explain why someone might say that a ball dropped in New Zealand will not travel in the same direction as a ball dropped in Scotland.

[Total 2]

2 Why would you weigh more on the planet Neptune than you do on Earth? *[Total 2]*

3 Describe how the gravitational forces acting on a spacecraft would change as it travelled from the Earth to the Moon. *[Total 3]*

4 List as many different uses of satellites as you can.

[Total 4]

5 If a geostationary satellite was accidentally knocked into a higher orbit, how would this change the time it took the satellite to orbit the Earth? *[Total 1]*

6 Figure 1 shows the Earth and the Sun (diagram not to scale).

Earth

Sun

Figure 1

a) Copy the diagram and add arrows to indicate the gravitational forces acting on the Earth and Sun.

[3]

b) Explain why the Earth orbits the Sun. *[4]*

c) Does the Moon orbit the Sun? Explain your answer. *[3]*

[Total 10]

7 Europa is one of Jupiter's moons.
a) Why is Europa called a satellite and not a planet?
[1]
b) What will determine the time it takes for Europa to orbit Jupiter? *[1]*
[Total 2]

8 a) Give examples of some ways life would be easier while living on the Moon. *[3]*
b) How do you think living on the Moon would affect a child's muscle development? *[3]*
[Total 6]

9 Some students say that the Sun is burning. Explain why this statement is incorrect. *[Total 3]*

10 Imagine a new planet has been discovered beyond Pluto. Give some details about it. You should be able to say what temperature it might have, how long it takes to orbit the Sun, and why you think it has taken so long to discover this planet. *[Total 5]*

11 Choose your answers to these questions from this list:
galaxy   planet   asteroid
moon   Sun   satellite
a) Which two objects orbit a planet? *[1]*
b) Which object is a star? *[1]*
c) Which object is the largest? *[1]*
d) Which object can be found between Mars and Jupiter? *[1]*
e) Which object describes the Earth? *[1]*
[Total 5]

12 How does the orbit of a comet differ from the orbit of a planet? *[Total 3]*

13 Why do impact craters on the Moon remain for millions of years? *[Total 2]*

14 Communication satellites for satellite television are placed in geostationary orbits.

a) How long does it take a geostationary satellite to orbit the Earth? [1]

b) Why is it important for these satellites to be in geostationary orbits? [2]

[Total 3]

15
R The Moon is covered in craters formed by meteorites hitting its surface. One way to model the formation of craters is to drop objects into a tray of sand. Plan an investigation to show how the size of craters is affected by the mass and speed of falling objects.

16
R There are lots of comets. Find out about Halley's Comet and Shoemaker-Levy 9.

17
R What conditions are necessary for life forms to survive? What evidence would you look for in searching for life?

18
R The stars can be used for navigation. Find out how they are used.

19
R Find out why Yuri Gagarin and Neil Armstrong are famous. Write notes on what you found out about them and what they achieved.

20
R How could people have used the Sun and Moon to tell the time before clocks were invented?

21
R Find out about the space probe Galileo. When was it launched, where did it go and what did it find out?

22
P Stars like our Sun will not last forever. What will happen to the Sun as its energy runs out?

23
R Find out how some of the star constellations got their names.

4 Forces and motion

4.1 Motion and speed

How can we calculate how fast an object is moving? How long will a journey take at a particular **speed**? Speed is a measure of how fast something is moving. The speed of an object tells us the distance it travels each second.

An Olympic sprinter will run about 10 metres every second. We say they are running at a speed of 10 metres per second. This can be written as 10 m/s.

Calculating speed

To calculate speed, the distance travelled is divided by the time taken to travel that distance. During the journey the speed may change, meaning that the speed calculated is the **average speed**.

Figure 1.1 *Marion Jones can run the 100 metres in under 11 seconds.*

average speed = distance travelled ÷ time taken

Example
A horse takes 12 s to trot a distance of 96 m. Calculate the average speed of the horse during this part of its journey.

○ information:
distance travelled = 96 m
time taken = 12 s.

○ calculation:
average speed = distance travelled ÷ time taken
= 96 m ÷ 12 s
= 8 m/s.

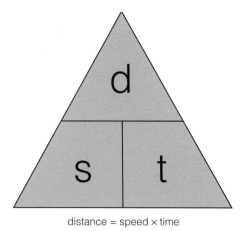

distance = speed × time

Figure 1.2 *Equation triangle.*

Distance travelled

To calculate the distance travelled you need to know the time taken for the journey and the average speed during the journey. You can then calculate the distance travelled using the following equation (see equation triangle in Figure 1.2):

distance travelled = average speed × time taken

! A sneeze travels at 160 km/hr.

Example
A girl walks at an average speed of 2 m/s for 80 s. Calculate how far she walked in that time.

- information:
  average speed = 2 m/s
  time taken = 80 s.

- calculation:
  distance travelled = average speed × time taken
  = 2 m/s × 80 s
  = 160 m.

Time taken

To calculate the time taken to travel a given distance when the average speed is known, use the following equation (see equation triangle in Figure 1.2):

time taken = distance travelled ÷ average speed

Example
A ferry transports cars across a river at an average speed of 4 m/s. The river is 640 m wide. Calculate the time that it takes for the ferry to cross the river.

- information:
  distance travelled = 640 m
  average speed = 4 m/s.

- calculation:
  time taken = distance travelled
  ÷ average speed
  = 640 m ÷ 4 s
  = 160 s.

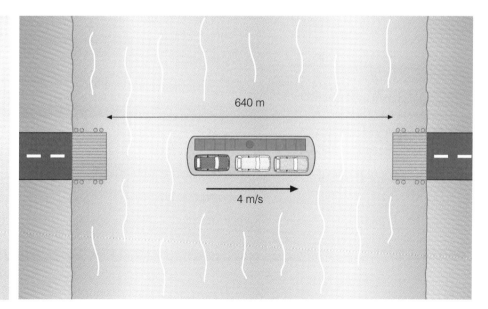

Figure 1.3 *Car ferry crossing a river.*

Other units of speed

It is not always a good idea to measure speeds in metres per second. A snail making its way along a garden path will be moving very slowly and it would be better to measure its speed in millimetres per second.

For a car travelling along a motorway at high speed it would be better to measure the speed in miles per hour or kilometres per hour.

The same equation is used to calculate the speed, but the appropriate units for distance and time must be used. To find the speed of the snail (mm/s) the distance should be measured in millimetres and the time in seconds. To find the speed of a car in kilometres per hour, the distance travelled should be measured in kilometres and the time taken measured in hours.

> *Example*
> A motorbike travelled from Reading to Cardiff along the M4 motorway. The distance travelled was 186 km and the time taken for the journey was 2 hr. Calculate the average speed of the motorbike.
>
> ○ information:
>   distance travelled = 186 km
>   time taken = 2.0 hr.
>
> ○ calculation:
>   average speed = distance travelled ÷ time taken
>   = 186 km ÷ 2.0 hr
>   = 93 km/hr.

Summary

- Speed is a measure of the distance travelled each second.
- Average speed   = distance travelled ÷ time taken.
- Distance travelled   = average speed × time taken.
- Time taken   = distance travelled ÷ average speed.

Questions

1 To calculate speed, you need to know the
_____ travelled and the _____
taken. Speed can be measured in metres per
_____. For cars more appropriate units
are _____ per hour. *[Total 2]*

2 A man walks a distance of 2 m every second.
a) What speed is he travelling at? *[1]*
b) How far will he have walked in:
i) 5 s
ii) 50 s
iii) 2 min
iv) 2 hr? *[4]*
[Total 5]

3 A sprint cyclist travels 500 m in 20 s. Calculate
her average speed. *[Total 3]*

4 A tortoise takes 50 s to move 800 cm across a
lawn. Calculate the tortoise's average speed.
[Total 3]

5 A cat falls out of a tree, dropping 3.2 m in 0.8 s.
a) Calculate the cat's average speed during
the fall. *[3]*
b) Explain why it is important to refer to this as
the cat's average speed. *[2]*
[Total 5]

6 While travelling at 30 m/s along a motorway, the
driver of a car shuts his eyes for 4 s. Calculate the
distance travelled by the car during this time.
[Total 3]

7 A boat is cruising along a river at a speed of 3 m/s.
Calculate the time it takes the boat to travel a
distance of 270 m. *[Total 3]*

8 If a snail travelled at an average speed of 1.5 mm/s,
how long would it take for the snail to:
a) travel 30 mm *[3]*
b) cross an 80 cm wide path? *[3]*
[Total 6]

9 An Intercity train travels at an average speed of
160 km/h. How long will it take the train to
travel:
a) 80 km *[2]*
b) 800 km *[2]*
c) 100 miles? (1 mile = 1600 metres.) *[2]*
[Total 6]

10 A Grand Prix racing car has an average lap speed
of 180 km/h. Each lap is 4.5 km. How many laps
will it complete in 1.5 hours? *[Total 4]*

11 A dog chased a cat across a farm field. The dog
was running at a speed of 13 m/s, while the cat
was travelling at 11 m/s. The cat started the chase
16 m ahead of the dog and was 77 m from the
safety of an oak tree. Calculate whether or not
the dog caught the cat. *[Total 6]*

4.2 Motion graphs

Can we use graphs to show how something is moving? There is more than one way of using graphs to show the motion of an object.

Farshad's journey

Farshad walked to the shops to buy some batteries for his personal stereo. His journey can be described like this:

A   The shop was 600 m from his home and it took 300 s for Farshad to walk there.

B   He spent 240 s in the shop buying the batteries and fitting them into his personal stereo.

C   He then walked back home listening to some music. This took Farshad 400 s.

Another way to describe this journey is to use a **distance–time graph**.

- Section A is a straight line that shows Farshad is travelling at a steady speed.
- Section B is a horizontal line showing that he is not moving.
- Section C is a straight line but it is not quite as steep as section A. This shows that Farshad is travelling at a steady speed but slightly slower than during section A.

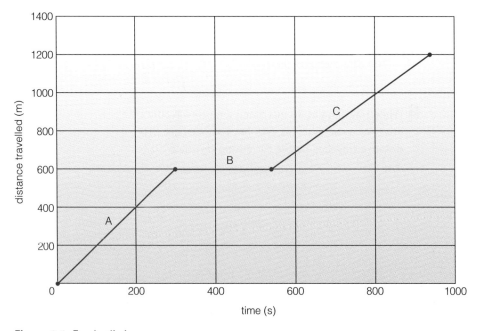

Figure 2.1 *Farshad's journey.*

The graph also gives the information that is needed to calculate Farshad's speed during each part of his journey. This is shown in Table 2.1.

Examples of distance–time graphs

Figure 2.2 shows three examples of distance–time graphs. Figure 2.2a shows an object that is stationary; Figure 2.2b shows an object that is moving at a steady speed and Figure 2.2c shows an object that is moving faster and faster, or accelerating.

Speed–time graphs

Figure 2.3 shows the speed of a tractor travelling at a steady speed of 6 m/s. When an object is travelling at a steady speed, plotting a speed–time graph produces a horizontal straight line.

Table 2.1 *Farshad's speed during his journey.*

	A	B	C
Distance travelled (m)	600	0	600
Time taken (s)	300	240	400
Speed (m/s)	= 600 ÷ 300 = 2	= 0 ÷ 240 = 0	= 600 ÷ 400 = 1.5

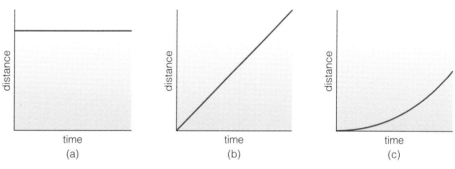

Figure 2.2 *Three distance–time graphs: a) stationary object; b) object moving at a steady speed; c) object getting faster (or accelerating).*

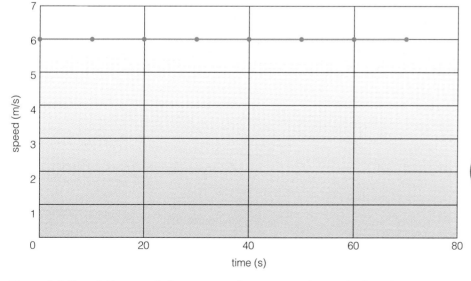

Figure 2.3 *Speed–time graph for tractor going at a steady speed of 6 m/s.*

> **!** The crew of Apollo 10 reached a speed of 39 897 km/hr on the craft's return flight to Earth in May 1969.

Table 2.2 *Speed of a roller coaster.*

Time (s)	Speed (m/s)
0	4
2	4
4	4
6	4
8	4
10	4
12	4
14	4
16	7
18	15
20	23
22	31
24	33
26	31
28	23
30	15
32	7
34	7

Table 2.2 and Figure 2.4 show the speed of a roller coaster. The first part shows it being pulled up the first slope at a steady speed. It speeds up as it rolls down the first dip and slows down again when it rises up the other side.

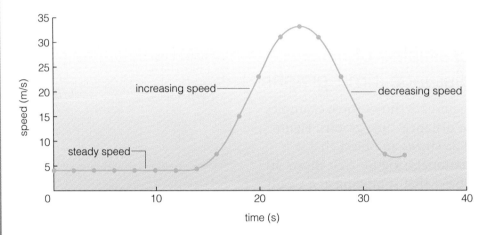

Figure 2.4 *Speed–time graph of a roller coaster.*

Figure 2.5 *A roller coaster.*

Examples of speed–time graphs

Figure 2.6 shows three examples of speed–time graphs. Figure 2.6a shows an object that is moving at a steady speed; Figure 2.6b shows an object whose speed is increasing and Figure 2.6c shows that the speed of the object is decreasing.

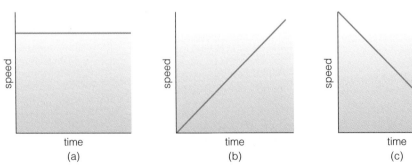

Figure 2.6 *Three speed–time graphs: a) object moving at a steady speed; b) speed of object increasing; c) speed of object decreasing.*

Summary

Distance–time graphs
- A straight horizontal line means the object is not moving.
- A straight line at an angle to the horizontal means the object is moving at a steady speed.
- A curved line means the object is speeding up or slowing down.

Speed–time graphs
- A straight horizontal line means the object is moving at a steady speed.
- A straight line with a positive gradient means the object is speeding up.
- A straight line with a negative gradient means the object is slowing down.

Questions

1 Distance-_____ graphs can be used to describe a journey. If something is not moving the line will be a straight _____ line. If something is moving at a steady _____, the graph will be a straight _____.   *[Total 2]*

2 Look at Figure 2.7. Which graphs are for objects that are:
a) not moving   *[1]*
b) moving at a steady speed   *[2]*
c) slowing down   *[2]*
d) speeding up?   *[1]*
    [Total 6]

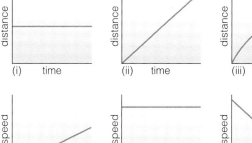
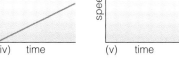

Figure 2.7

3 Figure 2.8 shows Ceri's walk to school.
a) How far did Ceri live from the school?   *[2]*
b) How long did she stop for?   *[2]*
c) What was Ceri's speed for each part of the journey?   *[3]*
d) Write a story about Ceri's walk to school so that the story fits with the distance–time graph for her journey.   *[6]*
    [Total 13]

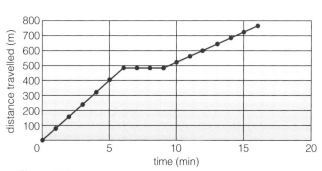

Figure 2.8

4.3 Forces

How can we measure a force? What happens when more than one force is applied to an object? We make use of forces all around us to carry out everyday activities. Many things are subject to more than one force.

Everyday forces

Most forces that we use either push or pull on something. A force can also be used to change the shape of an object. When a force is applied to a moving object it may cause the object to speed up, slow down or change direction. Figures 3.1–3.5 show forces in use around us.

Figure 3.1 *Pushing a bowling ball.*

Figure 3.2 *Pulling a water skier.*

Figure 3.3 *Squashing a balloon.*

Figure 3.4 *Twisting a bottle top.*

Figure 3.5 *Supporting a child.*

Figure 3.6 *Applying a force to a tennis ball.*

A tennis player applies a force to the ball using a racket. The ball will be squashed as it is hit and it will also change direction. The ball may also speed up or be forced to spin.

Measuring forces

One device that can be used to measure forces is a **newton meter**. A newton meter can be used to weigh an object. It can also be used to measure other pulling forces such as the force needed to pull open a drawer.

! The unit of force is the newton (N) and was named after Sir Isaac Newton.

Weight

If someone were to stand on your stomach you would feel a force pushing down on you. This downward force is called **weight**. Weight is a force, so like other forces it is measured in newtons.

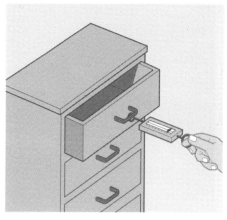

Figure 3.7 *Measuring the force needed to open a drawer with a newton meter.*

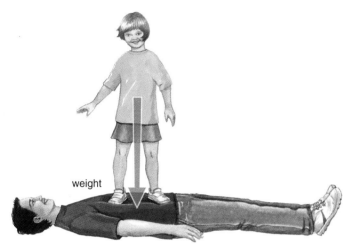

weight

Figure 3.8

Mass and weight

Mass and weight are often confused; even scientists sometimes mix them up in everyday conversations. **Mass** is a measure of the amount of matter in an object and is measured in kilograms. **Weight** is the downward force acting on a mass and is caused by gravity. It is measured in newtons (N).

Outside a gravitational field an object would still have mass but it would not have weight. The gravitational field on the Moon is less than the gravitational field on the Earth. This is why an object will weigh less on the Moon even though its mass has not changed.

The Earth's gravitational field strength is 10 N/kg. This means that the Earth's gravitational field applies a force of 10 N to each kilogram of mass.

A 1 kg mass will weigh 10 N and a man who has a mass of 80 kg will weigh 800 N on Earth.

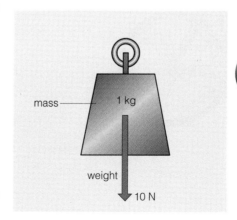

mass — 1 kg

weight

10 N

Figure 3.9

> In 1990, Walter Arfeuille from Belgium lifted weights totalling 2762 N off the ground using his teeth. That is about the same weight as 28 large buckets of water.

> Jon Minnoch from the USA had a body mass of 635 kg. When he was rushed to hospital after respiratory and heart failure it took 12 firemen to move him on an improvised stretcher.

Figure 3.10

! Skiers put different kinds of wax on their skis depending on the temperature of the snow.

Friction

Friction is a force that stops things moving or causes them to move more slowly. It occurs when two surfaces are in contact with each other. Rougher surfaces produce a lot of friction and smooth surfaces produce less friction.

Friction is often very useful. Without the friction between the soles of your shoes and the ground you would find it very difficult to walk. Imagine trying to run a 100 m race on slippery ice! Friction is also useful in the brakes of a car where frictional force is used to slow the car down.

There are situations where friction is not wanted and **lubricants** are often applied to reduce the friction between two surfaces. Oil is used inside a car engine to help the moving parts move more freely and also to stop them from wearing away. Friction often causes unwanted heat energy.

Skis have flat smooth surfaces so that they slide easily over the snow. Skiers also wax their skis to reduce the friction even more.

Friction and cycling

Friction is needed on a bike to enable you to ride it, as shown in Figure 3.11. When you want to stop a bike you apply the brakes.

The brake blocks rub against the wheel to produce a frictional force that slows the bike down. Some people apply the back brake so hard that the wheel locks and the tyre skids. Friction between the tyre and the road reduces the speed of the bike, usually leaving a black skid mark caused by the tyre being worn away.

Brakes:
friction slows the bike down.

Tyres:
friction gives the tyres grip, which pushes the bike forward.

Pedals:
friction needed to stop your feet slipping off.

Axle:
oil reduces friction so that the wheel can turn easily.

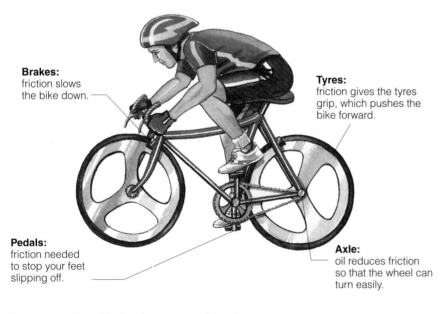

Figure 3.11 *How friction is used on a bicycle.*

! When investigating road accidents, the police measure the length of skid marks to help them decide how fast each car was moving.

Drag

When an object is moving through a gas or liquid it experiences an opposing force called **drag**. Drag is caused by friction between the liquid or gas and the surface of the object that is moving through it. You may have experienced this when you have put your hand out of the window of a moving car. As an object moves faster through a liquid or gas, the drag acting on it increases.

Air resistance

The drag caused when an object moves through air is called **air resistance**. Cars, rockets and cycling helmets all have streamlined shapes to reduce air resistance.

It is very important for the back of the car to also have a streamlined shape. If the air does not pass smoothly over the back of the car it creates an area of low pressure

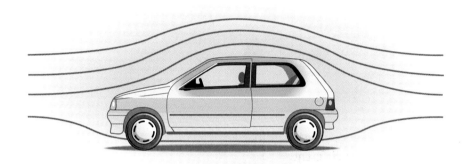

Figure 3.12 *Streamlined shapes move smoothly through the air.*

behind the car, slowing the car down. High velocity bullets also have a tapered back to help them travel faster through the air.

A streamlined shape means the car can travel faster but more importantly it means the car is more efficient and will use less fuel during a journey.

Cars that break world speed records are very streamlined but when it is time to stop they dramatically increase the air resistance by releasing a parachute behind them.

When spacecraft re-enter the Earth's atmosphere they are in danger of burning up due to friction from the air. The Space Shuttle has a thermal protection system made of various materials applied to its outer surfaces.

Figure 3.13 *Thrust II using its parachutes to stop.*

> A tug of war contest involves two teams attempting to pull the other team 4 m towards them.

More than one force

Opposing forces

If two equal forces are applied to a stationary object in opposite directions, the object does not move. The two forces balance each other out and are called **balanced forces**.

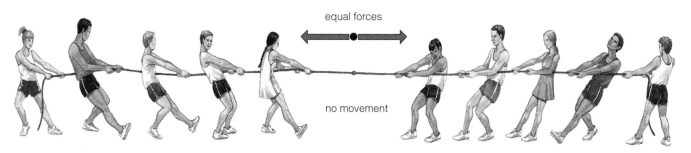

Figure 3.14 *Balanced forces.*

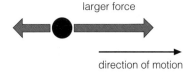

Figure 3.15 *Unbalanced forces.*

If one force is greater than the other, the object will move in the direction of the larger force.

We can calculate the effect of opposing forces if we know the size of the forces. If the forces are acting in opposite directions, one can be subtracted from the other to give a resultant, or net, force.

Example
The block shown in Figure 3.16 has two opposing forces being applied to it: 7 N to the right and 4 N to the left. To calculate the effect, subtract one from the other:
7 N – 4 N = 3 N to the right.

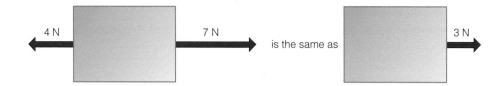

Figure 3.16

Forces in balance

When a man stands on a table, if he does not move downwards there must be an upward force from the table to balance the downward force of his weight.

upward
force 750 N

weight
750 N

Figure 3.17

Any object that is not moving must have **balanced forces** acting upon it.

Sinking and floating

When a boat is floating on the water there is a force called **upthrust** keeping it afloat. The volume of water displaced by the boat creates the upthrust. The more water displaced, the greater the upthrust.

Adding weight to a boat will cause it to sink down into the water until the upthrust is equal to the total weight of the boat again. When the total weight is greater than the maximum upthrust the boat can create, the boat sinks.

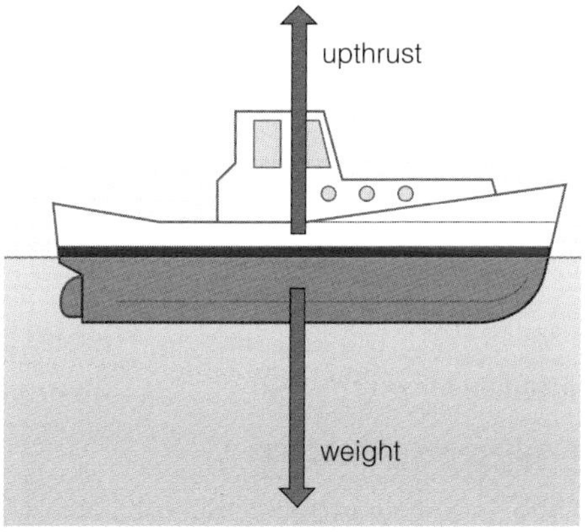

upthrust

weight

Figure 3.18 *The balanced forces acting upon a boat*

Free fall

The moment you jump off a table there is only one force acting upon you: your weight. You will then **accelerate** downwards until there is an upward force exerted upon your body by the floor. Jumping from a table to the floor would take less than one second and you would only reach a speed of a few metres per second. The air resistance at such a low speed would be very small.

Jumping from an aeroplane is a different story. As you fall your speed increases and the air resistance acting on your body gets greater and greater. Eventually you will reach a speed where the air resistance is equal to your weight. The upward and downward forces are then balanced and you carry on going down at a steady speed called the **terminal velocity**.

Increasing the air resistance by opening a parachute greatly reduces your terminal velocity, enabling you to land safely.

air
resistance

balanced forces
result in a steady
downward speed
called terminal
velocity.

weight

Figure 3.19 *Balanced forces on a parachute.*

When a DC-9 airliner blew up over Czechoslovakia in 1972, Yugoslavian air stewardess Vesna Vulovic survived a fall of over 10 km without a parachute.

Approximate terminal velocities when you are in free fall are:
- falling head first: 290 km/hr
- falling horizontally: 190 km/hr
- with a parachute open: 8 km/hr.

When the forces are balanced you will not speed up and you will not slow down; this is why you carry on moving downward at a steady speed.

Summary

- Forces are used to push, pull, turn, squash, stretch and support objects.
- Forces make objects move, slow down, speed up and change direction.
- The newton is a unit of force.
- Forces can be measured using a newton meter.
- Weight is the downward force acting on a mass in a gravitational field.
- Friction occurs when two surfaces are in contact with each other and can be reduced using lubricants such as oil.
- Friction is useful for grip and for braking moving objects. Friction reduces the speed of moving objects, creates unwanted heat energy and causes moving parts to wear out.
- Using streamlined shapes can reduce air resistance.
- An object that is not moving has balanced forces applied to it.
- A moving object with balanced forces acting on it will travel in a straight line at a steady speed.

Questions

1 Forces can be measured using a _____ meter and are measured in _____. If an object is not moving, forces are _____. If an object is moving at a steady _____, the forces are balanced. *[Total 2]*

2 a) Explain the meaning of the words mass and weight. Take care to highlight the differences between the two. *[4]*
   b) Table 3.1 shows the relationship between mass and weight on Earth. Copy and complete the table. *[4]*

[Total 8]

Table 3.1

Mass (kg)	Weight (N)
1	10
2	
10	
15	150
	500
200	

3 Give three examples of where:
   a) friction is useful *[3]*
   b) friction is not useful. *[3]*

[Total 6]

4 After about 20 000 km of use, engine oil is no longer as good as new engine oil at lubricating a car engine. Explain why a car engine might develop problems if the oil is not changed when the car is serviced. *[Total 3]*

5 a) What is the difference between the two lorries shown in Figure 3.20? *[1]*
   b) What advantages does lorry B have over lorry A? *[3]*

[Total 4]

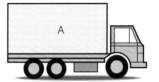 

Figure 3.20

6 Look at the forces applied to each object in Figure 3.21.

i)  ii)

iii)  iv)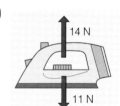

v)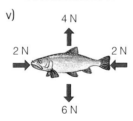

Figure 3.21

a) What is the resultant force acting on each object? *[5]*
b) In which direction will each object move? *[5]*

[Total 10]

4.4 More about forces

Why does using a lever make it easier to lift a heavy object? Why do your ears sometimes hurt when you swim underwater? Forces can be used to turn things, and they can act on us from all directions. Pressure is a form of force that is applied over a certain area.

Stretching springs

The English physicist Robert Hooke made many significant contributions to the development of physics, but he is most famous for the relatively simple relationship called **Hooke's law**.

We can see Hooke's Law in action when masses are hung on the end of a spring, as in Figure 4.1. Each 100 g of mass hung on the spring will apply a force of 1.0 N that stretches the spring. Each time an extra 1.0 N force is applied, the length of the spring will increase by the same amount.

The length of the spring without any force applied to it is called the **original length**. The total increase in length of the spring is called the **extension**.

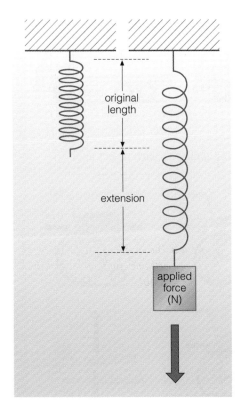

Figure 4.1

extension = new length – original length

Hooke's law states that: the extension of a spring is directly proportional to the force applied to it.

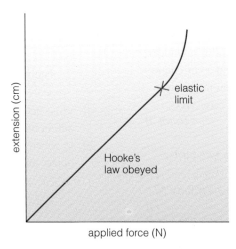

Figure 4.2 *Hooke's law graph for a spring.*

Plotting a graph of extension against the force applied produces a straight line until the spring is stretched beyond its **elastic limit**, as shown in Figure 4.2.

The elastic limit is the point at which the force applied is too great for the spring and it no longer returns to its original length when the force is removed. If the spring is stretched beyond the elastic limit, it no longer obeys Hooke's law.

! Springs are big business. Manufacturers earn millions of pounds by making springs of all different shapes and sizes. Springs are used in many different machines from watches to train suspension systems.

Metal wires, wood and elastic bands also obey Hooke's law until they reach their elastic limits.

Turning forces

Door handles, spanners and bicycle pedals all use a lever effect to turn an object. Using a longer lever means that less force is needed to produce the same turning effect. To undo a nut, a given turning effect is needed to make it turn. This can be achieved more easily using a smaller force at a greater distance.

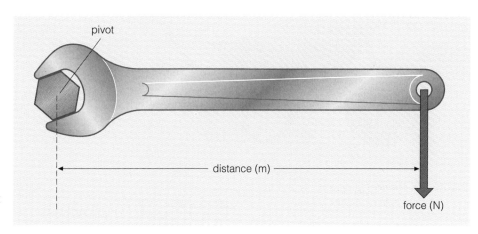

Figure 4.3 *The moment produced by using a spanner to tighten a nut.*

The turning effect of a force is called a **moment**. The moment is calculated by multiplying the force by the distance from the **pivot** (see the equation triangle shown in Figure 4.4).

moment (N m) = force (N) × distance (m)

The force is sometimes called the **effort**. Using a long spanner increases the moment applied by the force, as the distance is longer and creates a greater turning effect at the pivot point.

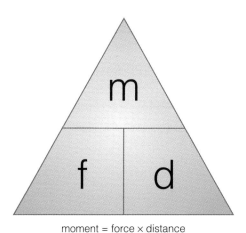

moment = force × distance

Figure 4.4 *Equation triangle for moment, force and distance.*

This principle of moments is used in many everyday situations, such as turning on a tap, opening a bottle of drink, using a lever to open a tin of paint or transporting heavy objects in a wheelbarrow. Using a lever to open a tin of paint applies a larger force to the lid than you do to the lever.

Sometimes the force is not acting straight down or straight up. To calculate the moment correctly, the force should be acting in a direction that is perpendicular to the distance. This means that the force needs to be at a right angle to a line drawn from the pivot point to where the force is applied.

Example
Look at the wheelbarrow shown in Figure 4.5.
The moment can be calculated as follows:

- information
  force = 200 N
  distance = 1.8 m.

- calculation
  moment = force × distance
  = 200 N × 1.8 m
  = 360 N m.

Figure 4.5 *Moment produced by using a wheelbarrow.*

Balanced moments

Two people of different weights can successfully balance a seesaw if the lighter person sits further from the pivot than the heavier person. By sitting at a greater distance they make their moment equal to the moment of the heavier person.

Example
Look at the seesaw in shown in Figure 4.6. The moments can be calculated as follows:

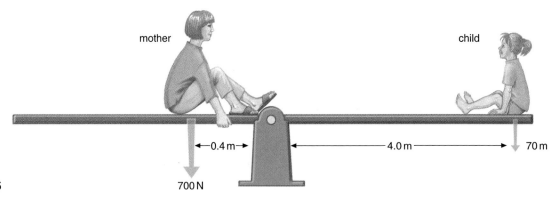

Figure 4.6

Mother
- information
  force = 700 N
  distance = 0.4 m.
- calculation
  moment = force × distance
  = 700 N × 0.4 m
  = 280 N m.

Child
- information
  force = 70 N
  distance = 4.0 m.
- calculation
  moment = force × distance
  = 70 N × 4.0 m
  = 280 N m.

The seesaw is balanced because the two moments are equal in size and they are trying to turn the seesaw in opposite directions. The weight of the mother would turn the seesaw in an anticlockwise direction and is called the **anticlockwise moment**. The weight of the child would turn the seesaw the other way and is called a **clockwise moment**.

> When balanced, anticlockwise moment = clockwise moment

With a pivot point at one end rather than in the middle, the principle of moments still applies.

Look at Figure 4.7. The strongman is much further from the pivot than the woman. This makes it easier for him to support her weight than might be imagined.

> **!** With a strong enough and large enough seesaw, it would be possible for a small child to balance an elephant.

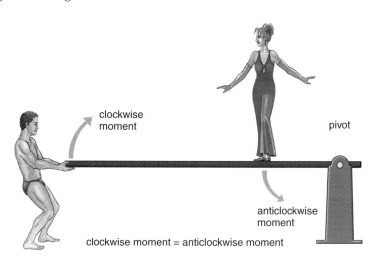

Figure 4.7   clockwise moment = anticlockwise moment

Figure 4.8

A wheelbarrow works on the same principle, as shown in Figure 4.8.

Pressure

Pressure is a way of saying how concentrated a force is. The pressure exerted on an object depends upon the force applied to it and the area the force is applied to.

Pressure and area

Sitting on a chair is more comfortable than sitting on a fence because your weight is applied to a larger area, as shown in Figure 4.9. The flesh on your bottom also helps to spread your weight out when you sit down.

Figure 4.10 *Less downward force – less pressure.*

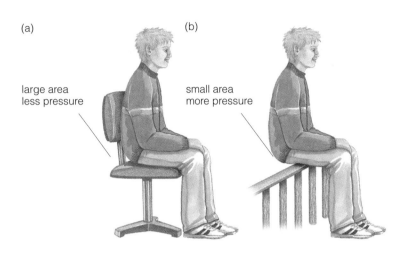

(a) large area less pressure
(b) small area more pressure

Figure 4.9 *a) The cushion on a chair spreads your weight out over a larger **area**. This feels more comfortable because there is less **pressure**. b) Sitting on a fence concentrates your weight onto a smaller **area**. The fence is uncomfortable because there is more **pressure**.*

Pressure and force

Increasing the force will increase the pressure. A chair placed on snow would sink a small distance into the snow. If you then sat on the chair, this would increase the downward force and increase the pressure causing the chair to sink deeper into the snow, as shown in Figures 4.10 and 4.11.

Calculating pressure

To calculate pressure, the force exerted is divided by the area that the force is exerted over (see equation triangle in Figure 4.12).

Figure 4.11 *More downward force – more pressure.*

> The pascal is a unit of pressure named after the seventeenth century French physicist, Blaise Pascal. 1 Pascal = 1 N/m².

pressure = force ÷ area

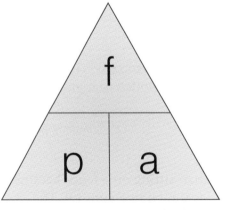

Figure 4.12 *Equation triangle for force, pressure and area.*

Example 1

A dancer stands on tiptoe with only one foot touching the floor. She weighs 500 N. The area of contact between her foot and the floor is 10 cm². What pressure does she exert on the floor?

○ information
  force = 500 N.
  area = 10 cm².

○ calculation
  pressure = force ÷ area
  = 500 N ÷ 10 cm²
  = 50 N/cm².

Note: the area was measured in **cm²**. So the unit of pressure used is **N/cm²**.

Example 2

Calculate the pressure exerted on the floor by a filing cabinet weighing 420 N. The dimensions of the filing cabinet are shown in Figure 4.14.

○ information
  height = 1.2 m
  width = 0.5 m
  depth = 0.6 m
  force = 420 N.

○ calculations
  area in contact with the floor
  = width × depth
  = 0.5 m × 0.6 m
  = 0.3 m².
  pressure = force ÷ area
  = 420 N ÷ 0.3 m²
  = 1400 N/m².

Note: the area was measured in m². So the unit of pressure used is **N/m²**.

The dancer standing on tiptoe exerts a pressure of 50 N/cm². This is equal to a pressure of 500 000 N/m², more than 350 times greater than the pressure exerted by the filing cabinet.

Pressure in liquids and gases

Pressure in liquids

When swimming underwater, you may have felt the pressure from the water above you making your eardrums hurt. The pressure in liquids increases with depth. This means that dams need to be thicker at the bottom than they are at the top. If they were not, the bottom of the dam might collapse because of the much higher pressure there.

Figure 4.13

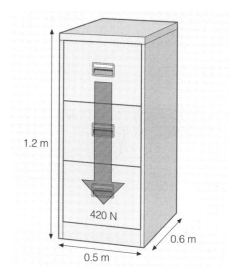

1.2 m

420 N

0.6 m

0.5 m

Figure 4.14

The increase in pressure caused by greater depth of water can easily be shown using a can with holes drilled in the sides.

The pressure is greater at the bottom of the can due to the weight of water pushing down from above. This produces a faster jet of water at the bottom. The jet of water at the bottom travels further than the jet of water at the top.

Pressure acts in all directions

The pressure does not only push downward: water pressure and air pressure act in all directions. If you were face down in the middle of a pile of people, you would feel as much pressure on your front as you would on your back. This also means that you could not escape from high pressures underwater by swimming into a cave. The pressure depends on the depth of water you are in. The rock above you would not shield you from this pressure.

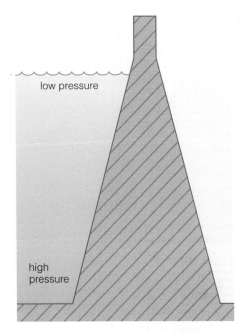

Figure 4.15

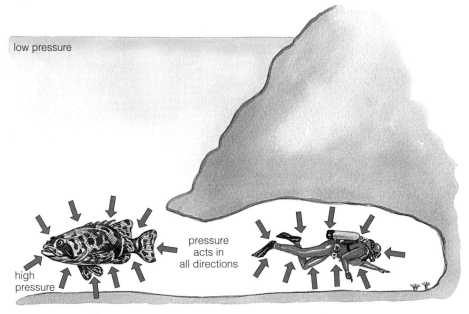

Figure 4.17 *The pressure acting on the fish is the same as the pressure acting on the scuba diver.*

Pressure in gases

A balloon stays inflated because the air on the inside is at a higher pressure than the air on the outside. The pressure inside the balloon balances the combined forces from the elasticity of the balloon and the air pressure outside the balloon. The pressure inside the balloon is caused by thousands of air molecules continuously hitting the wall of the balloon.

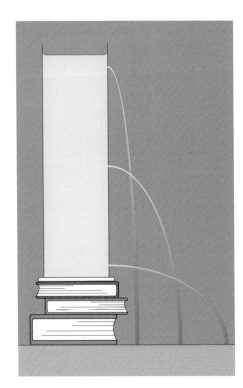

Figure 4.16

The molecules in a gas are a long way apart, making it easy to compress the air by squashing the balloon with your hands.

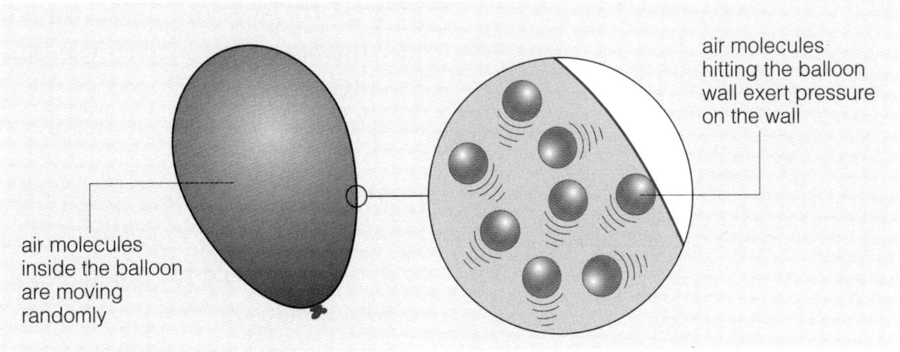

Atmospheric pressure

The air pressure at sea level is about 100 000 N/m^2. This is called **atmospheric pressure**. Atmospheric pressure at different places around the world varies a lot and is very dependent on weather conditions.

air molecules hitting the balloon wall exert pressure on the wall

air molecules inside the balloon are moving randomly

Figure 4.18 *Air pressure in a balloon.*

The Earth's atmosphere gradually gets less **dense** the higher you go. As you go higher the air pressure gets less and less. There is not a clear boundary between the Earth's atmosphere and space: the Earth's atmosphere gradually fades away into nothing.

To climb high mountains such as Mount Everest, most climbers take oxygen cylinders with them to help them breathe. The cabins of aeroplanes are pressurised so that when they fly at high altitude the air pressure is not too low. They are pressurised at the same pressure as you would be at the top of a 3000 m mountain.

> **!** At an altitude of 10 km the atmospheric pressure is reduced to about 26% of its value at sea level. The summit of Mount Everest is almost 9 km above sea level. This is why many climbing expeditions carry oxygen tanks to get to the top of Mount Everest.

Hydraulic systems

The braking system on a bike uses a lever system. The force applied to the brake lever is converted by the lever system into a larger force that slows down the moving wheel by friction. A braking system like this is called a **force multiplier**.

To slow down a car, the brakes need to apply very large forces. During the early stages of car development, lever systems were used for the brakes. As cars got faster and faster lever systems were replaced by **hydraulic systems**.

How hydraulic systems work

Liquids are very difficult to compress because the molecules are very close together. The pressure applied at one end of a liquid sealed inside a cylinder is transferred all the way along to the other end.

Linking cylinders of different diameters together enables the force to be increased or decreased. Changing the diameter of the cylinder does not

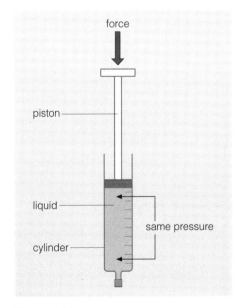

Figure 4.19

111

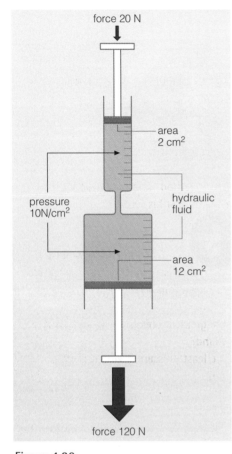

force 20 N

area
2 cm²

pressure
10N/cm²

hydraulic
fluid

area
12 cm²

force 120 N

Figure 4.20

change the pressure in the liquid but it does change the area to which the pressure is applied. If the pressure is applied to a smaller area, a smaller force is produced. If the pressure is applied to a larger area, a larger force is produced and the system acts as a **force multiplier**.

Example – two syringes joined together
Look at the joined cylinders in Figure 4.20. As pressure acts equally in all directions, and the cylinders are linked, the pressure is the same in both cylinders.
But if we calculate the forces:

- force in left-hand cylinder
  pressure = force ÷ area
  = 20 N ÷ 2 cm²
  = 10 N/cm².

- force in right-hand cylinder
  force = pressure × area
  = 10 N/cm² × 12 cm²
  = 120 N.

The area of the second cylinder is six times larger than the area of the first and the hydraulic system multiplies the force by a factor of six. However, although the force is smaller, the first piston will need to be pushed six times further than the distance the second piston moves.

Hydraulic systems are also used as a force multiplier in powerful cutting tools and to lift heavy weights. If bubbles of air get into the hydraulic fluid the system does not work efficiently because the air bubbles are compressible and get squashed rather than transmitting all of the pressure. This is because the molecules in gases are further apart and so gases are easier to compress.

Summary

- Hooke's law states that the extension of a spring is directly proportional to the force applied to it.
- The elastic limit is the point beyond which Hooke's law is no longer obeyed.
- A moment is the turning effect of a force.
- Moment = force × perpendicular distance.
- For a balanced seesaw, the clockwise moment equals the anticlockwise moment.
- Pressure = force ÷ area.
- Pressure in liquids and gases increases as the depth increases.
- Pressure in liquid and gases acts in all directions.
- Hydraulic systems use liquids to transfer pressure and multiply the force.

Questions

1 Copy and complete the following sentences. Hooke's law states that when a spring is stretched the _____ is directly _____ to the force applied to it. When stretched beyond its _____ limit the spring will no longer obey _____ law. *[Total 2]*

2 Some students performed a stretching experiment on a long spring. They obtained the results shown in Table 4.1.

Table 4.1

Force (N)	1.0	2.0	3.0	4.0	5.0	6.0	7.0	8.0	9.0	10.0
Extension (cm)	1.2	2.4	3.6	5.8	6.0	7.2	8.4	10.0	12.1	16.0

a) Plot a line graph of their results. *[3]*
b) Draw a cross to show where the elastic limit was reached and label it. *[1]*
c) The students made a mistake with one of their results. Which result do you think it was? Circle this result on the graph. *[1]*
d) How much force is needed to extend the spring by 1.0 cm? *[2]*
[Total 7]

3 Jasmin held a 2 N weight on the end of rod that was 0.7 m long. Calculate the moment acting on her hand. *[Total 2]*

4 Douglas used a metre ruler and some weights to weigh a bag of money. Figure 4.21 shows the weight and distances when the ruler was balanced. Calculate the weight of the bag of money. *[Total 3]*

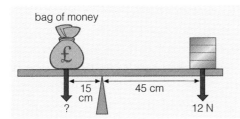

bag of money
15 cm
45 cm
?
12 N

Figure 4.21

5 Tariq measured his weight and the area of his feet: weight = 580 N; area of each foot = 130 cm².
a) Calculate the pressure Tariq exerts on the floor when he:
   i) stands on only one foot
   ii) stands with both feet on the floor. *[4]*
b) Describe one method Tariq may have used to measure the area of his feet. *[2]*
[Total 6]

6 An emergency aid parcel had been dropped by parachute into a muddy field. The parcel weighed 900 N and its dimensions were 1.5 m × 2.0 m × 3.0 m.
a) What is the greatest pressure it would exert on the ground? *[3]*
b) What is the least pressure it would exert on the ground? *[3]*
[Total 6]

7 Figure 4.22 shows a hydraulic lifting device. Calculate the lifting force produced by the device when a 40 N downward force is applied.
[Total 4]

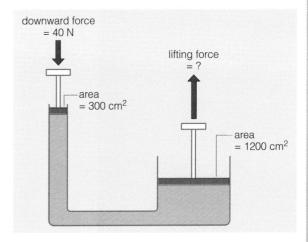

downward force = 40 N

lifting force = ?

area = 300 cm²

area = 1200 cm²

Figure 4.22

Figure 1

History

Watching and measuring

People have wondered about why things move in particular ways since ancient times. Aristotle (384–322 BC) and other Greek philosophers said that a stone thrown into the air would fall to the ground because the Earth is its natural place to be. Smoke from a fire rises because the air is above the Earth.

Ideas about objects falling were based on observation, or what people could see happening – but had not been tested. It was not until the sixteenth century before scientists did experiments to find out more. We do not know if Galileo (1564–1642) really did drop objects from the leaning tower of Pisa but he certainly designed experiments to work out how things moved. He rolled balls down slopes and measured the times and distances. He found out the equations relating time, distance, speed and acceleration that we use today.

Laws of force and motion

Isaac Newton was born in Woolsthorpe, Lincolnshire on Christmas Day 1642. A well-known story suggests that Newton was sitting in his orchard when an apple fell on his head and this made him think about gravity. Whether it actually happened or not, he realised that the same force governed the motion of the Moon and the motion of a falling apple. Newton developed three fundamental laws about forces that explained Galileo's equations of motion. The unit of force was named the newton. Newton didn't tell anyone about his ideas for a number of years until he published all his work on forces in a book called *Principia*. Meanwhile, other people were thinking about forces, including Robert Hooke.

Robert Hooke was born on the Isle of Wight, England in July 1635. He is most famous for his law of elasticity, which is now known as Hooke's law. Hooke's law is vital in engineering. It allows engineers to understand stress and strain in materials. He was the first person to use balanced springs for watches, and also made improvements to pendulum clocks. In 1678 he worked out a law to describe the motion of the planets but did not fully develop his ideas mathematically. When Isaac Newton used a similar idea in *Principia*, Hooke felt that he was not given sufficient credit and this led to a bitter dispute between the two men.

Figure 2 *Engineers need to understand stress and strain so they can design girders that do not bend.*

Newton also had a long argument with the German mathematician Gottfried Leibnitz. They had both developed a new system of mathematics called calculus which Newton used to work out his laws of motion. They both claimed to have been the first and that the other had stolen their work. In fact they had come up with the ideas independently. Newton outlived all his enemies and did his best to take all the credit for himself.

After Newton

Newton's Laws are still used by engineers designing buildings, bridges, cars and rockets, but in the twentieth century Albert Einstein (1879–1955) showed that Newton hadn't worked out everything. Einstein showed that when objects are travelling extremely fast (close to the speed of light) some interesting things happen. For example Newton assumed that the mass of an object remains constant, but Einstein's theory of relativity shows that mass increases as an object accelerates to extremely large speeds.

Air pressure

One idea that came out of Aristotle's theory of motion was that in a vacuum an object would carry on accelerating forever. This was obviously impossible so it was decided that a vacuum could not possibly exist. It was Evangelista Torricelli (1608–1647) who suggested this might not be true.

Torricelli was an Italian mathematician and physicist born in Faenza. He was a pupil of Galileo. He is most famous for inventing the barometer that we use to measure atmospheric pressure. Galileo had noticed that columns of water could only be about 10 m high and he suggested that Torricelli should try an experiment with mercury, which is a lot denser than water. Torricelli filled a tube with mercury then turned it upside down with the open end placed in a dish of mercury. The mercury remained in the tube, held up by air pressure on the mercury in the dish. The mercury column was about 75 cm high but at the top of the tube there was a gap above the mercury. Torricelli showed that the gap was a vacuum. He also found that when the atmospheric pressure increases (for example when the weather changes), the height of the mercury column increases, as more mercury is pushed up the tube. A special unit of pressure called the torr was named after Torricelli. It is a unit of pressure that is used when working at extremely low pressures.

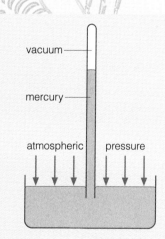

Figure 3

Torricelli had suggested that air pressure might vary with height above sea level. The French mathematician, Blaise Pascal (1623–1662), decided to test the idea. He used a mercury barometer to measure air pressure in Paris. Then he persuaded his brother-in-law to take it up a mountain as he was not fit enough to make the climb himself. The measurements showed that air pressure did indeed decrease at high altitude. Pascal also discovered that pressure acts equally in all directions, and invented hydraulic machines and the syringe before giving up science for religion in 1655.

Figure 4

Squeezing air

Meanwhile, in Oxford, Robert Boyle (1627–1691) had asked Robert Hooke (who had investigated springs) to build him a new instrument – an air pump. Unlike Hooke, Boyle was rich, the son of an Irish nobleman. He devoted his life to science, never married, and lived for many years with his married sister in London close to the Royal Society, which he helped to organise. The Royal Society was founded in 1660 and is the oldest scientific society in the world. It helps scientists to present ideas to each other.

In the 1650s, Boyle had become interested in the air and heard about an air pump made by the German scientist von Guericke (1602–1686). Hooke was a poor student employed by Boyle as a laboratory assistant. Hooke was very skilled at making any instrument and he built a magnificent and extremely expensive air pump. Boyle carried out a lot of experiments and found that as the pressure was increased so the volume of air decreased. The relationship is known as Boyle's law. In France it is called Mariotte's law because the same formula was discovered by Edmé Mariotte (1620–1684) in 1676.

Moving air

Newton's laws of motion can be applied to liquids and gases. This was done by Daniel Bernoulli (1700–1782), who came from an outstandingly mathematical family. Bernoulli was Swiss but was born in Holland in 1700. He used his father's and his uncle's mathematical discoveries to explain what happens when liquids and gases move. These are the ideas that aeronautical engineers have used to help them design aircraft. (See section 4 Applications)

Figure 5

Questions

1 What is Galileo's equation which links speed, time and distance? *[Total 1]*

2 Explain what Hooke's law is. Draw a graph to help you explain it. *[Total 2]*

3 a) What would you use a barometer to measure? *[1]*
b) What substance did Torricelli use in his barometer? *[1]*
[Total 2]

4 How did Pascal find that air pressure varies with height? *[Total 1]*

5 Galileo's experiments showed that Aristotle's theories of motion were wrong. Why is experimenting necessary in science? *[Total 2]*

6 Pascal, who lived in France, took up an idea of the Italian, Torricelli. How do you think he found out about it? *[Total 2]*

Applications

Flying forces

There are four main forces that act upon an aeroplane, as shown in Figure 1:

○ the weight of the aeroplane
○ the lift from the wings as it moves through the air
○ the forward thrust from the engines
○ the drag from the air it is passing through.

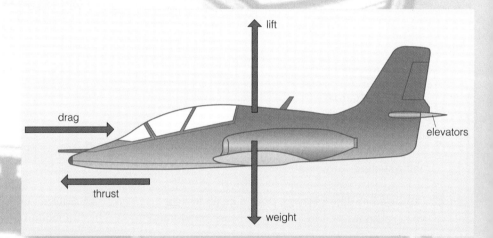

Figure 1

When an aeroplane is flying horizontally:

○ if the aeroplane is not moving upwards and it is not moving downwards, lift = weight
○ if the aeroplane is not speeding up and it is not slowing down, thrust = drag.

To speed up the pilot must increase the thrust from the engines. As the aeroplane accelerates the drag will increase until the aeroplane reaches a speed where the drag is equal to the new thrust and the aeroplane stops accelerating.

To make the aeroplane move upwards the pilot must increase the lift. Changing the shape of the wing, increasing the surface area of the wing or going faster can all increase the lift. While the lift is greater than the weight, the aeroplane will continue to rise.

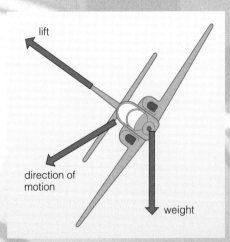

Figure 2

Changing the angle between the wing and the airflow also changes the lift. The angle is changed by using flaps called elevators at the back of the aeroplane (Figure 1). To increase the lift, the elevators are raised. This pushes the back of the aeroplane down, which also pushes the front of the aeroplane up and changes the angle.

On take-off and landing, the size of the wing is increased by flaps which come out of the back of the wing. This increases the area of the wing and the lift at low speeds. When the aeroplane has reached a certain altitude and speed, the flaps are retracted.

A quick way to move downwards is to change the direction of the lift by rolling the aeroplane. The weight will still be directed downwards but the lift will no longer be directed straight upwards, as shown in Figure 2.

Wings are shaped so that the air flowing over the top has further to travel than the air flowing under the wing. This creates a low pressure area above the wing and a high pressure area under the wing. The pressure difference provides the required lift, as shown in Figure 3.

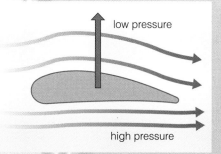

Figure 3

Bed of nails

Lying on a bed of nails is not something you should try, but perhaps you could make a small bed of nails and try it out with a balloon. You may need to experiment with how much you blow up the balloon. When the balloon is resting on the nails, several books can be stacked on it before it pops. If the bed of nails is replaced with a single nail, the balloon will pop on contact.

A typical bed of nails is a large wooden table with about 2000 sharp steel nails embedded in it. Due to the equal distribution of body weight over all the nails, the person does not get hurt. A person of mass 70 kg will weigh 700 N and the average weight acting on each nail will be only 0.35 N.

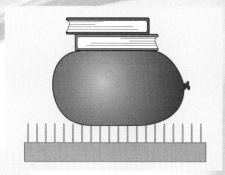

Figure 4

Figure 5

119

Car braking system

Look at the car braking system shown in Figure 6. A small force on the brake pedal is applied to a small area. This exerts a pressure on the liquid and this pressure is transferred to the pistons in the brakes. These pistons have a large area so that a large force is exerted on the braking disc.

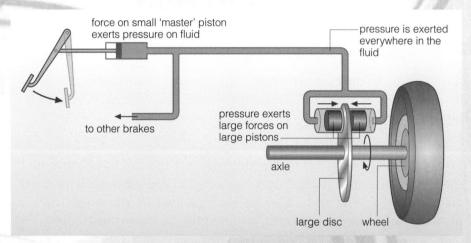

Figure 6

Human arm

To hold an object in your hand the moment produced by the load must be balanced by the moment produced by the effort from your muscle. The effort is a lot closer to the pivot than your hand; therefore the muscle needs to provide a force that is much greater than the load.

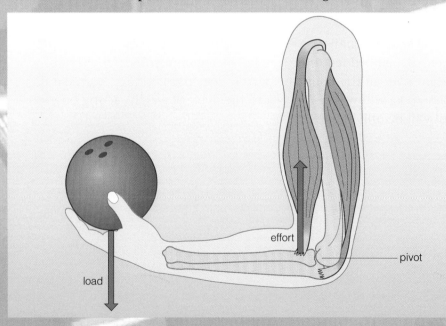

Figure 7

Questions

1 a) What are the four main forces acting on an
   aeroplane? *[4]*
   b) What causes each force? *[4]*
   [Total 8]

2 An aircraft loses height when it slows down, unless it
changes the shape of its wings. Explain why this
happens. *[Total 3]*

3 What is happening to an aeroplane if
   a) the lift is less than the weight *[1]*
   b) the thrust is greater than the drag? *[1]*
   [Total 2]

4 What effect does the shape of the wings have on the
lift? *[Total 2]*

5 Why can a person lie on a bed of nails without
getting hurt? *[Total 1]*

6 A hydraulic braking system for a car has two pistons,
one for the brake pedal and one for the brake blocks.
Explain why these pistons are different sizes.
[Total 3]

7 Figure 8 shows a human arm supporting a load of
20 N. The load is 32 cm from the pivot. If the effort
from the muscle is applied 4 cm from the pivot, what
force is the muscle exerting? *[Total 4]*

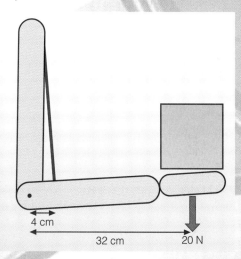

Figure 8

Questions

1 A cyclist travelled a distance of 80 m in a time of 10 s. Calculate the cyclist's average speed.

[Total 3]

2 Rashid walked from his English room to the physics laboratory at an average speed of 1.5 m/s. The journey took him exactly 2 minutes. Calculate the distance he travelled from the English room to the physics laboratory. *[Total 3]*

3 In July 1985, Steve Cram broke the world mile record by running the distance of 1609 m in 226 s. Calculate his average speed during the race.

[Total 3]

4 A cheetah can run at a speed of 37 m/s. Calculate how long it would take a cheetah to run a distance of 100 m. *[Total 3]*

5 Table 1 shows the distance travelled by a rowing boat during its journey across a lake.

Table 1

Time taken (s)	0	20	40	60	80	100	120	140
Distance travelled (m)	0	20	60	120	180	240	300	360

a) Plot a distance–time graph for the journey. *[5]*
b) On your graph, mark the point at which the boat reached maximum speed. *[1]*
c) Calculate the maximum speed of the boat. *[3]*
d) Calculate the average speed of the boat *[3]*
e) Sketch a speed–time graph for the journey. *[2]*

[Total 14]

6 Fiona wrote down her height, mass and weight on a piece of paper.
a) What is Fiona's mass? *[1]*
b) How much does Fiona weigh? *[1]*

c) If Fiona went to the moon, which of these three values would change? *[1]*

[Total 3]

520 N

1.7 m

52 kg

Figure 1

7 Explain in terms of friction why it would be dangerous to put oil on the brake blocks of a bike.

[Total 3]

8 Figure 2 shows the forces acting on a boat sailing at a steady speed.
a) What is the name given to force X? *[1]*
b) What is the value of force X? *[1]*
c) What is the value of the drag? *[1]*

[Total 3]

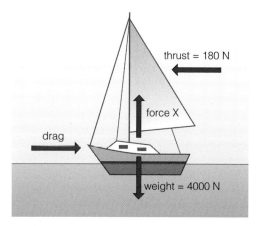

thrust = 180 N

force X

drag

weight = 4000 N

Figure 2

9 Two sets of identical coins were balanced on a ruler and pivot. The first set contained 6 coins positioned 16 cm to the right of the pivot. When the ruler balanced the second set of coins were 8 cm to the left of the pivot.
How many coins were there in the second set? You may need to draw a diagram to help you answer this question. *[Total 3]*

10 Figure 3 shows a load of 10 N being supported by an effort applied to a lever system.
a) Calculate the moment produced by the load. *[3]*
b) What moment is the effort supplying? *[1]*
c) Calculate the value of the effort. *[3]*
[Total 7]

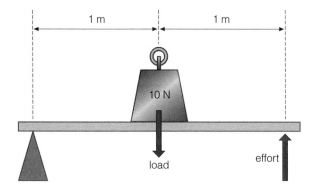

Figure 3

11 When using a wheelbarrow to carry a heavy object, why is it better to place the object as close to the front of the wheelbarrow as possible? *[Total 2]*

12 Drawing pins have one end with a large flat surface and the other end has a sharp point. Using the words **force, pressure** and **area**, explain why the drawing pin goes into the wall rather than into your thumb when you use it correctly. *[Total 3]*

13 You can lie on a bed of nails without hurting yourself. Why could you not walk on the same bed of nails? *[Total 3]*

14 A computer monitor weighing 160 N rested on a desk. The area of contact between its base and the desk was 800 cm². Calculate the pressure exerted on the desk by the computer monitor. *[Total 3]*

15 Explain why dams need to be very much thicker at the bottom than they are at the top. *[Total 3]*

16 The brake pedal of a hydraulic braking system applies a force of 400 N to an area of 4 cm².
a) Calculate the pressure in the fluid. *[3]*
b) Calculate the force this pressure would exert on a brake piston with an area of 25 cm². *[3]*
[Total 6]

17 P Plan an investigation to test how well different shaped objects move through wallpaper paste.

18 P List the variables that could be changed when making a spring.

19 R Find out about the following.
a) A unit of speed called the **knot**.
b) What **mach 2** means.

20 R There are many different kinds of barometer that can be used to measure atmospheric pressure. Carry out some research on barometers and write an information sheet about them.

21 R Find out about the French physicist and mathematician, Blaise Pascal.

Electricity and magnetism

5.1 Static electricity

Why does some clothing crackle when you undress? What causes lightning? Electricity is all around us – static electricity can build up on many objects. It can also make your hair stand on end!

All substances are made up of atoms. An atom consists of **protons** (positively charged particles) and **neutrons** (which have no charge). These particles are in the central **nucleus**. **Electrons** have a negative charge and they orbit the central nucleus.

An atom is electrically neutral. This means that an atom has the same number of positive charges as negative charges. Only the electrons can be moved because they are on the outside of the atom.

When a plastic ruler is rubbed with a dry cloth it will pick up little pieces of paper. What has happened to the plastic ruler to allow it to do this? The ruler is made of atoms and each atom has the same number of electrons and protons in it. It is electrically neutral. When a cloth is rubbed against the ruler friction helps to move some of the electrons. If the electrons are moved from the ruler onto the cloth then the ruler will have fewer electrons. The ruler therefore has a positive charge. The cloth will have extra electrons and it will have an overall negative charge.

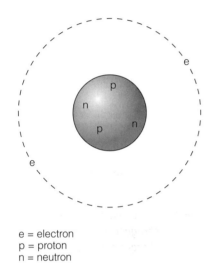

e = electron
p = proton
n = neutron

Figure 1.1 *The structure of a helium atom.*

Figure 1.2 *The ruler is being charged up using the cloth.*

cloth

cloth rubbed against ruler

electrons moving

ruler

Sometimes the electrons will move from the cloth and onto the plastic, depending on the type of materials used. This will give the plastic a negative charge and the cloth a positive charge. Glass can also be charged up in this way. We call this type of charge **static electricity**. Any substance that will allow electricity to flow through it easily cannot be charged with static electricity and is called a **conductor**. The charge flows away and does not build up. Only an

The ancient Greeks were the first people to notice the effects of static electricity. The amber beads they wore rubbed against their skin, became charged up, and soon became very dusty.

insulator can be charged with static electricity this way as electrons cannot flow through the insulator to replace the electrons that have been lost.

If two pieces of polythene, each with a positive charge, are brought close together they will push away from each other or **repel**. If one piece of polythene is replaced with acetate which has a negative charge, they now have different charges and they will pull towards each other or **attract**. They have opposite charges.

Small particles are attracted to objects charged with static electricity. Dust will stick to a charged mirror and small pieces of paper will stick to a charged plastic ruler. When you rub a balloon on your clothes it will also become charged and stick to a wall.

When a charged ruler is brought near a fine stream of water from a tap the stream of water bends towards the ruler. The unlike charges on the water molecules are attracted to the charges on the ruler. This is called an **induced charge**.

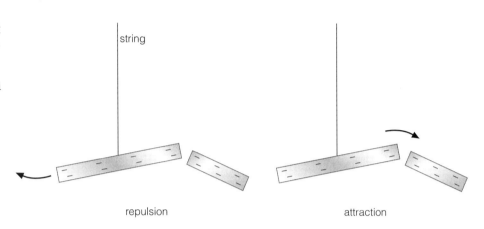

repulsion

attraction

Figure 1.3 *Same charges (or 'like' charges) repel and opposite charges attract.*

> **!** Like charges repel and opposite charges attract.

Figure 1.4 *The charged rod induces a charge in the water.*

The Van de Graaff generator

In the laboratory we can make static electricity using a Van de Graaff generator. This machine was invented in 1931.

The generator uses friction between the belt and a Perspex roller to charge the belt with a positive charge. This charge is carried by the belt to another roller at the top. Electrons move from the dome to the belt to neutralise the charge so the dome gets a positive charge. The belt moves round to become charged up again. This process continues

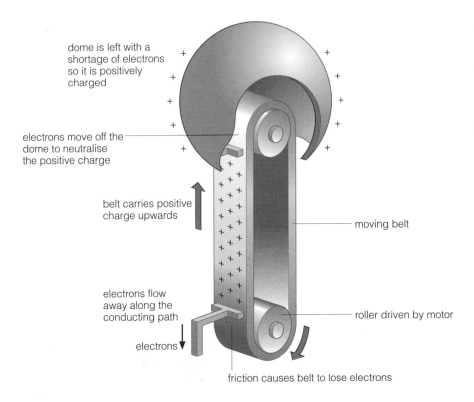

dome is left with a shortage of electrons so it is positively charged

electrons move off the dome to neutralise the positive charge

belt carries positive charge upwards

moving belt

electrons flow away along the conducting path

electrons

roller driven by motor

friction causes belt to lose electrons

Figure 1.5 *How a Van de Graaff generator works.*

and a high positive charge collects on the dome. If the dome is earthed then a small spark like a small bolt of lightning will be seen. It is possible to charge up a person if you make sure they are not touching earth. If given a chance an electric charge will always go to earth.

Lightning

Inside storm clouds small particles of ice, carried by convection currents, move upward past bigger ones and rub against them as they move. This movement causes the clouds to become charged up. As the cloud passes over the Earth the opposite charge is induced in the ground. If the charge becomes large enough a flash of lightning will occur between the cloud and the Earth or between different clouds.

! Lightning can reach temperatures of 30 000° C. There are about 80 lightning flashes per second worldwide.

Figure 1.6

Summary

- An atom consists of protons, neutrons and electrons.
- Some electrons can be moved away from their atoms.
- Conductors cannot be charged with static electricity.
- Like charges repel and opposite charges attract.
- Lightning is a movement of electrons.

Questions

1 An atom is electrically _____. To make an atom charged, _____ have to be added or removed. Unlike charges _____ and _____ charges repel. *[Total 2]*

2 a) Which of the following sentences are correct? *[2]*
   i) A plastic comb with extra electrons will have a positive charge.
   ii) Two charges that are the same as each other will repel.
   iii) A metal rod is easy to charge with static electricity.
   iv) In an atom only electrons can be moved from place to place.
   v) Protons have a negative charge.
   b) For each statement that is incorrect, say what is wrong. Re-write the statement to make it correct. *[3]*
   [Total 5]

3 If a balloon is rubbed on a jumper the balloon will charge up with a negative charge.
   a) Explain how the balloon becomes charged. *[2]*
   b) Will the jumper also have a charge? *[1]*
   c) If so, what charge will it have and why? *[2]*
   [Total 5]

4 When cling film is pulled from a roll it will stick to your hand. Why does it do this? *[Total 3]*

5 Metal car doors can be painted with charged powder paint. This works better if the car door is earthed.
   a) How does this work? *[2]*
   b) What are the advantages of using charged powder paint? *[2]*
   [Total 4]

6 A charged plastic pen will have an effect on a small trickle of water. What will happen to the water and why? *[Total 3]*

5.2 Simple electric circuits

What is an electric current and how is it measured? With some Christmas tree lights when one bulb blows they all go out. With others it is easy to see the one that has broken. This is because circuits can be set up in series or parallel.

An electric current is a flow of electrons from one place to another. Electricity will flow through metals because the atoms of the metals are surrounded by electrons that are free to move. The movement or flow of these electrons is called an electric current.

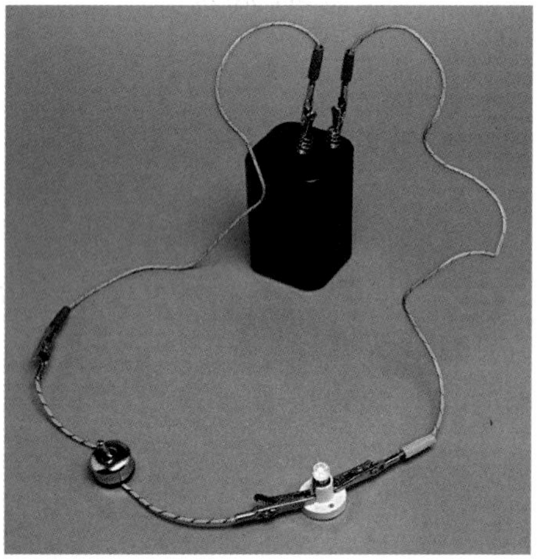

Figure 2.1 *A simple circuit*

A simple circuit

If you want a bulb to light you will need a cell, some connecting wires and a switch. When all these are connected together you have a complete **circuit** and the bulbs light.

When the switch is closed the electrons will move through the wires from the negative end of the cell, through the bulb and back to the positive end. You have given the electrons a path to move along (wires), and energy from the cell to move. The chemical reaction in the cell pushes the electrons round the circuit (like water through a pipe). It is more difficult for the electrons to move through the thin wires in the bulb and some of their energy is transferred to heat and light. The process will only stop when the cell runs out of chemical energy. The electrons will then no longer move because there is nothing to push them around the circuit.

In science we have a way of drawing circuits quickly and accurately by using symbols for all the parts of the circuit. The circuit does not need labels. Figure 2.2 shows the circuit in Figure 2.1 as a circuit diagram.

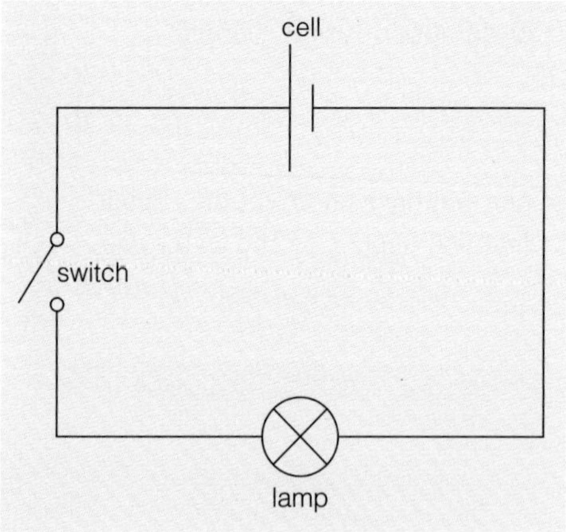

Conventional current and electron flow

An electric current is a flow of electrons going through all parts of the circuit. The electrons have a negative charge and come from the negative terminal of the cell. They are attracted round the circuit to the positive terminal. When experiments were first carried out with electricity, scientists did not know about electrons. They agreed to talk about electricity going from positive to negative. We call this **conventional current**. We now know that this is incorrect. The movement of the electrons is the **electron flow**.

Figure 2.2 *A circuit diagram of the simple circuit shown in Figure 2.1.*

The electrons have to work very hard to go through a bulb. If you give them an easier route they will take it instead. This easier route is called a **short circuit**. Sometimes the route may be longer but it is always easier.

Series and parallel circuits

Series circuit

In the circuit shown in Figure 2.4, the bulbs and the cell are placed in one loop. They are in a **series circuit**. If there is a break in the circuit the electrons cannot go through the wires and no current flows. The more bulbs that are added to the circuit then the dimmer each bulb will be. This is because it is more difficult for the electrons to flow round the circuit. If you add more cells in series the bulbs will become brighter.

If Christmas tree lights are in series and one bulb breaks, all the bulbs go out because the circuit is broken. It is very difficult to find the broken bulb.

Parallel circuit

In this circuit there is more than one possible path for the current to flow round. This is a **parallel circuit**. The current gets to a junction and splits up to go through each branch. This means if one bulb is broken the others will still work because there is still a complete circuit for the electrons to flow round. The current can still go through the other bulbs. Adding more bulbs to the same circuit does not affect the brightness of the other bulbs. Cells can also be put in parallel to each other. This will not make the bulbs any brighter but the circuit will work for longer.

When Christmas tree lights are in a parallel circuit, it is much easier to find a broken bulb because the rest of the bulbs still work.

Resistance

All the parts of a circuit will try to stop the electrons from going through them. The parts try to resist the flow of electrons. This is called **resistance**. Some metals, like copper, have a lower resistance than other metals and we say they are good conductors. The resistance of a wire depends on its length, its material and gauge (thickness). The more difficult it is for the electrons to get through the wire the larger the resistance of the wire. A long thin wire would be very difficult for

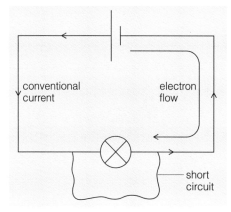

Figure 2.3 *The circuit shows the way the electrons are flowing and the direction of the conventional current. The wire added to the circuit is showing a short circuit.*

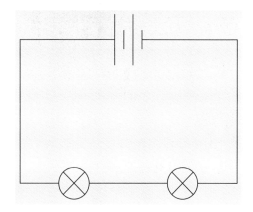

Figure 2.4 *A series circuit.*

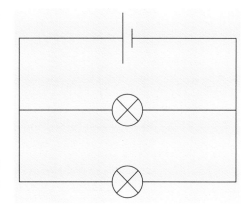

Figure 2.5 *A parallel circuit.*

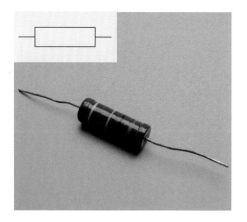

Figure 2.6 *A resistor and its symbol.*

> **!** One amp is about 6 million, million, million electrons going past one point in one second.

> **!** Remember, connect positive to positive and negative to negative.

electrons to pass through. Therefore it has a high resistance to the flow of current. Resistance has the symbol R and is measured in **ohms** (Ω).

Measuring an electric current

You can see how much electricity is flowing in a circuit by the brightness of the bulbs. This is not a very reliable method. Electricity is the flow of electrons through the wires. A larger current means that there are more electrons flowing. An instrument that will 'count' these electrons will measure the current. This instrument is called an **ammeter**.

An ammeter should have a low resistance so that it does not affect the current in the circuit. An ammeter must be connected in series in a circuit, so that all the electrons will go through it. Current is measured in amperes, usually shortened to amps or A. Current has the symbol I.

An ammeter must be connected the correct way round in a circuit with the positive of the meter connected to the positive of the cell.

You can use an ammeter to measure the current in any part of a series or parallel circuit.

If you put an ammeter in different positions in a series circuit as shown in Figure 2.7a all the readings will be identical. The number of electrons going through the wires remains constant.

If the readings are taken in a parallel circuit as shown in Figure 2.7b they will not be the same as each other. The current splits and travels through the different branches. The current in all the branches adds up to the current coming from the cell.

No current is used up in a series or parallel circuit since you always end up with the same ammeter reading on each side of the cells. So if current is not used up why do cells eventually stop working? The electrons need energy to move through the wires. This energy comes from chemical energy in the cells. When this chemical energy runs out the electrons will no longer be pushed around the wires and so no current flows.

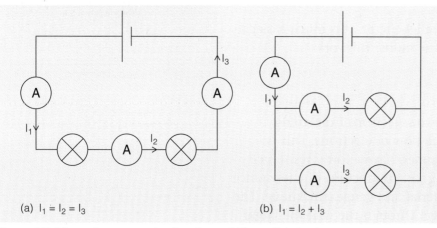

(a) $I_1 = I_2 = I_3$ (b) $I_1 = I_2 + I_3$

Figure 2.7 *Measuring current in a) series and b) parallel circuits.*

The electrons use up most energy when they do the most work, e.g. moving through a bulb. We can measure this energy difference called potential difference (PD) using a **voltmeter**. It is also possible to measure the electrical 'push' of a cell, the electromotive force (EMF), with a voltmeter.

Measuring PD and EMF

A voltmeter is connected in parallel across the component or cell being measured. The current should flow through the circuit and not the meter so a voltmeter must have a high resistance to current. A voltmeter is connected with the positive terminal of the meter to the positive side of the circuit (see rules for an ammeter). EMF and PD are measured in volts and written as the symbol V.

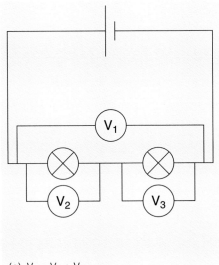

(a) $V_1 = V_2 + V_3$

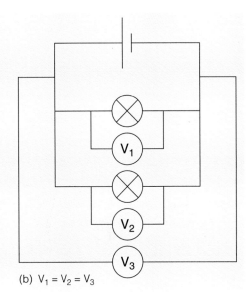

(b) $V_1 = V_2 = V_3$

Figure 2.8 *Measuring the PD in a) series and b) parallel circuits.*

A voltmeter is connected across different components in a series circuit as shown in Figure 2.8a and readings are taken. The voltages across each individual component add up to the voltage across all the components. In this case:

$$V_1 = V_2 + V_3$$

If readings are taken in a parallel circuit as shown in Figure 2.8b then all the readings should be identical to each other.

! An electric eel generates up to 650 V and stuns its prey as the current passes from its head to its tail. It also uses a weak electric field to navigate.

Summary

- A flow of current is the movement of electrical charge, usually electrons.
- Electrons move from the negative terminal of a cell to the positive terminal of a cell.
- Conventional current flow is from positive to negative.
- In a series circuit the current flows round a continuous loop.
- In a parallel circuit the current splits into separate branches.
- A short circuit is a very easy route for the electrons to follow.
- An insulator has a very high resistance to current and a conductor has a low resistance to current.
- An ammeter measures current in amps and a voltmeter measures PD and EMF in volts.

Questions

1 Copy and complete the following sentences.
An electric current is a flow of _____. For this to happen there must be a complete _____.
Current flows easily through a _____ but it does not flow easily through an _____. An _____ measures current and must be placed in _____ in a circuit. A voltmeter measures _____ and must be placed in _____ in a circuit. *[Total 4]*

2 Match the symbols shown in Figure 2.9 to the names.
ammeter
voltmeter
wire
cell
bulb
switch
resistor *[Total 5]*

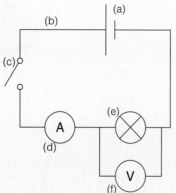

Figure 2.9

3 Using two cells and three bulbs draw circuit diagrams to:
a) make the three bulbs as bright as possible *[1]*
b) make the three bulbs as dim as possible *[1]*
c) control one bulb only by adding a switch. *[1]*
[Total 3]

4 Using one cell, one bulb and one switch, draw a circuit diagram to show the bulb working only when the switch is NOT closed. *[Total 3]*

5 There are three living areas in a tent. Each area needs a light, which can be controlled from that area. You only have one large cell.
a) Draw a circuit diagram to show the lighting for the tent. *[3]*
b) How many bulbs and switches will you need? *[1]*
[Total 4]

5.3 Other circuit components

Streetlights come on when it goes dark. What triggers this action?
How does a dimmer switch work?
In the last chapter we looked at basic circuits. There are many types of
component used in a circuit. Each one does a different job.

Diodes

A **diode** will only allow current to flow in one direction. The direction
that the diode will allow conventional current to flow is indicated by the
arrow. The end with the band must be connected to the negative side of
the circuit. On the symbol for a diode the straight line is the side where
the band is. A diode can be used to protect computers, which would be
damaged if the power supply was connected the wrong way round.

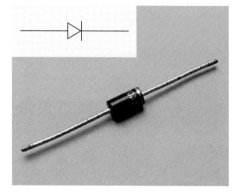

Figure 3.1 *A diode and its symbol.*

Light emitting diode (LED)

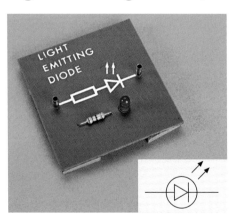

Figure 3.2 *A light emitting diode (LED) and its symbol.*

An **LED** is more efficient than a
bulb and is sometimes used in
circuits instead of a bulb. It allows
electricity to flow in one direction
only. The LED does not produce
light in the same way as a bulb. In
this component the electrons in the
material move inside the atom when
a current flows, releasing energy as
they move. Some of this energy we
see as light. The most common
colour for the LED light is red. If
different materials are used they can
produce green and yellow light. An
LED changes electrical energy to
light energy. LEDs only need a small current and will last longer than a
bulb.

Light dependent resistor (LDR)

An **LDR** is made up of a piece of semiconducting material joined to
two pieces of metal. A semiconductor will allow some current to flow.

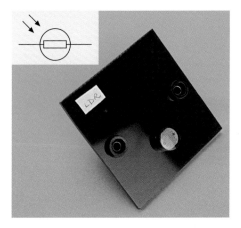

Figure 3.3 *A light dependent resistor (LDR) and its symbol.*

Its resistance is in-between a conductor and an insulator. The semiconductor has only a few free electrons so a current will not pass through it easily. When light energy falls on the LDR more electrons are released from their atoms and the material will then become a better conductor. When the light energy is removed the LDR goes back to its original state. LDRs are used to ensure streetlights come on when it starts to go dark. They are activated as it goes dark.

Variable resistor (rheostat)

A **variable resistor** can be used to control the size of a current by altering the resistance. Moving the slider controls the length of wire the current must flow through. The longer the wire the lower the current.

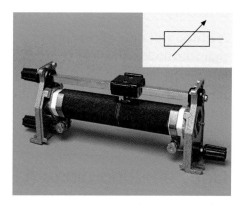

Figure 3.4 *A rheostat and its symbol.*

In your house you may have a dimmer switch which will allow you to control the brightness of the lights. These are small rheostats. Turning the switch changes the length of wire in contact with the pointer.

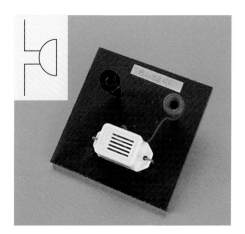

Figure 3.6 *A buzzer and its circuit symbol.*

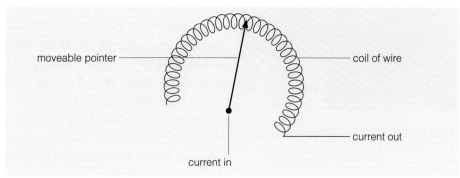

moveable pointer — coil of wire

current out

current in

Figure 3.5 *A dimmer switch.*

Buzzer

When an electric current is passed through a buzzer it will vibrate and make a sound. Its can be used in circuits which need to give an audible warning.

Logic gates

Logic gates are part of electronic circuits. They allow a variety of inputs and outputs to be used to control circuits.

AND gate

The symbol for an AND gate is shown in Figure 3.7. To explain how it works look at the simple circuit shown in Figure 3.8.

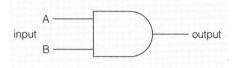

Figure 3.7 *The symbol for an AND gate.*

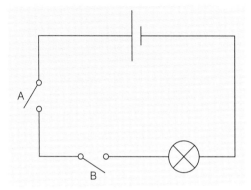

Figure 3.8 *A series circuit which works like an AND gate.*

For the bulb to light, switches A and B must be closed. The current cannot flow until both switches are closed.

This is like an **AND gate** where there must be an input to both A and B for the gate to respond. A microwave oven makes use of an AND gate. It will only work if the door is closed AND the on switch is pressed.

The outputs for the different states of the series circuit shown in Figure 3.8 can be shown in a truth table, as shown in Table 3.1. This is for a series circuit. The same table applies for an AND gate.

Table 3.1 *Truth table for an AND circuit.*

Switch A	Switch B	Bulb
Open	Open	Off
Closed	Open	Off
Open	Closed	Off
Closed	Closed	On

OR gate

The symbol for an OR gate is shown in Figure 3.9. To explain how it works look at the simple circuit shown in Figure 3.10.

For the bulb to light, switch A or switch B can be closed, which allows the current to flow. This is like an **OR gate** where there must be an input to A or B for the gate to respond. Heating systems in houses

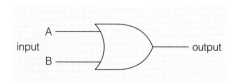

Figure 3.9 *The symbol for an OR gate.*

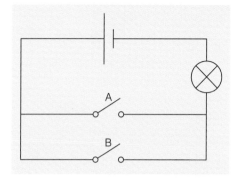

Figure 3.10 *A parallel circuit which works like an OR gate.*

make use of OR gates. For example, a hot water heater may have a time switch which turns on the heater at certain times of day. There will also be a manual switch if you want to heat water at other times. Either switch can be used to turn the hot water heater on.

The outputs for the different states of the series circuit shown in Figure 3.10 can be shown in a truth table, as shown in Table 3.2. This is for a parallel circuit. The same table applies for an OR gate.

Table 3.2 *Truth table for an OR circuit.*

Switch A	Switch B	Bulb
Open	Open	Off
Closed	Open	On
Open	Closed	On
Closed	Closed	On

Using electricity safely

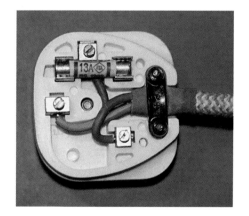

Figure 3.11 *The inside of a plug.*

Mains electricity is dangerous and could kill you if you touch a bare wire carrying a current. Wires are covered in an insulating material, usually plastic. Plugs and sockets are also insulated with plastic cases. Water is a good conductor of electricity so it is important not to touch plugs and switches with wet hands. Never use plugs that are broken or have loose wires.

If too high a current flows through an electrical appliance it might be damaged. Using the correct fuse can protect appliances. Fuses can be found in plugs and sometimes in the appliance itself. A fuse is a piece of wire with a low melting point placed in the live part of the circuit.

In a plug the current flows through the live wire (brown). The current flows through the fuse first. If there is a surge of current the fuse will get hot and melt. The fuse 'blows' and the current can no longer flow.

It is important that the correct fuse is fitted in a plug. The fuse should let enough current through so the appliance will work but 'blow' if there is too much. The most common fuses are rated at 3 A, 5 A and 13 A. If an appliance has a heating element in it, it will need a 13 A fuse. This is a simple rule to work out the correct fuse to use.

The National Grid

Power stations produce electricity and it is transmitted around the country by cables called power lines. This network of power lines is called the National Grid. Electricity has to flow along miles of wire before it reaches people's homes. The current heats up the wire and some electrical energy is wasted as heat. If the electricity is transmitted at high voltages and low currents, less energy is wasted.

It would be too dangerous to have very high voltages in our homes. This means that the voltage of the electricity must be increased as it leaves the power station and decreased before it comes into our homes. A transformer is used to change the voltage. There are two types of transformer. A step-up transformer increases voltage (for example between power station and power lines). A step-down transformer decreases voltage (for example from the power lines to homes).

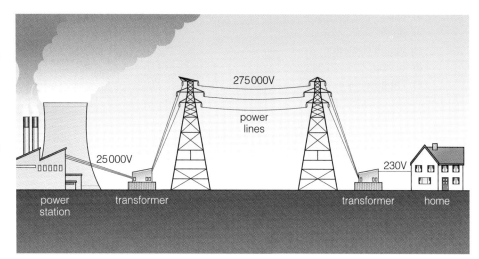

Figure 3.12

Summary

- ○ A diode is like a one way valve, allowing current to flow in one direction.
- ○ A light emitting diode uses a smaller current than a bulb and gives off (emits) light.
- ○ A light dependent resistor uses light as a trigger and works like a switch.
- ○ You can alter the size of the current in a circuit by altering the resistance of the circuit.
- ○ Electricity is dangerous and it is important that electrical devices have the correct fuses and properly wired plugs.

Questions

1 Copy and complete the following sentences.
In a rheostat the resistance can be _____.
A diode will allow a current to flow in
_____ direction. When light shines on a LDR
_____ electrons are released. The higher the
resistance of a wire the _____ the current.
In an AND gate both _____ must be on to
get an output. In an _____ gate only one
input must be on to get an output. *[Total 3]*

2 Draw the symbols for the following components:
a) LED *[1]*
b) diode *[1]*
c) variable resistor *[1]*
d) buzzer *[1]*
e) OR gate. *[1]*
  [Total 5]

3 What do the following abbreviations stand for?
a) LED *[1]*
b) LDR. *[1]*
  [Total 2]

4 Look at the circuit diagram shown in Figure 3.13. This
is a circuit for a hairdryer. Which switches must be
closed for:
a) cold air to be blown out *[1]*
b) warm air to blown out? *[1]*
  [Total 2]

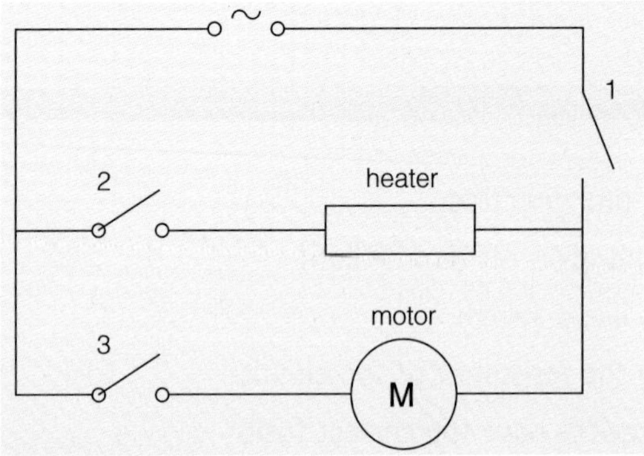

Figure 3.13 *The circuit for a hairdryer.*

5 Look at Figure 3.14.
a) Will the bulb light up? *[1]*
b) What will happen if the cell is reversed? *[1]*
  [Total 2]

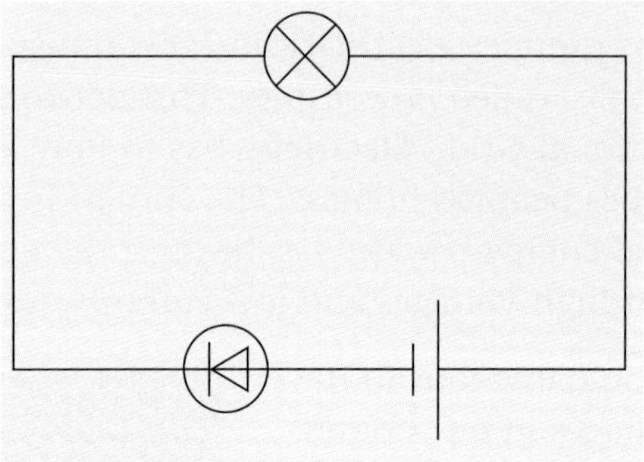

Figure 3.14

6 Design a leaflet to point out some of the hazards
associated with using electricity in the home.
  [Total 4]

5.4 Magnetism

How does a compass work? **Magnets** are everywhere, but only some substances are magnetic.

A form of magnetic rock called lodestone has been known about for a long time. It was used to make the first compasses. Lodestone, or magnetite as it is now called, can still be found. Three elements, iron, cobalt and nickel, are magnetic and are called ferromagnetic materials. Steel also has magnetic properties because of the iron in it.

Close to each end of a magnet is an area called a magnetic pole. If a magnet is suspended on a piece of thread it will turn until one pole points north. This is called the north-seeking pole or north pole. The end pointing south is the south-seeking pole or south pole. When two north poles are put together they push each other away or repel. A north and south pole will pull each other together or attract.

> **Like poles repel and opposite poles attract.**

A piece of iron will be attracted to a magnet but the iron is not a magnet because the iron and the magnet will not repel each other. If two metals repel they must have magnetic poles and so they must both be magnets.

What makes iron magnetic?

To answer this question we need to look inside the metal at the atoms that it is made from. Inside a piece of iron each atom acts as a small magnet called a dipole. They are grouped together in **domains**. Domains in an unmagnetised piece of iron are arranged in random directions and their effects cancel each other out.

A magnet will attract the iron but the iron itself is not a magnet. When the iron is exposed to a magnetic field, the domains line up in the magnetic field. All the north poles point in the same direction.

When all the domains are lined up the magnet cannot get any stronger. It is a saturated magnet. If you cut a magnet in half you will have two magnets. Each magnet will have its own north and south pole.

Iron is called a soft magnetic material. It is an easy metal to magnetise but it loses the magnetism very quickly. Steel is difficult to magnetise but once magnetised it keeps it. Steel is called a hard magnetic material.

The brain cells of some birds have been found to contain magnetite. This may be sensitive to the Earth's magnetic field and help them to navigate.

The only way to test if two materials are magnets is to see if they will repel each other.

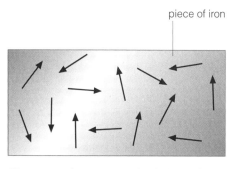

Figure 4.1 *An unmagnetised piece of iron.*

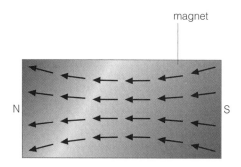

Figure 4.2 *Magnetic domains inside a magnet.*

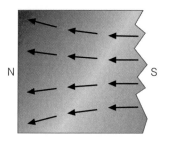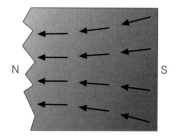

Figure 4.3 *A magnet broken in half forms two magnets.*

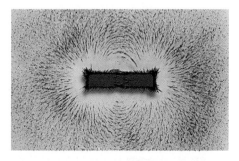

Figure 4.4 *The magnetic field round a bar magnet.*

Destroying magnetism

If the domains in a magnet are given energy to move they will revert back to a random arrangement. Some of the magnetism will be lost. You can destroy a magnet by heating it, dropping it or generally being rough with it. Each time a magnet is heated or dropped more domains will become arranged in random directions and the magnet will become weaker.

The magnetic field

When two strong magnets are put close together you can feel the force between them before they touch. The space around a magnet where it can affect magnetic materials is called the **magnetic field**. You can show the field by using iron filings or plotting compasses. The lines shown by the iron filings never cross each other and are concentrated around the poles. The poles of a magnet are not at the ends of the magnet but a small distance in from each end.

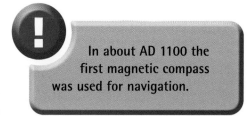

Figure 4.5 *The Earth's magnetic field.*

The Earth's magnetic field

The structure of the centre of the Earth makes the Earth act as if it has a large bar magnet inside it. The magnetic north pole is not in the same place as the geographic North Pole. In fact the magnetic north pole moves slightly each year. Over long periods of time (thousands of years) it reverses. The north pole of a magnet will point to magnetic north but two north poles will repel.

Summary

- A magnet has a north pole and a south pole.
- Like poles repel and opposite poles attract.
- Iron will make a temporary magnet
- Steel will make a permanent magnet.
- The north pole of a magnet is really a north-seeking pole.
- The Earth has a magnetic field.

Questions

1 Copy and complete the following sentences.
A magnet has a north pole and a _____
pole. The pole that points to magnetic north is called
a north-_____ pole. When two north poles
are put together they _____. Around a
magnet there is a magnetic _____. Iron
makes a _____ magnet. A permanent
magnet is made from _____. Other
magnetic materials are _____ and
_____. *[Total 4]*

2 You have found three metal bars all painted white.
One bar is a magnet, one is made from copper and
one is a piece of iron. Using nothing else how can
you find out which is which? *[Total 4]*

3 Magnets can be used to hold a refrigerator door
closed. Write down five other places where you
might find a magnet in use. *[Total 5]*

4 The Earth acts like a giant magnet. People can use
this magnetic field to find their way around. Describe
one way the Earth's magnetic field can be used for
navigation. *[Total 2]*

5 How could you use magnetism to sort cans for
recycling? Most cans are made from aluminium
or steel. *[Total 2]*

6 Explain why a compass needle always points to
magnetic north. *[Total 2]*

7 a) Copy the diagram of the two magnets shown in
Figure 4.6. Draw the magnetic field between the
magnets. *[2]*
b) Repeat the diagram but this time turn one of the
magnets round the other way. *[2]*
[Total 4]

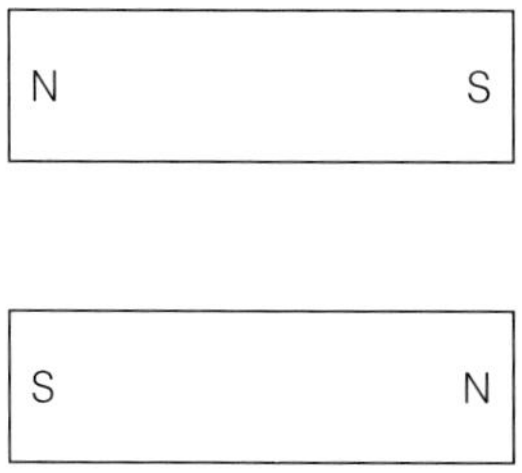

N		S

S		N

Figure 4.6

5.5 Electricity and magnetism

What is the connection between doorbells, relays and magnetism? Any wire carrying an electric current will have a magnetic field round it. The current flowing through the wire generates the magnetic field.

The magnetic field around a straight conductor

The magnetic field around a conductor can be shown with iron filings or a plotting compass.

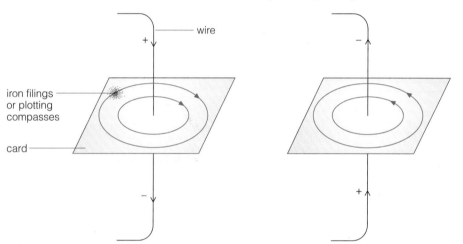

Figure 5.1 *The magnetic field round a straight conductor.*

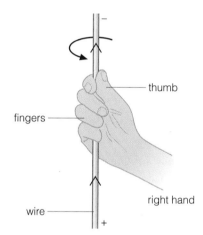

Figure 5.2 *The right hand grip rule.*

The magnetic field forms circles around the wire. The direction of the field depends on the direction of the conventional current. An easy way to remember the direction is to imagine holding the wire in your *right* hand and pointing your thumb in the direction of the current. The magnetic field follows the direction of your fingers.

A coil of wire produces a magnetic field similar to a bar magnet. An iron nail placed in the centre of the coil will become magnetised. The nail will then attract paper clips as shown in Figure 5.3. Iron is a soft magnetic material. It will only be a magnet while the current is flowing.

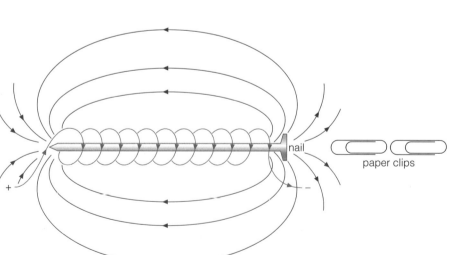

Figure 5.3 *The magnetic field round a coil.*

Turn the current off and the iron will lose its magnetism. This device is called an **electromagnet**. It is a magnet that can be turned on and off.

You can make a permanent magnet by replacing the iron with steel. Steel keeps its magnetism.

How can electro-magnets be useful?

Look at Figure 5.4 and try to work out where the current flows when the switch is pushed. The coil becomes an electromagnet and attracts the armature towards it. The hammer hits the bell. At the same time a gap is made between the springy metal strip and the contact screw. The current cannot flow so the coil is no longer an electromagnet. The armature springs back to its original position and contact is made again. The current can flow and the whole process starts again. This continues until you take your finger off the switch. The hammer will hit the bell several times a second.

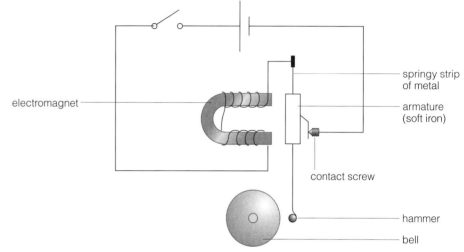

Figure 5.4 *An electric bell.*

The relay

A relay is a magnetic switch. It uses a small current to switch on a larger one. Figure 5.5 shows the relay system used to turn the starter

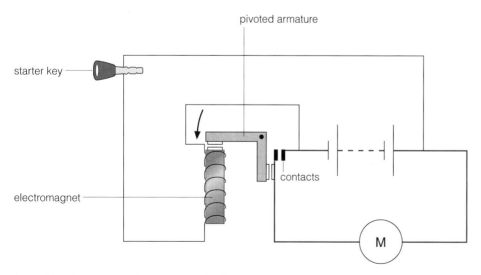

Figure 5.5 *The relay system used in starting a car.*

motor of a car. The starter motor needs a large current, which needs to be carried by thick wires. A relay is used to keep these wires as short as possible. It also means that there is only a small current flowing through the circuit with the starter key in it. This makes the circuit safer. A small current from the ignition magnetises an electromagnet. This attracts the iron armature, closing the contacts. A large current will now turn the starter motor.

Reed switch

A **reed switch** is operated with a magnet. Inside the glass bulb are two strips made of magnetic material a small distance apart. The magnetic material is usually iron. When a magnet is brought close to the switch the strips of metal become magnetised and are attracted to each other. When the magnet is moved away they loose their magnetism. The metal is springy so they move apart.

In electronics a reed switch can operate as a **reed relay**. The switch is placed inside a coil of wire. When a current flows in the coil it acts as a magnet, activating the switch.

> Reed relays are used for door switches in burglar alarms.

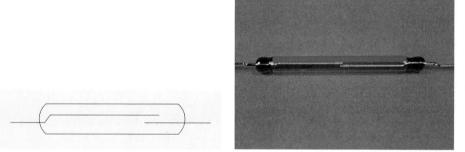

Figure 5.6 *A reed switch and its symbol.*

Summary

- When a current goes through a wire a magnetic field is produced around it.
- Any wire carrying an electric current will have a magnetic field around it.
- A coil of wire produces a magnetic field similar to a bar magnet.
- An electromagnet is made by putting a piece of iron inside a coil which has a current flowing through it.
- A relay is a magnetic switch.

Questions

1 Copy and complete the following sentences.
A magnetic field is produced when a current flows _____ a wire. When a piece of iron is placed in the coil it is called an _____. The iron is a magnet when the current is turned _____.
To make a permanent magnet the iron is replaced with _____. *[Total 2]*

2 Which metal would you choose for the centre of an electromagnet? Give one reason for choosing this metal. *[Total 2]*

3 Look at Figure 5.7.
a) Which metal is end A of the barrier made from? *[1]*
b) What happens to the barrier when the electricity is turned on? *[2]*
c) How could you get the barrier to go back down? *[3]*
[Total 5]

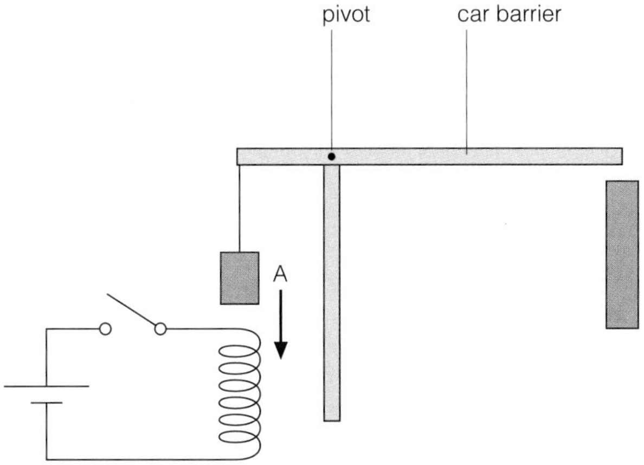

Figure 5.7 *An automatic car barrier.*

4 Read the following sentences and then write them out in the correct order to describe how an electric bell works.
a) The armature is pulled towards the electromagnet and the hammer hits the bell.
b) When the switch is closed the circuit is completed.
c) The armature returns, completing the circuit.
d) The electromagnet is switched on.
e) The current does not flow so the electromagnet does not work.
f) The whole sequence starts again. *[Total 5]*

5 a) Which of the following statements about electromagnets are true? *[2]*
i) Using more coils of wire will increase the strength of an electromagnet.
ii) Using copper in the centre of the coil will make the magnet stronger.
iii) Making the coil narrower will increase the strength of the magnetic field.
iv) Increasing the current will increase the strength of the magnetic field.
v) A steel core will make an electromagnet.
b) For each statement that is incorrect, say what is wrong. Re-write the statement to make it correct. *[3]*
[Total 5]

History

Magnets and shocks

Over a thousand years ago the Chinese discovered the amazing properties of lodestone – a naturally magnetic rock – and invented the magnetic compass. They used it on their long voyages from the China Sea into the Indian Ocean. However, the compass didn't arrive in Europe until the thirteenth century.

William Gilbert (1544–1603) was the physician to Queen Elizabeth I. He was interested in lots of areas of science and discovered much about the Earth's magnetic field. He showed that a small spherical magnet had a magnetic field, which is similar to the Earth's. He explained that a compass works because one end is attracted to the north pole (the north-seeking pole of the magnet), so navigators know which way is north. His book, *De Magnete*, written in 1600, was one of the first science books that were based on experiment and observation rather than just ideas.

Static electricity has been known about for thousands of years. If you rub a piece of amber, the amber will attract dust, hair and pieces of paper. William Gilbert also realised that magnetism was different to the effects produced by rubbing amber, which produces static electricity. Otto Von Guericke (1602–1686) was a German diplomat and engineer who became mayor of the town of Magdeburg. He invented a static electricity machine. It was made of a large ball of sulphur which rotated while rubbing against a cloth. In the eighteenth century, the Leyden jar was invented by Pieter van Musschenbroek. This was a glass jar coated with metal inside and out. It stored enough static charge to kill a small animal.

In America, Benjamin Franklin (1706–1790) was investigating lightning and trying to capture the electricity produced by a flash of lightning in a Leyden jar. He was very lucky that he did not electrocute himself! He invented the lightning conductor. He also helped to write the American Declaration of Independence.

Demonstrating the effects of static electricity was a popular pastime, and scientists made many discoveries. Charles Coulomb (1736–1806), a French army engineer, built a very sensitive instrument that could measure the strength of the force between two charged objects. Coulomb carried out the same measurements on magnets but insisted that there was no connection between electricity and magnetism.

Figure 1 *A piece of amber.*

Figure 2 *The Leyden jar was made of glass jar lined with metal foil, inside and out. A metal rod was pushed into the jar and when it was connected to a static machine, it could store charge.*

Currents

Luigi Galvani (1737–1798) was a lecturer of anatomy at the University of Bologna, Italy. He became very interested in how nerves and muscles work. He tried to link electricity with muscle contraction. He used a static electricity machine to make the muscles in a frog's leg twitch. He also hung the frogs' legs on some iron railings with a copper hook during a thunderstorm, and the lightning made the legs twitch. However, Galvani also noticed that he could get a frog's leg to twitch without lightning. He decided that animals' bodies contained a new form of electricity, which he called 'animal electricity'.

Figure 3

Alessandro Volta was born in Como, Italy and became a professor of physics at the University of Pavia. Volta heard about Galvani's discoveries but he thought that Galvani's explanation was wrong. He thought that the electricity had been made by the two metals copper and iron, not by the frog's leg. Volta tested his theory by making electricity without animal tissue, using two different metals. Following Galvani's experiments he created the first electric cell in 1799, called the voltaic pile. The cell contained the metals zinc and silver. His paper describing the voltaic pile was published in England in 1800 and created a great deal of interest. Soon everyone was building voltaic piles, or electric cells as we call them, and using the steady current they produced to discover new effects. Volta thought you could use the cell to reanimate the dead and did lots of experiments on the bodies of hanged criminals. These experiments gave Mary Shelley the idea for her novel, *Frankenstein*.

Volta and Galvani were both partly right. Volta was right to suggest that different metals caused the electricity. We now also know that nerves in animal bodies carry electrical impulses (although electricity does not travel through nerves in the same way as it travels through wires). This led to an understanding of how nerves control muscles.

Figure 4 *A voltaic pile.*

Electricity and magnetism combine

Most scientists thought that there was no connection between electricity and magnetism but Hans Oersted (1777–1851) disagreed. Oersted was born in Copenhagen and, after travelling around Europe as a young man, returned to the city and gave public lectures on science. He thought that a very fine wire was needed to produce magnetism from an electric current. He had no success in observing it until he was preparing a demonstration for a lecture in 1820. During the lecture he placed a wire on top of a compass and when he connected a battery to the wire he saw the compass needle jerk. Later he found that the magnetic field surrounded the wire. This discovery encouraged other scientists to explore electromagnetism.

Dominique Arago (1786–1853) showed that a coil of wire would act like a bar magnet when it carried a current, and André Ampère (1775–1836) measured the force between wires and worked out the mathematical laws of electromagnetism. Ampere is the name used for the unit of electric current.

Michael Faraday (1791–1867) was born in Newington, Surrey and was mostly self-educated. He started work as an apprentice bookbinder. He then became the laboratory assistant for Sir Humphry Davy. A year after Oersted's discovery, Faraday made the first electric motor, making a wire which was carrying a current revolve around a magnet. Oersted had shown that electricity produced magnetism, but Faraday wanted to do the opposite. It took another twelve years before he succeeded. His work eventually meant that we could generate electricity in huge power stations as we do today.

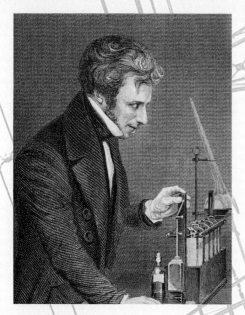

Figure 5 *Michael Faraday.*

The age of electronics

The first electronic device was the diode valve built by John Fleming in 1900, using a simple light bulb. Fleming was helping Guglielmo Marconi with his experiments on radio broadcasting at the time. A short while later Lee de Forest invented the triode valve. These two components helped to start off the radio and television industry and were used in the first electronic computers in the 1930s and 1940s. Valves were large, expensive and used a lot of electric power. Modern microelectronics depend on tiny chips of silicon with complicated circuits on them.

The first silicon or semiconductor device was the transistor designed by William Shockley, John Bardeen and Walter Brattain in 1947. They worked at the Bell Telephone Laboratory in the USA, and won the Nobel Prize for their work in 1956. Another Nobel Prize was won in 2000 by Jack Kilby for the invention of the integrated circuit – the microchip that is found in all computers, calculators, and most other electrical equipment. Kilby worked for Texas Instruments between 1958 and 1970, but Robert Noyce (1927–1990) designed a similar device at the same time and set up a company known as Intel. As Noyce was dead by 2000, only Kilby was awarded the Nobel Prize.

Questions

1 How did people first use magnetism? *[Total 1]*

2 a) What was Galvani's theory of electricity? *[1]*
b) What was Volta's theory of electricity? *[1]*
c) Explain why they were both partly right. *[3]*
[Total 5]

3 Oersted discovered electromagnetism in 1820 and within a year Arago, Ampère, Faraday and others were investigating it. What did they find out, and how do we make use of their discoveries today?
[Total 6]

4 We use a great deal of electricity now. Before scientists discovered electricity, life would have been very different. Write a newspaper article describing what life would be like without electricity.
[Total 6]

5 Benjamin Franklin tried to collect the electrical energy from lightning. Find out what he did. Why is it not a good idea to repeat his experiment?
[Total 6]

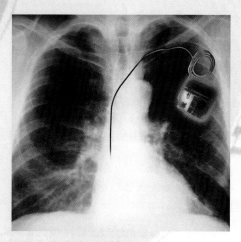

Figure 1 *An X-ray of a person with a pacemaker.*

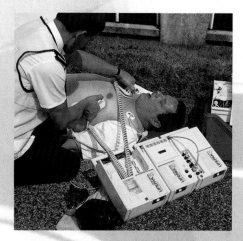

Figure 2 *A person having their heart restarted by defibrillation.*

Applications

Electricity and the body

Electricity can be used in several ways in people. Sometimes the nerve impulses which tell your heart muscles to contract do not reach all the heart muscles properly. The heart does not beat properly. A pacemaker can be fitted under the skin and a wire goes into the heart. The pacemaker delivers minute electric shocks, or impulses, when needed, to the heart muscles. This regulates an abnormal heartbeat.

If a patient's heart has stopped beating or is beating very irregularly an electric shock can be given, by a trained person, across the chest area. The shock stimulates the heart muscles to get them beating again. It is called defibrillation.

When people tell lies, they very often sweat very slightly. As this makes the skin wetter than it would be normally, the resistance of the skin changes. Lie detectors work by measuring these changes in the resistance of the skin. However, lie detectors are not very reliable.

Magnetic resonance imaging (MRI)

Sometimes doctors need to look at the soft tissues inside the chest cavity, such as the heart, or they need to look at the brain. X-rays are not suitable for this, as bones show up very strongly on X-rays and they tend to obscure the tissues behind them. Magnetic resonance imaging allows the organs inside the chest and head to be seen in much greater detail, without the bones showing as strongly, and without exposing the body to X-rays.

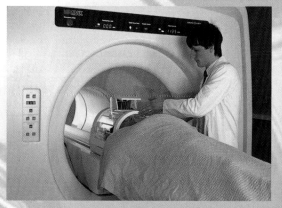

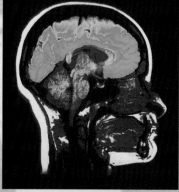

Figure 3 *This person is having an MRI scan. The results of the scan are shown on the screen.*

Three-dimensional image of the organs are generated using a magnetic field which is 1000 times stronger than the Earth's magnetic field. The nuclei (centre) of hydrogen atoms inside the body cells line up in one direction because of the strong magnetic field. As they realign weak radio signals are sent out. These signals are used to produce an image on a screen.

As bone does not contain as many hydrogen atoms as soft tissue does, they do not show up as well. The scan can show if there is anything wrong in the organ. For example, a tumour will show up, as well as damaged tissue after a stroke. Magnetic resonance imaging shows up the differences between normal and diseased tissues very well.

Magnetism and security

Magnetism can help to reduce some kinds of crime; for example fraud and shoplifting. Cheques have characters printed on them in magnetic ink, which means that the information can be scanned into a computer much more easily. It is used in banking to help identify cheques.

Credit cards have a magnetic strip on them, which carries information about you and your account, to try to reduce use of stolen cards. Security passes can also have a magnetic strip on them. They can be used to prevent you gaining access to the building, or only give you access to certain areas. Other cards with magnetic strips, such as vending cards, can be used instead of cash in machines. First you have to go to a special machine to add money to the card. The card can then be used in various machines to pay for food etc.

Many shops use magnetic security devices to prevent theft. A tag is attached to the item securely (e.g. clothing or a CD) or hidden in the item (e.g. a book). The tag can only be removed with the right equipment, which is at the checkout. If someone tries to take the item from the shop without the tag being removed, the magnet in the tag will set up an electric current in a detector, which is usually by the entrance to the shop. An alarm will then sound.

Questions

1 Why might it be very dangerous to deliver an electric shock across the heart of a healthy person?

[Total 2]

2 What are the advantages of MRI over X-rays?

[Total 2]

3 What parts of the body do not show up as well on an MRI scan?

[Total 1]

4 Explain how a magnetic security tag works.

[Total 2]

Questions

1 Name all the lettered components in the circuit shown in Figure 1. *[Total 6]*

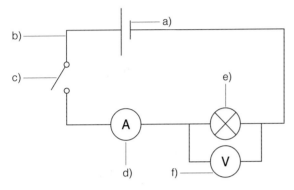

Figure 1

2 Charged plastic and charged glass will repel each other.
a) What does that tell you about the charge on each? *[1]*
b) If the plastic is put near some small pieces of paper what will happen? *[1]*
c) What will happen if the glass replaces the plastic? *[2]*
[Total 4]

3 A person shuffles around on a plastic stool and becomes negatively charged.
a) Explain how the person becomes charged up. *[2]*
b) What will happen to the charge when the person stands on the floor? *[2]*
[Total 4]

4 Look at the circuit diagram shown in Figure 2.
a) Which bulbs will light when switch 1 is closed? *[1]*
b) Which switches need to be closed for all the bulbs to work? *[1]*
c) One bulb needs two switches to be closed before it will work. Which one? *[2]*

d) Redraw the circuit so that each bulb can be switched on its own. *[2]*
[Total 6]

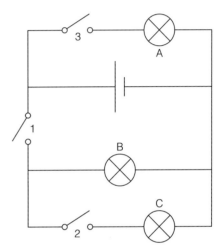

Figure 2

5 Some small pieces of steel have become mixed up in a box of copper rivets.
a) How could you separate the pieces out using a magnet? *[2]*
b) Would this work if there were aluminium pieces in the box of rivets? *[1]*
[Total 3]

6 Why is iron used to make the core of an electromagnet? *[Total 2]*

7 The junior school has 10 magnets, which have been very roughly treated. The teacher says that the magnets are now very weak.
a) Give a reason why these magnets could have lost their magnetism. *[2]*
b) To help the school you offer to re-magnetise the magnets. How would you do this? *[2]*
[Total 4]

8 A farmer wants to spray his field with pesticide. The droplets of liquid have a positive charge when sprayed.
  a) What are the advantages of this? [2]
  b) If the droplets were given a negative charge what difference, if any, would be noticed? [1]
  [Total 3]

9 Hassan wants the heater in his rabbit's hutch to work when it is cold and dark. Draw a circuit which will do this for him. [Total 2]

10 The local junior school is going to do some work on electricity. They need a safety leaflet that all the children can understand. Some of the younger children cannot read very well. Design a leaflet or poster to help the junior school. [Total 4]

11 Look at the circuit shown in Figure 3.

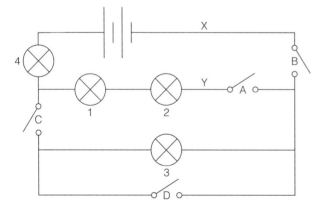

Figure 3

  a) What meter is placed at X to measure the current? [1]
  b) Which switches would you close for bulbs 1 and 2 to work? [1]
  c) How could you get bulbs 3 and 4 to light? [1]
  d) How could you get them all to work? [1]

  e) What would happen if just switch D were closed? [1]
  f) What would happen if switch B and D were closed? [1]
  g) A wire is placed between X and Y. What would happen now? [1]
  h) The wire is replaced with string. What would you expect to see? [1]
  i) If switches A, B and C are closed which bulb would be the brightest? [1]
  [Total 9]

12 P Design a burglar alarm using a relay.

13 P Find out three ways to make an electromagnet stronger.

14 P Find out how the thickness, length and material that a wire is made of changes its resistance.

15 R When an aeroplane is refuelled from a tanker the two machines are connected together with a conducting cable before the fuel is sent through a pipe. Why is this done?

16 R Magnetic levitation trains use electromagnets for movement. They can reach very fast speeds. Find out how they work.

17 R Michael Faraday invented the first transformer. Transformers are used in many places now. The charging unit for a mobile phone is a transformer. What job does a transformer do and where else might you find them?

6.1

The purpose of an **investigation** is to find the answer to a question. For example a scientist might ask 'Can we improve the studs we use on a pair of football boots?' or 'How can we make a microwave oven more energy efficient?'. When you are doing an investigation you must obtain results to test your question so that you can come to a conclusion.

New ideas are developed and tested in science all the time. Eventually if an idea is well tested, it may be accepted as a fact. However, even well tested and established facts can sometimes be proved wrong by further experiments or new ideas.

Variables, values and relationships

When you are buying a new tennis racket, there are many differences between all the rackets available. These differences are called **variables**. Each variable is described in words or numbers (with units) which are called **values**.

Table 1

Variable	Values
price	any value from £5 to £1000
manufacturer	Wilson, Dunlop, Donnay, Prince
frame material	carbon fibre, metal, wood
mass	200–600 g
string tension	20–30 kg
grip size (circumference)	89–127 mm

Investigations involve finding out whether or not there are relationships between different variables. For example is there a relationship between the tension in the strings and the power of the racket?

Scientists often carry out investigations to see the effect on one variable when they change the values of another variable. The variable changed by the scientist is called the **input variable** (or independent variable). In this example, the tension in the strings would be the input variable. The variable that is affected by the change is called the **outcome variable** (or dependent variable). In this example, the power of the racket would be the outcome variable.

Fair testing

To find out about the effect of one input variable, all the other possible input variables must be kept the same. In this example, a scientist is investigating the effect of tension in the strings on the power of the racket. In order to make it a fair test, the same type, size and shape of racket must be used. It would not be a fair test to compare a tightly strung wooden racket with a loosely strung carbon fibre racket.

Carrying out investigations

When you do an investigation it is important to plan and carry out your experiments as accurately as possible. The instructions shown below will help you to make sure that you have not forgotten anything.

Plan

1 Think about what you are investigating. Describe briefly what you are trying to find out. This is your aim.
2 Think of all the variables that could affect the thing you are measuring (the outcome variable).
3 Choose one variable to investigate – this is the input variable.
4 Make a prediction about what will happen to the outcome variable as you change the input variable. Try to explain why you made your prediction using scientific ideas.
5 Plan how to carry out the investigation. Make it as accurate as possible.
6 Describe how you will make it a fair test.
7 Describe how you will make it safe.
8 Show your plan to your teacher.

Obtain evidence

9 Do the experiment.
10 Record the results in a table.

Analysis

11 Describe any pattern shown by the results (you may need to plot a graph first).

12 State the conclusion of the experiment and try to explain in scientific terms why this happened.

Evaluation

13 Evaluate the investigation. This means that you should decide how good your experiment was, how reliable the results are and how you could improve it if you did it again.

An example investigation

Consider an investigation into what affects how fast an object falls through wallpaper paste.

Plan

1 Think about what you are investigating. Describe briefly what you are trying to find out. This is your aim.

I want to investigate what affects the speed of an object falling through wallpaper paste.

2 Think of all the variables that could affect the thing you are measuring (the outcome variable).

Outcome variable = speed of object
The speed of the object could depend on:
- *the mass of the object*
- *the volume of the object*
- *the shape of the object*
- *the concentration of the wallpaper paste*
- *the temperature of the wallpaper paste*
- *the diameter of the tube.*

3 Choose one variable to investigate – this is the input variable.

I shall investigate how the mass of the object affects the speed at which it falls through the wallpaper paste. Input variable = mass of the object.

4 Make a prediction about what will happen to the outcome variable as you change the input variable. Try to explain why you made your prediction using scientific ideas.

I predict that as the mass of the object increases, its speed through the wallpaper paste will also increase. Twice the mass will go twice as fast. This is because there will be a larger downward force from a larger mass. The volume or shape has not changed and therefore the drag should be the same for each mass. The larger downward force will make the object move faster.

5 Plan how to carry out the investigation. Make it as accurate as possible.

To change the mass, I will use balls made from different materials. Each ball will be allowed to fall through the wallpaper paste. The speed will be measured using light gates and an electronic timer.

I will measure the mass of each ball using a digital top-pan balance.

To measure the speed I will use two light gates placed 30 cm apart. They will be connected to an electronic timer that automatically calculates the speed for me.

For each experiment the ball will be held just under the surface and carefully positioned over the light gates before it is released.

The mass of balls I will use are 50g, 60g, 70g, 80g and 90g.

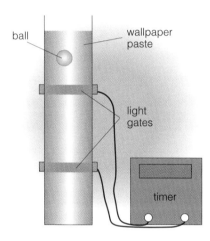

Figure 1

6 Describe how you will make it a fair test.

To make my investigation a fair test I will keep the following variables the same for each test:
- *the volume of the object*
- *the shape of the object*
- *the concentration of the wallpaper paste*
- *the temperature of the wallpaper paste*
- *the diameter of the tube containing the wallpaper paste.*

I will use the same wallpaper paste and the balls will all be the same size.

7 Describe how you will make it safe.

I will wear eye protection and not drop the ball into the wallpaper paste so that the paste does not splash over the bench.

8 Show your plan to your teacher.

Obtain evidence

9 Do the experiment.

10 Record the results in a table.

Diameter of balls = 4.6 cm
Diameter of tube = 10 cm

*This result was not included in the average because it does not fit in with the others.

Table 2

Mass of ball (g)	Speed (cm/s)		
	Experiment 1	Experiment 2	Average
50	2.4	2.1	2.2
60	2.8	4.9*	2.8
70	3.5	3.3	3.4
80	3.6	3.5	3.6
90	4	4	4

Analysis

11 Describe any pattern shown by the results (you may need to plot a graph first).

As the mass increases the speed of the ball also increases. It looks like there will come a point where increasing the mass will no longer increase the speed.

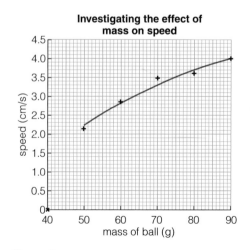

Figure 2

12 State the conclusion of the experiment and try to explain in scientific terms why this happened.

As the mass increased the speed of the ball increased. This agrees with my prediction except that twice the mass does not go at twice the speed. Although increasing the mass will increase the downward force, perhaps there is a different upthrust on the ball if it is made from a different material. A polystyrene ball would float on the surface.

Evaluation

13 Evaluate the investigation. This means that you should decide how good your experiment was, how reliable the results are and how you could improve it if you did it again.

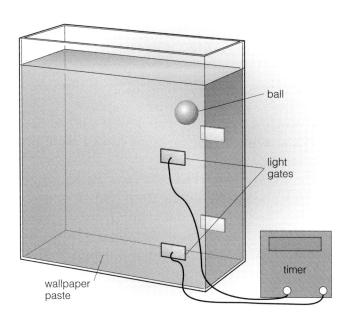

Figure 3

My results look reliable because the points on the graph are all close to the line of best fit and they give a nice smooth curve. During experiment 2 for the 60 g ball, the result was higher than it should have been. I think this was because the bottom light gate was accidentally triggered before the ball got to it.

It was difficult to get the balls out of the tube after the first experiment and we lost some wallpaper paste for the second experiment. We would have liked some larger masses but we did not have any that were the same size.

The results seem to be good enough to come to a conclusion. The graph shows a clear pattern in the results and all the results are quite close to the line.

Rather than using a tube it would be better to use a large glass tank. This would make it much easier to get the balls out after each test. If it was long but not very wide, I could still use the light gates to measure the speed.

I would also be able to use larger balls, which might help me get a wider range of masses and a better graph.

absorb   To soak up something.

acceleration   The change in speed each second.

air resistance   Frictional force created by air passing over a moving object.

ammeter   An instrument for measuring electric current.

amplitude   The height of a wave or the depth of a trough.

AND gate   A gate where two inputs must work to give one output.

angle of incidence   The angle the incident ray makes with the normal.

angle of reflection   The angle the reflected ray makes with the normal.

anticlockwise moment   A moment that is tending to turn an object in an anticlockwise direction.

anvil   A small bone in the inner ear.

artificial satellite   A man made object placed in orbit around the Earth.

asteroid belt   Collection of rocks orbiting the Sun between Mars and Jupiter.

atmospheric pressure   The pressure exerted by the Earth's atmosphere.

attract   To be pulled towards another object.

average speed   Calculated from total distance travelled ÷ time taken for an object that may not be travelling at a steady speed.

balanced forces   When two forces are the same strength but working in opposite directions.

biogas   Gas produced by rotting animal or plant matter that can be burnt.

biomass   Any fuel that comes from plants, animals or their waste.

chain reaction   A series of nuclear trans-formations started by a single nuclear fission.

chemical energy   Energy stored in the chemical bonds of a substance.

circuit   An arrangement of electrical components.

clockwise moment   A moment that is tending to turn an object in a clockwise direction.

cochlea   The inner part of the ear, containing fluid.

comet   Ball of ice and dust in a large elliptical orbit around the Sun and going out past the planets.

compression   Molecules moving closer together in a sound wave.

conductor (electrical)   Something which allows electricity to pass through it easily.

conductor (thermal)   A material that allows thermal energy to flow through it easily.

controlled variable   A variable kept constant during an experiment.

convection   A way that heat travels through liquids and gases.

convection current   The flow of a liquid or gas created by one region being heated more than another.

conventional current   The way current flow is described in textbooks, from + to −.

crest   The high part of a wave.

decibels   The unit for measuring sound levels.

density   Mass per unit volume. Measured in kg/m^3 or g/cm^3.

diode   A component in an electric circuit which allows current to flow through it in one direction only.

domain   A neutral group of atomic magnets.

drag   Air resistance and water resistance are sometimes both called drag.

eardrum   Thin membrane in the ear that picks up vibrations.

echo   The reflection of sound waves.

echolocation   Using echoes to find something.

effort   The input force applied to a mechanical machine such as a lever.

elastic limit The greatest stretching force that can be put on something without permanently changing its shape.

elastic potential energy The potential energy of an object due to its stretched or squashed shape.

electrical energy Energy of moving electrical charges.

electromagnet Coil of wire carrying a current with an iron core.

electromagnetic spectrum Forms of energy travelling as transverse waves.

electron Negative particle that orbits the nucleus in an atom.

electron flow The movement of electrons through a wire from the negative terminal to the positive terminal of a cell.

endoscope An instrument for viewing inside the body.

energy The ability to do work.

energy flow diagram A flow diagram to show energy transfers.

energy transfer Process by which energy is converted from one form to another.

evaporation A liquid turning into a gas at its exposed surface.

extension The total increase in length of a stretched object.

fair test A scientific test where all variables except the input variable and the outcome variable are kept constant.

fission The splitting of a heavy nucleus of an atom into two or more fragments.

force multiplier A mechanical device that converts a small force into a larger force.

fossil fuel All fuels that were formed from the remains of dead plants and animals.

frequency The number of waves per second passing one point.

friction A force that tries to slow things down when two surfaces rub against each other.

galaxy Millions of stars grouped together.

geostationary orbit An orbit above the equator which takes 24 hours to complete one orbit. The object stays in the same position above the Earth's surface.

gravitational potential energy The kind of energy stored by anything that can fall to the ground.

gravity The effect of gravitational attraction between masses.

hammer A small bone in the inner ear.

heat capacity The quantity of heat required to raise the temperature of a body by one degree.

heat energy Another name for thermal energy.

hertz The unit of frequency.

Hooke's law The law stating that when a material is stretched the extension is directly proportional to the stretching force.

hydraulic system A force multiplying system using the transfer of pressure through a liquid.

illuminated An object that can be seen because light is reflected from it.

image The picture produced in a mirror.

incident ray The ray of light which travels towards a surface from a light source.

induced charge Charge put onto an insulator by being near a charged object.

input variable The variable in an experiment that is changed to observe its effect on another variable.

insulator (electrical) Something which reduces the flow of electricity going through it.

insulator (thermal) A very poor thermal conductor.

internal energy Energy a substance has due to the movement of its molecules. Also called thermal energy.

joule The metric unit of energy or work.

kinetic energy Energy due to movement.

laterally inverted Back to front.

LDR Light dependent resistor. Its resistance decreases when light shines on it.

leap year A year with 366 days. There is one leap year every 4 years.

Glossary

LED   Light emitting diode.

lift   The force produced by aircraft wings as they move through the air.

lubricant   A substance used to reduce friction.

luminous   An object which gives off its own light.

lunar eclipse   An eclipse of the Moon, when the Moon goes into the shadows of the Earth.

magnet   Made from steel with a north and south pole.

magnetic field   Area of magnetism around a magnet.

mass   A measure of the amount of matter something is made of. Measured in grams (g) or kilograms (kg).

medium   A substance.

meteor   A rock entering the Earth's atmosphere.

meteorite   Meteor hitting the Earth.

molecules   Two or more atoms joined together.

moment   The turning effect of a force. Equal to the force applied multiplied by its perpendicular distance from the pivot point.

natural satellite   Something orbiting a planet that is not man-made, e.g. the Moon.

neutron   Particle with no charge found in the nucleus.

newton   The unit for measuring force, named after Sir Isaac Newton.

newton meter   A force meter.

noise   A sound which is unpleasant.

non-renewable energy resource   A source of energy that takes millions of years to form and therefore cannot be replaced when it runs out.

nuclear fusion   Nuclei joining together in the Sun giving energy.

ohms   The unit for resistance.

opaque   A substance which will not allow light to pass through it.

OR gate   A gate where one or the other input must work to give an output.

original length   The length of an object before it is stretched.

outcome variable   A variable that is observed to see how it is affected by changing the value of an input variable.

parallel circuit   Arrangements of components with separate branches in the circuit.

pascal   A unit of pressure named after the seventeenth century French mathematician and physicist, Blaise Pascal; 1 Pascal = 1 N/m^2.

penumbra   The grey part of a shadow where some light falls.

periscope   The arrangement of two mirrors or prisms which allows you to see round corners.

photocell   A device that converts solar energy into electrical energy.

pivot   The turning point of an object or system.

polar orbit   Orbit that passes over both the North Pole and the South Pole of the Earth.

potential energy   Energy due to position or shape – elastic or gravitational.

pressure   Force per unit area; measured in N/m^2.

prism   A triangular shaped piece of glass or plastic which refracts light.

proton   Positive particle in an atom found in the nucleus.

radiation (thermal)   The transfer of thermal energy by electromagnetic waves.

rarefaction   Part of a sound wave when the molecules move apart.

rectilinear   Straight lines.

reed switch   Switch operated by a magnet.

reflected ray   The ray of light which leaves a surface.

refracted ray   The ray of light which changes direction when entering a more or less optically dense substance.

refraction   The name given to the ability of light to change its speed and direction when travelling into a more or less dense substance.

renewable energy resource   A source of energy that is continually being replaced.

repel   To be pushed away from another object.

resistance   To try to prevent the current flow.

Sankey diagram   Diagram showing energy transfers that includes relative values.

satellite   An object in space that orbits a planet.

series circuit   Components arranged in one continuous loop.

shooting star   An object entering the Earth's atmosphere visible in the sky.

short circuit   An easy route for the current to flow.

solar eclipse   An eclipse of the Sun, when the Moon casts a shadow on the Earth.

solar panel   A device that converts solar energy into heat energy. Usually used to heat water.

solar system   A star with planets and other objects orbiting it.

specific heat capacity   The quantity of heat required to raise the temperature of one kilogram of a substance by one degree Celsius.

spectrum   Light refracted into the seven colours of the rainbow.

speed   The distance travelled in one unit of time.

static electricity   Electricity which does not move easily.

stirrup   A small bone in the inner ear.

strain energy   Another name for elastic potential energy.

terminal velocity   The steady speed reached by an object moving through a fluid when the driving force is balanced by the drag.

thermal   A rising air current due to local heating of air.

thermal conduction   The flow of thermal energy through a material.

thermal energy   The energy a substance has due to the movement of its molecules. Commonly called heat energy.

thrust   The driving force produced by an engine or rocket.

tidal energy   Energy due to the movement of water produced by the gravitational attraction of the Moon and Sun.

total internal reflection   The situation when light has nowhere to refract and so reflects.

translucent   The description of a substance which will let some light through.

transparent   The description of a substance which will let most light through.

trough   The low part of a sound wave.

ultrasound   A very high frequency sound wave.

umbra   The blackest part of a shadow where no light falls.

universe   All the galaxies and the space between them.

upthrust   Upward force on an object in a liquid or gas.

variable resistor   A component able to alter its resistance to current.

vibrate   To move about a fixed position.

virtual   Something which only appears to exist.

wavelength   The distance on a wave between two crests or troughs.

weight   The amount of force with which gravity pulls on an object; measured in newtons (N).

work   The transfer or energy from one form to another.

Index